# VINOTERAS
# WINE
# SCHOOL 2025 VOL. 1
## TEXTBOOK
FOR SOMMELIERS & WINE EXPERTS

VINOTERAS

---

## 日本ソムリエ協会主催ソムリエ・ワインエキスパート
## 呼称資格認定試験について

※年度により試験内容・形式などが変更となる可能性がございますので、
詳しくは一般社団法人日本ソムリエ協会のホームページをご参照ください。

### 呼称資格について

　一般社団法人日本ソムリエ協会が毎年一回実施する呼称資格認定試験のことで、職業経験の有無と内容によって、「ソムリエ」と「ワインエキスパート」の2つに分けられています。いずれの資格も年齢20歳以上の方を対象としています。

### ソムリエ
**一般** >>> 一次試験実施日において、以下の職務を通算3年以上経験し、現在も従事し、
　　　　　　月90時間以上勤務している方
**会員** >>> 一次試験実施日において、以下の職務を通算2年以上経験し、現在も従事し、
　　　　　　月90時間以上勤務している協会会員

- 酒類・飲料を提供する飲食サービス
- 酒類・飲料の仕入れ、管理、輸出入、販売、流通、教育機関講師、酒類製造
- 酒類・飲料を取り扱うコンサルタント業務

### ワインエキスパート
- 国籍、職種、経験は不問
- 酒類、飲料、食全般の専門的知識、テイスティング能力を有する方
- ソムリエ職種に就かれていて、受験に必要な経験年数に満たない方

### 試験の形式と流れ　2025年度実施情報

**1** **出願** >>> 2025年度の出願期間は2025年3月3日（月）～7月10日（木）17時59分
↓　※一般社団法人日本ソムリエ協会のホームページにてweb出願で申し込みます。

**2** **一次試験** >>> 2025年7月15日（火）～8月26日（火）
　　CBT方式 70分（ソムリエ、ワインエキスパート共通）
　　※出願時に希望すれば2回まで受験可能です。
　　※CBT（Computer Based Testingの略称）とは、コンピューターを使った試験方式のことです。
　　　受験者は受験日時および会場を自身で選択可能で、コンピューターに表示される試験問題に対して回答していきます。
↓　※合否は試験終了後、コンピューターの画面上で即時発表されます。

**3** **二次試験** >>> 2025年10月6日（月）
　　**ソムリエ** ● テイスティング 40分、論述 20分
　　※論述は三次試験の審査対象となります。

　　**ワインエキスパート** ● テイスティング 50分
↓　※エキスパートに**論述**試験はありません。

**4** **三次試験** >>> 2025年11月17日（月）
　　サービス実技（ワインの抜栓、デカンタージュ）7分
　　※ソムリエのみ、ワインエキスパートに三次試験はありません。

# は　じ　め　に

　ワインの知識を深めたいけれど、忙しくて通学する余裕がない方や、近くにワインスクールがなくて通えない方のために創設されたのが、ヴィノテラス ワインスクールです。2020年の開校以来、オンラインに特化したワインスクールとして多くの受講生に支持されています。

　毎年多くの方が受講する「ソムリエ・ワインエキスパート試験対策講座」では、授業ごとにアンケートを実施しています。そこでいただくご意見や情報を、このテキストにも積極的に取り入れています。

　毎年3月に発行される『日本ソムリエ協会 教本』の最新情報を反映させていることも、このテキストの大きな特長の一つです。テキストの発売時期はやや遅れてしまいますが、最新の情報に基づいて無駄のない試験勉強に取り組んでいただきたいという思いからこの方針を採用しています。

　さらに、学習範囲に即した問題にすぐに取り組めるように、テキストにはQRコードが掲載され、Web問題集アプリVINOLETと連携しています。講義を受け、テキストの内容を理解するだけではなく、問題を解けるようにすることが大切です。ぜひ活用してください。

　上下巻に分けた持ち運びやすいサイズや、親しみやすい表紙デザイン、目に優しい本文の色使いなども本テキストの自慢です。勉強する皆さんの負担を少しでも減らし、モチベーションをあげていただきたいと工夫を凝らしました。
このテキストとともに、合格への第一歩を踏み出しましょう。

ヴィノテラス ワインスクール

# テキストの使い方

このテキストは、全体を通して、
出題頻度の高い項目や理解する上で必要な知識を中心に記しています。
このテキストのみで試験に確実に合格できるように設計されていますので、
何度も見直し、自分のものにして下さい。

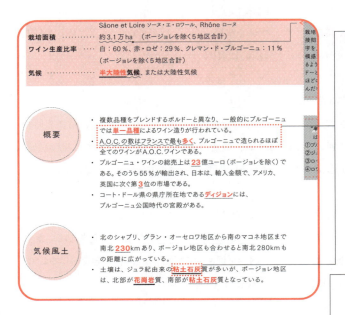

### 赤字と下線

特に重要な用語などを**左のように**赤字にしています。赤シートで隠しながら、該当する言葉を思い出す、という方法を繰り返し、暗記学習に役立てて下さい。
さらに、重要度を**2種類の異なる下線**で示しています。太い下線が引かれている箇所はより出題頻度が高いので、優先して覚えていって下さい。
また、波線は、VINO EYESまたはCOFFEE BREAKが指す場所を示しています。

### VINO EYES

**VINO EYES**は、試験対策に直結する「重要箇所」を掘り下げて解説しています。
（VINO EYESに書かれていることが、そのまま試験に出題されるわけではありません）

### COFFEE BREAK

**COFFEE BREAK**では、試験問題に直結するわけではないですが、多くの受験生がつまずきやすい箇所や頻繁に質問を受ける箇所を掘り下げて解説しています。（COFFEE BREAKに書かれていることが、そのまま試験に出題されるわけではありません）

Sous-Région & Régionale

| A.O.C. | 赤 | ロゼ | 白 | 備考 |
|---|---|---|---|---|
| Bourgogne<br>ブルゴーニュ | 🍷 | 🍷 | 🍷 | |
| Bourgogne Passe-Tout-Grains<br>ブルゴーニュ・パス・トゥ・グラン | 🍷 | 🍷 | | 赤・ロゼ：ピノ・ノワール30％以上、ガメイ15％以上。 |
| Bourgogne Aligoté<br>ブルゴーニュ・アリゴテ | | | 🍷 | |
| Crémant de Bourgogne<br>クレマン・ド・ブルゴーニュ | 🍷発泡 | | 🍷発泡 | 瓶内二次発酵、澱と共に9カ月以上熟成。 |
| Coteaux Bourguignons<br>コトー・ブルギニヨン | 🍷 | 🍷 | 🍷 | 2011年認定。 |
| Bourgogne Mousseux<br>ブルゴーニュ・ムスー | 🍷発泡 | | | |
| Bourgogne Côtes d'Auxerre<br>ブルゴーニュ・コート・ドーセール | 🍷 | 🍷 | 🍷 | |
| Bourgogne Tonnerre<br>ブルゴーニュ・トネール | | | 🍷 | |
| Bourgogne Côte d'Or<br>ブルゴーニュ・コート・ドール | 🍷 | | 🍷 | |
| Bourgogne Hautes-Côtes de Nuits<br>ブルゴーニュ・オート・コート・ド・ニュイ | 🍷 | 🍷 | 🍷 | |
| Bourgogne Hautes-Côtes de Beaune<br>ブルゴーニュ・オート・コート・ド・ボーヌ | 🍷 | 🍷 | 🍷 | |
| Bourgogne Côte Chalonnaise<br>ブルゴーニュ・コート・シャロネーズ | 🍷 | 🍷 | 🍷 | |
| Bourgogne Côtes du Couchois<br>ブルゴーニュ・コート・デュ・クーショワ | 🍷 | | | |
| Bourgogne Gamay<br>ブルゴーニュ・ガメイ | 🍷 | | | 2011年認定。 |
| Coteaux du Lyonnais<br>コトー・デュ・リヨネー | 🍷 | 🍷 | 🍷 | |

## 生産可能なワインのタイプ

フランス、イタリアのChapterでは、**左のような表**で生産可能色を説明しています。「〇〇地区で白のみの生産が認められているA.O.C.はどれか？」といった問題も出題されることがあるため、重要な項目です。本テキストでは、**以下のマーク**で生産可能なワインのタイプを表しています。また、特に重要なものを赤色にしています。

## MAP

**川の流れ**のマークについて
川の上流から下流に見て矢印の右側が**右岸**、矢印の左側が**左岸**になります。

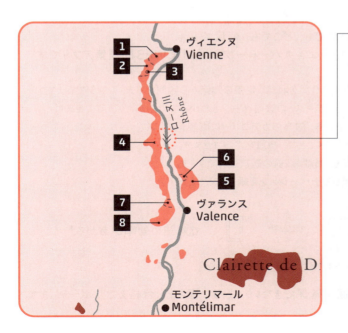

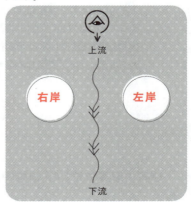

5

WEB問題集アプリ　**VINOLET(ヴィノレット)のご案内**

テキストのところどころにQRコードが印刷されているけど、どうやって使うんだろう…？

このQRコードは、WEB問題集アプリVINOLET(ヴィノレット)へのリンクになっています。

ヴィノテラステキストは、WEB問題集アプリVINOLET(ヴィノレット)との併用がおすすめ！

ヴィノテラステキスト

ヴィノレット

## 1　WEB問題集アプリVINOLET(ヴィノレット)とは？

いつでも、どこでも、何度でも。
隙間時間でできるソムリエ・ワインエキスパート一次試験対策WEB問題集アプリです。

- 最新の**出題傾向を踏まえた約4000問**を収録。定番の知識から難問までチャレンジできます。
- すべての問題に**詳細な解説付き**。テキストの該当ページもわかるので効率よく復習できます。
- テキストに記載された**QRコードから、該当のカテゴリーに直接ジャンプ**。
  テキストで勉強してすぐに問題を解くことで、知識を定着させます。
- **模擬試験機能**で、各単元の復習や試験直前の腕試しができます。
- **メダルチャレンジで楽しみながらモチベーションを維持**することができます。

で勉強の効率があがる！

ヴィノテラステキスト　　ヴィノレット

仕事や家事で忙しく、勉強時間が確保できない…そんな皆さまを合格までサポートします。

# 2 VINOLET（ヴィノレット）のご購入はこちらから

VINOLETの全機能をお試しいただける2週間限定トークン配布中！

トークンコード

**7d62 m49a nika gi2c**

※スペースは入力する必要がございません。

Step 1　VINOLETにアクセス　>>>　https://www.vinolet.jp/
↓
Step 2　会員登録
↓
Step 3　上記のトークンコードを入力してください。「7d62 m49a nika gi2c」と入力してください。
↓
Step 4　入力から2週間、VINOLETの全機能※を無料でお試しいただけます。

※約4000問の全ての問題へのアクセス、模擬試験機能、メダルチャレンジ機能など

|  | 無料会員<br>0円 | 無料メルマガ会員<br>0円 | トークン購入会員様<br>4,500円（税込） | 一次試験講座＋テキスト<br>＋VINOLETコース<br>55,000円（税込） |
|---|---|---|---|---|
| 問題数※ | 約100問 | 約500問 | 約4000問 | 約4000問 |
| メダルチャレンジ | × | × | ○ | ○ |
| AIによる出題 | × | × | ○ | ○ |
| 個別模擬試験機能 | × | × | ○ | ○ |
| 利用期限 | なし | なし | トークン入力日から<br>12カ月 | トークン入力日から<br>12カ月 |

※問題数は変更される場合があります

## 独学が不安な方へ…

### ヴィノテラスワインスクール　試験対策講座のご案内

- テキストもVINOLETもゲットしたけど、一人だとモチベーションが保ちづらい…
- 同じ目標に向かって頑張る仲間と情報交換したい
- 講師の説明を聞いて理解したい

そんなあなたにはヴィノテラスワインスクールソムリエ・ワインエキスパート試験対策講座がおすすめ！

* **スクール満足度100％**、**受講生の合格率91％**をたたき出すオリジナル講義。試験に落ちない勉強のコツを伝授します。
* どこからでも勉強できる**オンライン授業**。講義は録画を配信するので、理解するまで何度でも視聴して復習できます。
* 受講生同士で**交流ができるLINEグループ**（※任意参加）で、全国の同期生と情報交換しながら切磋琢磨できます。
* アシスタント講師がLINEグループ上で質問にお答えします。また**週に一度補講**を実施し、皆さまの学習を徹底サポートします。

詳細はヴィノテラスワインスクール公式サイトをご覧ください
>>>　https://vnts.shop/exam-info/

ヴィノテラス　　二次試験対策講座のご案内

ソムリエ・ワインエキスパート試験は、
一次試験に通過後、二次試験にも合格する必要があります。

\ ヴィノテラスの二次試験対策講座がおすすめ！ /

ヴィノテラスでは、一次試験対策講座と同じ梁（やん）講師による
二次試験対策講座をご用意しています。
ワインを知り尽くした梁 世柱（やん せじゅ）講師による
「テイスティングの本質を知り、試験を突破する」講座を体験してください。

まずはワインコインお試し講座へ！
（2025年8月開催予定）
詳しくはこちらのQRコードから >>>

## 1 ワインと徹底的に向き合うテイスティング講座！
ソムリエ・ワインエキスパート二次試験の必勝法

ソムリエ・ワインエキスパート試験の二次試験は
「ブドウ品種や生産国を当てる試験」だと思っていませんか？
実は、求められているのは"目の前のワインと向き合う力"です。
外観、香り、味わい ―― ワインが発する情報を正しくキャッチし、的確に表現すること。
それこそが、テイスティングの本質であり、試験で問われるスキルです。
ヴィノテラスの二次試験対策講座では、
ワインを知り尽くした梁 世柱（やん せじゅ）講師が
合格に直結する「正しいテイスティングの勉強法」を徹底指導！
テイスティングが初めての方も、安心して受講していただける内容です。

## 2 基礎・比較・本番想定の3ステップ

「基礎マスター講座」
全3回
（予定）

基本的な
テイスティングの方法を
学びます。
初めての方でも大丈夫！

→

「比較テイスティング講座」
全6回
（予定）

複数のワインを
比較することによって、
ワインの特徴を分析することが
できるようになります。

→

「本番想定講座」
全5回
（予定）

今まで学んだことを本番で
再現できるよう、銘柄を隠した
ブラインドテイスティングで
特訓します！ワインに加え、
その他の酒類も練習できます。

※ 以上すべての講座を1回から自由に組み合わせて受講できます。
※ ただし、比較テイスティング講座、本番想定講座は基礎マスター講座の内容を理解している前提で進めるので、初めての方は基礎マスター講座からの受講がおすすめです。

## 3 100mlの小瓶ワインで繰り返し練習できる

毎回の講義で、4本or6本の小瓶ワインをお届け。
小瓶にはワインが100ml入っているので、
3〜4回練習することができます。
講義の動画も繰り返し視聴することができるので、
講義を聞きながら復習することができます。

他の二次試験
対策セット
- その他のお酒48種セット（全種類説明資料付き）
- フルボトル／小瓶の自習用セット（書き込めるテイスティングシート付き）

# CONTENTS

VINOTERAS
## WINE
SCHOOL 2025 vol.1
TEXTBOOK

**Chapter**

## 1 ワイン概論 INTRODUCTION TO WINE 16

- 分類、統計、ゾーン区分 16
  - ワインの特性 16
  - 酒税法上の酒類分類、ワインの醸造法による分類 18
  - ワインに関する統計、ワインに関するEUの規則 20
  - スパークリング・ワイン、スパークリング・ワイン以外の残糖量の表示 22
  - ワイン産地のゾーン区分と主な気候 23
- ブドウとブドウ栽培 24
  - ブドウの生物学上の分類、ブドウの断面図、収穫方法（手摘み）、
    ブドウの生育サイクルと栽培作業（北半球）、栽培に関する条件 24
  - 剪定と仕立て、ブドウ品種のセレクション、各種ブドウ栽培 28
  - ブドウの生理障害、病虫害 32
- ワインの醸造 34
  - ワイン醸造の基礎、発酵・貯蔵容器、クロージャー、溶存酸素管理 34
  - 赤・白ワインの醸造フロー、赤・白・ロゼ・オレンジワインの醸造法・醸造テクニック 40

## 2 フランス FRANCE 54

- DATA、概要、歴史、気候、主要ブドウ品種、ワイン法と品質分類、新ワイン法 55

## 3 ボルドー地方 BORDEAUX 59

- DATA、概要、気候風土、歴史、主要ブドウ品種、地方料理と食材 60
- ボルドー全域の生産可能色・品種 63
- メドック地区、グラーヴ地区 64
- サンテミリオン地区、ポムロール地区、フロンサデ地区 69
- コート地区 73
- アントル・ドゥー・メール地区、ソーテルヌ＆バルサック地区 75
- メドックの格付け 79
- ソーテルヌ＆バルサックの格付け 83
- グラーヴの格付け 85
- サンテミリオンの格付け 86

## 4 ブルゴーニュ地方 BOURGOGNE 88

- DATA、概要、気候風土、歴史、主要ブドウ品種、地方料理と食材、A.O.C.の階層構造 89
- シャブリ地区＆グラン・オーセロワ地区 92
- コート・ド・ニュイ地区 95
- コート・ド・ボーヌ地区 101
- コート・シャロネーズ地区、マコネ地区、ボージョレ地区 106
- ブルゴーニュ全域・広域 110
- 代表的なPremier Cru、代表的なMonopole 111

フランス国内のクレマンのまとめ 113

## 5 ジュラ・サヴォワ地方 JURA & SAVOIE 114

- ジュラ地方 114
- サヴォワ地方 119

## 6 シャンパーニュ地方 CHAMPAGNE 122

- DATA、概要、気候風土、歴史、主要ブドウ品種、地方料理と食材、主要なA.O.C.と生産地区 123
- シャンパーニュの醸造法、シャンパーニュの種類、生産者の登録業態とその略号、スパークリングワインの製法 128

## 7 アルザス・ロレーヌ地方 ALSACE-LORRAINE 135

## 8 ロワール渓谷地方 VAL DE LOIRE 142

- DATA、概要、気候風土、主要ブドウ品種、地方料理と食材 144
- ペイ・ナンテ地区 147
- アンジュー＆ソミュール地区 149
- トゥーレーヌ地区 152
- サントル・ロワール地区、中央高地地区 155

## 9 ローヌ渓谷地方 VALLÉE DU RHÔNE 158

- DATA、概要、気候風土、歴史、主要ブドウ品種、地方料理と食材 159
- 全域のA.O.C.、北部ローヌのA.O.C. 162
- 南部ローヌのA.O.C.、右岸・左岸のまとめ 166

| | | | |
|---|---|---|---|
| | 呼称資格認定試験について | ………………… | 2 |
| | はじめに | ………………………… | 3 |
| | テキストの使い方 | …………………… | 4 |
| | VINOLET のご案内 | ………………… | 6 |
| | 二次試験対策講座のご案内 | ………… | 8 |
| | 世界地図＋海流 | ………………………… | 12 |
| | ヨーロッパの地図 | …………………… | 14 |

**Chapter**

**10** ラングドック・ルーション地方　Languedoc - Roussillon … **168**

**11** 新酒、V.D.N. と V.D.L.　Vin de Primeur / Vin Nouveau / V.D.N. / V.D.L. … **173**
- 新酒　173
- V.D.N. と V.D.L.　174

**12** プロヴァンス地方・コルシカ島　Provence - Corse … **178**
- プロヴァンス地方　178
- コルシカ島　183

**13** シュッド・ウエスト　Sud - Ouest … **186**
フランスの世界遺産　195

**14** イタリア　Italy … **196**
- DATA、概要、気候風土、歴史、主要ブドウ品種、ワイン法と品質分類、その他の色々なワインと酒類 … 197
- 北部イタリア　204
- 中部イタリア　218
- 南部イタリア　226
- 地方料理と食材　231

**15** ドイツ　Germany … **236**
- DATA、概要、歴史、主要ブドウ品種 … 237
- ワイン法と品質分類　240
- ドイツの 13 生産地域　244
- ドイツにおけるブドウ畑の格付け、スパークリングワイン、ロゼワイン、ドイツの著名な地区・銘醸畑、地方料理と食材　252

**16** オーストリア　Austria … **262**
- DATA、概要、歴史、気候風土、主要ブドウ品種、ワイン法と品質分類、KMW 糖度、その他の表記、スパークリングワインの分類、ホイリゲ　262
- ワイン産地、D.A.C.、ニーダーエスタライヒ州、ブルゲンラント州、ウィーン州、シュタイヤーマルク州、オーストリアの食文化　269

**17** ルクセンブルク　Luxembourg … **280**

**18** スペイン　Spain … **284**
- DATA、概要、歴史、気候風土、主要ブドウ品種、テンプラニーリョのシノニム、ワイン法と品質分類、スペインワイン熟成規定　286
- 北部地方　292
- 大西洋地方、地中海地方　296
- 内陸部地方　301
- 南部地方、諸島　305
- カバ（D.O.）　308
- シェリー　309
- 地方料理と食材　315

**19** ポルトガル　Portugal … **317**
- DATA、概要、歴史、主要ブドウ品種、ワイン法と品質分類　318
- 北部、中部　321
- 南部、諸島　325
- ポルト　327
- マデイラ、ポルトガルの食文化　329

資料編
- ブドウ品種のシノニムと主な産地　332

# Wine Map of WORLD

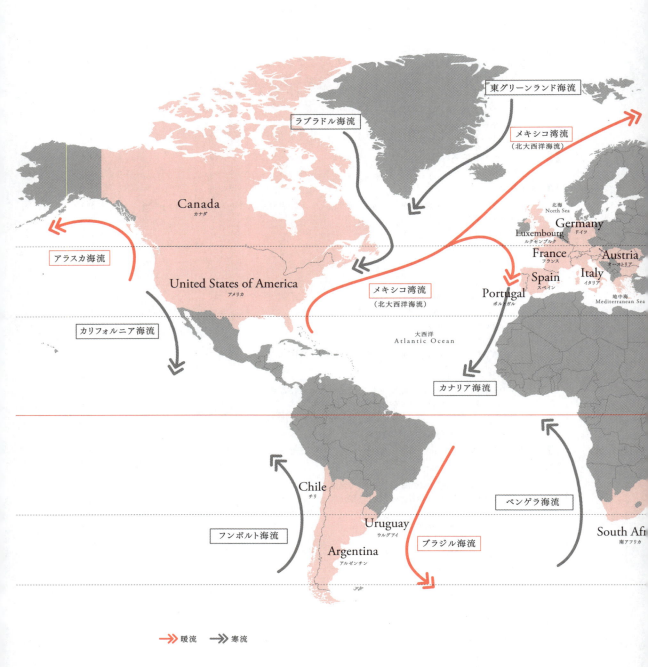

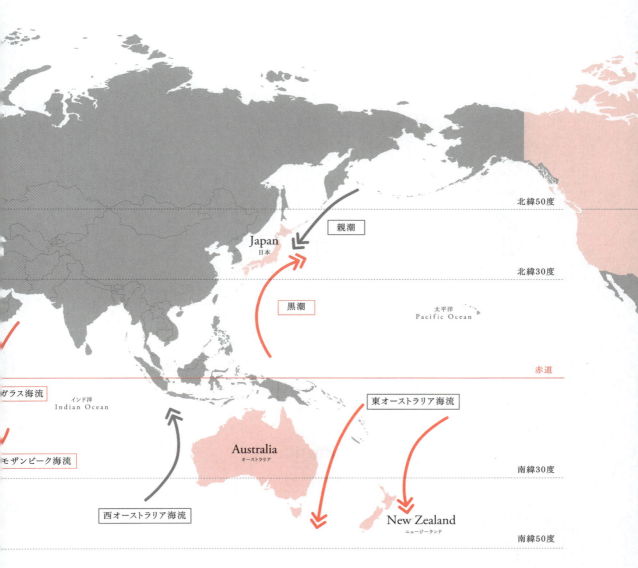

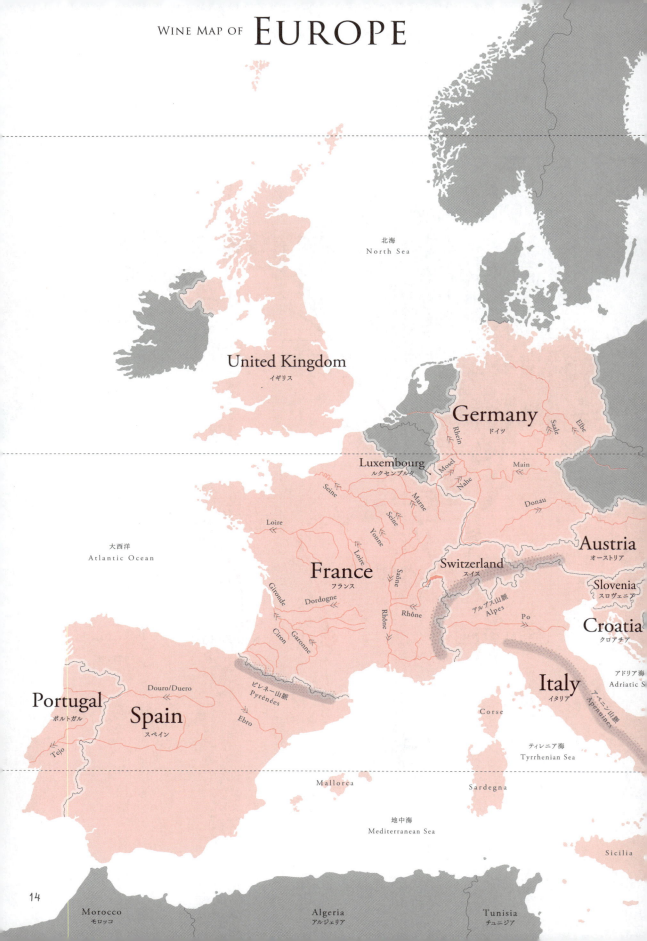

# Chapter 1 ワイン概論

## Introduction to Wine

### ワインの特性

- ワインは、ブドウの果汁に含まれる**糖分**が酵母によってアルコール発酵し、**エチルアルコール**に変わった飲料。
- 穀物を原料とする酒類（清酒、ビール等）は、穀物に**水**を加え、穀物の**デンプン**を麦芽や麹で**糖化**させてから発酵させるが、ワインはブドウに含まれるブドウ糖や果糖といった糖分を直接発酵させる。

**アルコール発酵の化学式**（参考）

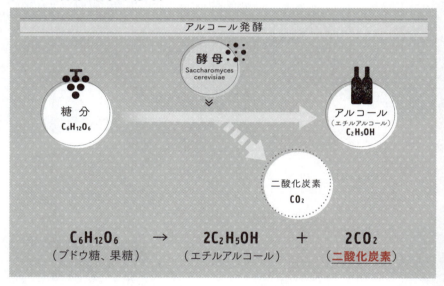

$$C_6H_{12}O_6 \rightarrow 2C_2H_5OH + 2CO_2$$
（ブドウ糖、果糖）　　　（エチルアルコール）　　　（二酸化炭素）

> 二人の功績を混同させる問題が出題される。間違えないように覚えよう！

**Joseph Louis Gay-Lussac** ジョゼフ・ルイ・ゲイリュサック
（1778〜1850、フランス人）
- **アルコール発酵の化学式**を示した。

　　　　　　　↓ 後に

**Louis Pasteur** ルイ・パストゥール
（1822〜1895、フランス人）
- **酵母**※**による発酵のメカニズム**を解明した。

> 辛口ワインの場合、搾汁率は品質やスタイルとも関連する。ワイン1本（750ml）分位と覚える！

- 1kgのブドウから **600 〜 800** mlの果汁が搾汁される。

※ ワイン酵母は、Saccharomyces cerevisiae（**サッカロミセス・セレヴィシエ**）。

## ワイン中の有機酸

- ワインは**有機酸**含有量が他の酒類よりも多く、一般的なワインのpH（水素イオン指数）は pH**2.9** ～ **3.8**と低いため雑菌が繁殖しにくく、安定した**アルコール発酵**につながる。

pHとは酸性・中性・アルカリ性を決める値のこと。この値が「7」未満は酸性となる。☕

### ワイン中の主な有機酸

| ブドウに由来する酸 | 発酵によって生成した酸 | 貴腐ワインに含まれる酸 |
|---|---|---|
| **酒石酸**※1（最も**含有量が多い**） | **コハク酸** | **グルコン酸** |
| **リンゴ酸** | **乳酸** | **ガラクチュロン酸**※2 |
| **クエン酸** | **酢酸** | |

**覚え方！**
それぞれの酸がブドウ由来か、発酵によって生成されるのか、貴腐ワイン特有のものなのかを整理して覚えよう。

※1 **カリウム**やカルシウムなどと結合し、**酒石**として析出する。人体には**無害**。キラキラと輝く透明な結晶だが、赤ワインの場合は赤紫色に着色している場合が多い。
※2 **ガラクチュロン酸**は、熟成中に酸化されて**粘液酸**となる。まれにカルシウム塩となって白色の**粘液酸カルシウム**として析出する。

## ワインと健康

- 適量のアルコールは、**食欲増進・消化促進**の効果、血行をよくして体を温める効果、**善玉コレステロール**（HDL）の濃度を上昇させる効果がある。
- ブドウの果皮、種子には多くの抗酸化能（活性酸素消去能）が高い**ポリフェノール**が含まれる。黒ブドウの果皮と種子も使って造られる赤ワインはポリフェノールの含有量が多い。
- **ポリフェノール**の一種である**Resveratrol レスベラトロール**（植物が自らを守るためにつくるファイトアレキシンの一種）は、**果皮**に多く存在し、抗カビ活性があるため、血栓症予防、抗ガン作用、老人性認知症やアルツハイマー病の予防などに効用があるとする調査結果がある。

**ポリフェノール**
ポリフェノールの代表例は、渋みの成分「タンニン」と色素成分「アントシアニン」。☕

果皮を醸造に用いるのは、主に「赤ワイン」であるため、レスベラトロールは主に赤ワインに含まれる。☕

## ワインのアルコール代謝

- **エチルアルコール**（**エタノール**）の血中濃度が上昇すると、「酔い」（脳が麻痺）の状態になる。
- アルコールの大部分は肝臓でアルコール脱水素酵素（ADH）によって酸化され、**アセトアルデヒド**（**エタナール**）になる。
- **アセトアルデヒド**は、アルデヒド脱水素酵素（ALDH）により酸化され、**酢酸**となって体外に排出される。
- **アセトアルデヒド**は、顔面紅潮や頭痛、吐き気を引き起こし、さらに発ガン性があるとされている。

| **エチルアルコール**（**エタノール**） | → 酸化 | **アセトアルデヒド**（**エタナール**） | → 酸化 | **酢酸** | → | 体外に排出 |
|---|---|---|---|---|---|---|

---

**Introduction to Wine**
分類、統計、ゾーン区分 >> P.16>>23
VINOLET

**Introduction to Wine**
ワインの特性 >> P.16>>17
VINOLET

**適度な飲酒量の目安**

- 酒類によってアルコール度数が異なり、国際的に「1ドリンク＝アルコール10gを含む量」とされている。
- 厚生労働省が示している指標では、1日平均**2**ドリンク（ワイン：グラス2杯程度、清酒：約1合弱、ビール：中ジョッキ1杯）が節度ある適度な飲酒とされる。

## 酒 税 法 上 の 酒 類 分 類

- 日本における酒類の定義（酒税法第2条）：アルコール分**1度以上**の飲料。
- 酒税法では、酒類は以下の4つに分類される。

| 発泡性酒類 | | **ビール**、**発泡酒**、その他の発泡性酒類 |
|---|---|---|
| **醸造**酒類 | 果実原料 | 果実酒（**ワイン**、**シードル**） |
| | 穀物原料 | **清酒**（日本酒） |
| **蒸留**酒類 | 果実原料 | **ブランデー** |
| | 果実以外 | **ウイスキー**、**スピリッツ**（**ウォッカ**、**ジン**、**ラム**等）、**焼酎** |
| **混成**酒類 | | **甘味果実酒**（**シェリー**、**ポート**、**マデイラ**、**ヴェルモット**等）、**リキュール** |

> スパークリングワインは"ワイン"に含まれる。

> **リキュール**
> 「リキュール」とは、"蒸留酒"に香りや甘味を加え、着色させたもの。

シェリー …… **スペイン**の「酒精強化ワイン」
ポート ……… **ポルトガル**の「酒精強化ワイン」
マデイラ …… **ポルトガル**の「酒精強化ワイン」
ヴェルモット… 主に**イタリア**や**フランス**で造られる「フレーヴァード・ワイン」。ドライ・ヴェルモットは、カクテルのマティーニの原料としても有名。

## ワ イ ン の 醸 造 法 に よ る 分 類

ワインは醸造法の違いによって、4つに分類される。

醸造法
**1** **Still** wine（**スティル**・ワイン）

- 二酸化炭素（炭酸ガス）による発泡性がないワイン。

醸造法
**2** **Sparkling** wine（**スパークリング**・ワイン）

- 一般的に**3気圧以上**のガス圧をもったワインで、それ以下のガス圧のものは弱発泡性ワインに分類される。

**スパークリング・ワインの各国の名称**

| 国名 | 発泡性ワイン | 弱発泡性ワイン |
|---|---|---|
| フランス | Vin Mousseux ヴァン・ムスー、**Crémant クレマン** | **Pétillant ペティヤン** |
| ドイツ | **Schaumwein シャウヴァイン**、Sekt ゼクト | **Perlwein パールヴァイン** |
| イタリア | Spumante スプマンテ | **Frizzante フリッザンテ** |
| スペイン | Espumoso エスプモーソ、Cava カバ | |

> 発泡性と弱発泡性をしっかりと区別して覚えよう。

醸造法
## 3 Fortified wine（フォーティファイド・ワイン）、酒精強化ワイン

- 醸造工程中に、アルコール分の高いブランデーまたはその他クセのないアルコールを添加し、ワイン全体のアルコール度数を15〜22％程度にまで高くして、味にコクをもたせ、ワインの保存性を高めたもの。
- 各酒精強化ワインの詳細は、各国の講義で学んでいく。

| 国名 | フォーティファイド・ワイン |
|---|---|
| フランス | V.D.N.、V.D.L.、Ratafia de Champagne ラタフィア・ド・シャンパーニュ |
| イタリア | Marsala マルサラ |
| スペイン | Sherry シェリー（Jerez ヘレス） |
| ポルトガル | Madeira マデイラ、Port ポルト |

> 酒精強化ワインは、大航海時代に生まれたとされる説が有力であり、長い船旅に耐えられるよう、アルコール度数を高めたワインが造られた。そのため、大航海時代の強国であったスペインとポルトガルで多く造られている。

「世界三大酒精強化ワイン」と呼ばれる（もしくはマルサラを含めた四大酒精強化ワイン）。

醸造法
## 4 Flavored wine（フレーヴァード・ワイン）

- スティル・ワインに薬草、果実、甘味料、エッセンスなどを加え、独特な風味を添加したもの。

| 国名 | フレーヴァード・ワイン |
|---|---|
| フランス | Vermouth ヴェルモット、Lillet リレ |
| イタリア | Vermut ヴェルムート |
| スペイン | Sangria サングリア |
| ギリシャ | Retsina レッチーナ |

「松脂」で香りづけした独特な風味を有している。

VINOLET

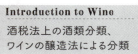
Introduction to Wine
酒税法上の酒類分類、ワインの醸造法による分類
P.18 » 19

## ワインに関する統計（O.I.V.：国際ブドウ・ブドウ酒機構）

### 国別ワイン生産量順位 （2021年）

| 順位 | 国名 | | 生産量（千hℓ） |
|---|---|---|---|
| 1位 | **イタリア** | **Italy** | 50,200 |
| 2位 | **フランス** | **France** | 37,600 |
| 3位 | **スペイン** | **Spain** | 35,300 |
| 4位 | **アメリカ** | **United States of America** | 24,100 |
| 5位 | オーストラリア | Australia | 14,800 |
| 6位 | チリ | Chile | 13,400 |
| 7位 | アルゼンチン | Argentina | 12,500 |
| 8位 | 南アフリカ | South Africa | 10,800 |
| 9位 | ドイツ | Germany | 8,400 |
| 10位 | ポルトガル | Portugal | 7,400 |

> 数字関連の問題は、CBT以降滅多に出題されなくなったので、イメージだけ掴めればOK！

## ワインに関するEUの規則

**品質分類**

- EUレベルで2008年に新たなワイン法へ改定され、**2009年**ヴィンテージから適用（発効）されている。
- ワインは大きく「地理的表示付きのワイン」と「地理的表示のないワイン」に分類され、「地理的表示付きのワイン」は、さらに**A.O.P.**と**I.G.P.**に区別される。
- 新制度では、制度変更に伴う混乱を避けるため、これまで各国が使用してきた伝統的な表記も個別に認められる。

> 改定された年と適用された年が異なる点に注意。特に"2009年"が狙われる。

> 具体例（フランスの場合）
> ・伝統的表記→A.O.C.
> ・新ワイン法→A.O.P.

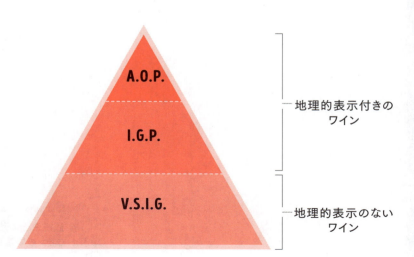

## A.O.P. >>> 原産地呼称保護
(Appellation d'Origine Protégée　アペラシオン・ドリジーヌ・プロテジェ)
（英語：P.D.O.、イタリア語・スペイン語・ポルトガル語：D.O.P.、ドイツ語：g.U.）
- 指定地域内で栽培されたブドウのみから醸造する
- 生産は指定地域内で行う
- 原料はヴィティス・ヴィニフェラ種のブドウのみ

## I.G.P. >>> 地理的表示保護
(Indication Géographique Protégée　アンディカシオン・ジェオグラフィック・プロテジェ)
（英語：P.G.I.、イタリア語・スペイン語・ポルトガル語：I.G.P.、ドイツ語：g.g.A.）
- 指定地域内で栽培されたブドウを **85**％以上使用
- 生産は指定地域内で行う
- 原料はヴィティス・ヴィニフェラ種、及びヴィティス・ヴィニフェラ種と他の種の交雑種

## V.S.I.G. >>> 地理的表示のないワイン
(Vin Sans Indication Géographique　ヴァン・サン・アンディカシオン・ジェオグラフィック)

> Sans = Without の意味

- 新ワイン法では、地理的表示のないワインでは従来認められていなかった「**品種**」、「**収穫年**」の表示が可能になった

> 原産地呼称保護：Protected Designation of Origin（P.D.O.）
> 地理的表示保護：Protected Geographical Indication（P.G.I.）
> 地理的表示のないワイン：Wine without Geographical Indication
> 制度そのものを表す言葉としての世界的スタンダードは英語であるため、要注意。

### ラベル表示

- ラベル表示義務記載事項と任意記載事項が規定されており、**2009**年ヴィンテージから適用されている。

#### 主な 義務 記載事項
- 製品カテゴリー（ワイン、V.D.L.など）
- A.O.P.、I.G.P.のワインはその表記と名称
- **アルコール度**
- **原産国**
- **瓶詰め業者名**（スパークリング・ワインの場合は生産者と販売業者）
- スパークリング・ワインの場合は残糖量表示（P.22 表1参照）

#### 主な 任意 記載事項
- **収穫年**（その年のブドウを**85**％以上使用）
- 原料の**ブドウ品種**（単一品種を表記する場合：その品種の**85**％以上を使用）
- 2種以上の品種名を表記する場合：100％それらの品種で構成されていること（使用されている量が**多い**順に記載）
- スパークリング・ワイン以外の場合の残糖量表示（P.22 表2参照）
- **A.O.P.**、I.G.P.の**EUシンボルマーク**
- **生産方法**に関する記述

> "収穫年"はほとんどのワインのラベルに書かれているため、義務記載事項と勘違いしないように！

**Introduction to Wine**
ワインに関する統計、ワインに関するEUの規則
P.20 » 21

ラベル表示

## 表1 スパークリング・ワインの残糖量の表示　　　残糖量

| フランス | イタリア | ドイツ | スペイン | 残糖量 |
|---|---|---|---|---|
| Brut Nature ブリュット・ナチュール | Brut Nature ブルット・ナトゥーレ | Brut Nature ブリュット・ナトァ | Brut Nature ブルット・ナトゥーレ | 3 g/ℓ 未満 ドザージュ 不可 |
| Pas Dosé [※1] パ・ドゼ | | Naturherb ナトゥアヘルブ | | |
| Dosage [※2] Zéro ドザージュ・ゼロ | | | | |
| Extra Brut エクストラ・ブリュット | Extra Brut エクストラ・ブルット | Extra Brut エクストラ・ブリュット | Extra Brut エクストラ・ブルット | 0〜6 g/ℓ |
| Brut ブリュット | Brut ブルット | Brut ブリュット | Brut ブルット | 12 g/ℓ 未満 |
| Extra Sec (Extra Dry) エクストラ・セック （エクストラ・ドライ） | Extra Secco (Extra Dry) エクストラ・セッコ （エクストラ・ドライ） | Extra Trocken エクストラ・トロッケン | Extra Seco エクストラ・セコ | 12〜17 g/ℓ |
| Sec セック | Secco (Dry) セッコ | Trocken トロッケン | Seco セコ | 17〜32 g/ℓ |
| | Asciutto アシュット | | | |
| Demi-Sec ドゥミ・セック | Semi Secco セミ・セッコ | Halbtrocken ハルプトロッケン | Semi Seco セミ・セコ | 32〜50 g/ℓ |
| | Abboccato アッボッカート | | | |
| Doux ドゥー | Dolce ドルチェ | Mild ミルト | Dulce ドゥルセ | 50 g/ℓ 超 |

残糖量スケール：0 / 3 / 6 / 12 / 17 / 32 / 50

※1 Pas Dosé パ・ドゼ：フランス語の"Pas"とは、英語における否定形の"not"。つまり「Pas Dosé パ・ドゼ」とは「ドザージュしていない」という意味。
※2 Dosage ドザージュ：スパークリングの製法において、瓶詰時に最終的な甘みを調節するためにリキュールを加えること。（シャンパーニュの甘辛はこの際に加えるリキュールの量で決まる。詳細はシャンパーニュの章で）

## 表2 スパークリング・ワイン以外の残糖量の表示　　　残糖量

| フランス | イタリア | ドイツ | スペイン | 残糖量 |
|---|---|---|---|---|
| Sec セック | Secco セッコ | Trocken トロッケン | Seco セコ | 4 g/ℓ 以下 |
| | Asciutto アシュット | | | |
| Demi-Sec ドゥミ・セック | Semi Secco セミ・セッコ | Halbtrocken ハルプトロッケン | Semiseco セミセコ | 残糖が上記（Secの条件）の上限を上回り 12 g/ℓ 以下 |
| | Abboccato アッボッカート | | | |
| Moelleux モワルー | Amabile アマービレ | Lieblich リープリッヒ | Semidulce セミドゥルセ | 残糖が上記（Demi-Secの条件）の上限を上回り、45 g/ℓ 未満 |
| Doux ドゥー | Dolce ドルチェ | Süß ズース | Dulce ドゥルセ | 45 g/ℓ 以上 |

残糖量スケール：4 / 12 / 45

---

**表は最重要**
表を覚えることでいくつもの問題が解けるようになるので、表が出てくる度に試験上最重要箇所であると意識して勉強に取り組もう！

**"Brut"が基準**
"Brut"が世界的に最も認知されている「辛口」という意味。表のBrutより上のゾーンは辛口、下のゾーンは半辛口から甘口まで、と大別できる。

**覚える手順**
① 数字を覚え、上から順番に言えるようにする。
② フランスを覚える。
③ 各国の言葉が似ているのに着目しながら、Brutを基準に少しずつ覚えていこう！

**"Sec"の使われ方**
"Sec"はスパークリング・ワインの残糖量では「やや甘口」であったが、スパークリング・ワイン以外の残糖量においては「辛口」となり、使われ方が180度異なる！

# ワイン産地のゾーン区分と主な気候

**主な気候**

大陸性と海洋性を対比して覚える。

### 大陸性気候　一言でいうと「メリハリのある」

- 昼と夜の気温の日較差と、夏と冬の気温の年較差が大きく、季節による変化がはっきりとした気候。

  代表的な産地：**ブルゴーニュ**（フランス）。

> 試験に頻繁に出題される箇所ではないが、各々のワイン産地を勉強していく上で最も大事な考え方なので必ず理解して覚えること！☕

### 海洋性気候　一言でいうと「マイルドな」

- 海に近い地域の気候で、気温の日較差が少ない。
- 一般的に、降水量が**多く**、湿度は高い。
  収穫前の秋雨がその年のワインの品質に大きく影響を与える。

  代表的な産地：**ボルドー**（フランス）、**クナワラ**（オーストラリア）。

> 海、湖、大きな川など "水塊の側" は、その周辺の気候を「マイルド」にしてくれる効果がある！☕

### 地中海性気候　一言でいうと「温暖で乾燥」

- 温暖で夏は日照に恵まれ、**乾燥**している。冬にまとめて雨が降る。
- ブドウの生育期間中は雨が少ないため、病害が少なく、成熟期を安定して迎えることができる。

  代表的な産地：ヨーロッパの**地中海**沿岸、**カリフォルニア**（アメリカ）、**チリ**など。

> 全世界の陸地のおよそ2％しか存在しないといわれている、にもかかわらず重要なワイン産地で頻繁に登場する。つまりそれだけブドウ栽培に適している気候だから！また、文字通りの「地中海」沿岸のみではないことに注意！☕

### 山地気候

- 標高の高いブドウ栽培地域（標高500〜1,000m程度）は、平地と比べて気温は低いが、天候の変化が大きく、一般に風が強い。
- 畑の位置や傾斜の違いにより、気温や日射量、降水量などの違いが大きい。

  代表的な産地：山梨、長野、ジュラ、サヴォアなど。

**栽培地域のゾーン区分**

- EUでは、産地を栽培地域の特性でゾーンに分けて、最低アルコール度数、補糖、補酸、減酸、補糖後のアルコール度数の上限などの方法を規定している。

| | |
|---|---|
| Zone A | **ドイツ** |
| Zone B | フランス（**ロワール**、**アルザス**、**シャンパーニュ**など） |
| Zone C-I | フランス（**ボルドー**、**ブルゴーニュ**など）、イタリア北部、スペイン |
| Zone C-II | **フランス南部**、イタリア、スペイン |
| Zone C-III (a) | ギリシャ、キプロスの一部、ブルガリアの一部など |
| Zone C-III (b) | フランス（コルスなど）、イタリア南部、スペイン、ポルトガル、ギリシャの一部、キプロスなど |

---

VINOLET

**Introduction to Wine**
スパークリング・ワイン、スパークリング・ワイン以外の残糖量の表示　>>　P.22

VINOLET

**Introduction to Wine**
ワイン産地のゾーン区分と主な気候　>>　P.23

# ブドウとブドウ栽培

**ブドウの生物学上の分類**

- 世界のワイン用ブドウのほとんどは**ヴィニフェラ**種に含まれており、1,000品種以上あるといわれる。現在世界で栽培されているのはそのうち数百種で、ワイン醸造に使用されているのは約100種程度。

> 実際には、100種よりもはるかに多いヴィニフェラ種がワイン醸造に用いられている。Jancis Robinson MW 他著の「Wine Grapes」には、約10,000種からの選抜を経た1,368の品種が紹介されている。

生物学上の分類とは、「〜科〜属〜種」の話！「品種」とは「種」以下の「生物集団の単位」を指す。

| 種 | 属　種 | 特徴 |
|---|---|---|
| **欧・中東**系種 | **Vitis vinifera**<br>ヴィティス・ヴィニフェラ | **ワイン醸造**に適すが、**フィロキセラ耐性**をほとんど持たない。**乾燥した**気候に適応し、**雨**が多い気候には弱い。シャルドネ、メルロなど。 |
| 北米系種 | **Vitis labrusca**<br>ヴィティス・ラブルスカ | **湿った**気候に適応し、**耐病性**が高い。**Foxy flavor** フォキシー・フレーヴァーと呼ばれる特徴的な香りを持つ。コンコードなど。 |
| アジア系種 | **Vitis amurensis**<br>ヴィティス・アムレンシス | **東アジア**を中心に自生。 |
| | **Vitis coignetiae**<br>ヴィティス・コワニティ | **日本**に自生する山ブドウ。 |

日本語で「狐臭」と訳されることもあるため、動物臭と誤解されることもあるが、実際はキャンディのような香りを指す。

---

**具体例**
カベルネ・ソーヴィニヨンを例に取ると以下のようになる。
科：Vitaceae
属：Vitis
種：Vitis vinifera
品種：カベルネ・ソーヴィニヨン
ヴィティス・ヴィニフェラ種の中の一つの品種としてカベルネ・ソーヴィニヨンがあり、シャルドネとカベルネ・ソーヴィニヨンでは大きく違うように感じるが、生物学上の分類としては、些細な違いでしかない。

---

- **交配品種**：同じ種を掛け合わせた品種のこと。
  例）「カベルネ・ソーヴィニヨン」は、「カベルネ・フラン×ソーヴィニヨン・ブラン」の自然交配とされる。
- **交雑品種**：異なる種を掛け合わせた品種のこと。
  例）「マスカット・ベーリーA」は、「ベーリー×マスカット・ハンブルグ」を人工交雑させ品種改良の末に生み出された。

Introduction to Wine
<< ブドウとブドウ栽培
P.24 >> 33

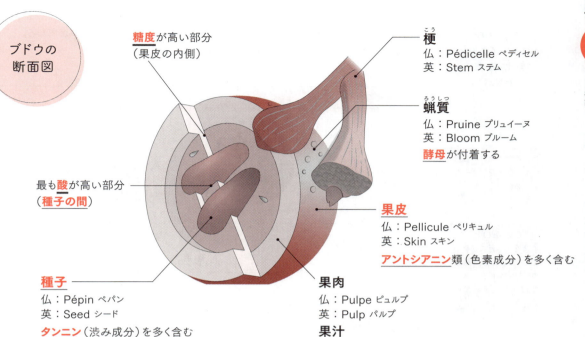

**ブドウの断面図**

- **糖度**が高い部分（果皮の内側）
- 最も**酸**が高い部分（**種子の間**）
- **種子**
  - 仏：Pépin ペパン
  - 英：Seed シード
  - **タンニン**（渋み成分）を多く含む
- **梗**
  - 仏：Pédicelle ペディセル
  - 英：Stem ステム
- **蝋質**（ろうしつ）
  - 仏：Pruine プリュイーヌ
  - 英：Bloom ブルーム
  - **酵母**が付着する
- **果皮**
  - 仏：Pellicule ペリキュル
  - 英：Skin スキン
  - **アントシアニン**類（色素成分）を多く含む
- 果肉
  - 仏：Pulpe ピュルプ
  - 英：Pulp パルプ
- 果汁
  - 仏：Jus ジュ
  - 英：Juice ジュース
  - 酒石酸、リンゴ酸、クエン酸、ブドウ糖

**収穫方法（手摘み）**

**手摘みの長所**
- **傷つき**（**酸化**）防止
- **選果**が可能
- **機械収穫**できないところも摘める

**手摘みの短所**
- **熟練者**の手配が困難
- 作業時間が**長い**
- 労働コストが**高い**

> 手摘みの長所と機械収穫の短所は表裏一体である。機械収穫に比べ、手摘みの方が常に優れているわけではなく、それぞれに特徴がある。

## ブドウの生育サイクルと栽培作業（北半球）

- ブドウはつる性の多年性植物であり、生育地の気候によって生育サイクルが異なる。
- 一般的に気温が **10**℃程度まで上昇すると地上樹部が活動し始める。

| 生育サイクル | 栽培作業 |
|---|---|

**11月　休眠**

特に冷涼なエリアにおいて、根を凍死させないために行う。

**11〜12月**　土寄せ

土寄せ

英：Hilling
ヒリング
仏：Buttage
ビュタージュ

剪定

切り口が傷口となり、病害を引き起こさないようにするため、剪定の時期は、新シーズンの到来を迎える直前に行う。

**1〜3月**　剪定（せんてい）

英：Pruning
プルーニング
仏：Taille
タイユ

**3月　樹液の溢出（いっしゅつ）**

英：Sap bleeding
サップ ブリーディング
仏：Pleurs
プルール

樹液の溢出

剪定した枝先から、活動を始めた樹液が、涙のように滴る。

樹液が滴り落ちたということは、ブドウ樹が活動を始めたサイン。通称"ブドウの涙"と呼ばれる。

**萌芽（発芽）**

英：Budburst
バッドバースト
仏：Débourrement
デブールマン

一日の平均気温が **10**℃を超えた頃に芽が出る。

**4月**　畝くずし（うね）

英：Dehilling
ディヒリング
仏：Débuttage
デビュタージュ

土寄せした土を、元の通りに戻す作業。土寄せと畝くずしはセットで行われる。

**5月　展葉（てんよう）**

英：Leaf growth
リーフ グロウス
仏：Feuillaison
フイエゾン

**つぼみ**

英：Inflorescence
インフロレッセンス
仏：Bourgeon à fleurs
ブルジョン・ア・フルール

開花

**6月　開花**

英：Flowering
フラワリング
仏：Floraison
フロレゾン

新梢の固定（しんしょう）

英：Tying
タイイング
仏：Accolage
アコラージュ

開花→収穫
約 **100** 日間

**結実（けつじつ）**

英：Fruit set
フルーツ セット
仏：Nouaison
ヌエゾン

結実

夏季剪定

英：Summer pruning
サマー プルーニング
仏：Rognage
ロニャージュ

> 色付き期を境に、ブドウ樹は「成長」→「生殖」へとエネルギーを向ける。

| 生育サイクル | | | 栽培作業 | |
|---|---|---|---|---|
| 7〜8月 | 色付き（着色期） | 英：**Veraison** ヴェレゾン<br>仏：**Véraison** ヴェレゾン | 色付き | 色付き→成熟 約40日間 |
| 8〜9月 | 成熟 | 英：**Ripening** ライプニング<br>仏：**Maturité** マテュリテ | | 40日間 |
| 9〜10月 | | 英：**Harvest** ハーヴェスト<br>仏：**Vendange** ヴァンダンジュ | 収穫 | 100日間 |

## 栽培に関する条件

| | 必要な条件 | その他 |
|---|---|---|
| 気温 | ワイン用ブドウ栽培では **10〜16**℃が最適。 | 年間平均：**9**℃以上（四季があり暑い季節と寒い季節が訪れる「気温のサイクル」があることが望ましい）。<br>開花期：**15〜25**℃。<br>着色・成熟期：**20〜25**℃<br>（日較差が大きい方が好ましい）。 |
| 緯度 | 北緯**30〜50度**、<br>南緯**30〜50度**の地域。 | |
| 日照 | ブドウの十分な成熟に必要な生育期間中の日照時間は **1,000〜1,500**時間。 | 植物が光合成※をして生育するには、**最低限の日照量**と**適度な気温**が必要。<br>※光合成：水と二酸化炭素をもとに日光を利用してデンプン（糖分）を作り出すこと。 |
| 水分 | 年間降水量 **500〜900**mm。 | 水分がブドウ樹の成長を促すため、**生育期**前期には十分な降雨が望ましい。<br>ブドウ樹にとって雨は成長に必要な最小限の量でよく、もし足りなければ灌漑が認められている地域もある。 |

☕ 光合成をするからブドウは甘くなる！

☕ 特に収穫期直前の雨はブドウの実を膨らませてしまい、ワインが薄くなる要因となる。また、果皮等に付着した天然酵母を流してしまうことにも繋がりかねない。

### 土壌
- 保水性を保ちながら排水性のよい団粒構造がある状態が望ましい。
- カリウムなどのミネラル成分がバランスよく必要で、やせた砂利、礫質※土壌、斜面が適す。
  ※ 土壌の構成粒子の大きさ：礫＞砂＞シルト＞粘土

> やせた土壌… 栄養分が少ない土壌。<br>肥沃な土壌… 栄養分が多い土壌。

### 標高
- 標高が高くなると気温が下がる。（標高が100m上がると気温は0.6℃下がるといわれる）

### その他の要因
- 海（水塊）：気温の上昇や下降を緩やかにするため、海に近い産地は最低気温と最高気温の差が小さくなる。
- 山頂から吹き下ろす冷たい風（「嵐」、「おろし風」）：気温が下がり、ブドウは乾燥するので病気になりにくい。

**Introduction to Wine**
ブドウの生物学上の分類、ブドウの断面図、収穫方法（手摘み）、ブドウの生育サイクルと栽培作業（北半球）、栽培に関する条件

VINOLET

## 剪定と仕立て

### 剪定（英：Pruning プルーニング　仏：Taille タイユ）

- 休眠期の間に前シーズンに伸びた枝を剪定することでブドウ樹の形を整え、おおよその収穫量を決める。

### 1 長梢剪定（Cane Pruning ケイン・プルーニング）

- 前年に地面と垂直に伸びた結果枝の中で、主幹に近い充実した枝を水平に寝かせ、3芽以上残して剪定する方法。

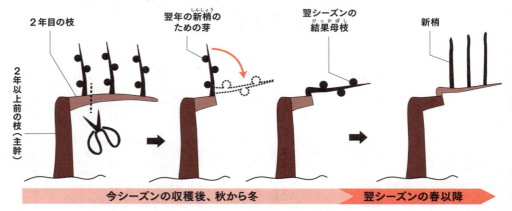

### 2 短梢剪定（Spur Pruning スパー・プルーニング）

- 初めの年は長梢剪定を採用し、翌年以降は地面と垂直に伸びた結果枝を1〜2芽残す剪定方法。

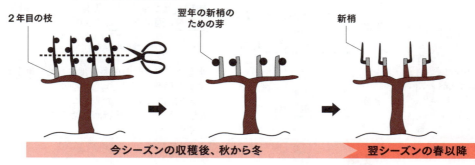

| イラスト内の用語 | 解説 |
| --- | --- |
| 2年目の枝 | 前シーズンの新梢が木化した枝。 |
| 翌シーズンの結果母枝 | 結果枝が延びる元となる枝。 |
| 新梢 | 春に芽を出し、夏にはブドウを実らせる枝＝結果枝。出芽した時点では緑色だが、収穫期の前後から茶色に変化する。 |

### 徒長性と節間（長梢剪定）

- 新梢が過剰に伸びてしまうことを「徒長する」という。
- 土壌が肥沃である、または樹齢が若いために樹勢が強いなどの理由で新梢が徒長すると、節間（芽と芽との間）が広がってしまい、剪定の際に残せる芽数が少なくなってしまう。
- バランスの取れた土壌であることや、樹齢が上がり樹勢の落ち着いた樹であることが、安定した収穫量につながるといえる。

## 仕立て（英：Training トレイニング　仏：Formation フォルマシオン）

- ブドウの仕立て方には、<u>垣根</u>仕立て、<u>棒</u>仕立て、<u>株</u>仕立て、<u>棚</u>仕立てなどがある。
- 新梢（Shoot シュート）を地面と垂直に伸ばす仕立て方を総称して、Vertical Shoot Position ヴァーティカル・シュート・ポジション（VSP）という。

### 1 <u>垣根</u>仕立て

- <u>針金と柱</u>を用い、結果枝を地面と<u>垂直</u>方向に伸ばす仕立てで、<u>長梢</u>剪定と<u>短梢</u>剪定の2種類がある。
- 世界的に広く実施されており、代表的産地は、<u>ボルドー</u>、<u>ブルゴーニュ</u>（フランス）、ドイツ、イタリアなど。
- 「長梢剪定」として広く用いられるギヨ式剪定法は、19世紀フランスの植物学者 Jules Guyot ジュール・ギヨ博士が1872年に出版した「フランスのブドウ畑の研究」で紹介した。<u>Guyot Double ギヨ・ドゥブル</u>と<u>Guyot Simple ギヨ・サンプル</u>がある。
- 「短梢剪定」は、<u>Cordon Royat コルドン・ロワイヤ</u>が広く用いられる。
- ボーゲン：垣根仕立ての一つ。左右に弧状にとった長梢2本と2〜3本の短梢を残す仕立て方。

> ドゥブル＝2つの
> サンプル＝1つの
> という意味で、それぞ
> れ長梢が何本あるか
> を言い表している。

> コルドン・ロワイヤル
> などの誤植が頻繁に
> 見受けられるが、正しく
> はロワイヤ。

**Guyot Simple**
ギヨ・サンプル

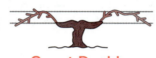
**Guyot Double**
ギヨ・ドゥブル

**Cordon Royat**
コルドン・ロワイヤ
※参考

### 2 <u>棒</u>仕立て

- 針金を張ることができない<u>急斜面</u>に適し、栽培者が畑を上下左右に<u>動きやすい</u>仕立て方。
- 代表的産地は、<u>モーゼル</u>（ドイツ）、北部ローヌ（フランス）など。

### 3 <u>株</u>仕立て
（英：<u>Head training</u> ヘッド・トレーニング、
<u>Bush training</u>　ブッシュ・トレーニング
仏：<u>Gobelet</u> ゴブレ）

- 新梢を針金や棒に<u>固定しないため</u>、結果枝は過剰に伸長しない。
- 代表的産地は、<u>南フランス</u>、<u>スペイン</u>、ポルトガルなど。

> 垣根仕立て→「垂直」
> 棚仕立て→「水平」

### 4 <u>棚</u>仕立て
（英：Overhead vine training
オーヴァーヘッド・ヴァイン・トレーニング
仏：<u>Pergola</u> ペルゴラ）

※参考

> 棚仕立てを用いる理
> 由は、日本、スペイン
> ではブドウの実を湿気
> から避けるため、イタリ
> アでは強い日差しから
> 守るため、と理由が異
> なる。

- ブドウが棚の天面に広がるため、葉が地面に対し<u>水平</u>に広がる。果実が<u>目の高さ</u>になることで、<u>きめ細かい手入れ</u>が可能となり、生食用ブドウに適用されることが多い。
- <u>長野</u>県塩尻市を中心に、スマート・マイヨルガ仕立てを改良した Hayashi-Smart ハヤシ・スマート・システムという棚仕立ての短梢剪定が普及している。
- 代表的産地は、<u>日本</u>、<u>イタリア</u>、<u>スペイン</u>の<u>リアス・バイシャス</u>など。
- 樹体は比較的大きくなる。

**ブドウ品種のセレクション**

### Clonal selection クローナル・セレクション
（仏：Sélection clonale セレクシオン・クローナル）

- 一般的にブドウは種子ではなく、挿し木で増やす。
  枝はブドウの樹の一部なので、これを挿し木してつくった苗は親株と同じ遺伝子をもつ。
  同じ遺伝子をもつ苗を「clone クローン」と呼び、挿し木苗は親株の特徴を安定して発現できる。
- ブドウは突然変異を起こしやすく、大きく変異したブドウは別品種として認識される。
  一方で小さな変異が生じた場合、同じ品種であるが異なるクローンとして選抜し、
  挿し木で増やした後、番号をつけて識別する。
  例：ピノ・ノワールのディジョン・クローン（115、777 など）。

### Massal selection マサル・セレクション
（仏：Sélection massale セレクシオン・マッサル）

- 「一つの区画内に同じ遺伝子の株のみが植えられていると多様性が失われる」という考えのもと、遺伝子に頼らず、自分の畑の中で好ましい性質の株を残していく方法をマサル・セレクション（集団選抜）と呼ぶ。
- 自分の畑の環境下で性質の良い株を選択し、複数残す形をとるため、クローナル・セレクションに比べて遺伝子の多様性が見込める。

**台木用ブドウ**

### フィロキセラ対策

- 19世紀のブドウの三大病虫害（ベト病、ウドンコ病、フィロキセラ）のうち、ベト病とウドンコ病はカビによる病気のため、カビを予防する薬剤を開発することで被害は沈静化できたが、フィロキセラは土の中のブドウの根に対する虫害のため、フィロキセラの幼虫に直接薬剤をかけることができず、対策を講じるのが難しかった。
- フランス政府の対策調査委員会がモンペリエ大学の Jules Émile Planchon ジュール・エミール・プランション博士をアメリカに派遣し、アメリカ原産のブドウ（V.riparia リパリア種、V.rupestris ルペストリス種、V.berlandieri ベルランディエリ種）の根に、強いフィロキセラ耐性があることを発見した。そこでこれらのブドウを台木に用いることで、フィロキセラ被害を抑えた。

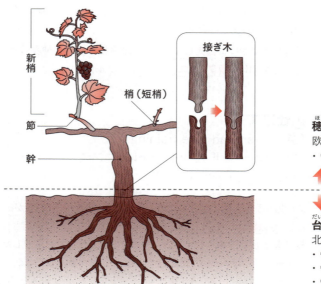

## 台木品種の交雑
### 3大台木原種の特徴

| 種 | 特徴 |
|---|---|
| **Riparia** リパリア種 | 湿った土壌に強い、早熟性、収量少な目、挿し木の際に根が出やすい、石灰質土壌に弱い。 |
| **Rupestris** ルペストリス種 | 乾燥土壌に強い、晩熟性、収量多め、石灰質土壌に弱い。 |
| **Berlandieri** ベルランディエリ種 | 乾燥土壌に強い、石灰質土壌に強い、挿し木の際に根が出にくい。 |

- 上記のようにそれぞれに長所・短所があるため、これらの品種を交雑し、優れた性質をあわせもった台木の作出が行われた。

### 3大台木原種との主な交雑種

| 交雑種の名称 | 交雑の組み合わせ | 特徴 |
|---|---|---|
| 3309 | リパリア×ルペストリス | 中程度の乾燥土壌に適する。穂木との相性が良い。樹勢は弱め。 |
| 101-14 | リパリア×ルペストリス | 根が浅め。やや湿った土壌を好む。穂木との相性が良い。 |
| SO4、5BB | ベルランディエリ×リパリア | 湿潤な粘土土壌を好む。樹勢は強め。 |
| **AXR#1** | ヴィニフェラ（アラモン）×ルペストリス ※名称はAramon、X（かける）、Rupestris、それぞれの頭文字から。 | 1879年にリリースされ、フィロキセラ耐性は低いものの、ヴィニフェラの遺伝子が入っているためにヴィニフェラの穂木との相性がよく、カリフォルニアで広く使われた。1980年代に、バイオタイプBとよばれるフィロキセラの出現により、カリフォルニアの広範囲で改植を余儀なくされた。 |

## 各種ブドウ栽培

### 有機農業（英：Organic Agriculture、仏：Agriculture biologique）

- 有機農業とは、日本の「有機農業の推進に関する法律」の第2条で、「化学的に合成された肥料及び農薬を使用しないこと並びに遺伝子組換え技術を利用しないことを基本として、農業生産に由来する環境への負荷をできる限り低減した農業生産の方法を用いて行われる農業」と定義している。

**国際的な認証団体** Ecocert エコセール（本部：フランス）

### ビオディナミ（英：Biodynamics バイオダイナミックス、仏：Biodynamie ビオディナミ）

- 人智学者ルドルフ・シュタイナーが提唱した農法。化学肥料や農薬は使用せずにプレパラシオンと呼ばれる調合剤を使用することで、植物と土壌を自然界のエネルギーで活性化し、安定した農業生産を目指す。
  月や惑星の動きと植物の成長を調和させることを重視した農事暦が用いられることもある。

**国際的な認証団体** Demeter デメター（本部：ドイツ）

> 有機農業で使える薬剤は対症療法、ビオディナミの調合剤は免疫療法に近い。また、有機農業は科学的根拠に準じており、ビオディナミの調合剤の効果についても徐々に科学的証明が進んでいる。

### 減農薬栽培（仏：Lutte raisonnée リュット・レゾネ）

- 「農薬の必要性は認めた上で、その使用量を最小限にとどめる」という考え方である。
- 降雨や気温のデータをもとに、ブドウの各種病気が広がる時期を予測し、最適な時期に最小限の農薬を使う、などの方法がある。

---

**Introduction to Wine**

剪定と仕立て、ブドウ品種のセレクション、各種ブドウ栽培

P.28 » 31

> カビが原因の病害は、「病名・症状・対処策」を3点セットで覚え、どこから問われても答えられるようにしよう！

## ブドウの生理障害、病虫害

| 原因 | 病名など | 症状 | 対処策 |
|---|---|---|---|
| カビ | **ベト病**<br>英：**Downy mildew**<br>ダウニー・ミルデュー<br>仏：**Mildiou**<br>ミルデュ | ・**19世紀後半**、アメリカから輸入されたブドウ樹により伝播し、**1878**年にヨーロッパで最初の被害を発見。<br>・湿度の高い地域で繁殖し、**白いカビ状の胞子**が形成され、**落花**、**落葉**、**落果**させる。 | ・**ボルドー液**<br>（**硫酸銅**＋**生石灰**＋**水**の混合溶液）の散布。 |

> ベト病はPeronosporaと呼ばれることも多い。

> Downyは「ふわふわした」という意味で、白いカビ状胞子の触感とつながっている。☕

> 「ボルドー液」は、実際に"べとべと"している液なので、連想して「ベト病」の対処策であると覚えよう！

| 原因 | 病名など | 症状 | 対処策 |
|---|---|---|---|
| | **ウドンコ病**<br>英：**Powdery mildew**<br>パウダリー・ミルデュー<br>仏：**Oïdium**<br>オイディウム | ・**1850**年頃にヨーロッパに伝播した北アメリカ由来のカビ。<br>・若枝や生育中のブドウ果粒が**白い粉状の胞子**に覆われ、果粒の表皮成長が妨げられるが、果肉は成長し続けるため、ブドウ果粒が裂かれ、果粒は**ミイラ化**あるいは**腐敗**の原因となる。 | ・開花時の**硫黄**を含んだ農薬の散布や、ベンレート（ベノミル）剤による殺菌。 |

> 「白い胞子」のキーワードは「ベト病」と「ウドンコ病」の2回登場する。

> ベト病とウドンコ病が非常に似ているので注意。

| 原因 | 病名など | 症状 | 対処策 |
|---|---|---|---|
| | **灰色カビ病**<br>英：**Gray mold**<br>グレー・モールド<br>仏：**Pourriture grise**<br>プリチュール・グリース | ・湿度の高い環境では、**ボトリティス・シネレア菌（貴腐菌）**の影響で、花穂、葉、果房に灰色のカビが生じ、未熟果についた場合は単に腐らせてしまう。<br>・一方、乾燥した環境で、完熟果についた菌は、果粒を保護するロウ質を溶かし、ブドウの実の表面に無数の目に見えない小さな穴をあける。穴から水分が蒸発し、エキス分（糖分等）だけを残し、樹についたまま干しブドウ状態になる。それを**貴腐**といい、極上甘口ワイン（貴腐ワイン）の原料になる。 | ・**イプロジオン水和剤**の散布。 |

> ボトリティス・シネレア菌は、貴腐ワインを造るためになくてはならない。完熟果につくか、未熟果につくかで、まさに天と地ほどの差が生まれるというわけ。☕

| 原因 | 病名など | 症状 | 対処策 |
|---|---|---|---|
| | **晩腐病**<br>**Ripe rot**<br>ライプ・ロット | ・収穫期のブドウ果実を腐敗・**ミイラ化**させる病害で、その被害は急速に拡大する。<br>・**日本**で被害**最大**のブドウ病害。 | ・休眠期に**ベンレート（ベノミル）剤**などを散布。 |

> 「ミイラ化」のキーワードは「ウドンコ病」と「晩腐病」の2回登場する。

| 原因 | 病名など | 症状 | 対処策 |
|---|---|---|---|
| | **ESCA**<br>エスカ | ・**最も古く**からあるブドウの病気。<br>・感染すると、生育期間中に葉の色が変色し、枯れて落葉する。<br>・フランスを中心に徐々に被害が広がりつつある。 | ・効果的な対処法が確立されていない。 |

| 原因 | 病名など | 症状 | 対処策 |
|---|---|---|---|
| カビ | <u>Excoriose</u> エスコリオーズ | ・萌芽してから数週間で増殖し、枝が<u>瘡蓋</u>（かさぶた）状になる。 | ・感染した枝を冬の間に燃やし、胞子を残さない。 |
| バクテリア（細菌） | <u>根頭癌腫</u>（こんとうがんしゅ）病 <u>Crown gall</u> クラウン・ゴール | ・樹の傷から土壌細菌が感染することで、<u>こぶ</u>状の塊をつくる。<br>・<u>冬の寒さが厳しい</u>地域に多い。 |  |
|  | ピアス病 <u>Pierce's</u> Disease | ・<u>シャープシューター</u>と呼ばれるヨコバイの仲間が、バクテリア（細菌）をブドウ樹に感染させる。<br>・生育期間中に葉が葉緑素を失って、数年のうちに樹が枯死する。<br>・北米で広範囲にみられる。 | ・殺虫剤を散布。 |
|  | **Flavescence dorée** フラヴサンス・ドレ | ・北アメリカから伝播したヨコバイの一種が、バクテリア（細菌）をブドウ樹に感染させる。<br>・ブドウの房が充実せず、樹は徐々に弱って、数年で枯死する。 | ・殺虫剤を散布。 |
| ウイルス | <u>ウイルス</u>病 | ・ブドウのウイルス病は、現在約<u>50</u>種類以上が確認されており、<u>ブドウ・Leaf roll</u> リーフロール（<u>葉巻</u>病）、<u>Fleck</u> フレックなどがある。 | ・ウイルスフリーのブドウ苗の育成。<br><br>"ウイルス"と"カビ"は区別して整理しよう！ウイルスとは、植物や動物の細胞を介して増殖するため、対処が難しい。 |
| 虫害 | <u>Phylloxera</u> フィロキセラ<br><br>日本を含む世界中でフィロキセラは確認されている。ほぼ全てのブドウ樹が台木に接ぎ木されているのは、このフィロキセラ対策のため。 | ・北米大陸原産の体長約1mmほどの<u>昆虫</u>で、<u>19</u>世紀<u>中頃</u>にアメリカから輸入されたブドウ苗木によってヨーロッパへ伝播（でんぱ）。<br>・植物の根や葉に寄生して樹液を吸い、数年かけて枯死させる。 | ・<u>北米</u>系種を台木（だいぎ）とした<u>接木</u>（つぎき）苗をつくる。<br><br>フィロキセラ 》<br>全長1mmほど。羽のあるものとないものがいる。 |
| 生理障害 | <u>花振</u>（はなぶる）い（花流れ）<br>英：<u>Coulure</u> クルール、<u>Shatter</u> シャッター<br>仏：<u>Coulure</u> クリュール | ・低温や多雨などによって、受粉、結実がうまくいかず、果房につく果粒が<u>少なく</u>なり、収穫量が減るブドウの<u>生理障害</u>。<br>・若木や勢力の強い結果枝に生じやすい。 | **具体例**<br>低温→受粉したが、花粉管が伸びない。<br>多雨→雨で花粉が流され、そもそも受粉できない。<br><br>実が少ない→花振い<br>実が小さい→ミルランダージュ |
|  | ミルランダージュ<br>仏：<u>Millerandage</u> | ・花粉による受精を経ない単為結果（種子なし果実）が多く発生し、肥大せず<u>小粒</u>のまま果実になった状態。<br><br>ミルランダージュが生じた房では、正常な果実と小粒の果実が入り混じる。 |  |

Introduction to Wine

ブドウの生理障害、病虫害

# ワインの醸造

**ワイン醸造の基礎**

## 亜硫酸（二酸化硫黄 $SO_2$）について
- 酸化を防ぐ目的で、ワインには亜硫酸が添加される。
- 亜硫酸には静菌作用もあるため、雑菌は一定の濃度以上の亜硫酸があると増殖できない。

## 酵母
- ブドウに含まれる糖分は、酵母の働きによってエタノールと二酸化炭素に分解される。
- アルコール発酵を行う酵母は、
  **Saccharomyces cerevisiae** サッカロミセス・セレヴィシエに分類される。
  ブドウは高濃度の糖を含み、豊富な酸を有するため、ワイン用の酵母は高い糖濃度と低いpHへの耐性をもっていなければならない。
- ワイン醸造に用いる酵母には、ブドウの果皮に付着している天然酵母と、タンクの中の優秀な酵母を選抜・培養し、フリーズドライで乾燥状態にして使用される培養酵母が用いられる。

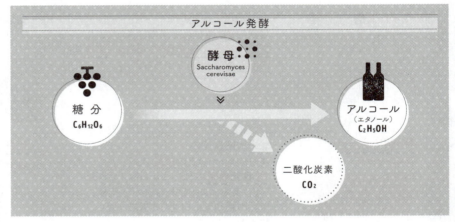

**発酵・貯蔵容器**

## ステンレスタンク
- **ステンレスタンクの3つのメリット**
  1. **熱伝導性**がよいため**温度管理が容易**
     （発酵を人の手でスムーズに司ることができる）
  2. 殺菌がしやすく**衛生管理が容易**
     （掃除が楽なため、好ましくない微生物による汚染を極力回避することができる）
  3. **ワインの酸で腐食しにくい**
     （錆びないので、長期にわたって使用することができる）
  
  以上3つの理由から、白ワイン、赤ワインともに、ステンレスタンクでの醸造が一般的となっている。

## コンクリート・タンク

> 比較的ニュートラルな特性とされる。

- 保温性に優れ、木桶よりも内部の殺菌や清掃がしやすい。
- 古くは建物の一部として設置されていた。円錐型、卵の形など様々な形状がある。

## 木桶(きおけ)

> 桶と樽の違い
> 桶
> ↓
> 上部が開いている
> 樽
> ↓
> 上部が閉じている

- 材質は**オーク**材が多く、保温性に優れており、高級な赤ワインの仕込みに使われる。

## オーク樽

- 貯蔵容器や輸送容器として発達してきた。
- 樽にワインを満量充填すると、樽の重さと合わせて300kg程度になるが、中央部が膨らんだ形をしているため、転がして移動することが可能。

### 代表的な樽の種類

> バリック及びピエス1樽から、750mlのボトル300本が瓶詰めできる。

> トノーという言葉は、小樽（バリックやピエス）より大きい中樽（300〜900ℓ）に対する俗称として用いられることも多い。

- **Barrique** バリック（容量 **225**ℓ）：**ボルドー**で使われる樽。
  バリック4つ分の容量 **900**ℓ が、国際的なワインの取引に使われてきた単位の **Tonneau** トノーであり、750㎖のボトル **1,200**本＝**100**ケースに相当する。
- **Pièce** ピエス（容量 **228**ℓ）：**ブルゴーニュ**で使われる樽。
  バリックはやや細い形をしている一方、ピエスは寸胴の形をしている。

**Barrique** バリック

**Pièce** ピエス

発酵・貯蔵容器

### 樽育成（仏：Élevage en tonneau エルヴァージュ・アン・トノー）

- 発酵が終了したワインをオーク樽に移し替えて、セラーでおよそ **1〜2** 年間育成（Élevage エルヴァージュ）する。
- 樽の中でワインを育成すると、樽材から**タンニン**分が溶出しワイン中の濁り成分と重合※1、沈殿しやすくなる。また、木目からの穏やかな**酸素**の流入によって、ワインの味わいがまろやかに変わっていく。（**新樽**※2は最も酸素透過率が高い。）
- ワインが樽の木目を通して蒸発するため、目減り分の**補酒**（Ouillage ウイヤージュ）を定期的に行う。

※1 重合：小さい分子が互いに多数結合して、より巨大な分子となること。つまり、ワイン中に浮遊する目に見えない小さな成分同士がくっつき合い、目に見えるほど大きな成分となることで、底に沈殿していく。これにより濁っていたワインが澄んでいき、また粗いタンニンの角がとれていく。
※2 新樽：新品で"未使用"の樽のこと。2年目以降の、一度でも使用した樽は全て"古樽"と呼ばれる。

**補酒**
補酒をしないと、樽内のワインの表面積が増え、「過度な酸化」の劣化につながってしまう。フランス、ジュラ地方の「ヴァン・ジョーヌ」で再度重要な知識として登場する！

#### 樽育成の主な効果

1. 木目を通しての穏やかな**酸素**との接触
2. 樽からの**成分抽出**（タンニン、ココナッツ香など）
3. **清澄化**の促進
4. 赤ワインの**色調**の安定化
5. フェノール成分の重合による沈殿
6. 風味の**複雑化**

### 樽発酵（仏：Fermentation en tonneau フェルマンタシオン・アン・トノー）

- 樽の中に果汁を入れて発酵させる工程のことで、通常**白**ワインの発酵で行われる。

「樽発酵」は基本的に白ワインだけ赤ワインの場合は、後述する「主発酵／醸し」の工程におけるピジャージュとルモンタージュの作業が困難になる、色素やタンニンで樽の内側が汚れてしまう、などの理由から、樽発酵が一般的ではないが、ごく一部の高級赤ワインでは樽に特殊な小型の開閉式扉を取り付けた上で、樽発酵をすることもある。

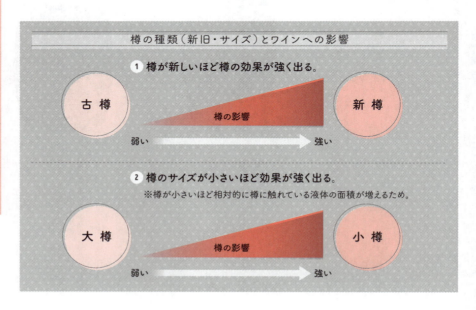

**柾目取り**
木の中心から放射状に板を取る。

**板目取り**
寝かせた丸太から水平に板を取る。

**オークの種類**

- 樽材としてオーク材が多く用いられる。代表的な産地として、フランス、アメリカなどがある。多くの種が存在するが、いずれも**ケルカス**属に分類される。
- ワインによく用いられ、ヨーロッパに自生するのは、
**セシル・オーク**（学名：**Quercus petraea ケルカス・ペトラエア**）、
**ペドンキュラータ・オーク**（学名：**Quercus robur ケルカス・ロブール**）の2種。
- 北アメリカに自生するオークは、ヨーロッパとは種が異なるアメリカン・ホワイト・オーク（学名：**Quercus Alba ケルカス・アルバ**）が主体。

**オークの種類、樽側板の製材方法**

|  | ヨーロッパ産（フレンチなど） | アメリカ産 |
|---|---|---|
| 種類 | **セシル・オーク**<br>（**Quercus petraea**<br>**ケルカス・ペトラエア**）<br>**ペドンキュラータ・オーク**<br>（**Quercus robur**<br>**ケルカス・ロブール**） | アメリカン・ホワイト・オーク<br>（**Quercus Alba**<br>**ケルカス・アルバ**） |
| タンニン量 | **多い** | **少ない** |
| ヴァニラ香<br>ココナッツ香 | **控えめ** | **強め** |
| 製材方法 | 柾目取り | 板目取り |
| 値段 | 一般に**高い** | やや**安い** |
|  | ワインの漏れを防ぐため、柾目取りをするが、加工時に使えない部分が多く出るためコストがかかり高くなる。 | ゴム状の化合物 **tyloses チロース**が多く含まれ、これが木目の隙間をふさぐため、板目取りでつくっても中の液体が漏れない。ヨーロッパ産と比較して、ロスが少なく安い。 |

タンニン量とヴァニラ香・ココナッツ香の関係

発酵・貯蔵容器

## 樽材の自然乾燥
（仏：<u>séchage naturel</u> セシャージュ・ナチュレル、英：<u>seasoning</u> シーズニング）

- 森から切り出されたオーク材は、樽側板の形に切り出した後、屋外に置いて2～3年間自然乾燥させる。この間に、余分な成分が溶け出し、ヴァニラ香やココナッツ香が増える。どういった地域でシーズニング（自然乾燥）を行うかによって、樽がもつ味わいに違いが生まれる。

> "シーズニング"は樽を作る工程の中で最重要！この期間に樽の「テロワール」が備わるといわれている！

## 樽のトーストにより抽出される主な香り

- 樽をトーストする熱によって、樽に含まれるリグニンが分解され、ヴァニラ香をもつ**ヴァニリン**などが生じる。
- 樽の内面をトーストすることで、<u>Eugenol</u> オイゲノールという**クローブ**やナツメグの香りをもつ化合物が生成される。
- 樽の内部のトーストの程度によって、Light toast、Medium toast、Heavy toast などのように呼ばれる。
- トーストの度合いが強いと、樽の内面が焦げることでワインが浸み込みにくくなり、樽から抽出されるタンニンは<u>少なく</u>なり、煙、コーヒー、カラメルなどのロースト香が<u>強く</u>なる。

> トーストの度合いと樽からの抽出物の量は反比例である。多くの受験生が間違って覚えているため注意。

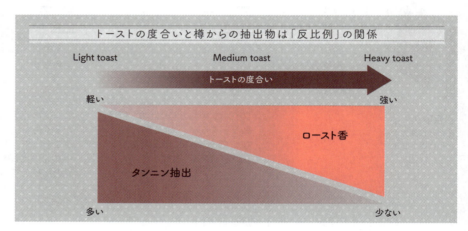

トーストの度合いと樽からの抽出物は「反比例」の関係

## ケルカス属のまとめ

| 学名 | 名称 | 産地 | 用途 |
|---|---|---|---|
| Quercus **petraea**<br>ケルカス・ペトラエア | <u>セシル・オーク</u> | ヨーロッパ | 樽材 |
| Quercus **robur**<br>ケルカス・ロブール | <u>ペドンキュラータ・オーク</u> | | |
| Quercus **Alba**<br>ケルカス・アルバ | アメリカン・ホワイト・オーク | 北アメリカ | |
| Quercus **suber**<br>ケルカス・スベール | コルク樫 | 地中海沿岸<br>（主要産地：<u>ポルトガル</u>など） | コルク |

VINOLET

Introduction to Wine

<< ワイン醸造の基礎、発酵・貯蔵容器、クロージャー、溶存酸素管理

P.34»39

## クロージャー Closure

- ワインに用いられる様々な栓を総称して、クロージャーと呼ぶ。

| 種類 | 特徴・備考 | 例 |
|---|---|---|
| 天然コルク | コルク樫（学名：**Quercus suber ケルカス・スベール**）の樹皮が原料で、最大の供給国は**ポルトガル**とスペイン。<br>一定の確率で**コルク臭**※が発生する。<br>※**コルク臭**は、コルクに含まれる 2,4,6-trichroloanisole トリクロロアニゾール（**TCA**）によるワインの劣化。**TCA**があると嗅覚が麻痺するため、ワインの果実感を感じなくなる。低濃度でも知覚できる強い匂いをもつ。 | |
| 圧搾コルク | 天然コルクを細かく砕き、成形したコルク。<br>コルク臭の発生率を極めて低く抑えることが可能。 | DIAM<br>ディアム |
| 合成コルク | プラスチック素材などの合成樹脂で成形したコルク型のクロージャー。<br>一定の酸素透過性をもたせたものもある。 | Nomacork<br>ノマコルク |
| スクリュー・キャップ | 金属製のキャップ。<br>キャップの内側上部にクッション材（**Liner ライナー**）が挟み込まれる。ライナーの素材によって酸素透過性に差が生まれる。 | Stelvin<br>ステルヴァン |
| その他 | ガラス製の栓など。 | Vinolok<br>ヴィノロック |

> コルクの生産量は、"ポルトガル"だけで全世界の 50％以上のシェアを誇る。

ライナー

## 溶存酸素管理

- 瓶詰め後のワインの品質を安定させるために、ワインに溶け込んでいる酸素の量を調整する工程。
- 近年増えている「スクリュー・キャップ＋金属蒸着のライナー」は酸素をほとんど通さないため、溶存酸素管理の重要性が増している。

| 名称 | 概要 |
|---|---|
| **溶存酸素**<br>（**DO** = Dissolved Oxygen<br>ディゾルブド・オキシジェン） | 液体に溶け込んだ**酸素**のこと。溶け込んだ酸素はワインを徐々に**酸化**させるため多すぎてはいけないが、少なすぎても**還元的**な匂いが出てしまうので、**DO** = 0.5〜1.0mg/ℓ 程度にして瓶詰めすることが多い。<br>**DO**が高い場合、窒素をワインに吹き込むことによって**DO**を下げることができる（窒素パージ）。 |
| **ヘッド・スペースの酸素**<br>（**HSO** = Head Space Oxygen<br>ヘッド・スペース・オキシジェン） | **ワインの液面**と**クロージャー**の間の空間（**ヘッド・スペース**）に含まれる**酸素**。通常、コルクに比べてスクリュー・キャップを使う方が**ヘッド・スペース**が大きくなるため、**HSO**も多くなる。<br>**HSO**を減らすため、瓶詰め時に窒素や炭酸ガスを吹き込む。 |
| **ボトル内の全酸素量**<br>（**TPO** = Total Package Oxygen<br>トータル・パッケージ・オキシジェン） | **DO**と**HSO**を合わせた数値を管理することが大切である。この合計値を**TPO**と呼ぶ。 |
| ボトルに半端に残ったワインの保存 | バイ・ザ・グラスで提供した際などにボトルに残ったワインの保存方法は 2 通りある。②はより効果的だが、それぞれのガスの性質をよく理解する必要がある。<br>①**空気**を抜いて**減圧状態**で保管する。<br>②**ガス**を吹き込んで酸素濃度を減らす。<br>（**窒素**、**アルゴン**、炭酸ガス） |

Chapter **1** Introduction to Wine

## 赤ワインと白ワインの醸造フロー

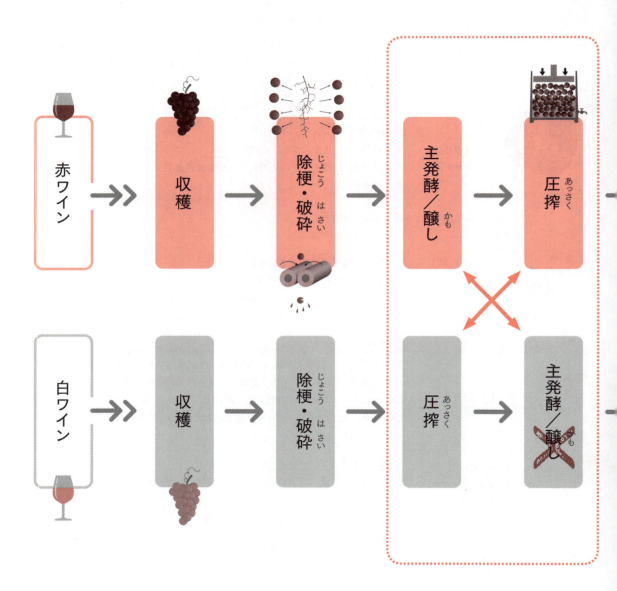

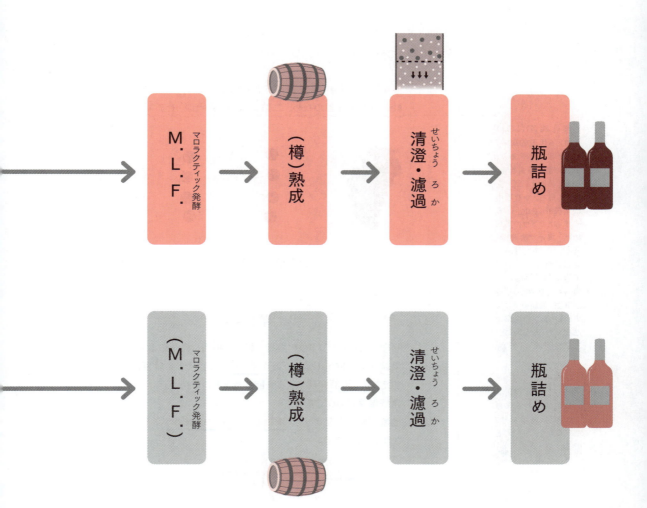

## 赤ワインの醸造法

- **収穫**（英：Harvest ハーヴェスト、仏：Vendange ヴァンダンジュ）
- **選果**（英：Sorting ソーティング、仏：Triage des raisins トリアージュ・デ・レザン）
  - 収穫されたブドウをワイナリーに搬入した後、選果台の上をブドウが移動する間に、望ましくないブドウを取り除くこと。

- **除梗**（英：Destem ディステム、仏：Égrappage エグラパージュ）
- **破砕**（英：Crush クラッシュ、仏：Foulage フーラージュ）
  - 果梗を取り除き（除梗）、ブドウをつぶす（破砕）工程。
  - 酸化防止と静菌のため、二酸化硫黄（亜硫酸）を加える。

> 二酸化硫黄（$SO_2$）を加える代表的なタイミングは3カ所ある。「破砕時」「滓引き時」「瓶詰め時」。$SO_2$を加える最も大きな理由は「酸化防止」。破砕するとブドウの実が破け、果汁が酸素と触れるので、添加する場合はこのタイミングで使用する。滓引き時の添加も、酸素との接触が理由。瓶詰め時に加える理由は、再発酵の防止、酒質の安定など。

Égrappage 除梗　　Foulage 破砕

- **主発酵**※1（英：Alcoholic fermentation アルコホリック・ファーメンテーション、仏：Fermentation alcoolique フェルマンタシオン・アルコリック）
  - 除梗・破砕したブドウの果汁、果皮、果肉、種子の混合物である果醪（仏：Moût ムー、英：Must マスト）を発酵槽に入れ、培養酵母を加えるか、天然酵母による発酵が始まるのを待つ。
  - 発酵温度は **30**℃前後。
  - 地域や収穫年によって、補糖（Chaptalisation シャプタリザシオン）※2されることがある。

> "果醪"とは、発酵前ないし発酵中の液体のこと。発酵終了以降、その液体を"ワイン"と呼ぶ。

※1 主発酵：後述する"M.L.F."も「発酵」の一種であることから、メインのアルコール発酵のことを「主」発酵と呼ぶ。
※2 Chaptalisation シャプタリザシオン：補糖を意味し、化学者でナポレオン1世統治下の内務大臣であるJean Antoine Chaptal ジャン・アントワーヌ・シャプタルに由来。ワインに甘味を付けるためではなく、ワインのアルコール分を高めることが目的。アルコール発酵時に行う。

- **醸し**（英：Maceration マセレーション、仏：Macération マセラシオン）
  - 発酵が始まると果皮から赤い色素アントシアニン、種子から渋味の主成分タンニンが溶出する。
  - 果皮、果肉、種子を果醪に漬け込む工程を「醸し」といい、熟成タイプのワインを造るときは、醸し期間を長くし、早飲みタイプのワインを造るときなどは、醸し期間を短くする。
  - 発酵で生じた二酸化炭素の力によって果皮や果肉が果醪上部に浮上し、果帽が形成される。

> "醸し"と"アルコール発酵"は全く異なるため、注意が必要。"醸し"とは、「紅茶の茶葉の抽出」と同じ、と覚えよう！

## 『成分抽出の2つのテクニック』

> 赤ワインと
> オレンジワインに
> 用いられるテクニック
> 白ワインは果汁のみを用いるためピジャージュやルモンタージュによる抽出は行わないが、圧搾前に低温浸漬で抽出するケースはある。

**1** 仏：<u>Pigeage</u> ピジャージュ
（英：<u>Punching down</u> パンチング・ダウン）：
人力による櫂つき。

> "Pigeage"とはつまり、「お箸」で紅茶の茶葉を突いて抽出を促すイメージ！

**2** 仏：<u>Remontage</u> ルモンタージュ
（英：<u>Pumping over</u> ポンピング・オーバー）：
タンクの下から発酵中の果醪液を抜き、タンク上部に浮上している果帽全体に液がかかるよう散布する。

### <u>Remontage</u> ルモンタージュの効果
・果皮・種子からフェノール類などの<u>成分の抽出</u>
・果醪液への<u>酸素</u>供給
・糖分、酵母、温度を<u>平均化</u>

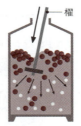
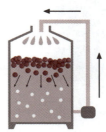

**1** Pigeage ピジャージュ　　**2** Remontage ルモンタージュ

### <u>圧搾</u>（英：Press プレス、仏：<u>Pressurage</u> プレシュラージュ）

> 圧搾
> 赤ワインと白ワインの醸造フローの違いを理解する上で、最も大切な工程。圧をかけて搾るという"文字通りの意味"よりも覚えておきたいのが、この工程で「果皮・種子に別れを告げ、果汁のみとなる」という点である！

- <u>アルコール発酵</u>、<u>醸し</u>の後、タンク下部から圧をかけずに自重で引き抜かれるワインを、<u>フリーラン・ワイン</u>と呼ぶ。
- 後に残った果皮、種子をプレスする際に得られるワインを、<u>プレス・ワイン</u>と呼ぶ。

> 一般的にフリーラン・ワインの方がより上質と考えられているが、フリーラン・ワインにプレス・ワインを少量加え、タンニンを補うこともある。

フリーラン・ワインの流出　　プレス・ワインの圧搾

↓ 赤ワインの醸造法

## ● マロラクティック発酵
（英：**Malo-lactic fermentation** マロラクティック・ファーメンテーション＝**M.L.F.**
仏：Fermentation Malolactique フェルマンタシオン・マロラクティック＝FML）

**M**alic acid
リンゴ酸

**L**actic acid
乳酸

**F**ermentation
発酵

- 果汁やワイン中に含まれる**リンゴ酸**が、**乳酸菌**（代表例：**Oenococcus oeni** エノコッカス・エニ）の働きによって、**乳酸**と**炭酸ガス**に分解される発酵のこと。
- 乳酸菌は嫌気性のバクテリアなので、酸素に触れないよう密閉した容器で空寸のない状態で、温度を**20℃以上**に保つ必要がある。
- 乳酸菌は、副生成物として、ヨーグルトなどの乳製品系の香りをもつ**ダイアセチル**を生じる。
- アルコール発酵を終えた赤ワインは、通常マロラクティック発酵を行うが、アルコール発酵とマロラクティック発酵を並行して行うことも広まってきている。
- 一般に赤ワインは、白ワインに比べてpHが高いため、乳酸菌が増殖しやすく、マロラクティック発酵が起きやすい。
- アルコール発酵の開始と同時に乳酸菌を添加し、アルコール発酵の終了と同時にマロラクティック発酵も終了させる方法をCo-inoculation コ・イノキュレーションと呼ぶ。

> M.L.F.はほぼ全ての赤ワインで行われる一方、白ワインでは一部のワインでのみ行われる。2次試験のテイスティングにおいても必須の知識！

### マロラクティック発酵の3つの効果

**1** 酸の「量」が減って酸味が和らげられ、「質」もマイルドになる
　　（　減酸処理　）

**2** **ダイアセチル**などの香りにより**複雑性**を増し、**豊潤な香味**を形成する
　　（　香りの付与　）

**3** 瓶詰め後の安定性が**微生物学的**に向上する
　　（　安定性の向上　）

> リンゴ酸は他の雑菌にとって栄養分となることが多く、そのリンゴ酸が減少するため、安定性が増す。

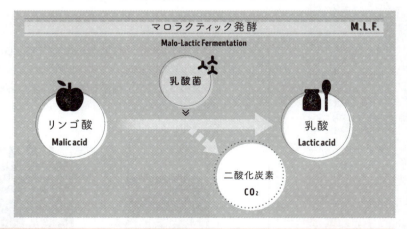

## ● 貯蔵・熟成・育成（英：Aging エイジング、仏：Élevage エルバージュ）

- 発酵を終えたワインは、樽またはタンクに移し変え、セラーで1〜2年貯蔵される。
- 樽で育成する場合、目減り分の**補酒**（**Ouillage** ウイヤージュ）を定期的に行う。

↓

## 澱引き（英：Racking ラッキング、仏：Soutirage スーティラージュ）

- 発酵が終わったばかりのワインは、様々な成分によって濁っており、これらの浮遊物が沈殿したものを澱（lie リー）と呼ぶ。澱は沈殿するため、澱を取り除くために、上澄みを別の容器へ移し替える。この作業は澱引きと呼ばれ、タンクや樽での貯蔵・育成中に数回行う。

Soutirage　澱引き

## 安定化処理（英：Stabilization process スタビリゼーション・プロセス）

- 必要に応じて、以下の処理を行う。

● 清澄化処理（仏：Clarification クラリフィカシオン、英：Clarification クラリフィケーション）

- 清澄度を上げるために、澱下げ（清澄）（仏：Collage コラージュ、英：Fining ファイニング）を行う。
- 赤ワインに使用される澱下げ剤には、ベントナイト、卵白、カゼインなどがある。

> ベントナイト＝粘土鉱物。
> カゼイン＝牛乳に含まれるたんぱく質。

● 冷却処理（英：Cold Stabilization / Stabilization by Chilling）

- 瓶詰め後に大量に酒石が析出しないよう、瓶詰め前にワインを−4〜0℃の低温で数週間保持し、酒石を析出させる。

● 濾過（仏：Filtrage フィルトラージュ、英：Filtration フィルトレーション）

- 必要に応じて瓶詰め前に、フィルターなどを使用して、濁り成分を濾し取る。
- 澱引きや清澄化処理で取りきれなかった細かい濁り成分、アルコール発酵酵母やブレタノミセス※の除去が目的。（濾過せず瓶詰めすることもある）

> ※赤ワインには、発酵の途中や貯蔵中に、ブドウに含まれる成分をBrettanomyces ブレタノミセスと呼ばれる酵母が変換することで、動物的な匂い（馬小屋臭）が生じることがある。この匂いはBrettanomycesという名称から、Brett ブレットと呼ばれることも多い。

Filtrage　濾過

## 包装工程（英：Packaging process パッケージング・プロセス）

- 瓶詰め（仏：Embouteillage アンブテイヤージュ、英：Bottling ボトリング）、コルクやスクリュー・キャップなどのクロージャーで密閉し、ラベルを貼り、箱詰めする。

45

## 赤ワインの醸造テクニック

> 醸造テクニックは最頻出！
> 1. 赤ワイン or 白ワイン
> 2. いつ（発酵前、発酵中、発酵後）
> 3. 方法
> 4. 効果・目的

### 🍷赤 **Carbonic maceration** カルボニック・マセレーション
（仏：**Macération carbonique** マセラシオン・カルボニック）

**方法**
- 縦型の大きな**密閉ステンレス**タンクに、**未破砕**（みはさい）の黒ブドウを房ごと投入し、**二酸化炭素**（炭酸ガス）を充満させた状態で数日置く方法。
- 炭酸ガスを外から注入する方法と、ブドウをタンクに詰める間に一部のブドウが潰れ、その発酵によって発生する炭酸ガスに頼る方法の2種類がある。
- その後、ブドウを圧搾し、白ワインと同様にブドウ果汁だけを発酵させる。

**効果**
① 果皮の細胞内で酵素反応が起こり、アントシアニン色素が抽出されやすい状態となる。
② **バナナ**の香りを思わせる**酢酸イソアミル**※が生まれる。
　※ボージョレで、**マセラシオン・カルボニック**を行うことで出る香りの一つで、白ワインを**低温**で発酵することでも生成する。清酒の**吟醸**香の一つでもある。

**効果・目的**
- **ボージョレ・ヌーヴォー**のように、フルーティーな香りで、色の濃さの割に渋味の少ない赤ワインが得られる。

**1** 二酸化炭素を満たした密閉タンクに未破砕の黒ブドウを房ごと投入し、数日間置く。

**2** 圧搾して果汁を得る。

**3** 白ワイン同様にブドウ果汁のみ発酵させる。

Carbonic maceration　カルボニック・マセレーション

---

> 全房発酵には、ワインのフレッシュ感を補う効果があると考えられているため、近年では多くの品種で用いられはじめている。

### 🍷赤 **全房発酵**（英：**Whole Bunch Fermentation** ホール・バンチ・ファーメンテーション）

- 主に赤ワインで、除梗をせずに、果梗を果皮・種子とともに漬け込んで発酵する醸造法。ピノ・ノワールの醸造で行われることが多い。

### 🍷赤 🍷ロゼ **Saignée** セニエ法

**いつ**
- 発酵の開始前または醸しの初期。

**方法**
- 果汁の一部を抜き取る。

**効果・目的**
- タンクに残った果醪（かもろみ）の中の果皮・種子の比率が**高くなり**、色合いが**濃く**、**タンニン分**の豊富な赤ワインとなる。抜き取った果汁は、発酵してロゼワインにすることが多い。

**備考**
- 「**セニエ**」とは**瀉血**（しゃけつ）（＝血抜き）の意味。
- ロゼワインの醸造法の一つであり、かつ赤ワインの醸造テクニックでもある。

> ロゼワインと赤ワイン、両方で出題される可能性が高い試験上最重要のテクニック！

セニエのロゼワインへ

Saignée　セニエ法

###  Macération préfermentaire à chaud　マセラシオン・プレフェルメンテール・ア・ショー＝M.P.C.

**いつ**
- 破砕後。

**方法・効果**
- 果醪に熱を加えて **70**℃前後にし、一定期間保持し、果皮から**アントシアニン**色素やタンニン分を抽出し、圧搾後、果汁を常温まで下げてから発酵させる。

**目的**
- 充分に色素が抽出された、タンニン分が少ない軽めの赤ワインとなる。

**備考**
- **南フランス**などで行われている。

　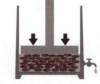　

**1** 黒ブドウを破砕後、**70**℃前後まで加熱し、色素やタンニンを抽出する。　**2** 圧搾して果汁を得る。　**3** 白ワイン同様にブドウ果汁のみ発酵させる。

Macération préfermentaire à chaud（＝M.P.C.）
マセラシオン・プレフェルメンテール・ア・ショー

###  Macération finale à chaud　マセラシオン・フィナル・ア・ショー＝M.F.C.

**いつ**
- アルコール発酵が終了後からマロラクティック発酵が始まるまでの間。

**方法**
- 果醪中に果皮と種子が残っている状態で30〜45℃に上げ、一定期間保持する。

**効果・目的**
- 果醪中にアルコール分があるため、果皮や種子からのタンニンの抽出を強めることができる。

###  Flash Détente　フラッシュ・デタント

- Macération à chaud マセラシオン・ア・ショーの一種。果実香と赤い色素を抽出する方法。

> コールド・マセレーションは、近年では白ワインで用いられることも多い。☕

###  <u>Macération préfermentaire à froid</u>　マセラシオン・プレフェルメンテール・ア・フロワ ＝<u>M.P.F.</u>（<u>Cold maceration</u>　コールド・マセレーション）

**いつ**
- 発酵前。

**方法**
- 果醪に亜硫酸を添加し、温度を低く（**5**〜**15**℃程度）保ちながら、数日〜10日間程度、発酵が起きない状態で保持する。

**効果・目的**
- ブドウのもつ酵素が働き、果実味のあるワインになる。

###  <u>Micro-oxygénation</u>　ミクロ・オキシジェナシオン（**ミクロの酸化**の意）
### <u>Micro-bullage</u>　ミクロ・ビュラージュ（**ミクロの泡立て**の意）

**いつ**
- 発酵中、または貯蔵中。

**方法**
- 多孔質のセラミックを通して**酸素**の細かい泡を吹き込む。

**効果・目的**
- **色素**の安定化、果醪またはワインが還元的になるのを防ぐ、発酵の遅延を防ぐ、香りに熟成感をもたせる、ポリフェノールの酸化重合を促進することで口当たりを柔らかくする、などの効果がある。

**備考**
- 1991年に**マディラン**（フランス）の造り手、Patrick Ducournau パトリック・デュクルノーが開発。

## 白ワインの醸造法

**収穫**（英：Harvest ハーヴェスト、仏：Vendange ヴァンダンジュ）

**選果**（英：Sorting ソーティング、仏：Triage des raisins トリアージュ・デ・レザン）

- 収穫されたブドウをワイナリーに搬入した後、選果台の上をブドウが移動する間に、望ましくないブドウを取り除くこと。

**除梗**（英：Destem ディステム、仏：Égrappage エグラパージュ）
**破砕**（英：Crush クラッシュ、仏：Foulage フーラージュ）

- 果梗を取り除き（除梗）、ブドウをつぶす（破砕）工程。
- 酸化防止と殺菌のため、二酸化硫黄（亜硫酸）を加える。

**圧搾**（英：Press プレス、仏：Pressurage プレシュラージュ）

- プレス機に入れた段階で、圧をかけずに自重で流出する果汁をフリーラン果汁、圧搾した際に得られる果汁をプレス果汁と呼ぶ。
- 仏：Débourbage デブルバージュ※
  （英：Settling セットリング）させた後、上澄み部分を別のタンクや樽に移す。
- 基本的には白ワインのみの醸造テクニック。

※ **Débourbage デブルバージュ**
圧搾後、果汁を低温で数時間静置し、不純物を沈殿させて取り除く作業。濁りすぎた状態で発酵させると異臭の原因となるが、上澄みが透明になりすぎると発酵が順調に進まないことがある。

Débourbage
デブルバージュ

> **発酵温度の違い**
> 発酵温度は、赤ワインは30℃前後、白ワインは20℃前後。赤ワインは、果皮と種子から色素やタンニンを抽出しなければいけないので（紅茶の茶葉の抽出と同様）、高めの温度で発酵される。一方、白ワインは果皮と種子を使用せず、かつ高温だとブドウのアロマが飛んでしまうため、低温で発酵される。

**主発酵**（英：Alcoholic fermentation アルコホリック・ファーメンテーション、仏：Fermentation alcoolique フェルマンタシオン・アルコリック）

- 圧搾、デブルバージュを行ったブドウの果汁を、オーク樽やタンクに入れて発酵させる。
- 地域や収穫年によって、補糖（シャプタリザシオン）されることがある。
- 発酵温度は赤ワインよりも低めで20℃前後。

↓

- **マロラクティック発酵**
  （英：<u>Malo-lactic fermentation</u> マロラクティック・ファーメンテーション＝<u>M.L.F.</u>、
  　仏：<u>Fermentation Malolactique</u> フェルマンタシオン・マロラクティック＝<u>FML</u>）

  - アルコール発酵後に<u>マロラクティック発酵</u>を行うことがある。
  - シャルドネはワインのスタイルによっては行われることが多く、フレッシュな酸味が特徴のソーヴィニヨン・ブランやリースリングで行われることはほとんどない。

  > M.L.F.がテイスティング上、議論されるのは、常に「白ワインの」場合においてである。なぜなら、赤ワインはほぼ全てM.L.F.しているから。☕

↓

- **貯蔵・熟成・育成**（英：Aging エイジング、仏：<u>Élevage</u> エルバージュ）

  - <u>樽育成</u>中に仏：<u>Bâtonnage</u> バトナージュ※
    （英：<u>Lees stirring</u> リーズ・ステアリング）を行うことがある。
  - ※<u>Bâtonnage</u> バトナージュ
    <u>熟成期間</u>中に樽の中の澱を<u>攪拌</u>（かくはん）し、酵母との接触を増やし、酵母に含まれる<u>アミノ酸</u>などの<u>旨味成分</u>をワインに移行させる作業。

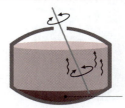
Bâtonnage バトナージュ　　澱

> 引っ掛け問題に注意
> "Pigeage ピジャージュ"との引っ掛け問題が頻繁に出題される！
> 行為の対象（ピジャージュは赤ワイン、バトナージュは白ワイン）と目的（ピジャージュは成分抽出、バトナージュはアミノ酸のワインへの移行）が異なる。

- <u>澱引き</u>（おりび）（英：<u>Racking</u> ラッキング、仏：<u>Soutirage</u> スーティラージュ）

↓

- **安定化処理**（英：Stabilization process スタビリゼーション・プロセス）

  - 必要に応じて、<u>清澄化</u>処理、冷却処理、濾過などの処理を行う。
  - 白ワインの清澄剤には、主に<u>ベントナイト</u>などが使用される。

  > 赤ワインは、ベントナイト、卵白などが使用される。

↓

- **包装工程**（英：Packaging process パッケージング・プロセス）

## 白ワインの醸造テクニック

### 🍷白 Sur lie シュール・リー

| | |
|---|---|
| いつ | アルコール発酵後。 |
| 方法 | 澱引きせず、そのまま発酵槽の中に沈殿した澱の上でワインを長期間（半年程度）接触させておく。 |
| 効果・目的 | 澱からアミノ酸などの旨味成分が抽出され、味わいのある白ワインとなる。 |
| 備考 | ロワール地方ペイ・ナンテ地区（ミュスカデ）、山梨県（甲州）が代表的。 |

Sur lie シュール・リー

【Sur】
"Sur シュール"とは、フランス語で「〜の上」「〜と接触している」という意味。

---

**赤ワイン同様に最重要！**
1. 赤ワイン or 白ワイン
2. いつ（発酵前、発酵中、発酵後）
3. 方法
4. 効果・目的

---

### 🍷白 Skin contact スキン・コンタクト
（仏：Macération pelliculaire マセラシオン・ペリキュレール）

| | |
|---|---|
| いつ | 除梗・破砕後、圧搾前。 |
| 方法 | 一定時間、圧搾機やタンクの中で、果皮を果汁に漬け込む工程。 |
| 効果・目的 | ・ブドウの品種香（第1アロマ）は果皮に含まれることが多く、果皮から果汁に香り成分が移行する。<br>・果皮に色のついたブドウ（ピノ・グリ、ゲヴュルツトラミネール、甲州など）の場合、果皮の色合いが果汁に抽出され、ピンクがかった色合いになってしまうこともある。 |

Skin contact スキン・コンタクト

「グリ系ブドウ」と呼ばれる。

---

### 🍷白 Cryo-extraction クリオ・エキストラクシオン（氷果凍結圧搾）

| | |
|---|---|
| 方法 | 収穫したブドウ果房を−7℃以下の冷凍庫で冷凍し、凍結した果実を圧搾して、糖度の高い果汁を得る。 |
| 効果・目的 | 人工的にアイスワインを行う圧搾法といえ、甘口のワインにすることが多い。 |

**なぜ糖度が高くなるのか？**
実際に凍るのは、ブドウの中央部分のみ。最初に凍り始めるのは「甘味」を含まない部分であるので、凍っていない部分に甘みが集中する。スポーツドリンクを半冷凍させると、液体部分は甘くなるが、凍った部分が味がしない理屈と全く同じ！

---

### ※すべて 常温減圧濃縮（英：Vacuum distillation ヴァキューム・ディスティレーション）

| | |
|---|---|
| 方法 | 真空容器内で果醪を減圧状態にすると、常温で果醪から水分が蒸発し、水を回収できる。 |
| 効果・目的 | 温度を高くまで上げないため、果実の品質劣化が少ないまま、果醪を濃縮することができる。 |

## ロゼワインの醸造法

- ロゼワインには、主に以下の4つの醸造法がある。
  ※白ワインと赤ワインを混ぜてロゼワインを造ることは（ブレンド法）
  多くの国で禁じられているが、スパークリング・ワインでは認められていることも多い。

**1** セニエ法（Saignée セニエ）

**2** 直接圧搾法（Pressurage direct プレシュラージュ・ディレクト）

**3** 短期醸し（Short maceration ショート・マセレーション）

1〜3の製法の比較は下記の表を参照。

**4** 混醸法　白ブドウと黒ブドウを混ぜた状態で発酵させる。

> **ブレンド法の具体例と実態**
> EU圏内では、スパークリングワインの「シャンパーニュ製法」のロゼに限って、"ブレンド法"が原産地保護の規定内で認められているケースもある。また「地理的表示のないワイン」であれば、ブレンド法によって造られるロゼワインがEU圏内でも数多く存在している。

### ロゼワインの醸造法

|  | 行うタイミング | 果汁の獲得方法 | ワインの色合い | ブドウの収穫時期・ワインのタイプ |
|---|---|---|---|---|
| 1 セニエ法 | 黒ブドウを除梗・破砕後、発酵が始まる前または醸しの初期。 | 果醪の自重により果汁を流出させる。 | 薄めの色合い。 | 赤ワインを造る際の副産物としてできることが多いため、赤ワインに適したタイミングで収穫する。ブドウが完熟した状態で収穫すれば、色は淡いが、酸が低めで果実感のある濃厚なタイプになることが多い。 |

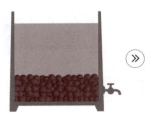  

ロゼワインの醸造法

| | | 行うタイミング | 果汁の獲得方法 | ワインの色合い | ブドウの収穫時期・ワインのタイプ |
|---|---|---|---|---|---|
| **2** | **直接圧搾法** | 黒ブドウの**圧搾**時。圧搾方法には、「破砕後に圧搾」「無破砕で圧搾」「全房で圧搾」がある。 | 圧力をかけずに果汁を得る。（**フリーラン**果汁） | **薄め**の色合い。 | **ロゼ**ワインを造る前提の収穫となるため、収穫時期には自由度がある。 |
| | | | 圧力をかけて搾る。（**プレス**果汁） | **濃いめ**の色合い。 | **セニエ法**よりも少し早めの、**酸**がしっかり残ったタイミングであることが多く、その場合は**白**ワインに近いタイプになるといえる。 |
| | | | | | **遅摘み**をすれば、**赤**ワインに近いタイプとなる。 |

黒ブドウを原料に白ワインのフローで"直接圧搾法"とはつまり、黒ブドウを原料に、白ワインの醸造フローで造られたロゼワインのこと。 ☕

**フリーラン**果汁

≫

**プレス**果汁

≫

| | | 行うタイミング | 果汁の獲得方法 | ワインの色合い | ブドウの収穫時期・ワインのタイプ |
|---|---|---|---|---|---|
| **3** | **短期醸し** | **赤**ワインと同様の**醸し発酵**を**短期間**行う。 | **引き抜き**と**圧搾**。 | （醸し期間によるが、）**濃いめ**の色合い。 | **フェノール**成分を含み、やや**重め**のワインとなる。 |

≫ ≫

## オレンジワインの醸造法

### オレンジワインとは？
- 白ブドウやグリ・ブドウを破砕し、果皮と種子を漬け込んで発酵したワインの総称。

### 使用されるブドウ
- 一般的に白ブドウでは、**Rkatsiteli ルカツィテリ**、Ribolla Gialla リボッラ・ジャッラ、Chardonnay シャルドネなど黄色みの強いものが使われる。
- グリ・ブドウ（**Pinot Gris ピノ・グリ**、Gewürztraminer ゲヴュルツトラミネール、**甲州**）から造られ、ややくすんだピンク色をしたワインは **Vin Gris ヴァン・グリ**（灰色のワイン）と呼ばれる。
- イタリアのフリウリ・ヴェネツィア・ジューリア州では、グリ・ブドウのピノ・グリージョから「**Vino Ramato ヴィーノ・ラマート**（銅色のワイン）」が伝統的に造られている。

**方法**
- 赤ワインと同じように果皮・種子ごと発酵し、発酵途中または発酵終了後に圧搾してワインを得る。

**備考**
- ジョージアの **Qvevri クヴェヴリ** で発酵・貯蔵したワインは、より色合いが濃いものが多く、**Amber wine アンバーワイン**（琥珀色のワイン）と呼ばれる。

オレンジワイン再興の黎明期に、オレンジを思わせる色調からこの名称が誕生した。
しかし、Vins Gris ヴァン・グリ、Vino Ramato ヴィーノ・ラマート、Amber Wine アンバー・ワインも含める形で定義が拡大化した結果、現代では製法に基づいたカテゴリー名となっている。現状のワイン法では、一般的に白ワインとして分類されるが、以下の2つの条件を満たせばオレンジワインとしてカテゴライズするべき。

1. 白ブドウもしくはグリブドウを原料とする。
2. 発酵が阻害されない温度域（低温浸漬との境目になるため、非常に重要）で浸漬しながら、数日以上発酵が行われる。

### Introduction to Wine
赤・白ワインの醸造フロー、赤・白・ロゼ・オレンジワインの醸造法・醸造テクニック

P.40 >> 53

# Chapter 2 フランス

France

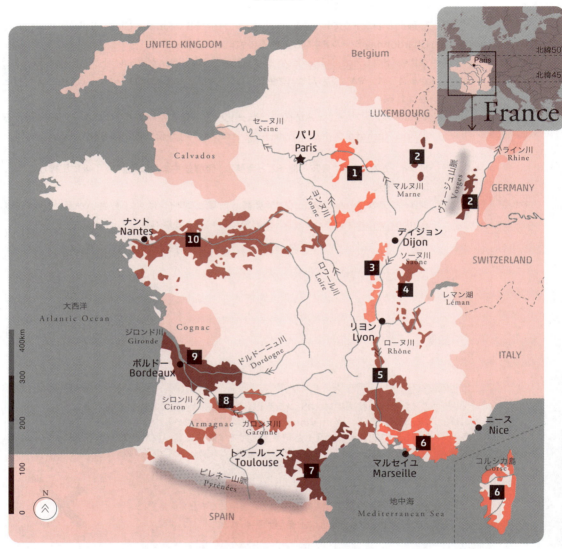

| | | |
|---|---|---|
| **1** ■ Champagne<br>シャンパーニュ地方 | **5** ■ Vallée du Rhône<br>ローヌ渓谷地方 | **9** ■ Bordeaux<br>ボルドー地方 |
| **2** ■ Alsace - Lorraine<br>アルザス・ロレーヌ地方 | **6** ■ Provence - Corse<br>プロヴァンス地方・コルシカ島 | **10** ■ Val de Loire<br>ロワール渓谷地方 |
| **3** ■ Bourgogne<br>ブルゴーニュ地方 | **7** ■ Languedoc - Roussillon<br>ラングドック・ルーション地方 | |
| **4** ■ Jura & Savoie<br>ジュラ・サヴォワ地方 | **8** ■ Sud - Ouest<br>シュッド・ウエスト | |

| DATA | | France |
|---|---|---|
| ブドウ栽培面積 | …… | 約74.5万ha |
| ワイン生産量 | …… | 約4,590万hℓ |

## 概要

- 南西は**ピレネー**山脈を挟んでスペインと接し、北西にはイギリスがあり、南東は地中海に面している。
- ワイン産地は大きく分けて**10カ所**。
- **1935**年に成立したA.O.C.（原産地統制呼称）は、EU共通のワイン法であるA.O.P.やD.O.P.の基礎となっている。
- ワイン輸出額は、**世界1位**。

### 各国のワイン法制定年

| フランス（A.O.Cなど） | イタリア（D.O.C.など） | スペイン（D.O.など） |
|---|---|---|
| **1935**年 | **1963**年 | **1932**年（翌**1933**年発効） |

## 歴史　History

| 時代 | 主な出来事 |
|---|---|
| **BC6**C | フランスに初めてブドウ栽培がもたらされる。古代ギリシャの一民族**フォカイア**人が、現在の**マルセイユ**に上陸し、植民市マッサリアを築いた。その後、**古代ローマ**人によってブドウ栽培とワイン造りが広がった。 |

### ワイン文化を持ち込んだ古代民族

| | 民族 | 年代 |
|---|---|---|
| フランス | フォカイア人（古代ギリシャ人の一民族） | 紀元前6C |
| イタリア | エトルリア人（中部）<br>古代ギリシャ人（南部） | 紀元前8C |
| スペイン | フェニキア人 | 紀元前1100年 |

| 時代 | 主な出来事 |
|---|---|
| 1C | **ローヌ**地方にブドウが植えられる。 |
| ~**4**C | **ボルドー**地方、**ブルゴーニュ**地方など、フランス各地へと伝わり、**4**C頃までに冷涼な気候の**シャンパーニュ**地方にも広まった。 |
| 中世 | 教会の権威が高まり、**ベネディクト**派や**シトー**派の修道僧によりブドウ畑が広がった。 |
| **1789**年 | **フランス革命**の際、貴族や教会は財産を没収され、ブドウ畑は**ブルジョワジー**のものとなった。 |
| **19**C | 市民の間でもワインが楽しまれるようになり、ワインがフランスの主要輸出品目の一つとなる。 |

> 両派とも、カトリック教会に属する修道会。シトー派は、1098年にベネディクト派から派生してブルゴーニュ地方にて設立された。ワインはキリスト教の祭祀に必要不可欠であり、また良質なワインは高い商品価値を持ち、その対価は修道院の財政基盤となった。

> **ブルジョワジー**
> "ブルジョワジー"とは中世のフランスで、貴族と農民の間に位置付けられた中間階級（比較的裕福な市民）を指す。

歴史

| 時代 | 主な出来事 |
| --- | --- |
| **19C後半** | **ベト病**、**ウドン粉病**、**フィロキセラ**による被害。 |
| 20C前半 | 第一次世界大戦や世界恐慌の影響により、粗悪なワインが流通し、産地偽装などの不正が多発。 |
| **1935**年 | フランスのワイン法である**A.O.C.**（**原産地統制呼称**）**制定**。 |

## 気候

- **北緯42〜51度**（日本の**北海道**からサハリンと同じ緯度）に位置する。
- **暖流**である**北大西洋**海流の影響によって、高緯度に位置しているにもかかわらず厳しい寒さから免れている。

> 半大陸性気候の「4つ」の産地はまとめて覚えてしまおう！

| 気候区分 | 該当する地方 |
| --- | --- |
| **海洋性**気候 | 大西洋に近い**ロワール**川下流、**ボルドー** |
| **半大陸性**気候 | **ブルゴーニュ**、**ジュラ**、**ロワール**川上流、**北部ローヌ** |
| **大陸性**気候 | 内陸の**ロワール**川上流、**アルザス** |
| **地中海性**気候 | 地中海に面した**ラングドック**、**プロヴァンス**、**南部ローヌ** |

## 主要ブドウ品種

ブドウ栽培面積順位

### 🍇 白ブドウ

> 「コニャック」の主要ブドウ品種。

> （仏：フュメ）煙、燻製の意味。ワインに、火打ち石のようなスモーキーな香りがあることに由来する。☕

| | 品種名 | 主な栽培地 |
| --- | --- | --- |
| 1位 | **Ugni Blanc** ユニ・ブラン　＊全体**2**位<br>= Saint Émilion(des Charentes) サンテミリオン（デ・シャラント） | コニャック地方、ボルドー、プロヴァンス |
| 2位 | **Chardonnay** シャルドネ<br>= Melon d'Arbois ムロン・ダルボワ（ジュラ地方） | ブルゴーニュ、シャンパーニュ、ジュラ |
| 3位 | **Sauvignon (Blanc)** ソーヴィニヨン（・ブラン）<br>= Blanc Fumé ブラン・フュメ | ボルドー、ロワール |
| 4位 | **Colombard** コロンバール | シャラント、シュッド・ウエスト |
| 5位 | **Chenin** シュナン<br>= Pineau de la Loire ピノー・ド・ラ・ロワール | ロワール |

**ブドウ栽培面積順位**

♣ **黒ブドウ**

| 品種名 | | 主な栽培地 |
|---|---|---|
| 1位 | **Merlot** メルロ ＊全体**1**位 | ボルドー、シュッド・ウエスト |
| 2位 | **Grenache** グルナッシュ ＊全体**3**位 | 南部ローヌ、ラングドック、ルーション |
| 3位 | **Syrah** シラー＝**Sérine** セリーヌ | ローヌ、プロヴァンス、ラングドック、ルーション |
| 4位 | **Cabernet Sauvignon** カベルネ・ソーヴィニヨン | ボルドー、シュッド・ウエスト、ロワール |
| 5位 | **Pinot Noir** ピノ・ノワール | ブルゴーニュ、アルザス、ジュラ、ロワール、シャンパーニュ |

◀ "メルロ"の栽培面積がカベルネ・ソーヴィニヨンよりも広いのは、栽培が比較的容易であるため。

◀ これら"南仏系"品種は、北部に比べ、よりブドウが熟しやすい環境にあるため、その分栽培面積も広くなる。

Chapter **2** フランス

## ワイン法と品質分類

- **1935**年に A.O.C. = Appellation d'Origine Contrôlée
  （アペラシオン・ドリジーヌ・コントローレ）
  （原産地統制呼称）が制定された。
- ブドウ栽培範囲、認定品種、最大収量、最低アルコール度数、剪定法や醸造法など、その規定に従ってブドウを栽培、醸造しなければならない。

> 「新世界」のワイン法は、ヨーロッパのワイン法に比べ緩く、ここまで雁字搦めではない！

## 新ワイン法（2009年ヴィンテージから）

**A.O.P.** （I.N.A.O.※ 管轄）　>>>　地理的表示付きワイン
**原産地呼称保護**
Appellation d'Origine Protégée
アペラシオン・ドリジーヌ・プロテジェ
- A.O.C.の表記（伝統表記）は現在も認められている。

**I.G.P.** （I.N.A.O.※ 管轄）　>>>　地理的表示付きワイン
**地理的表示保護**
Indication Géographique Protégée
アンディカシオン・ジェオグラフィック・プロテジェ
- かつてのV.d.P.（ヴァン・ド・ペイ）。

**V.S.I.G.** Vin Sans Indication Géographique　>>>　地理的表示なしワイン
**Vin de France**
ヴァン・ド・フランス
- 「品種」、「収穫年」の表示が任意で可能となった。

※ I.N.A.O. = Institut National de l'Orgine et de la Qualité
（アンスティテュ・ナショナル・ド・ロリジーヌ・エ・ド・ラ・カリテ）

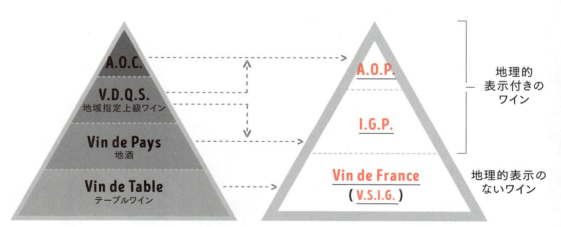

旧ワイン法 〜2008年：A.O.C. / V.D.Q.S.（地域指定上級ワイン）/ Vin de Pays（地酒）/ Vin de Table（テーブルワイン）

新ワイン法 2009年〜：A.O.P. / I.G.P.（地理的表示付きのワイン）／ Vin de France（V.S.I.G.）（地理的表示のないワイン）

**VINOLET**

**France**
DATA、概要、歴史、気候、主要ブドウ品種、ワイン法と品質分類、新ワイン法

P.55 » 58

# Chapter 3 ボルドー地方

Bordeaux

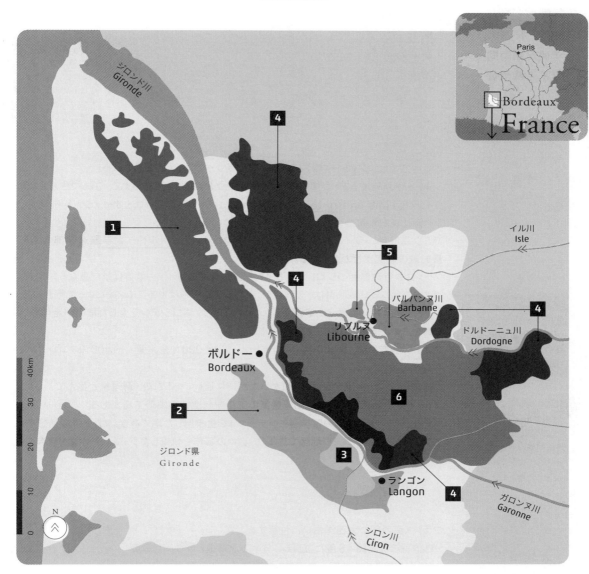

1. Médoc & Haut-Médoc　メドック&オー・メドック地区
2. Graves & Pessac-Léognan　グラーヴ&ペサック・レオニャン地区
3. Sauternes & Barsac　ソーテルヌ&バルサック地区
4. Côtes　コート地区
5. Saint-Émilion, Pomerol, Fronsac　サンテミリオン地区、ポムロール、フロンサック地区
6. Entre-Deux-Mers　アントル・ドゥー・メール地区

| DATA | | Bordeaux |
|---|---|---|

**県名** ……………… **Gironde** ジロンド（ヌーヴェル・アキテーヌ地域圏に属す）

**中心都市** ……… **Bordeaux** ボルドー市（人口25万人）

**ブドウ栽培面積** … 約10.9万ha

**ワイン生産比率** … 白：15％、赤：**80.5**％、ロゼ：4.5％（A.O.C.ワイン）

**気候** …………… **海洋性**気候

**緯度** …………… 北緯**45**度

**年間日照時間** …… **2,000**時間超

**年平均降雨量** …… **900**mm

> **最重要の「緯度」**
> 北緯「**45**度」は、偉大なワイン産地が並ぶ北半球最重要の緯度といわれる。☕

**概要**

- この地方では、**シャトー**（城）と呼ばれるワイナリーでワインが醸造される。
- **シャトー**が所有するブドウ畑で収穫されたブドウを醸造し、瓶詰めまで一貫して生産されたワインは、「**Mis en Bouteille au Château** ミザン・ブテイユ・オー・シャトー」とラベルに表記が可能。
- ブドウ栽培学、ワイン醸造学のシンクタンクともいえる**ボルドー大学醸造学部**があり、**最先端**の研究が行われている。
- フランスの行政範囲の**ジロンド**県とワイン産地としてのボルドー地方はほぼ重なる。
- ボルドー・ワインの取引は、伝統的に**ネゴシアン**と呼ばれるワイン商によって行われる。シャトーが直接小売業者と取引することは稀であり、**ネゴシアン**を介した取引が全体の7割を占め、輸出の8割に及ぶ。
- ボルドー地方には、5,000以上のシャトー、約14,000の生産者、約400のネゴシアンが存在する。

> ボルドーは高級ワインばかりの産地ではないということ！比較的廉価なワインも少なくない。☕

- **経済** **ガロンヌ**川や**ジロンド**川から大西洋に通じているため、**海運**業が盛んで、フォードや**ミシュラン**などの自動車産業の工場や航空機の製造工場がある。
- **文化** ルネサンス期の哲学者モンテーニュを生み出した地である。また、啓蒙思想家モンテスキューはグラーヴ地区で生まれ、数々の著作を執筆したラ・ブレード城が現存する。

> **出題のポイント**
> 「経済・文化」の記述は正誤問題の選択肢の一つとして出題される。

**気候風土**

- フランス南西部の**大西洋**沿いに位置する。
- ボルドー市は**北緯45度**に位置し、日本の**北海道**とほぼ同じ緯度だが、大西洋沿岸を暖かな**メキシコ湾流**（＝北大西洋海流）が流れるため、緯度の割には穏やかな**海洋性**気候である。
- ブドウ畑は、大西洋との間にある広大な**松林**（**ランドの森**）によって海風から守られている。
- 年間日照時間は**2,000**時間を超え、ブドウの生育期は晴天に恵まれている。年平均降雨量は**900**mmと比較的多く、しばしば灰色カビ病をもたらすこともあるが、一部の地域ではブドウの貴腐化を促している。

> メキシコ湾流と北大西洋海流はほぼ同じ意味。試験問題は日本ソムリエ協会の教本から出題されるが、各国毎に執筆者が異なるため使用される用語に統一がみられない。

| 時代 | 主な出来事 |
|---|---|
| | **歴史** History |
| 1C中頃〜 | **古代ローマ**人に占領され、ブドウ栽培が持ち込まれる。 |
| 4C | ボルドー市の執政を務めた著述家の**アウソニウス**がサンテミリオンにブドウ畑（現在のシャトー・オーゾンヌとみなされている）を所有していた。 |
| 1152年（**12**C中頃） | アキテーヌ地方（現在のボルドーにあたる）の領主・女公爵アリエノール・ダキテーヌが、アンジュー伯・ノルマンディー公のアンリと**結婚**。 |
| 1154年 | **アンジュー伯・ノルマンディー公**の**アンリ**が、イングランド王ヘンリー2世として即位し、ボルドーは**英国領**となったため、ボルドー産ワインは**英国**で販売され、繁栄を迎える。 |
| 1453年 | フランスが**百年戦争**で英国に勝利し、アキテーヌ地方を取り戻すと共に英国との交易を解消した。 |
| 17C | **オランダ**やハンザ同盟との交易発展を機に、ボルドーは再び繁栄。**クラレット**と呼ばれる赤ワインの他、辛口・甘口の白ワインが蒸留用として輸出されるようになる。また**オランダ**人の優れた技術により、沼沢地（しょうたくち）だった**メドック**地区が干拓された。 |
| **1855**年 | パリ万国博覧会が開催され、ボルドー・ワインの格付け（メドック地区とソーテルヌ＆バルサック地区）が行われる。 |
| **1953**年 | グラーヴの格付け発表。（**1959**年承認） |
| **1955**年 | サンテミリオンの格付け実施。 |
| **1973**年 | メドックの格付けにおいて、1855年当時は2級だったChâteau Mouton-Rothschild シャトー・ムートン・ロッチルドが1級に昇格。 |
| **1999**年 | ドルドーニュ川右岸にある**サンテミリオン**が「**サンテミリオン**管轄区」の名で世界遺産に登録される。 |
| **2007**年 | 18世紀に栄華を極めた壮麗な建築物が並ぶボルドー市の市街区域が「**月の港ボルドー**」として世界遺産に登録される。 |
| 2016年 | ワインのテーマパーク「**ラ・シテ・デュ・ヴァン**」がオープンし、ワイン文化の世界的首都として再び注目されている。 |

> アンリの母親はイングランド王ヘンリー1世の娘マティルダであったことから、王位継承権が巡ってきた。☕

> 現在ではボルドーを代表するエリアの一つとなったメドック地区は、ブドウ栽培地域としての歴史は比較的遅く、もともとは荒涼とした湿地帯だった。☕

> "月の港"とは、ボルドー市内を流れる「ガロンヌ川」が、三日月形に湾曲して流れていることに由来する。☕

**引っ掛け問題**
「ラ・シテ・デュ・ヴァン」は世界遺産ではない！ただの凄いテーマパークである。

ラ・シテ・デュ・ヴァン　≫　「デキャンタ」の形を模している。

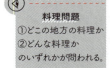
**主要ブドウ品種**

- ボルドーでは、赤・白複数のブドウ品種の栽培が可能で、多くのワインが複数品種を仏：**アッサンブラージュ**（英：**ブレンド**）して造られる。**アッサンブラージュ**には、各品種の特徴を相互に補完し合い、ワインにバランスをもたらすと同時に、天候によるリスクを分散する意味もある。
- ボルドーで全ブドウ中栽培面積最大の品種は <u>Merlot</u> メルロである。

| 白ブドウ | 黒ブドウ |
|---|---|
| <u>Sémillon</u> セミヨン、<br><u>Sauvignon（Blanc）</u><br>ソーヴィニヨン（・ブラン）、<br><u>Muscadelle</u> ミュスカデル※<br>※ミュスカデとは異なる。 | <u>Cabernet Sauvignon</u><br>カベルネ・ソーヴィニヨン、<br><u>Cabernet Franc</u> カベルネ・フラン、<br><u>Merlot</u> メルロ、<br>Malbec マルベック＝ Côt コット、<br>Petit Verdot プティ・ヴェルド、<br>Carménère カルメネール |

> ブドウ品種の別名。このことを、「Synonym シノニム」という。一般的なシノニムに関して、Vol.1巻末の表を参照。

> **料理問題**
> ①どこの地方の料理か
> ②どんな料理か
> のいずれかが問われる。

## 地方料理と食材　Cooking and Ingredients

| 料理名 | 内容 |
|---|---|
| **Entrecôte à la Bordelaise**<br>アントルコート・ア・ラ・<u>ボルドレーズ</u> | 牛リブロース肉の炭火焼。<br>しばしばブドウの枝で焼かれる。 |
| **Lamproie à la Bordelaise**<br>ランプロワ・ア・ラ・<u>ボルドレーズ</u> | ヤツメウナギ※の赤ワイン煮。 |
| **Agneau de Pauillac**<br>アニョー・ド・ポーイヤック | ポーイヤック産の仔羊。ジロンド県内の母羊の母乳で育った生後80日までの仔羊。2015年 I.G.P. 認定。 |
| **Bœuf de Bazas**<br>ブフ・ド・バザス | バザス産の牛肉。バザデ種の肉牛。2008年 I.G.P. 認定。 |
| **Canelé**<br>カヌレ | カヌレ型を用いた焼き菓子。<br>ワインの<u>清澄</u>に卵白を使用するため、余った<u>卵黄</u>の利用法として生み出された。 |
| **Macarons de Saint-Emilion**<br>マカロン・ド・サンテミリオン | サンテミリオンのマカロン。アーモンド風味の素朴な焼き菓子で、サンテミリオン名物。 |

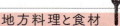
カヌレ ≫

> 「ボルドレーズ」＝ボルドー風などの産地名が組み込まれている料理は、「どんな料理か」に注意して覚えよう！

※見た目が"ウナギ"に似ているが、ウナギとは異なる動物。
側部にある鰓孔が目のように見えるため、このような和名がついた。

Bordeaux
≪ DATA、概要、気候風土、歴史、主要ブドウ品種、地方料理と食材
P.60≫62

62

## 生産可能色・品種　　　　　　　　　　　　　　　　　　　　Bordeaux

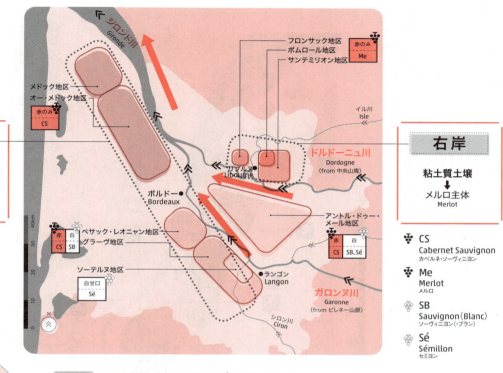

- **全体**　以下の3つの川の周りにブドウ畑が広がる。
  - ガロンヌ川：ピレネー山脈から流れる川。
  - ドルドーニュ川：中央山塊から流れる川。
  - ジロンド川：ボルドー市の北で、ガロンヌ川とドルドーニュ川が合流して大西洋に注ぐ川。
- **左岸**　ガロンヌ川・ジロンド川左岸：砂礫質土壌で、暖かく水はけの良い土地を好むカベルネ・ソーヴィニヨンの栽培に適する。
- **右岸**　ドルドーニュ川・ジロンド川右岸：粘土質土壌のため、冷たく保水力のある土地に向いたメルロの栽培に適する。

## A.O.C.の階層構造　　　　　　　　　　　Appellation d'Origine Contrôlée

ボルドー地方には畑名レベルのA.O.C.はなく、ラベルに表示可能な最小区分は村名までとなっている。

| 階層 | 例 |
|---|---|
| 村名 Communales | 例：A.O.C. Saint-Julien |
| 地区名 Régionales | 例：A.O.C. Haut-Médoc |
| 地方名 Générales | 例：A.O.C. Bordeaux |

**Bordeaux**　ボルドー全域の生産可能色・品種　>>

VINOLET

63

Chapter **3 Bordeaux**

## Médoc

### メドック地区

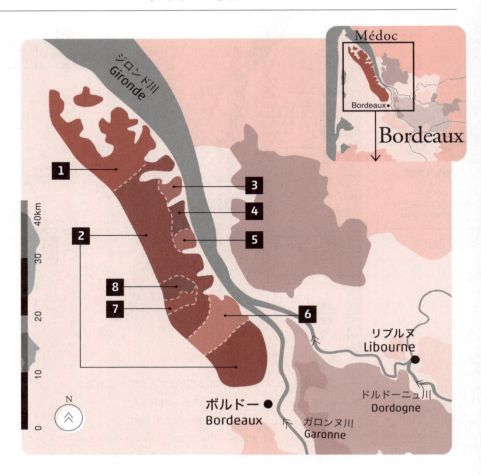

| | | | | | | | |
|---|---|---|---|---|---|---|---|
| **1** ■ Médoc<br>メドック | **3** ■ Saint-Estèphe<br>サン・テステフ | **5** ■ Saint-Julien<br>サン・ジュリアン | **7** ■ Moulis<br>ムーリス |
| **2** ■ Haut-Médoc<br>オー・メドック | **4** ■ Pauillac<br>ポイヤック | **6** ■ Margaux<br>マルゴー | **8** ■ Listrac<br>リストラック |

**DATA** Médoc

| | | |
|---|---|---|
| 土壌 | 砂礫質 | |
| 品種 | 格付けシャトーの主要品種 | カベルネ・ソーヴィニヨン |
| | 実際の作付け比率の高い品種 | メルロ |

- ボルドー市の北に位置し、**ジロンド川左岸**を南北に延びる産地。
- **ピレネー**山脈から流れてきた砂利が堆積しており、ジロンド川沿いに多くみられる。下流かつ、内陸ほど粘土質土壌が目立つ。
- 砂や砂利が多い**砂礫質**土壌は、**カベルネ・ソーヴィニヨン**の栽培に適し、骨格がしっかりした力強いワインが生まれる。これにカベルネ・フランやメルロをブレンドしてバランスをとることが多い。

Bordeaux >> Médoc

> ジロンド川沿いの A.O.C. は砂礫質土壌でカベルネ・ソーヴィニヨン主体、内陸側の A.O.C. と A.O.C. メドックは粘土質土壌でメルロー主体となることが多い。

- メドック地区の **A.O.C. は赤**のみで、白やロゼを造ると A.O.C. ボルドーに格下げとなる。
- 南の**オー・メドック**と北の**メドック**に分かれており、**オー・メドック**には**6**つの村名 A.O.C. がある。村名 A.O.C. には格付けシャトーが存在し、**カベルネ・ソーヴィニヨン**主体の長期熟成タイプの高級ワインを生み出す。しかし、メドック地区全体での作付け比率は**メルロ**の方が多く、ブレンド比率も**メルロ**主体になることが多い。
- 温暖化対策の適応品種として、下記の品種が使用量の制限付きで認められた。
  A.O.C. メドック、A.O.C. オー・メドック：アリナルノア、カステ、マルスラン、トゥリガ・ナシオナル
  A.O.C. マルゴー：カステ

【 Médoc 】

Hautオー：上流の
Basバ：下流の

"メドック"は下流域に位置するため、もともとは「Bas Médoc」と呼ばれていた。しかし、品質が劣るという意味でとられてしまいかねないので、"Bas"がなくなり、単に"Médoc"と呼ばれるようになった。

---

Médoc

## 村名A.O.C.の特徴

> 特にサン・テステフ、ポイヤック、サン・ジュリアン、マルゴーの位置関係は問われやすいので注意。

### Saint-Estèphe
**サン・テステフ**
- オー・メドックの6つの村名 A.O.C. で**最北**で、ジロンド川最下流に位置する。

> 東西南北
> 各産地で頻出なので、出てくる度にしっかり覚えよう！

### Pauillac
**ポイヤック**
- **砂礫質**土壌が顕著で、どのシャトーもカベルネ・ソーヴィニヨンの比率が高めで、骨格のしっかりした力強いワインを生む。

### Saint-Julien
**サン・ジュリアン**
- 砂利の混じった粘土質や粘土石灰質の上を砂利が覆う土壌で、骨格のしっかりしたワインもある一方、力強さとしなやかさを兼ね備えたワインも多い。

### Margaux
**マルゴー**
- オー・メドック**最大**で、**最南**の村名 A.O.C.。マルゴー村の他、スッサン、カントナック、ラバルド、アルサックの5つの村で構成される。**砂礫質**の小さな丘や**粘土石灰質**土壌が点在しており、カベルネ・ソーヴィニヨンとメルロの調和のとれたワインが多く、オー・メドックの村名 A.O.C. の中で最も**エレガント**なワインを生むとされる。

> ワイン産地「A.O.C. マルゴー」の境界に5カ村が含まれており、その内の1つに行政区分としての「マルゴー村」を含むということ。

### Listrac-Médoc
**リストラック・メドック**

### Moulis(-en-Médoc)
**ムーリス（・アン・メドック）**
- 比較的早めに楽しむことができる**メルロ**の比率の高いワインが特に多い。

65

Bordeaux >> Médoc

| 地区名A.O.C. | 村名A.O.C. | 産出村 | 赤 | ロゼ | 白 |
|---|---|---|---|---|---|
| **Médoc**<br>メドック | | | 🍷 | | |
| **Haut-Médoc**<br>オー・メドック | | | 🍷 | | |
| | **Saint-Estèphe**<br>サン・テステフ | | 🍷 | | |
| | **Pauillac**<br>ポイヤック | | 🍷 | | |
| | **Saint-Julien**<br>サン・ジュリアン | | 🍷 | | |
| | **Listrac-Médoc**<br>リストラック・メドック | | 🍷 | | |
| | **Moulis (-en-Médoc)**<br>ムーリス（・アン・メドック） | | 🍷 | | |
| | **Margaux**<br>マルゴー | | 🍷 | | |
| | | Soussans スッサン | | | |
| | | Margaux マルゴー | | | |
| | | Cantenac カントナック | | | |
| | | Labarde ラバルド | | | |
| | | Arsac アルサック | | | |

「メドック地区」と「A.O.C.メドック」の違い
エリア全体を慣習的に「メドック地区」と呼ぶが、
「A.O.C.メドック」はジロンド川下流に位置する「一部の
エリア」を指す。混同しないように！

# Chapter 3 Bordeaux
## Graves

## グラーヴ地区

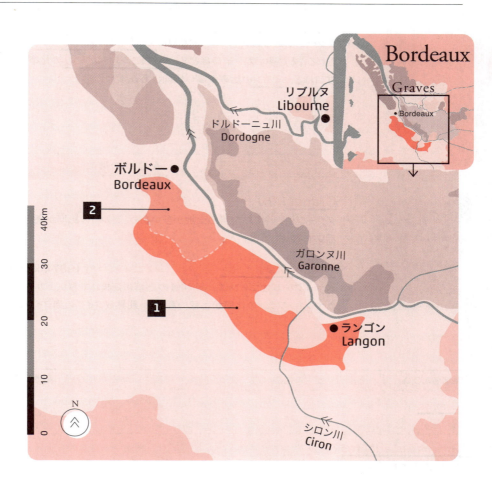

| | 1 Graves グラーヴ | | 2 Pessac-Léognan ペサック・レオニャン |

| DATA | | Graves |
|---|---|---|
| 土壌 | 砂利質 | |
| 品種 | 赤 | カベルネ・ソーヴィニヨン |
| | 白 | セミヨン、ソーヴィニヨン（・ブラン） |

- ボルドー市の**南**に位置し、**ガロンヌ**川**左岸**に広がる産地。
- オー・メドックと同様に、ガロンヌ川が運んできた**砂利**（Gravesグラーヴ）に覆われており、産地名の由来となっている。
- ボルドー地方の**最南**部に位置し、**ガロンヌ**川から輻射熱を受けるため、一般的にメドックよりブドウの生育が早い。
- **ガロンヌ**川沿いの中流域に、**貴腐ワイン**の産地であるソーテルヌ＆バルサック地区を内包している。

Bordeaux >> Graves

- グラーヴ地区の北部は、特に上質な赤ワインの産地として1987年に独立し、A.O.C. **ペサック・レオニャン**を名乗っている。
- 赤ワイン（グラーヴ、ペサック・レオニャン）の主要品種は、**カベルネ・ソーヴィニヨン**である。
- グラーヴ地区の白ワインは、一般的に**ソーヴィニヨン（・ブラン）**と**セミヨン**がブレンドされることが多いが、辛口ほど**ソーヴィニヨン（・ブラン）**の比率が高く、甘口ほど**セミヨン**の比率が高い傾向にある。

Graves

## A.O.C.の特徴

> グラーヴ地区もメドック地区と同様に、全体的には「メルロ比率」が高いが、高級ワインは「カベルネ比率」が高い。

### Graves グラーヴ
- グラーヴは、砂や粘土質の土地が多いため、メルロの比率が高く、柔らかみのある赤ワインを生む。

### Pessac-Léognan ペサック・レオニャン　>>　1987年にグラーヴ地区北部が独立
- ペサック・レオニャンは、砂利質の土壌に恵まれており、カベルネ・ソーヴィニヨンとカベルネ・フランの比率が比較的高く、長期熟成タイプの赤ワインが多く造られる。

Graves

| 地区名A.O.C. | 村名A.O.C. | 赤 | ロゼ | 白 | 備考 |
|---|---|---|---|---|---|
| **Graves**<br>グラーヴ |  | 🍷 |  | 🍷 |  |
| **Graves Supérieures**<br>グラーヴ・シュペリュール |  |  |  | 🍷<br>半甘・甘 |  |
|  | **Pessac-Léognan**<br>ペサック・レオニャン | 🍷 |  | 🍷 | **ボルドー市**に最も近い産地。 |

> 現地でさえもなかなか見つからない極少生産量のA.O.C.。

VINOLET

Bordeaux
<<　メドック地区、グラーヴ地区
P.64 >> 68

Chapter **3** Bordeaux

Saint-Émilion & Pomerol & Fronsadais

# サンテミリオン地区、ポムロール地区、フロンサデ地区

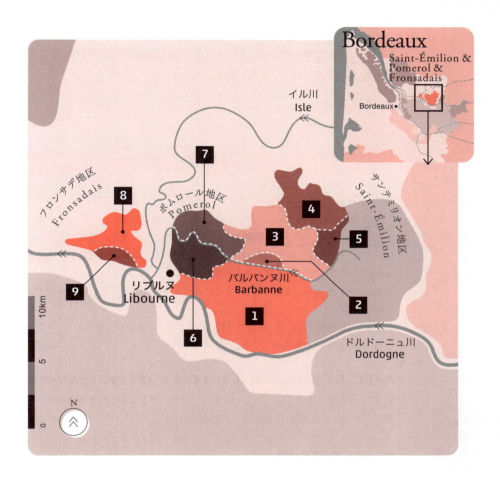

## Saint-Émilion
サンテミリオン地区

- **1** Saint-Émilion
  サンテミリオン
- **2** Saint-Georges Saint-Émilion
  サンジョルジュ・サンテミリオン
- **3** Montagne Saint-Émilion
  モンターニュ・サンテミリオン
- **4** Lussac Saint-Émilion
  リュサック・サンテミリオン
- **5** Puisseguin-Saint-Émilion
  ピュイスガン・サンテミリオン

## Pomerol
ポムロール地区

- **6** Pomerol
  ポムロール
- **7** Lalande-de-Pomerol
  ラランド・ド・ポムロール

## Fronsadais
フロンサデ地区

- **8** Fronsac
  フロンサック
- **9** Canon Fronsac
  カノン・フロンサック

69

## サンテミリオンと サンテミリオン 衛星地区

| DATA | Saint-Émilion & Saint-Émilion Satelite |
|---|---|
| 土壌 | 主に**粘土石灰質** |
| 品種 | **メルロ** |

- **ドルドーニュ**川**右**岸の歴史的な町、**サンテミリオン**を拠点に広がるワイン産地。
- 概ね**粘土石灰質**土壌で、主要な品種は**メルロ**。

Saint-Émilion

A.O.C.の特徴

### A.O.C. Saint-Émilion サンテミリオン

- **1955**年、最初の格付けが行われ、その後に6回の見直しが行われている。
- **1999**年、「**サンテミリオン**管轄区」としてユネスコ世界遺産に登録された。
- サンテミリオンの丘の斜面や台地は**粘土石灰質**土壌、ポムロールと隣接する**北西**部はメドックと同様に**砂利質**土壌がみられる。
- 多くのワインが**メルロ**を主体とし、そこにカベルネ・フランやカベルネ・ソーヴィニヨンをブレンドする。
- 例外的に北西部の**砂利質**土壌からは、カベルネ・フランやカベルネ・ソーヴィニヨンを主体としたワインが造られている。

### A.O.C. Saint-Émilion Grand Cru サンテミリオン・グラン・クリュ

- 格付けと無関係のA.O.C.で、A.O.C.サンテミリオンよりも最大収量や最低アルコール度数の規定を厳しく定めている。

> A.O.C.ボルドーに対するA.O.C.ボルドー・シュペリュールと同様の関係。P.78参照。☕

### サンテミリオン衛星地区

- バルバンヌ川を挟んで北側に、いずれもサンテミリオンの名が付くA.O.C.が4つあり、サンテミリオン衛星地区と呼ぶ。
  **Saint-Émilion** サンテミリオン
  **Saint-Georges Saint-Émilion** サンジョルジュ・サンテミリオン
  **Montagne Saint-Émilion** モンターニュ・サンテミリオン
  **Lussac Saint-Émilion** リュサック・サンテミリオン
  **Puisseguin-Saint-Émilion** ピュイスガン・サンテミリオン
- いずれのA.O.C.も**赤**のみが認められ、**粘土石灰質**土壌。
- **メルロ**の比率が高く、しなやかな味わいのワインが多い。

### ポムロールとラランド・ド・ポムロール地区

| DATA | Pomerol & Lalande-de-Pomerol |
|---|---|
| 土壌 | 粘土質（酸化鉄を含む） |
| 品種 | メルロ |

> メルロ100％で造られ、ボルドーで最も高価なワインの一つとして知られている。☕

- サンテミリオン北西に隣接した小さな産地。
- バルバンヌ川を挟んで、**南がポムロール**、**北がラランド・ド・ポムロール**。
- 土壌は粘土質といわれることが多いが、純粋な粘土質土壌は小高い丘の頂点に位置するペトリュスの畑のみで、その他はドルドーニュ川の支流イル川によって運ばれた小石で覆われている。底土は粘土で、ブドウ品種はメルロが80％を占めている。
- 粘土に含有される酸化鉄の影響によって、熟成が進むと官能的なフレーバーが醸し出される。
- ラランド・ド・ポムロールは、ラランド村（西側）、ネアック村（東側）という二つの村で構成されている。ラランド村周辺は基本的に砂をより多く含む平地となり、ネアック村周辺は粘土比率の高い斜面が主体。主要品種であるメルローの性質も含め、必然的にネアック村周辺により優れたシャトーが集まっており、その酒質はポムロールにも通ずるものがある。

---

Pomerol & Lalande-de-Pomerol

#### A.O.C.の特徴

### A.O.C. Pomerol ポムロール 南側

- メルロ主体で、メルロ100％のワインも存在する。

### A.O.C. Lalande-de-Pomerol ラランド・ド・ポムロール 北側

- こちらもメルロの比率が高い。

---

### フロンサデ地区

| DATA | Fronsadais |
|---|---|
| 土壌 | 粘土石灰質（軟質砂岩が混じる） |
| 品種 | メルロ |

- イル川を挟んでポムロール地区の西側に位置する。
- 「モラス・デュ・フロンサデ」と呼ばれる**軟質砂岩**が、**粘土石灰質**の土壌に混じっている。
- **フロンサック**と**カノン・フロンサック**、2つのA.O.C.があり、いずれも**メルロ**主体。

---

Fronsadais

#### A.O.C.の特徴

### A.O.C. Fronsac フロンサック 北側

- フロンサック村及び近隣の6カ村で構成されるA.O.C.。

### A.O.C. Canon Fronsac カノン・フロンサック 南側

- ドルドーニュ川に面し、急な斜面をもつカノン・フロンサックの方がより肉付きのよいワイン。

Bordeaux >> Saint-Émilion & Pomerol & Fronsadais

| 地区名 | A.O.C. | 赤 | ロゼ | 白 |
|---|---|---|---|---|
| Saint-Émilion<br>サンテミリオン | **Saint-Émilion**<br>サンテミリオン | 🍷 | | |
| | Saint-Émilion Grand Cru<br>サンテミリオン・グラン・クリュ | 🍷 | | |
| Saint-Émilion Satelite<br>サンテミリオン衛星地区 | **Lussac Saint-Émilion**<br>リュサック・サンテミリオン ※最北 | 🍷 | | |
| | **Montagne Saint-Émilion**<br>モンターニュ・サンテミリオン ※最大 | 🍷 | | |
| | Puisseguin-Saint-Émilion<br>ピュイスガン・サンテミリオン | 🍷 | | |
| | **Saint-Georges Saint-Émilion**<br>サンジョルジュ・サンテミリオン | 🍷 | | |
| Pomerol<br>ポムロール | **Pomerol**<br>ポムロール ※南側 | 🍷 | | |
| | **Lalande-de-Pomerol**<br>ラランド・ド・ポムロール ※北側 | 🍷 | | |
| Fronsadais<br>フロンサデ | **Fronsac**<br>フロンサック ※北側 | 🍷 | | |
| | **Canon Fronsac**<br>カノン・フロンサック ※南側 | 🍷 | | |

VINOLET

**Bordeaux**

<< サンテミリオン地区、ポムロール地区、フロンサデ地区

P.69>>72

Chapter **3** Bordeaux

## Côtes

# コート地区

> これらのA.O.C.は、ボルドーという世界的に著名な銘醸地において、マイナー過ぎて"ボルドー"のワインだと消費者に気付いてもらえないジレンマを抱えていた。連合を組織し「コート・ド・ボルドー」と名乗ることで、ボルドーのワインだとアピールするのが狙い。

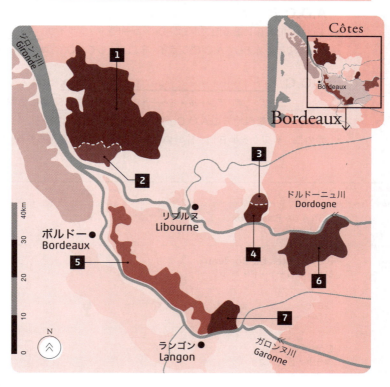

- **1** ■ Blaye Côtes de Bordeaux
  ブライ・コート・ド・ボルドー

- **2** ■ Côtes de Bourg
  コート・ド・ブール

- **3** ■ Francs Côtes de Bordeaux
  フラン・コート・ド・ボルドー

- **4** ■ Castillon Côtes de Bordeaux
  カスティヨン・コート・ド・ボルドー

- **5** ■ Cadillac Côtes de Bordeaux /
  Premières Côtes de Bordeaux
  カディヤック・コート・ド・ボルドー /
  プルミエ・コート・ド・ボルドー

- **6** ■ Sainte-Foy Côtes de Bordeaux
  サント・フォワ・コート・ド・ボルドー

- **7** ■ Côtes de Bordeaux-Saint-Macaire
  コート・ド・ボルドー・サン・マケール

> **位置が変!?**
> 位置的にはアントル・ドゥー・メール地区だが、「コート・ド・ボルドー連合」に属している。

> **途中で離脱**
> コート地区に位置しているが、途中で離脱したため、A.O.C.名に「コート・ド・ボルドー」が付かない。

- **3つの川沿い**に点在する。A.O.C.名のCôte コートは「丘」の意で、丘陵地の斜面に畑が広がる。
- 2007年、4つのA.O.C.(①③④⑤) が、「コート・ド・ボルドー連合」を組織し、2009年ヴィンテージからA.O.C.コート・ド・ボルドーを名乗ることを決めた。
- 2016年、サント・フォワ・ボルドーが連合に加わり、以降⑥A.O.C.サント・フォワ・コート・ド・ボルドーと名乗っている。
- ②コート・ド・ブールは、コートが付く産地だが、途中で連合から離脱し、従来通り独自のA.O.C.を貫いている。

**コート・ド・ボルドー**

- 単なるA.O.C.コート・ド・ボルドーは、<u>赤</u>のみに認められているが、旧産地名付きのA.O.C.コート・ド・ボルドーは、赤、辛口白、甘口白とバラエティ豊かである。

### A.O.C. Castillon Côtes de Bordeaux カスティヨン・コート・ド・ボルドー

- ドルドーニュ川右岸、サンテミリオンの東にある旧コート・ド・カスティヨンで<u>赤のみ</u>。

### A.O.C. Blaye Côtes de Bordeaux ブライ・コート・ド・ボルドー

- ジロンド川右岸にある旧プルミエール・コート・ド・ブライで、<u>赤</u>と<u>辛口白</u>に認められている。
- 同一エリアの赤としてA.O.C.ブライ、辛口白としてA.O.C.コート・ド・ブライがある。

### A.O.C. Sainte-Foy Côtes de Bordeaux サント・フォワ・コート・ド・ボルドー

- ドルドーニュ川<u>左</u>岸、アントル・ドゥー・メール地区の<u>最東</u>端に位置する旧サント・フォワ・ボルドーで、南西地方のA.O.C.ベルジュラックに囲まれている。
- 赤の他、辛口から半甘口、甘口の白まで幅広いワインが造られる。

Côtes

| 川岸 | A.O.C. | 赤 | ロゼ | 白 | 備考 |
|---|---|---|---|---|---|
|  | Côtes de Bordeaux<br>コート・ド・ボルドー | 🍷 |  |  |  |
| ジロンド川右岸 | Blaye Côtes de Bordeaux<br>ブライ・コート・ド・ボルドー | 🍷 |  | 🍷<br>辛 |  |
|  | Blaye<br>ブライ | 🍷 |  |  |  |
|  | Côtes de Blaye<br>コート・ド・ブライ |  |  | 🍷<br>辛 |  |
|  | Côtes de Bourg<br>コート・ド・ブール | 🍷 |  | 🍷<br>辛 |  |
| ガロンヌ川右岸 | Cadillac Côtes de Bordeaux<br>カディヤック・コート・ド・ボルドー | 🍷 |  |  |  |
| ドルドーニュ川右岸 | Francs Côtes de Bordeaux<br>フラン・コート・ド・ボルドー | 🍷 |  | 🍷<br>辛・甘 |  |
|  | Castillon Côtes de Bordeaux<br>カスティヨン・コート・ド・ボルドー | 🍷 |  |  |  |
| ドルドーニュ川左岸 | **Sainte-Foy Côtes de Bordeaux**<br>**サント・フォワ・コート・ド・ボルドー** | 🍷 |  | 🍷<br>辛・甘・<br>半甘 | ボルドー地方<u>最東</u>端。 |

VINOLET

Bordeaux
<< コート地区
P.73>74

Chapter **3** Bordeaux

## Entre-Deux-Mers

### アントル・ドゥー・メール地区

> ガロンヌ川とドルドーニュ川に挟まれていることから、「2つの海の間」という名前が付いた。ジロンド川から逆流した海水がガロンヌ川、ドルドーニュ川まで到達するので、川ではなく"海のようだ"という事実に由来する。

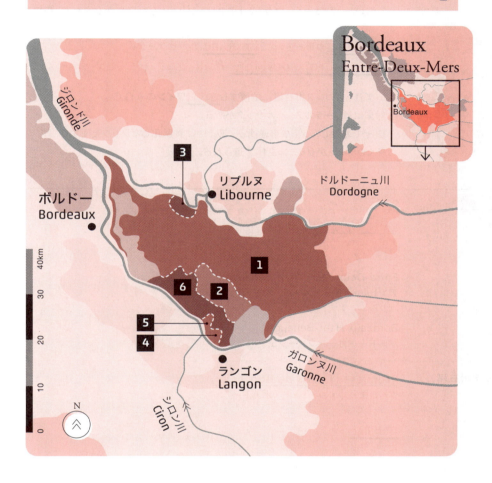

| | | | |
|---|---|---|---|
| **1** ■ | Entre-Deux-Mers<br>アントル・ドゥー・メール | **4** ■ | Sainte-Croix-du-Mont<br>サント・クロワ・デュ・モン |
| **2** ■ | Haut-Benauge<br>オー・ブノージュ | **5** ■ | Loupiac<br>ルーピアック |
| **3** ■ | Graves de Vayres<br>グラーヴ・ド・ヴェイル | **6** ■ | Cadillac<br>カディヤック |

- **ドルドーニュ**川と**ガロンヌ**川に挟まれる広大な地区。
- A.O.C.アントル・ドゥー・メールは、**辛口白ワイン**で有名だが、2023年から赤ワインも認められるようになった。
- **貴腐**ブドウによる**甘口ワイン**のA.O.C.もある。

Bordeaux >> Entre-Deux-Mers

## Entre-Deux-Mers　アントル・ドゥー・メール

| | |
|---|---|
| **デイリー白ワインの産地**<br>一般的に、廉価なデイリー白ワインの一大生産地区とされる。☕ | |

- かつてこの地区を代表する**辛口白**ワインのA.O.C.だったが、2023年から**赤**も認められることとなった。
- 白の主要品種は、ソーヴィニヨン・ブラン、セミヨン、ミュスカデルなど、赤の主要品種はカベルネ・ソーヴィニヨン、カベルネ・フラン、メルロなど。
- 多くはソーヴィニヨン・ブランとセミヨンをブレンドした爽やかなタイプの白ワインである。

## Cadillac カディヤック、Loupiac ルーピアック、Sainte-Croix-du-Mont サント・クロワ・デュ・モン

- いずれもガロンヌ川右岸に位置する**甘口白**ワインのA.O.C.。対岸にはソーテルヌ、バルサックがある。
- 樹上で乾燥したブドウを遅摘み、あるいは貴腐化したブドウを使用し、多くのワインがセミヨン主体で造られる。

Entre-Deux-Mers

| 川岸 | A.O.C. | 赤 | ロゼ | 白 |
|---|---|---|---|---|
| 全域 | **Entre-Deux-Mers**<br>**アントル・ドゥー・メール** | 🍷 | | 🍷 |
| | Entre-Deux-Mers Haut-Benauge<br>アントル・ドゥー・メール・オー・ブノージュ | | | 🍷 |
| | Bordeaux Haut-Benauge<br>ボルドー・オー・ブノージュ | | | 🍷<br>辛～甘 |
| ガロンヌ川右岸 | **Premières Côtes de Bordeaux**<br>**プルミエール・コート・ド・ボルドー** | | | 🍷<br>半甘・甘 |
| | **Cadillac**<br>**カディヤック** | | | 🍷<br>甘 |
| | **Loupiac**<br>**ルーピアック** | | | 🍷<br>甘 |
| | **Sainte-Croix-du-Mont**<br>**サント・クロワ・デュ・モン** | | | |
| | Côtes de Bordeaux Saint-Macaire<br>コート・ド・ボルドー・サン・マケール | | | 🍷<br>辛～甘 |
| ドルドーニュ川左岸 | Graves de Vayres<br>グラーヴ・ド・ヴェイル | 🍷 | | 🍷<br>辛～甘 |

Chapter **3** Bordeaux

Sauternes & Barsac

## ソーテルヌ＆バルサック地区

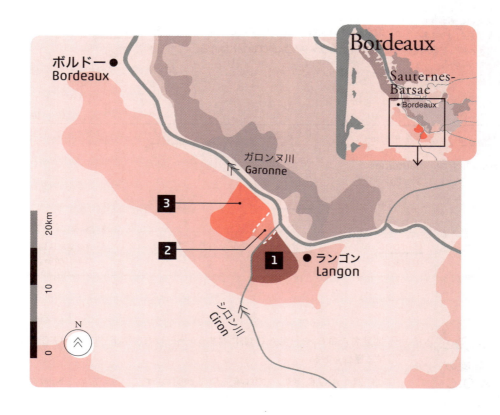

| **1** ■ Sauternes ソーテルヌ | **2** ■ Barsac バルサック | **3** ■ Cérons セロンス |

- グラーヴ地区の南部、**ガロンヌ**川左岸に位置しており、**貴腐**ワインで有名な産地。
- ブドウが熟す秋になると、水温の低くなった小川**シロン**がガロンヌ川に合流し、二つの河川の水温差により霧が発生して湿った環境となり、**ボトリティス・シネレア**菌（貴腐菌）がブドウ畑に広がる。午後に霧が晴れると、**ボトリティス・シネレア**が発生したブドウは水分が蒸発して貴腐ブドウになる。

> 菌糸の通り道が、目には見えない無数の穴となり、ブドウの実の中の水分を蒸発させる。その結果糖分を含むエキス分が凝縮する。干しブドウをイメージ！

Bordeaux >> Sauternes & Barsac

## A.O.C. Sauternes ソーテルヌ、A.O.C. Barsac バルサック

- 貴腐ワインに与えられるA.O.C.。
- A.O.C.バルサックはバルサック村に限られるが、A.O.C.ソーテルヌは、ソーテルヌ、バルサック、ボンム、ファルグ、プレニャックの5カ村に認められている。
- 果皮の薄い品種の方が貴腐化しやすいため、多くは**セミヨン**主体に、ソーヴィニヨン・ブランがブレンドされる。

> つまり、バルサック村のシャトーで造られた貴腐ワインは、バルサック or ソーテルヌの、どちらのA.O.C.も名乗ることが出来る。より有名な「ソーテルヌ」を名乗るシャトーが多い。

Sauternes & Barsac

| 川岸 | 地区名A.O.C. | 村名A.O.C. | 赤 | ロゼ | 白 | 備考 |
|---|---|---|---|---|---|---|
| ガロンヌ川左岸 | Sauternes ソーテルヌ | Sauternes ソーテルヌ | | | 貴腐 | |
| | | Barsac バルサック | | | 貴腐 | |
| | Cérons セロンス | Cérons セロンス | | | 甘 | 貴腐または樹上乾燥により過熟したブドウから。 |

### ボルドー全域のA.O.C.

- 地区名A.O.C.や村名A.O.C.に属するシャトーが、ボルドー広域A.O.C.としてリリースする場合もある。

  例：A.O.C.メドックでは赤ワインしか認められていないため、メドックで白ワインを造った場合、A.O.C.ボルドーとなる。

Bordeaux

| 地方名A.O.C. | 赤 | ロゼ | 白 | 備考 |
|---|---|---|---|---|
| Bordeaux ボルドー | ● | ● | ● | |
| Bordeaux Supérieur ボルドー・シュペリュール | ● | | 半甘 | 白は残糖17g/ℓ以上。 A.O.C. Bordeauxよりも収穫時の最低糖度、収量、最低アルコール度数などの規定が厳しい。 |
| Bordeaux Claret ボルドー・クラレ | ● | | | |
| Bordeaux Clairet ボルドー・クレレ | | ● | | ロゼと赤ワインの中間的存在のロゼワイン。 |
| Crémant de Bordeaux クレマン・ド・ボルドー | 発泡 | | 発泡 | 瓶内二次発酵。瓶内熟成期間は最低9カ月。 |

> 「クラレ」と「クレレ」混同させる問題が頻出。クラレは赤ワイン、クレレはロゼワインのA.O.C.である!!

### VINOLET

**Bordeaux**

<< アントル・ドゥー・メール地区、ソーテルヌ＆バルサック地区

P.75 >> 78

## Chapter 3 Bordeaux
*Classement des vins de Bordeaux*

# ボルドーの格付け

| | |
|---|---|
| <u>1855</u>年 | メドック地区、ソーテルヌ＆バルサック地区の格付け実施。 |
| <u>1953</u>年 | グラーヴ地区の格付け発表。（<u>1959</u>年承認） |
| <u>1955</u>年 | サンテミリオン地区の格付け実施。 |

**メドックの格付け（<u>1855</u>年）**

- <u>1855</u>年<u>パリ万国博覧会</u>の展示品として、<u>ナポレオン3世</u>の要請を受けて<u>ボルドー商工会議所</u>により作成されたシャトーの格付け表で、過去数十年間の取引価格をもとに決定された。
- 1855年に発表された格付けでは、合計57シャトーが選出され、その後、相続による分割や他のシャトーへの吸収などを経て、現在<u>61</u>シャトーが格付け表に名を連ねている。

### メドックの格付けシャトー数

| 銘柄名 | 1級 | 2級 | 3級 | 4級 | 5級 |
|---|---|---|---|---|---|
| Saint-Estèphe | 0 | 2 | 1 | 1 | 1 |
| Pauillac | 3 | 2 | 0 | 1 | 12 |
| Saint-Julien | 0 | 5 | 2 | 4 | 0 |
| Margaux | 1 | 5 | 10 | 3 | 2 |
| Haut-Médoc | 0 | 0 | 1 | 1 | 3 |
| 計 | 4 | 14 | 14 | 10 | 18 |

※メドック地区外から選ばれた1級のChâteau Haut-Brionは除いている。

> 61シャトーの暗記の前にこの表の数字を先に覚えることで、61シャトーの暗記が楽になる。

**メドックの格付けワイン**

## 1級：Premiers Grands Crus　プルミエ・グラン・クリュ（<u>5</u>シャトー）

| 銘柄名 | A.O.C. | Commune |
|---|---|---|
| **<u>Château Lafite-Rothschild</u>**<br>シャトー・ラフィット・ロッチルド | | |
| **<u>Château Latour</u>**<br>シャトー・ラトゥール | Pauillac<br>ポイヤック | |
| **<u>Château Mouton-Rothschild</u>**[※1]<br>シャトー・ムートン・ロッチルド | | |
| **<u>Château Margaux</u>**<br>シャトー・マルゴー | Margaux<br>マルゴー | |
| **<u>Château Haut-Brion</u>**[※2]<br>シャトー・オー・ブリオン | Pessac-Léognan<br>ペサック・レオニャン | Pessac<br>ペサック |

> 1855年当時は2級だったが、<u>1973</u>年に1級へ昇格。

※1 **Château Mouton-Rothschild** シャトー・ムートン・ロッチルド
一説では、格付け直前の1853年に所有者がイギリス人に変わったため、取引価格は高かったにもかかわらず格付けから漏れたといわれている。しかし、評価は依然高いこと、かつ「シャトー元詰め運動」を先導したことなどから、例外的に1級への昇格が認められた。

※2 **Château Haut-Brion** シャトー・オー・ブリオン
メドック地区外から唯一選ばれた。それだけ当時の取引価格が高く、評価されていたということ。

メドックの格付けワイン

# 2 級：Deuxièmes Grands Crus　ドゥジエム・グラン・クリュ（14シャトー）

| 銘柄名 | A.O.C. | Commune |
|---|---|---|
| **Château Cos d'Estournel**<br>シャトー・コス・デストゥルネル | Saint-Estèphe<br>サン・テステフ | |
| **Château Montrose**<br>シャトー・モンローズ | | |
| **Château Pichon-Longueville Baron**<br>シャトー・ピション・ロングヴィル・バロン | Pauillac<br>ポイヤック | |
| **Château Pichon-Longueville Comtesse de Lalande**<br>シャトー・ピション・ロングヴィル・コンテス・ド・ラランド | | |
| **Château Léoville-Las Cases**<br>シャトー・レオヴィル・ラス・カーズ | | |
| **Château Léoville-Poyferré**<br>シャトー・レオヴィル・ポワフェレ | | |
| **Château Léoville-Barton**<br>シャトー・レオヴィル・バルトン | Saint-Julien<br>サン・ジュリアン | |
| **Château Gruaud-Larose**<br>シャトー・グリュオ・ラローズ | | |
| **Château Ducru-Beaucaillou**<br>シャトー・デュクリュ・ボーカイユ | | |
| **Château Brane-Cantenac**<br>シャトー・ブラーヌ・カントナック | Cantenac<br>カントナック | |
| **Château Rauzan-Ségla**<br>シャトー・ローザン・セグラ | | Margaux<br>マルゴー |
| **Château Rauzan-Gassies**<br>シャトー・ローザン・ガシー | Margaux<br>マルゴー | |
| **Château Durfort-Vivens**<br>シャトー・デュルフォール・ヴィヴァンス | | |
| **Château Lascombes**<br>シャトー・ラスコンブ | | |

「2つのピション」
1850年、オーナーのバロン・ド・ロングヴィルが亡くなり、長男と次女に存続され、シャトーもこの際に分割される。長男は"ピション・ロングヴィル・バロン"、次女は"ピション・ロングヴィル・コンテス・ド・ラランド"と命名。☕

「3つのレオヴィル」
相続になどにより元々1つだったシャトーが3つに分割された。そのため分割後のシャトーは全て同じ村、同じ級に格付けされるというルールがある。☕

「2つのローザン」
フランス革命の後、2つのシャトーに分割された。ちなみに、"ローザン・セグラ"の現在の所有者はシャネル。☕

コミューンとは
仏：Commune
地方自治体の最小単位のこと。日本の市町村にあたるが、厳密にはフランスには日本の行政上の市、町、村の区別はない。☕

マルゴーのみ「コミューン」まで聞かれることがあるが、非常に難問である！まずは、61シャトーの暗記に集中しよう！

# 3 級：Troisièmes Grands Crus　トロワジエム・グラン・クリュ（14シャトー）

| 銘柄名 | A.O.C. | Commune |
|---|---|---|
| **Château Calon-Ségur**<br>シャトー・カロン・セギュール | Saint-Estèphe<br>サン・テステフ | |
| **Château Lagrange**<br>シャトー・ラグランジュ | Saint-Julien<br>サン・ジュリアン | |
| **Château Langoa-Barton**<br>シャトー・ランゴア・バルトン | | |

# 3 級：Troisièmes Grands Crus トロワジエム・グラン・クリュ（14 シャトー）

| 銘柄名 | A.O.C. | Commune |
| --- | --- | --- |
| Château Kirwan シャトー・キルヴァン | | |
| Château d'Issan シャトー・ディサン | | |
| Château Boyd-Cantenac シャトー・ボイド・カントナック | | Cantenac カントナック |
| Château Cantenac-Brown シャトー・カントナック・ブラウン | | |
| Château Palmer シャトー・パルメール | Margaux マルゴー | |
| Château Desmirail シャトー・デスミライユ | | |
| Château Giscours シャトー・ジスクール | | Labarde ラバルド |
| Château Malescot Saint-Exupéry シャトー・マレスコ・サン・テグジュペリ | | |
| Château Ferrière シャトー・フェリエール | Margaux マルゴー | |
| Château Marquis d'Alesme-Becker シャトー・マルキ・ダレーム・ベッケール | | |
| Château La Lagune シャトー・ラ・ラギュンヌ | Haut-Médoc オー・メドック | Ludon リュドン |

# 4 級：Quatrièmes Grands Crus カトリエム・グラン・クリュ（10 シャトー）

| 銘柄名 | A.O.C. | Commune |
| --- | --- | --- |
| Château Lafon-Rochet シャトー・ラフォン・ロッシェ | Saint-Estèphe サン・テステフ | |
| Château Duhart-Milon-Rothschild シャトー・デュアール・ミロン・ロッチルド | Pauillac ポイヤック | |
| Château Saint-Pierre シャトー・サン・ピエール | | |
| Château Talbot シャトー・タルボ | Saint-Julien サン・ジュリアン | |
| Château Branaire-Ducru シャトー・ブラネール・デュクリュ | | |
| Château Beychevelle シャトー・ベイシュヴェル | | |
| Château Marquis de Terme シャトー・マルキ・ド・テルム | | Margaux マルゴー |
| Château Pouget シャトー・プージェ | Margaux マルゴー | |
| Château Prieuré-Lichine シャトー・プリウレ・リシーヌ | | Cantenac カントナック |
| Château La Tour-Carnet シャトー・ラ・トゥール・カルネ | Haut-Médoc オー・メドック | Saint-Laurent サン・ローラン |

メドックの格付けワイン

# 5 級：Cinquièmes Grands Crus　サンキエム・グラン・クリュ（18 シャトー）

| 銘柄名 | A.O.C. | Commune |
|---|---|---|
| Château Cos-Labory シャトー・コス・ラボリ | Saint-Estèphe サン・テステフ | |
| Château Batailley シャトー・バタイィ | Pauillac ポイヤック | |
| Château Haut-Batailley シャトー・オー・バタイィ | | |
| Château Haut-Bages-Libéral シャトー・オー・バージュ・リベラル | | |
| Château Croizet-Bages シャトー・クロワゼ・バージュ | | |
| Château Lynch-Bages シャトー・ランシュ・バージュ | | |
| Château Lynch-Moussas シャトー・ランシュ・ムーサ | | |
| Château Pontet-Canet シャトー・ポンテ・カネ | | |
| Château d'Armailhac シャトー・ダルマイヤック[※1] | | |
| Château Pédesclaux シャトー・ペデスクロー | | |
| Château Clerc-Milon シャトー・クレール・ミロン | | |
| Château Grand-Puy-Lacoste シャトー・グラン・ピュイ・ラコスト | | |
| Château Grand-Puy-Ducasse シャトー・グラン・ピュイ・デュカス | | |
| Château du Tertre シャトー・デュ・テルトル | Margaux マルゴー | Arsac アルサック |
| Château Dauzac シャトー・ドーザック | | Labarde ラバルド |
| Château Belgrave シャトー・ベルグラーヴ | Haut-Médoc オー・メドック | Saint-Laurent サン・ローラン |
| Château de Camensac シャトー・ド・カマンサック | | |
| Château Cantemerle シャトー・カントメルル[※2] | | Macau マコー |

※1 Château d'Armailhac シャトー・ダルマイヤックは1989年に名称変更。
　　旧名は1976年より Château Mouton Baronne Philippe シャトー・ムートン・バローヌ・フィリップ。
※2 万博の会期中、5級に Château Cantemerle シャトー・カントメルルが加えられた。

| 所有者の同じシャトー | |
|---|---|
| Domaines Barons de Rothschild<br>ドメーヌ・バロン・ド・ロートシルト社 | Baron Philippe de Rothschild<br>バロン・フィリップ・ド・ロスチャイルド社 |
| Château Lafite-Rothschild<br>シャトー・ラフィット・ロッチルド（ポイヤック1級） | Château Mouton-Rothschild<br>シャトー・ムートン・ロッチルド（ポイヤック1級） |
| Château Duhart-Milon-Rothschild<br>シャトー・デュアール・ミロン・ロッチルド（ポイヤック4級） | Château Clerc-Milon<br>シャトー・クレール・ミロン（ポイヤック5級） |
| | Château d'Armaillac<br>シャトー・ダルマイヤック（ポイヤック5級） |

**Chapter 3** ボルドー地方

## セカンドワイン

- 英語ではセカンドワインやセカンドラベル、フランス語ではスゴン・ヴァンと呼ばれる。
- 樹齢の若い区画や、条件的に劣っている区画のブドウがセカンドワインに使用されるが、熟成中の試飲により格下げされたワインが、セカンドワインにブレンドされる場合もある。

> **セカンドワインの役割**
> セカンドワインの最も大切な役割は、シャトーの名を冠したファーストラベルの品質と名声を守ることにある！セカンドワインの存在のおかげで、ファーストワインには常に最高品質のブドウが使用され、ワインの品質を安定して高く維持することができる。

## ソーテルヌ＆バルサックの格付け

- <u>1855年</u>のパリ万国博覧会では、ソーテルヌ及びバルサックの白ワインも格付けされた。
- <u>シャトー・ディケム</u>は別格とされ、1級のさらに上のプルミエ・クリュ・シュペリュールに格付けされた。プルミエ・クリュ（1級）は9、ドゥジエム・クリュ（2級）が11、合計21シャトーが選ばれた。
- その後、分割などにより、現在は27のシャトーが格付けされている。
- ワインは、全て貴腐ワイン（甘口白）。

> つまり、1855年当時、メドックの1級シャトーよりも高値で取引されていたということ。甘いワイン自体、非常に希少価値があったため。

## ソーテルヌ＆バルサックの格付けワイン

### 特別第1級：Premier Cru Supérieur プルミエ・クリュ・シュペリュール（1シャトー）

| 銘柄名 | A.O.C. | Commune |
|---|---|---|
| **Château d'Yquem**<br>シャトー・ディケム | **Sauternes**<br>ソーテルヌ | **Sauternes**<br>ソーテルヌ |

> 稀にコミューンまで出題されることもあるが、非常に難問といえる。まずはそのシャトーが1級or2級、かつA.O.C.がソーテルヌorバルサックの区別がつくのを目標にしよう！

ソーテルヌ&バルサックの格付けワイン

## 1級：Premiers Crus プルミエ・クリュ（11シャトー）

| 銘柄名 | A.O.C. | Commune |
|---|---|---|
| Château Coutet シャトー・クーテ | Barsac バルサック | Barsac バルサック |
| Château Climens シャトー・クリマンス | Barsac バルサック | Barsac バルサック |
| Château La Tour Blanche シャトー・ラ・トゥール・ブランシュ | Sauternes ソーテルヌ | Bommes ボンム |
| Château Lafaurie-Peyraguey シャトー・ラフォリ・ペラゲ | Sauternes ソーテルヌ | Bommes ボンム |
| Château Clos-Haut-Peyraguey シャトー・クロ・オー・ペラゲ | Sauternes ソーテルヌ | Bommes ボンム |
| Château de Rayne Vigneau シャトー・ド・レーヌ・ヴィニョー | Sauternes ソーテルヌ | Bommes ボンム |
| Château Rabaud-Promis シャトー・ラボー・プロミ | Sauternes ソーテルヌ | Bommes ボンム |
| Château Sigalas Rabaud シャトー・シガラ・ラボー | Sauternes ソーテルヌ | Bommes ボンム |
| Château Suduiraut シャトー・スデュイロー | Sauternes ソーテルヌ | Preignac プレニャック |
| Château Rieussec シャトー・リューセック | Sauternes ソーテルヌ | Fargues ファルグ |
| Château Guiraud シャトー・ギロー | Sauternes ソーテルヌ | Sauternes ソーテルヌ |

## 2級：Deuxièmes Crus ドゥジエム・クリュ（15シャトー）

| 銘柄名 | A.O.C. | Commune |
|---|---|---|
| Château Doisy-Dubroca シャトー・ドワジ・デュブロカ | Barsac バルサック | Barsac バルサック |
| Château Broustet シャトー・ブルーステ | Barsac バルサック | Barsac バルサック |
| Château Nairac シャトー・ネラック | Barsac バルサック | Barsac バルサック |
| Château de Myrat シャトー・ド・ミラ | Barsac バルサック | Barsac バルサック |
| Château Doisy Daëne シャトー・ドワジ・ダエーヌ | Barsac バルサック | Barsac バルサック |
| Château Doisy-Védrines シャトー・ドワジ・ヴェドリーヌ | Barsac バルサック | Barsac バルサック |
| Château Caillou シャトー・カイユ | Barsac バルサック | Barsac バルサック |
| Château Suau シャトー・スオ | Barsac バルサック | Barsac バルサック |
| Château d'Arche シャトー・ダルシュ | Sauternes ソーテルヌ | Sauternes ソーテルヌ |
| Château Filhot シャトー・フィロ | Sauternes ソーテルヌ | Sauternes ソーテルヌ |
| Château Lamothe シャトー・ラモット | Sauternes ソーテルヌ | Sauternes ソーテルヌ |
| Château Lamothe-Guignard シャトー・ラモット・ギニャール | Sauternes ソーテルヌ | Sauternes ソーテルヌ |
| Château de Malle シャトー・ド・マル | Sauternes ソーテルヌ | Preignac プレニャック |
| Château Romer du Hayot シャトー・ロメール・デュ・アヨ | Sauternes ソーテルヌ | Fargues ファルグ |
| Château Romer シャトー・ロメール | Sauternes ソーテルヌ | Fargues ファルグ |

VINOLET　Bordeaux　<<　ソーテルヌ&バルサックの格付け
P.83»84

VINOLET　Bordeaux　<<　グラーヴの格付け
P.85

## グラーヴの格付け（1953、59年）

- 1855年の格付けでは、シャトー・オー・ブリオンを唯一の例外として、グラーヴのワインが選ばれなかったことから、生産者組合の要請に応じ、I.N.A.O. が任命した審査委員会によって作成された格付け表。
- メドックの格付け（1855年）から約100年後の <u>1953</u> 年に発表、<u>1959</u> 年に承認に至った。
- 1855年の格付けと異なり、階級分けはされず、<u>16</u> のシャトー名がワインの色とともに列挙された。
- グラーヴの格付けシャトーは、全てA.O.C. <u>Pessac-Léognan</u> ペサック・レオニャンに属している。

> "シャトー・ラヴィユ・オー・ブリオン"以外の「Haut オー」が付くシャトーは全て赤のみ！

| 銘柄名 | 赤 | 白 | Commune |
|---|---|---|---|
| **Château Couhins**<br>シャトー・クーアン | | 🍷 | Villenave-d'Ornon<br>ヴィルナーヴ・ドルノン |
| **Château Couhins-Lurton**<br>シャトー・クーアン・リュルトン | | 🍷 | |
| **Château Laville Haut-Brion**[※1]<br>シャトー・ラヴィユ・オー・ブリオン | | 🍷 | Talence<br>タランス |
| **Château Haut-Brion**[※2]<br>シャトー・オー・ブリオン | 🍷 | | Pessac<br>ペサック |
| **Château La Mission-Haut-Brion**<br>シャトー・ラ・ミッション・オー・ブリオン | 🍷 | | Talence<br>タランス |
| **Château La Tour-Haut-Brion**[※3]<br>シャトー・ラ・トゥール・オー・ブリオン | 🍷 | | |
| **Château Pape Clément**<br>シャトー・パプ・クレマン | 🍷 | | Pessac<br>ペサック |
| **Château de Fieuzal**<br>シャトー・ド・フューザル | 🍷 | | Léognan<br>レオニャン |
| **Château Haut-Bailly**<br>シャトー・オー・バイィ | 🍷 | | |
| **Château Smith-Haut-Lafitte**<br>シャトー・スミス・オー・ラフィット | 🍷 | | Martillac<br>マルティヤック |
| **Château Carbonnieux**<br>シャトー・カルボニュー | 🍷 | 🍷 | Léognan<br>レオニャン |
| **Domaine de Chevalier**<br>ドメーヌ・ド・シュヴァリエ | 🍷 | 🍷 | |
| **Château Malartic-Lagravière**<br>シャトー・マラルティック・ラグラヴィエール | 🍷 | 🍷 | Léognan<br>レオニャン |
| **Château Olivier**<br>シャトー・オリヴィエ | 🍷 | 🍷 | |
| **Château Latour Martillac**<br>シャトー・ラトゥール・マルティヤック | 🍷 | 🍷 | Martillac<br>マルティヤック |
| **Château Bouscaut**<br>シャトー・ブスコー | 🍷 | 🍷 | Cadaujac<br>カドジャック |

> **生産可能色が問われる**
> グラーヴの格付けの問題は生産可能色が頻出。また、他のボルドーの格付けよりも圧倒的に覚えやすいため、グラーヴの格付けは得点源にしよう！

※1 Château Laville Haut-Brionは、2009ヴィンテージからChâteau La Mission Haut-Brion Blancに名称変更。

※2 Château Haut-Brionは白も造っているが、生産量の少なさから格付け入りを辞退した。

※3 Château La Tour-Haut-Brionは、2005ヴィンテージを最後に生産が中止された。ブドウ畑はChâteau La Mission-Haut-Brionに併合され、セカンドワインのLa Chapelle de la Mission Haut Brionにブレンドされている。

85

## サンテミリオンの格付け

- サンテミリオンの格付けは、1855年のメドックの格付けからちょうど**100**年後の**1955**年に実施された。
- 格付けは、プルミエ・グラン・クリュ・クラッセとグラン・クリュ・クラッセの2階級からなり、さらに第1特別級は上級のAとその下のBに分かれているため、実質**3**階級ある。
- 1855年のメドックの格付けとの大きな違いは、**10年ごと**（必ずしも10年ごとではない）に見直しが行われる点で、これまでに1969年、1986年、1996年、2006年、**2012**年、**2022**年の**6**回改訂されている。

  ※2006年の見直しの際には、その公正性を巡って訴訟が起こったため、2011年までの暫定措置として、1996年の格付けの復活と、さらに2006年昇格のシャトーも追加するという折衷策がとられた。

- 最新の格付けは2022年発表のもので、プルミエ・グラン・クリュ・クラッセに**14**、グラン・クリュ・クラッセに71、計85のシャトーが認定された。
- 最高位のプルミエ・グラン・クリュ・クラッセ（A）に、
  **2012**年、新たに**Château Angélus** シャトー・アンジェリュス、
  **Château Pavie** シャトー・パヴィが加わったが、今回も訴訟問題に発展した。
- **2022**年、プルミエ・グラン・クリュ・クラッセ（A）から**シャトー・オーゾンヌ**、**シャトー・シュヴァル・ブラン**、**シャトー・アンジェリュス**が離脱し、
  **Château Figeac** シャトー・フィジャックが昇格して、計**2**シャトーとなった。
- A.O.C.は全てA.O.C. **Saint-Émilion Grand Cru** サンテミリオン・グラン・クリュ。

---

**Column** — 脱退した主な理由

脱退した主な理由とされているのは、格付けの評価基準がテロワールの優位性やワインの品質だけでなく、ツーリズムやパブリシティまで含むことへの不満である。また、訴訟のリスクがあることも一因と考えられている。

Bordeaux
<< サンテミリオンの格付け

| 2022ヴィンテージから適用される格付け | | 銘柄名 |
|---|---|---|
| Premiers Grands Crus Classés<br>プルミエ・グラン・クリュ・クラッセ<br><br>計 **14** シャトー | （A）<br>**2** シャトー | Château Figeac<br>シャトー・フィジャック<br>※ 2022 年昇格 |
| | | Château Pavie<br>シャトー・パヴィ<br>※ 2012 年昇格 |
| Premiers Grands Crus Classés<br>プルミエ・グラン・クリュ・クラッセ | （B）<br>**12** シャトー | Château Beau-Séjour-Bécot<br>シャトー・ボー・セジュール・ベコ |
| | | Château Beauséjour Héritiers Duffau Lagarrosse<br>シャトー・ボーセジュール・エリティエ・デュフォー・ラガロス |
| | | Château Bélair Monange<br>シャトー・ベレール・モナンジュ |
| | | Château Canon<br>シャトー・カノン |
| | | Château Canon La Gaffelière<br>シャトー・カノン・ラ・ガフリエール |
| | | Château Larcis Ducasse<br>シャトー・ラルシス・デュカス |
| | | Château Pavie Macquin<br>シャトー・パヴィ・マカン |
| | | Château Troplong Mondot<br>シャトー・トロロン・モンド |
| | | Château Trottevieille<br>シャトー・トロットヴィエイユ |
| | | Château Valandraud<br>シャトー・ヴァランドロー |
| | | Clos Fourtet<br>クロ・フルテ |
| | | La Mondotte<br>ラ・モンドット |
| Grands Crus Classés<br>グラン・クリュ・クラッセ | | 71 シャトー |

クリュ・
ブルジョワ

- 1855年の格付けに漏れたメドックのシャトーを対象に、1932年にボルドー商工会議所及びジロンド県農業会議所の権威のもと「**クリュ・ブルジョワ**」の格付けが発表された。
- メドックの8つのA.O.C.に属するシャトーのうち、諸条件を満たした場合にのみ、クリュ・ブルジョワの認定が与えられる。
- 審査は毎年行われ、2年前のヴィンテージの認定シャトーが毎年9月に発表される。

Chapter

# 4 ブルゴーニュ地方

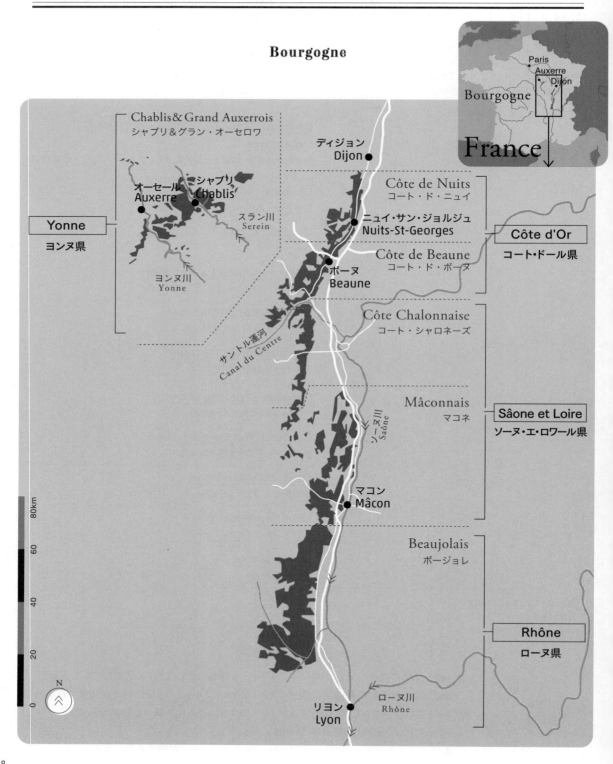

## DATA — Bourgogne

| | | |
|---|---|---|
| 県名 | ……… | Yonne ヨンヌ、Côte d'Or コート・ドール、Sâone et Loire ソーヌ・エ・ロワール、Rhône ローヌ |
| 栽培面積 | ……… | 約3.1万ha （ボージョレを除く5地区合計） |
| ワイン生産比率 | … | 白：60％、赤・ロゼ：29％、クレマン・ド・ブルゴーニュ：11％（ボージョレを除く5地区合計） |
| 気候 | ……… | **半大陸性**気候、または大陸性気候 |

> 栽培面積の数字は直接問われないが、数字を見て産地の「規模感」がイメージできるようにしよう！（ボルドーと比べて、1/4位ほどの大きさしかないんだな、という風に）

### 概要

- 複数品種をブレンドするボルドーと異なり、一般的にブルゴーニュでは**単一品種**によるワイン造りが行われている。
- A.O.C.の数はフランスで最も**多く**、ブルゴーニュで造られるほぼ全てのワインがA.O.C.ワインである。
- ブルゴーニュ・ワインの総売上は**23**億ユーロ（ボージョレを除く）である。そのうち55％が輸出され、日本は、輸入金額で、アメリカ、英国に次ぐ第**3**位の市場である。
- コート・ドール県の県庁所在地である**ディジョン**には、ブルゴーニュ公国時代の宮殿がある。

> "半"大陸性気候は、4産地のみ！
> ①ブルゴーニュ
> ②ジュラ
> ③ローヌ北部
> ④ロワール上流域

### 気候風土

- 北のシャブリ、グラン・オーセロワ地区から南のマコネ地区まで南北**230**kmあり、ボージョレ地区も合わせると南北280kmもの距離に広がっている。
- 土壌は、ジュラ紀由来の**粘土石灰**質が多いが、ボージョレ地区は、北部が**花崗岩**質、南部が**粘土石灰**質となっている。

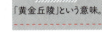

> **Côte d'Or**
> 「黄金丘陵」という意味。

> **Sâone et Loire**
> ブルゴーニュを北から南へと流れる川の名前が「ソーヌ川」。つまり、ソーヌ川とロワール川流域に広がる県ということ。

> **Rhône**
> ボージョレ地区の南には、北ローヌの産地が広がっているから！

| 県名 | 地区名 | 主な土壌 | 主要品種 |
|---|---|---|---|
| **Yonne** ヨンヌ | Chablis シャブリ | **キンメリジャン**の泥灰土、チトニアン（＝ポートランディアン）の石灰質 | シャルドネ |
| | Grand Auxerrois グラン・オーセロワ | | |
| **Côte d'Or** コート・ドール | Côte de Nuits コート・ド・ニュイ | **粘土石灰質** | ピノ・ノワール / シャルドネ |
| | Côte de Beaune コート・ド・ボーヌ | | ピノ・ノワール / シャルドネ |
| **Sâone et Loire** ソーヌ・エ・ロワール | Côte Chalonnaise コート・シャロネーズ | | ピノ・ノワール / シャルドネ、アリゴテ |
| | Mâconnais マコネ | | ガメイ、ピノ・ノワール / シャルドネ |
| **Rhône** ローヌ | Beaujolais北部 ボージョレ | 北部：**花崗岩**<br>南部：**粘土石灰質** | ガメイ（少量の白はシャルドネ） |

## 歴史 / History

| 時代 | 主な出来事 |
|---|---|
| 10〜12C | **ベネディクト**会系のクリュニー修道会（910年設立）、**シトー**修道会（1098年設立）の2つの修道院により、ブルゴーニュのブドウ畑が拡大。<br>良い**クリマ**を識別し、<br>クロ・ド・ヴージョ（1115年）、<br>クロ・ド・タール（1141年）などの銘醸畑が誕生した。 |
| 1363年 | ヴァロワ王家のフィリップ2世（ル・アルディ／フィリップ豪胆公）がブルゴーニュ公爵となる。 |
| 1395年 | フィリップ豪胆公が、**ガメイ**の植え付けを禁じ、ピノ・ノワールを奨励する勅令を発する。 |
| 1477年 | ヴァロワ朝のブルゴーニュ公国がフランス王国に併合される。 |
| 1760年 | コンティ公ルイ・フランソワ・ド・ブルボンが、後に**ロマネ・コンティ**と呼ばれる畑を入手。 |
| **2015**年 | 「ブルゴーニュのブドウ畑のクリマ」がユネスコ世界遺産に登録される。 |

> **クロ・ド・ヴージョとクロ・ド・タールの"クロ"**
> "Clos クロ"とは「石垣」という意味。この畑を開墾した修道会が、優れた畑の目印として石垣で囲ったことに由来する。

> **クリュニー修道会 シトー修道会**
> 両方とも、ブルゴーニュ発祥のカトリック教会に属する修道会。

> ブルゴーニュ地方最南端の「ボージョレ地区」は、"ブルゴーニュ公国"領ではなかったため、この勅令の効力が及ばなかった。

> **ブルゴーニュ公国**
> 現ブルゴーニュを治めた、ブルゴーニュ公の公領ないしはその支配体制を指す。フランスの一部であったが、相続、政略結婚、外交政策や武力などによって徐々に力をつけはじめ、一時は本家のフランスを凌ぐほど経済的、文化的に発展していた。

## 主要ブドウ品種

- ボージョレ地区を除く5地区では、シャルドネとピノ・ノワールが合計で栽培面積の約90％を占める。

| 白ブドウ | 黒ブドウ |
|---|---|
| Chardonnay シャルドネ（全域） | Pinot Noir ピノ・ノワール（全域） |
| Aligoté アリゴテ（主にA.O.C.ブーズロン） | Gamay ガメイ（主にボージョレ地区） |

**Bourgogne**
DATA、概要、気候風土、歴史、主要ブドウ品種、地方料理と食材、A.O.C.の階層構造

P.89≫91

## 地方料理と食材 — Cooking and Ingredients

| 料理名 | 内容 |
|---|---|
| **Boeuf Bourguignon** <br> ブフ・ブルギニヨン | 牛肉の赤ワイン煮込み。 |
| **Coq au Vin** <br> コッコ・ヴァン | 鶏肉の赤ワイン煮込み。 |
| **Jambon Persillé** <br> ジャンボン・ペルシエ | ハムの香草入りゼリー寄せ。 |
| **Oeuf en Meurette** <br> ウフ・アン・ムーレット | 赤ワインソース仕立てのポーチドエッグ。 |
| **Escargots à la Bourguignonne** <br> エスカルゴ・ア・ラ・ブルギニヨンヌ | かたつむりの香草入りニンニクバター風味。 |
| **Pain d'épices** <br> パン・デピス | ジンジャー、シナモン、アニスなどで香り付けした、蜂蜜風味のケーキ。 |
| **Epoisses** <br> エポワス | 牛乳、ウォッシュタイプ、A.O.P. チーズ。 |
| **Charolais** <br> シャロレ | 山羊乳、A.O.P. チーズ。 |

| | | | |
|---|---|---|---|
| Boeuf：牛肉 | | Vin：ワイン | |
| Bourguignon：ブルゴーニュ風 | | Jambon：ハム | |
| Coq：雄鶏 | | Oeuf：卵 |  |

## A.O.C.の階層構造 — Appellation d'Origine Contrôlée

ブルゴーニュ地方は、畑による個性の違いが顕著で、A.O.C.は格付けにより階層化されている。

**特級畑 Grand Cru グラン・クリュ**
Grand Cru 畑名がそのままA.O.C.となり、村名を付記しない。
例：A.O.C.Romanée-Saint-Vivant

**1級畑 Premier Cru プルミエ・クリュ**
畑の前に村名を付記。
例：A.O.C.Vosne-Romanée Premier Cru Clos des Réas

**村名 Communale コミュナル**
例：A.O.C.Vosne-Romanée

**地方名 Régionale レジオナル**
例：A.O.C.Bourgogne

# Chapter 4 Bourgogne
## Chablis & Grand Auxerrois

シャブリ地区＆グラン・オーセロワ地区

- ブルゴーニュ地方の北西部、**ヨンヌ**県に位置するワイン産地で、ブルゴーニュ地方**最北**部。

北に、飛び地のように存在する。

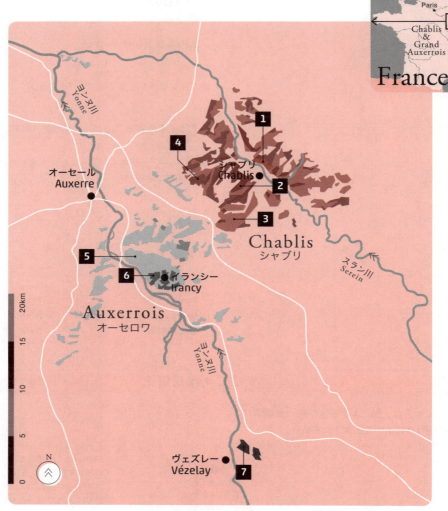

## Chablis & Grand Auxerrois
シャブリ地区 & グラン・オーセロワ地区

1. ■ **Chablis Grand Cru** シャブリ・グラン・クリュ
2. ■ **Chablis Premier Cru** シャブリ・プルミエ・クリュ
3. ■ **Chablis** シャブリ
4. ■ **Petit Chablis** プティ・シャブリ
5. ■ **Saint-Bris** サン・ブリ
6. ■ **Irancy** イランシー
7. ■ **Vézelay** ヴェズレー

**シャブリ地区**

- シャブリは**スラン**川両岸の丘陵地にブドウ畑が広がり、シャルドネから造られる辛口白ワインの代名詞として有名。
- おおむねジュラ紀後期の**キンメリジャン**土壌で、小さな牡蠣の化石が見られる。これがシャブリ特有のミネラル感をもたらす鍵であると考えられている。
- シャブリ地区はワインの品質によって、4つ（**Petit Chablis プティ・シャブリ**、**Chablis シャブリ**、**Chablis Premier Cru シャブリ・プルミエ・クリュ**、**Chablis Grand Cru シャブリ・グラン・クリュ**）のA.O.C.に分類される。
- A.O.C. Chablis Premier Cruは40の区画が認められ、**Chablis Grand Cru**は、スラン川**右**岸の急斜面に7つの区画が固まっている。

ボルドー、ソーテルヌを流れる「シロン川」と間違えやすいので注意！

スラン川は、南から北へと流れている。川の流れの向きに従って、右岸、左岸と決まる。

小さな牡蠣を含んだ土壌がミネラル感をもたらすのは確かだが、決してワインに「牡蠣の風味」を与えるわけではない（土壌の成分がそのままワインに感じられるというのは否定されている）。それゆえ「牡蠣を含んだ土壌」だから「シャブリには牡蠣が合う」という論理は破綻しており、机上の空論でしかない。

**Chablis**

| Village/Commune A.O.C.<br>地区/村名 | Premier Cru A.O.C.<br>1級 | Grand Cru A.O.C.<br>特級 | 赤 | ロゼ | 白 |
|---|---|---|---|---|---|
| **Petit Chablis**<br>プティ・シャブリ | | | | | 🍷 |
| **Chablis**<br>シャブリ | | | | | 🍷 |
| | **Chablis Premier Cru**<br>シャブリ・プルミエ・クリュ<br>40の区画が認められている。<br>以下は代表的な1級畑。<br>・Montée de Tonnerre モンテ・ド・トネール<br>・Fourchaume フルショーム<br>・Montmains モンマン<br>・Vaillons ヴァイヨン | | | | 🍷 |
| | | **Chablis Grand Cru**<br>シャブリ・グラン・クリュ<br>・**Bougros** ブーグロ ・**Valmur** ヴァルミュール<br>・**Preuses** プルーズ ・**Les Clos** レ・クロ<br>・（**La Moutonne** ラ・ムートンヌ） ・**Blanchot** ブランショ<br>・**Vaudésir** ヴォーデジール<br>・**Grenouilles** グルヌイユ<br>上記8つ（特級畑7＋非公式1）のクリマは、畑名のラベル表記が可能。 | | | 🍷 |

Chapter 4 ブルゴーニュ地方

# Chablis Grand Cru
シャブリ地区のグラン・クリュ

- ❶ <u>Bougros</u> ※西端
  ブーグロ
- ❷ <u>Preuses</u>
  プルーズ
- ❸ <u>Vaudésir</u>
  ヴォーデジール
- ❹ <u>Grenouilles</u> ※面積最小
  グルヌイユ
- ❺ <u>Valmur</u>
  ヴァルミュール
- ❻ <u>Les Clos</u> ※面積最大
  レ・クロ
- ❼ <u>Blanchot</u> ※東端
  ブランショ

- <u>La Moutonne</u> ラ・ムートンヌは❷と❸にまたがる位置にある。

**シャブリ地区のグラン・クリュ**

- シャブリ・グラン・クリュの中で、<u>Les Clos</u> レ・クロが最大面積を占め、最小面積は<u>Grenouilles</u> グルヌイユ。
- <u>Vaudésir</u> ヴォーデジールと<u>Preuses</u> プルーズにまたがる「<u>La Moutonne</u> ラ・ムートンヌ」は、特級畑の正式な名称としては認められていないが、ドメーヌ・ロン・デパキにのみ使用が認められている。

> ブルゴーニュは、最大面積、最小面積が試験に頻出！

> "ラ・ムートンヌ"は、産地内部では、慣習上のグラン・クリュとして認知されているため、ラベルに書くことが許された。

**グラン・オーセロワ地区**

> Irancyには希少なセザール種が10％までブレンドされることも。

- シャブリ地区を除くヨンヌ県のワイン産地。

Grand Auxerrois

| 村名A.O.C. | 赤 | ロゼ | 白 | 主要品種・備考 |
|---|---|---|---|---|
| **Irancy**<br>イランシー | 🍷 | | | 赤：<u>ピノ・ノワール</u>主体。<br>ヨンヌ県の村名A.O.C.で唯一の赤ワイン。 |
| **Saint-Bris**<br>サン・ブリ | | | 🥂 | 白：<u>ソーヴィニヨン（・ブラン）</u>主体。 |
| **Vézelay**<br>ヴェズレー | | | 🥂 | 白：<u>シャルドネ</u>100％。 |

> ブルゴーニュ地方で唯一、ソーヴィニヨン・ブランを主体とするA.O.C.。一見、例外のように見えるかもしれないが、"サン・ブリ"の産地は、ロワールの「サントル・ロワール地区」（サンセール、プイィ・フュメ）と距離的に近いため、ソーヴィニヨン・ブラン主体でも何ら不思議ではない。

🍃 VINOLET

**Bourgogne**
<< シャブリ地区 & グラン・オーセロワ地区
P.92 ≫ 94

94

Chapter **4** Bourgogne
Côte de Nuits

## コート・ド・ニュイ地区（コート・ドール県北部）

村名A.O.C.が北から南へと縦に整然と並んでいるため、村名A.O.C.の縦の並びを問う「並び替え」問題が頻出！

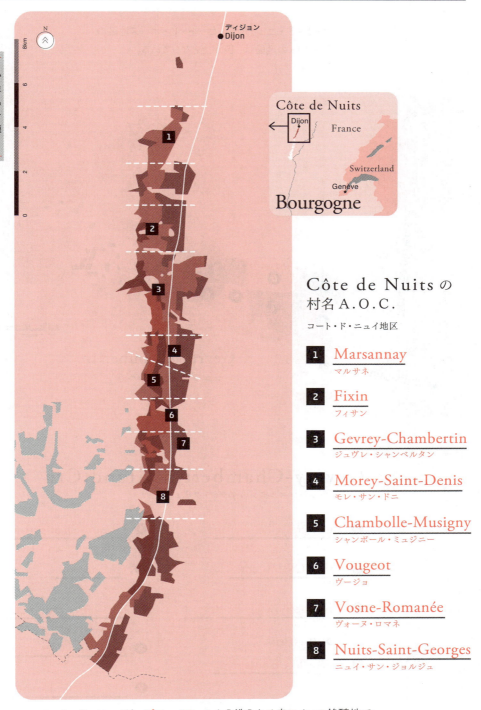

### Côte de Nuits の村名A.O.C.

コート・ド・ニュイ地区

1. **Marsannay**
   マルサネ
2. **Fixin**
   フィサン
3. **Gevrey-Chambertin**
   ジュヴレ・シャンベルタン
4. **Morey-Saint-Denis**
   モレ・サン・ドニ
5. **Chambolle-Musigny**
   シャンボール・ミュジニー
6. **Vougeot**
   ヴージョ
7. **Vosne-Romanée**
   ヴォーヌ・ロマネ
8. **Nuits-Saint-Georges**
   ニュイ・サン・ジョルジュ

- コート・ド・ニュイは、**ピノ・ノワール**から造られる赤ワインの銘醸地で、白ワインの生産はごくわずかである。
- オート・コート・ド・ニュイは、コート・ド・ニュイの丘の向こうにある、より標高の高い丘陵地。

コート・ド・ニュイ地区

## ジュヴレ・シャンベルタンのグラン・クリュ　　Gevrey-Chambertin Grand Cru

※コート・ド・ニュイ地区、コート・ド・ボーヌ地区の
グランクリュの地図は、西が上となっている。

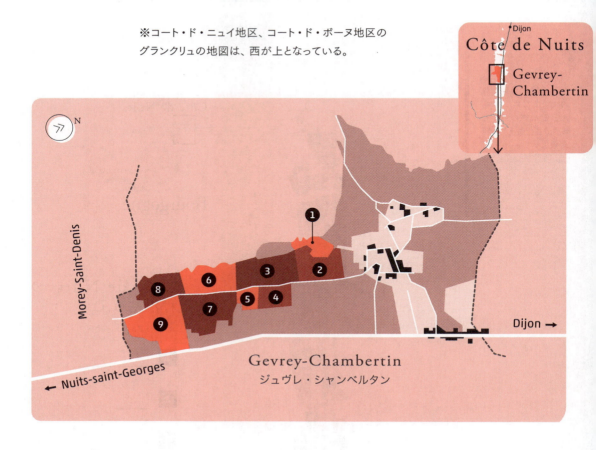

# Gevrey-Chambertin Grand Cru
ジュヴレ・シャンベルタンのグラン・クリュ

❶ **Ruchottes-Chambertin**
リュショット・シャンベルタン

❷ **Mazis-Chambertin**
マジ・シャンベルタン

❸ **Chambertin Clos-de-Bèze**
シャンベルタン・クロ・ド・ベーズ
※❸は❻を名乗れる

❹ **Chapelle-Chambertin**
シャペル・シャンベルタン

❺ **Griotte-Chambertin**
グリオット・シャンベルタン

❻ **Chambertin**
シャンベルタン

❼ **Charmes-Chambertin**
シャルム・シャンベルタン

❽ **Latricières-Chambertin**
ラトリシエール・シャンベルタン

❾ **Mazoyères-Chambertin**
マゾワイエール・シャンベルタン
※❾は❼を名乗れる

96

## モレ・サン・ドニとシャンボール・ミュジニーのグラン・クリュ

Morey-Saint-Denis & Chambolle-Musigny Grand Cru

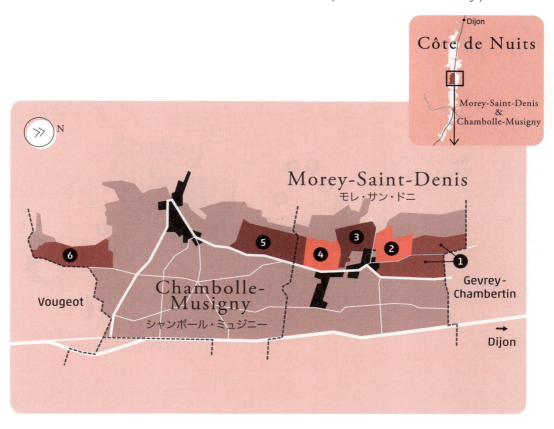

# Morey-Saint-Denis & Chambolle-Musigny Grand Cru

モレ・サン・ドニとシャンボール・ミュジニーのグラン・クリュ

❶ Clos de la Roche
クロ・ド・ラ・ロッシュ

❷ Clos Saint-Denis
クロ・サン・ドニ

❸ Clos des Lambrays
クロ・デ・ランブレー

❹ Clos de Tart
クロ・ド・タール

❺ Bonnes-Mares ※またがる
ボンヌ・マール

❻ Musigny
ミュジニー

※❺ Bonnes-Mares ボンヌ・マールはモレ・サン・ドニとシャンボール・ミュジニーの2つの村にまたがる。

コート・ド・ニュイ地区

## ヴージョとヴォーヌ・ロマネのグラン・クリュ　　Vougeot & Vosne-Romanée Grand Cru

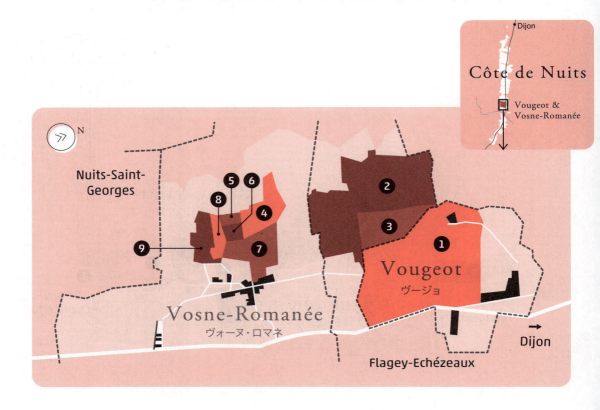

# Vougeot & Vosne-Romanée Grand Cru
### ヴージョとヴォーヌ・ロマネのグラン・クリュ

**❶ Clos de Vougeot**
クロ・ド・ヴージョ

**❷ Echezeaux**
エシェゾー

**❸ Grands-Echezeaux**
グラン・ゼシェゾー

**❹ Richebourg**
リシュブール

**❺ La Romanée**
ラ・ロマネ

**❻ Romanée-Conti**
ロマネ・コンティ

**❼ Romanée-Saint-Vivant**
ロマネ・サン・ヴィヴァン

**❽ La Grande Rue**
ラ・グランド・リュー

**❾ La Tâche**
ラ・ターシュ
※最南端かつロマネ・コンティと接していない

Côte de Nuits

| Village/Commune A.O.C. | Premier Cru A.O.C. | Grand Cru A.O.C. | 赤 | ロゼ | 白 |
|---|---|---|---|---|---|

## Marsannay マルサネ

* Premier Cru、Grand Cru なし
* コート・ドール地区で唯一ロゼを産出

1919年に Domaine Clair Daü（現 Bruno Clair に引き継がれている）が設立され、ピノ・ノワールからロゼワインの生産を開始した。☕

## Fixin フィサン

* Grand Cru なし

Fixin Premier Cru

## Gevrey-Chambertin
ジュヴレ・シャンベルタン

*コート・ド・ニュイ地区で面積最大
* Grand Cru 数：9

Gevrey-Chambertin Premier Cru

コート・ド・ニュイで、「村名A.O.C.が赤のみ」なのは、3ヵ村ある。
① ジュヴレ・シャンベルタン
② シャンボール・ミュジニー
③ ヴォーヌ・ロマネ

**Chambertin**
シャンベルタン

* Chambertin を名乗れる

**Chambertin Clos-de-Bèze**
シャンベルタン・クロ・ド・ベーズ

この2つのグラン・クリュは、他のグランクリュよりも古くから別格とされる。

*ジュヴレ・シャンベルタン村の Grand Cru の中で面積最大

**Charmes-Chambertin**
シャルム・シャンベルタン

* Charmes-Chambertin を名乗れる

**Mazoyères-Chambertin**
マゾワイエール・シャンベルタン

マゾワイエールのブドウで造られた場合、ほとんどの生産者が「シャルム」を名乗っている、という実情がある。☕

**Chapelle-Chambertin**
シャペル・シャンベルタン

**Griotte-Chambertin**
グリオット・シャンベルタン

**Latricières-Chambertin**
ラトリシエール・シャンベルタン

**Mazis-Chambertin**
マジ・シャンベルタン

**Ruchottes-Chambertin**
リュショット・シャンベルタン

## Morey-Saint-Denis
モレ・サン・ドニ

* Grand Cru 数：5

Morey-Saint-Denis Premier Cru

畑が村を「またいだ」場合、双方の村でグラン・クリュとしてカウントされる。

* Chambolle-Musigny 村とまたがる

**Bonnes-Mares**（一部）
ボンヌ・マール

**Clos des Lambrays**
クロ・デ・ランブレー

*モレ・サン・ドニ村の Grand Cru の中で面積最小

**Clos Saint-Denis**
クロ・サン・ドニ

*モレ・サン・ドニ村の Grand Cru の中で面積最大

**Clos de la Roche**
クロ・ド・ラ・ロッシュ

**Clos de Tart**
クロ・ド・タール

Chapter 4 ブルゴーニュ地方

99

# コート・ド・ニュイ地区　Côte de Nuits

| Village/Commune A.O.C. | Premier Cru A.O.C. | Grand Cru A.O.C. | 赤 | ロゼ | 白 |
|---|---|---|---|---|---|
| **Chambolle-Musigny** シャンボール・ミュジニー<br>＊Grand Cru数：**2** | | | 🍷 | | |
| | Chambolle-Musigny Premier Cru | | 🍷 | | |
| | | **Musigny** ミュジニー | 🍷(赤) | | 🍷 |
| | ＊Morey-Saint-Denis村とまたがる | **Bonnes-Mares**（一部） ボンヌ・マール | 🍷 | | |
| **Vougeot** ヴージョ<br>＊Grand Cru数：1 | | | 🍷 | | 🍷 |
| | Vougeot Premier Cru | | 🍷 | | 🍷 |
| | ＊コート・ド・ニュイ地区で面積<u>最大</u>のGrand Cru（約**50ha**） | **Clos (de) Vougeot** クロ・(ド・)ヴージョ | 🍷 | | |
| **（Flagey-Echézeaux）** フラジェイ・エシェゾー<br>＊村名A.O.C.として認められていない<br>＊フラジェイ・エシェゾー村のブドウから造られるワインは基本的にA.O.C. Vosne-Romanéeとなる<br>＊Grand Cru数：2 | | **Grands-Echezeaux** グラン・ゼシェゾー | 🍷 | | |
| | | **Echezeaux** エシェゾー | 🍷 | | |
| **Vosne-Romanée** ヴォーヌ・ロマネ<br>＊Grand Cru数：**6** | | | 🍷(赤) | | |
| | Vosne-Romanée Premier Cru | | 🍷 | | |
| | | **Romanée-Conti** ロマネ・コンティ | 🍷 | | |
| | ＊フランスで面積最小のA.O.C. | **La Romanée** ラ・ロマネ | 🍷 | | |
| | ＊ヴォーヌ・ロマネ村のGrand Cruの中で面積最<u>大</u> | **Romanée-Saint-Vivant** ロマネ・サン・ヴィヴァン | 🍷 | | |
| | ＊ヴォーヌ・ロマネ村のGrand Cruの中で最<u>南</u> | **La Tâche** ラ・ターシュ | 🍷 | | |
| | | **Richebourg** リシュブール | 🍷 | | |
| | | **La Grande Rue** ラ・グランド・リュー | 🍷 | | |
| **Nuits-Saint-Georges** ニュイ・サン・ジョルジュ<br>＊Grand Cru**なし**<br>＊コート・ド・ニュイ地区最<u>南</u> | | | 🍷 | | 🍷 |
| | Nuits-Saint-Georges Premier Cru | | 🍷 | | 🍷 |
| **Côte de Nuits-Villages**※ コート・ド・ニュイ・ヴィラージュ | | | 🍷(赤) | | 🍷 |

行政の線引きとして「フラジェイ・エシェゾー」という村は存在するが、ワイン産地として、A.O.C.には認められていないということ。

村名A.O.C.の生産可能色が「赤のみ」にもかかわらず、その村の内部にある"ミュジニー"グラン・クリュは、「赤と白も」認められている！このような例外が起きるのは、ミュジニーだけ。ミュジニー最大の所有者、Domaine Comte Georges de Vogue が一部の区画（約0.6ha）にシャルドネを植えていることから認められた。

「ダイヤモンドを囲む5つの原石」といわれる。ロマネ・コンティはもちろん、その他にも綺羅星の如きグラン・クリュが佇んでいる。

コート・ド・ニュイ・ヴィラージュ
コート・ド・ボーヌ・ヴィラージュの生産可能色は「赤」のみ。

※コート・ド・ニュイ・ヴィラージュは、コート・ド・ニュイ地区内の指定された5つの村（フィサン、ブロション、プレモー・プリセー、コンブランシアン、コルゴロワン）で生産が認められるA.O.C.。

**VINOLET**

**Bourgogne**
≪ コート・ド・ニュイ地区
P.95≫100

Chapter **4** Bourgogne

Côte de Beaune

# コート・ド・ボーヌ地区（コート・ドール県南部）

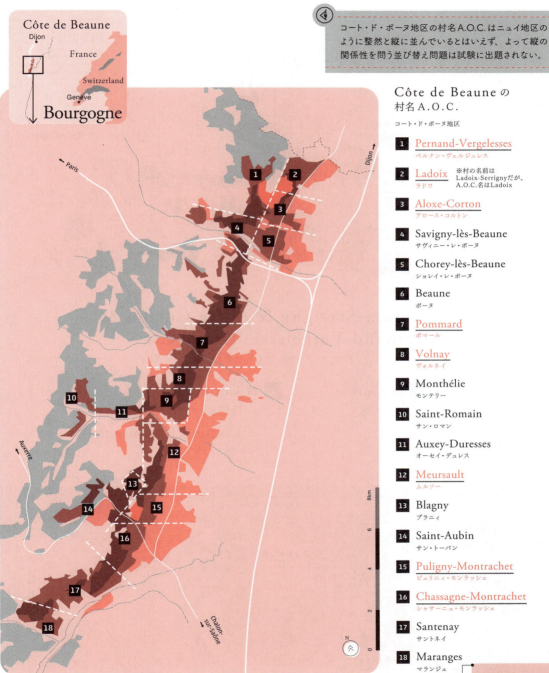

コート・ド・ボーヌ地区の村名A.O.C.はニュイ地区のように整然と縦に並んでいるとはいえず、よって縦の関係性を問う並び替え問題は試験に出題されない。

**Côte de Beauneの村名A.O.C.**
コート・ド・ボーヌ地区

| 1 | Pernand-Vergelesses ペルナン・ヴェルジュレス |
| 2 | Ladoix　※村の名前はLadoix-SerrignyだがA.O.C.名はLadoix ラドワ |
| 3 | Aloxe-Corton アロース・コルトン |
| 4 | Savigny-lès-Beaune サヴィニー・レ・ボーヌ |
| 5 | Chorey-lès-Beaune ショレイ・レ・ボーヌ |
| 6 | Beaune ボーヌ |
| 7 | Pommard ポマール |
| 8 | Volnay ヴォルネイ |
| 9 | Monthélie モンテリー |
| 10 | Saint-Romain サン・ロマン |
| 11 | Auxey-Duresses オーセイ・デュレス |
| 12 | Meursault ムルソー |
| 13 | Blagny ブラニィ |
| 14 | Saint-Aubin サン・トーバン |
| 15 | Puligny-Montrachet ピュリニィ・モンラッシェ |
| 16 | Chassagne-Montrachet シャサーニュ・モンラッシェ |
| 17 | Santenay サントネイ |
| 18 | Maranges マランジュ |

- **コート・ドール**の南半分をコート・ド・ボーヌと呼ぶ。
- コート・ド・ボーヌの多くの村では、赤・白ともに造られ、ムルソー、ピュリニィ・モンラッシェ、シャサーニュ・モンラッシェの3カ村で造られる白ワインは、世界的に高値で取引されている。

コート・ド・ニュイは赤がそのほとんどを占めているが、コート・ド・ボーヌは赤と白が混在している。（ニュイに白がほとんどないため、ボーヌは白が注目されやすい）

コート・ド・ボーヌ地区

## ラドワ・セリニー、アロース・コルトン、ペルナン・ヴェルジュレスのグラン・クリュ

Ladoix-Serrigny & Aloxe-Corton & Pernand-Vergelesses Grand Cru

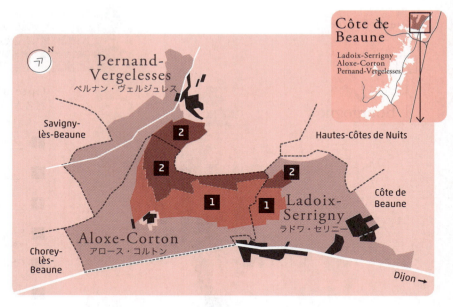

# Ladoix-Serrigny & Aloxe-Corton & Pernand-Vergelesses Grand Cru

ラドワ・セリニー、アロース・コルトン、ペルナン・ヴェルジュレスのグラン・クリュ

1 ■ Corton
コルトン

2 ■ Corton（赤）
コルトン

Corton-Charlemagne（白）
コルトン・シャルルマーニュ

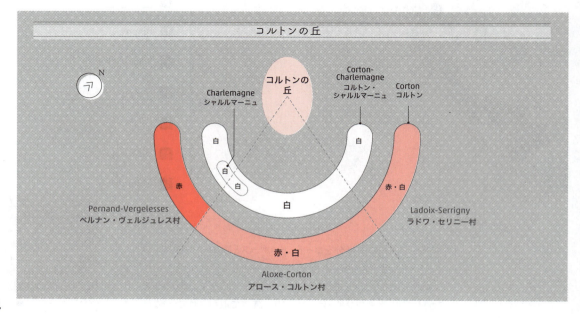

## ピュリニィ・モンラッシェとシャサーニュ・モンラッシェのグラン・クリュ
Puligny-Montrachet & Chassagne-Montrachet Grand Cru

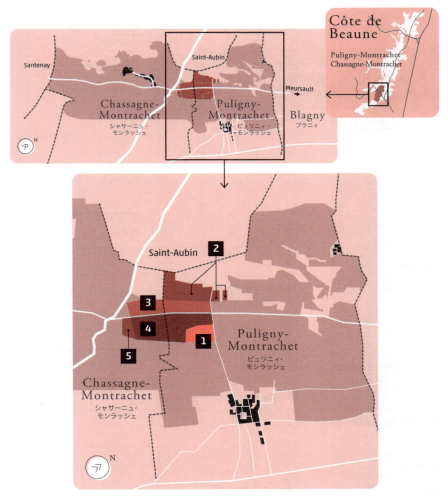

# Puligny-Montrachet & Chassagne-Montrachet Grand Cru
ピュリニィ・モンラッシェとシャサーニュ・モンラッシェのグラン・クリュ

| Chassagne-Montrachet<br>シャサーニュ・モンラッシェ（1つ） | Puligny-Montrachet<br>ピュリニィ・モンラッシェ（2つ） |
|---|---|
| **5** ■ Criots-Bâtard-Montrachet<br>クリオ・バタール・モンラッシェ | **1** ■ Bienvenues-Bâtard-Montrachet<br>ビアンヴニュ・バタール・モンラッシェ |
| | **2** ■ Chevalier-Montrachet<br>シュヴァリエ・モンラッシェ |

両カ村にまたがる（2つ）

**3** ■ Montrachet
モンラッシェ

**4** ■ Bâtard-Montrachet
バタール・モンラッシェ

103

コート・ド・ボーヌ地区

Côte de Beaune

| Village/Commune A.O.C. | Premier Cru A.O.C. | Grand Cru A.O.C. | 赤 | ロゼ | 白 |
|---|---|---|---|---|---|
| **Pernand-Vergelesses**<br>ペルナン・ヴェルジュレス<br>＊Grand Cru数：3 | | | 🍷 | | 🥂 |
| | Pernand-Vergelesses Premier Cru | | 🍷 | | 🥂 |
| | ＊**コート・ドール**最大の<br>グラン・クリュ | Corton[1]（一部）<br>コルトン | 🍷 | | |
| | | **Corton-Charlemagne**[2]（一部）<br>**コルトン・シャルルマーニュ** | | | 🥂 |
| | | Charlemagne（一部）<br>シャルルマーニュ | | | 🥂 |
| **Aloxe-Corton**<br>アロース・コルトン<br>＊Grand Cru数：3 | | | 🍷 | | 🥂 |
| | Aloxe-Corton Premier Cru | | 🍷 | | 🥂 |
| | | Corton[1]（一部） | 🍷 | | 🥂 |
| | | **Corton-Charlemagne**[2]（一部） | | | 🥂 |
| | | Charlemagne（一部） | | | 🥂 |
| **Ladoix**<br>ラドワ<br>＊Grand Cru数：2 | | | 🍷 | | 🥂 |
| | Ladoix Premier Cru | | 🍷 | | 🥂 |
| | | Corton[1]（一部） | 🍷 | | 🥂 |
| | | **Corton-Charlemagne**[2]（一部） | | | 🥂 |
| Savigny-lès-Beaune<br>サヴィニー・レ・ボーヌ | | | 🍷 | | 🥂 |
| | Savigny-lès-Beaune Premier Cru | | 🍷 | | 🥂 |
| Chorey-lès-Beaune<br>ショレイ・レ・ボーヌ | | | 🍷 | | 🥂 |
| **Beaune** ボーヌ<br>＊コート・ド・ボーヌ地区、<br>**コート・ドール**地域で最大 | | | 🍷 | | 🥂 |
| | Beaune Premier Cru | | 🍷 | | 🥂 |
| **Pommard** ポマール | | | 🍷 | | |
| | Pommard Premier Cru | | 🍷 | | |
| **Volnay** ヴォルネイ | | | 🍷 | | |
| | Volnay Premier Cru | | 🍷 | | |
| **Monthélie** モンテリー | | | 🍷 | | 🥂 |
| | Monthélie Premier Cru | | 🍷 | | 🥂 |
| Saint-Romain サン・ロマン | | | 🍷 | | 🥂 |
| **Auxey-Duresses**<br>オーセイ・デュレス | | | 🍷 | | 🥂 |
| | Auxey-Duresses<br>Premier Cru | | 🍷 | | 🥂 |

「コルトンの丘」
「コルトンの丘」に広がる3種のグラン・クリュは非常に複雑なので、まずは、地図を見て確認しよう！

コート・ド・ボーヌで、「赤のみ」のA.O.C.は、3カ村ある。
1 ポマール
2 ヴォルネイ
3 ブラニィ

Côte de Beaune

## Meursault
ムルソー

Meursault Premier Cru

## Blagny
ブラニィ

Blagny Premier Cru

Saint-Aubin サン・トーバン

Saint-Aubin Premier Cru

> 世界で最も高名なシャルドネの産地として知られるこれらのアペラシオンでは、実は赤ワインも生産されている。シャサーニュ・モンラッシェでは生産量が多いが、他2村では極々僅か。

## Puligny-Montrachet
ピュリニィ・モンラッシェ

＊Grand Cru数：4

Puligny-Montrachet Premier Cru

＊Puligny-Montrachet、Chassagne-Montrachet両村にあるGrand Cruの中で面積最大

**Montrachet**（一部）
モンラッシェ

**Bâtard-Montrachet**（一部）
バタール・モンラッシェ

**Chevalier-Montrachet**
シュヴァリエ・モンラッシェ

**Bienvenues-Bâtard-Montrachet**
ビアンヴュ・バタール・モンラッシェ

## Chassagne-Montrachet
シャサーニュ・モンラッシェ

＊Grand Cru数：3

Chassagne-Montrachet Premier Cru

**Montrachet**（一部）

＊Puligny-Montrachet、Chassagne-Montrachet両村にあるGrand Cruの中で面積最大

**Bâtard-Montrachet**（一部）

＊Puligny-Montrachet、Chassagne-Montrachet両村にあるGrand Cruの中で面積最小

**Criots-Bâtard-Montrachet**
クリオ・バタール・モンラッシェ

## Santenay
サントネイ

Santenay Premier Cru

## Maranges
マランジュ

Maranges Premier Cru

## Côte de Beaune-Villages / Commune + Côte de Beaune[※3]
コート・ド・ボーヌ・ヴィラージュ / 村名 + コート・ド・ボーヌ

※1 コート・ドール最大のGrand Cruで、Pernand-Vergelesses村、Aloxe-Corton村、Ladoix-Serrigny村の3カ村にまたがっており、Pernand-Vergelesses村のCortonだけ生産可能色が赤のみ。
※2 Pernand-Vergelesses村、Aloxe-Corton村、Ladoix-Serrigny村の3カ村にまたがっている。
※3 Côte de Beaune地区のいくつかの村に、表記または村名に付記することが認められている村名レベルのA.O.C.。

Chapter 4 ブルゴーニュ地方

VINOLET

Bourgogne
コート・ド・ボーヌ地区
P.101 » 105

105

# Chapter 4 Bourgogne
## Côte Chalonnaise

## コート・シャロネーズ地区

- コート・シャロネーズ地区はコート・ド・ボーヌの南に位置し、南北**25**kmの全域が**ソーヌ・エ・ロワール**県に属する。

> ブルゴーニュで最も存在感が薄い地域だが、掘り出し物も多く、価格も手ごろ。

Côte Chalonnaise

| | Village/Commune A.O.C. | 赤 | ロゼ | 白 | 備考 |
|---|---|---|---|---|---|
| 北 | **Bouzeron** ブーズロン | | | 🍷 | **アリゴテ** 100 %<br>Premier Cru なし。 |
| ↑↓ | **Rully** リュリー | 🍷 | | 🍷 | |
| | **Mercurey** メルキュレ | 🍷 | | 🍷 | コート・シャロネーズ地区で面積**最大**。 |
| | **Givry** ジヴリ | 🍷 | | 🍷 | |
| 南 | **Montagny** モンタニィ | | | 🍷 | **シャルドネ** 100 % |

> かつては非常に酸の強い品種として知られていたが、現在は温暖化の影響もあり、バランスの取れた味わいに。（二次試験のテイスティングで出題履歴あり）

106

Chapter 4　Bourgogne
# Mâconnais

## マコネ地区

Mâconnais
マコネ地区

1. Pouilly-Fuissé プイィ・フュイッセ
2. Pouilly-Vinzelles プイィ・ヴァンゼル
3. Pouilly-Loché プイィ・ロシェ
4. Saint-Véran サン・ヴェラン
5. Viré-Clessé ヴィレ・クレッセ

- ボージョレ地区を除いた5地区の中で最南端かつ面積最大のワイン産地である。
- 赤ワインも造られるが、生産量の80％が**シャルドネ**から造られる白ワイン。

> コート・ドールに比べ、黄桃やパイナップルの香りが顕著でまろやか、より温かみのあるシャルドネに定評がある。コストパフォーマンスにも優れている！

Mâconnais

| 地区名A.O.C. | Village/Commune A.O.C. | 赤 | ロゼ | 白 | 備考 |
|---|---|---|---|---|---|
| Mâcon マコン | | 🍷 | 🍷 | 🍷 | |
| | Mâcon + Commune マコン+地理的表示 | 🍷 | 🍷 | 🍷 | 生産可能色は地理的表示により異なる。 |
| | Mâcon Villages マコン・ヴィラージュ | | | 🍷 | マコネ地区で面積**最大**。 |
| | **Viré-Clessé ヴィレ・クレッセ** | | | 🍷 | |
| | **Saint-Véran サン・ヴェラン** | | | 🍷 | |
| | **Pouilly-Fuissé プイィ・フュイッセ** | | | 🍷 | マコネ地区で最も洗練された白ワインを産出。 |
| | Pouilly-Loché プイィ・ロシェ | | | 🍷 | |
| | Pouilly-Vinzelles プイィ・ヴァンゼル | | | 🍷 | |

107

# Chapter 4 Bourgogne
## Beaujolais

## ボージョレ地区

地図問題も頻出！一見複雑に見えるが、サン・タムールとジュリエナ以外は比較的縦に並んでいる。

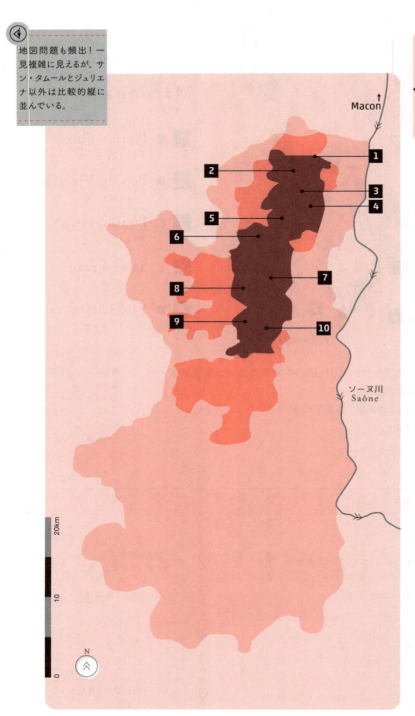

### Beaujolais
ボージョレ地区

### Crus du Beaujolais
クリュ・デュ・ボージョレ

**1** Saint-Amour ※最北
サン・タムール

**2** Juliénas
ジュリエナ

**3** Chénas ※最小
シェナ

**4** Moulin-à-Vent
ムーラン・ア・ヴァン

**5** Fleurie
フルーリー

**6** Chiroubles
シルーブル

**7** Morgon
モルゴン

**8** Régnié
レニエ

**9** Brouilly ※最大・最南端
ブルイイ

**10** Côte de Brouilly
コート・ド・ブルイイ

- マコネの南に広がり、生産量の**95**％が単一品種の**ガメイ**から造られるフルーティな赤ワインの産地。
- 地区全体は南北55kmの距離があり、北部は**花崗岩**土壌、南部は粘土石灰質。
- 新酒のボージョレ・ヌーヴォーは、毎年**11月第3木曜日**が解禁日。
**リヨン**で飲まれていたのがパリでも話題になり、一般に流通するようになった。

> ボージョレ・ヌーヴォーはあくまでボージョレのワインの一部でしかなく、そこだけ見てしまうと、ボージョレという産地やガメイの本質を見誤ることになるので注意。

解禁日のまとめ

Vino Novello ヴィーノ・ノヴェッロ（イタリア）
10/30

Heurige ホイリゲ（オーストリア）
11/11（規定ではなく、慣習としての解禁日）

Beaujolais

| 地区名 A.O.C. | Village/Commune A.O.C. | 赤 | ロゼ | 白 | 備考 |
|---|---|---|---|---|---|
| Beaujolais<br>ボージョレ | | ● | ● | ○ | 赤またはロゼの新酒は、"Nouveau"、"Primeur"の表記可。 |
| Beaujolais Supérieur<br>ボージョレ・シュペリュール | | ● | | | |
| | Beaujolais Villages<br>ボージョレ・ヴィラージュ<br>Beaujolais + Commune<br>ボージョレ＋村名 | ● | ● | ○ | 赤またはロゼの新酒は、"Nouveau"、"Primeur"の表記可。 |
| ＊総称：<br>Crus du Beaujolais<br>クリュ・デュ・ボージョレ<br>（**10** Crus） | Saint-Amour<br>サン・タムール | ● | | | **最北**端に位置するクリュ。 |
| | Juliénas<br>ジュリエナ | ● | | | |
| | Chénas<br>シェナ | ● | | | 面積・生産量**最小**のA.O.C.。 |
| | Moulin-à-Vent<br>ムーラン・ア・ヴァン | ● | | | 特に長期熟成にも耐え得る。 |
| | Fleurie<br>フルーリー | ● | | | |
| | Chiroubles<br>シルーブル | ● | | | |
| | Morgon<br>モルゴン | ● | | | 特に長期熟成にも耐え得る。 |
| | Régnié<br>レニエ | ● | | | 最新のA.O.C.。 |
| | Brouilly<br>ブルイイ | ● | | | **最南**端、<br>面積・生産量**最大**のA.O.C.。 |
| | Côte de Brouilly<br>コート・ド・ブルイイ | ● | | | |

**Bourgogne**

コート・シャロネーズ地区、マコネ地区、ボージョレ地区

>>

P.106 >> 109

109

# Chapter 4 Bourgogne

## Sous-Région & Régionales

覚えるべきは赤字のみでOK！

## ブルゴーニュ全域・広域

Sous-Région & Régionales

| 生産地域 | A.O.C. | 赤 | ロゼ | 白 | 備考 |
|---|---|---|---|---|---|
| 全域 | Bourgogne<br>ブルゴーニュ | ● | ● | ● | |
| | **Bourgogne Passe-Tout-Grains**<br>ブルゴーニュ・パス・トゥ・グラン | ● | ● | | 赤・ロゼ：<u>ピノ・ノワール</u>30％以上、<u>ガメイ</u>15％以上。 |
| | Bourgogne Aligoté<br>ブルゴーニュ・アリゴテ | | | ● | |
| | Crémant de Bourgogne<br>クレマン・ド・ブルゴーニュ | | ●発泡 | ●発泡 | 瓶内二次発酵、滓と共に9カ月以上熟成。 |
| | **Coteaux Bourguignons**<br>コトー・ブルギニヨン | ● | ● | ● | 2011年認定。 |
| | Bourgogne Mousseux<br>ブルゴーニュ・ムスー | ●発泡 | | | |
| Grand Auxerrois<br>グラン・オーセロワ | Bourgogne Côtes d'Auxerre<br>ブルゴーニュ・コート・ドーセール | ● | ● | ● | |
| | **Bourgogne Tonnerre**<br>ブルゴーニュ・トネール | | | ● | |
| Côte de Nuits<br>コート・ド・ニュイ<br>Côte de Beaune<br>コート・ド・ボーヌ | **Bourgogne Côte d'Or**<br>ブルゴーニュ・コート・ドール | ● | | ● | |
| Hautes-Côtes de Nuits<br>オート・コート・ド・ニュイ | **Bourgogne Hautes-Côtes de Nuits**<br>ブルゴーニュ・オート・コート・ド・ニュイ | ● | ● | ● | |
| Hautes-Côtes de Beaune<br>オート・コート・ド・ボーヌ | Bourgogne Hautes-Côtes de Beaune<br>ブルゴーニュ・オート・コート・ド・ボーヌ | ● | ● | ● | |
| Côte Chalonnaise<br>コート・シャロネーズ | Bourgogne Côte Chalonnaise<br>ブルゴーニュ・コート・シャロネーズ | ● | ● | ● | |
| Couchois<br>クーショワ | Bourgogne Côtes du Couchois<br>ブルゴーニュ・コート・デュ・クーショワ | ● | | | |
| Beaujolais<br>ボージョレ | **Bourgogne Gamay**<br>ブルゴーニュ・ガメイ | ● | | | 2011年認定。 |
| Rhône<br>ローヌ県 | Coteaux du Lyonnais<br>コトー・デュ・リヨネー | ● | ● | ● | |

VINOLET

**Bourgogne**

<< ブルゴーニュ全域・広域

P.110

Chapter **4** Bourgogne

## Premier Cru

>  プルミエ・クリュの学習は、ブルゴーニュ編の最後の最後でOK。学習の優先順位は極めて低い！

# 代表的な Premier Cru プルミエ・クリュ

### コート・ド・ニュイ地区　Côte de Nuits

| Commune | Premier Cru |
|---|---|
| Gevrey-Chambertin | **Clos Saint-Jacques** クロ・サン・ジャック |
| | **Les Cazetiers** レ・カズティエ |
| | Champeaux シャンポー |
| Morey-Saint-Denis | Clos des Ormes クロ・デ・ゾルム |
| | Monts Luisants モン・リュイザン |
| Chambolle-Musigny | **Les Amoureuses** レ・ザムルーズ |
| | **Les Charmes** レ・シャルム |
| Vougeot | Les Petits Vougeots レ・プティ・ヴージョ |
| | Le Clos Blanc ル・クロ・ブラン |
| Vosne-Romanée | **Aux Malconsorts** オー・マルコンソール |
| | **Les Suchots** レ・シュショ |
| | Clos des Réas クロ・デ・レア |
| Nuits-Saint-Georges | **Les Saint-Georges** レ・サン・ジョルジュ |
| | **Les Vaucrains** レ・ヴォークラン |
| | Clos de la Maréchale クロ・ド・ラ・マレシャル |

### コート・ド・ボーヌ地区　Côte de Beaune

| Commune | Premier Cru |
|---|---|
| Beaune | **Les Marconnets** レ・マルコネ |
| | **Les Grèves** レ・グレーヴ |
| | **Clos des Mouches** クロ・デ・ムーシュ |
| | **Clos du Roi** クロ・デュ・ロワ |
| Pommard | **Les Grands Epenots** レ・グラン・ゼプノ |
| | **Les Rugiens-Bas** レ・リュジアン・バ |
| | Les Rugiens-Hauts レ・リュジアン・オー |
| Volnay | Clos de la Bousse d'Or クロ・ド・ラ・ブス・ドール |
| | Santenots サントノ |
| | **Les Caillerets** レ・カイユレ |
| | Taille Pieds タイユ・ピエ |
| Meursault | **Perrières** ペリエール |
| | **Charmes** シャルム |
| | **Genevrières** ジュヌヴリエール |
| | Le Porusot ル・ポリュゾ |
| | **Les Gouttes d'Or** レ・グット・ドール |
| Puligny-Montrachet | **Les Pucelles** レ・ピュセル |
| | **Les Folatières** レ・フォラティエール |
| | **Clavaillon / Clavoillon** クラヴァイヨン / クラヴォワイヨン |
| | Les Champs Gain レ・シャン・ガン |
| Chassagne-Montrachet | **Morgeot** モルジョ |
| | **La Maltroie** ラ・マルトロワ |

Chapter 4 ブルゴーニュ地方

111

# Chapter 4 Bourgogne

## Monopole

### 代表的なMonopoleモノポール

- Monopole（モノポール）は「独占」の意味で、一つの畑に一人の所有者しかいない「単独所有畑」のことを指す。
- ブルゴーニュ地方では、一つの畑に複数の所有者がいることが多く、モノポールは珍しい。

Monopole

| 地区・村名 | 畑名 | 面積(ha) | 所有者 |
|---|---|---|---|
| Morey-Saint-Denis | Clos de Tart<br>クロ・ド・タール | 7.5 | Artemis Domaine<br>アルテミス・ドメーヌ |
| Vosne-Romanée | La Grande Rue<br>ラ・グランド・リュ | 1.65 | Domaine François Lamarche<br>ドメーヌ・フランソワ・ラマルシュ |
| | La Tâche<br>ラ・ターシュ | 6.06 | Domaine de la Romanée Conti<br>ドメーヌ・ド・ラ・ロマネ・コンティ |
| | Romanée Conti<br>ロマネ・コンティ | 1.8 | |
| | La Romanée<br>ラ・ロマネ | 0.85 | Château de Vosne-Romanée<br>シャトー・ド・ヴォーヌ・ロマネ |

教本ではChâteau de Vosne-Romanéeと表記されているが、「Domaine du Comte-Liger Belair ドメーヌ・デュ・コント・リジェ・ベレール」とするのが適切。

**アルテミス・ドメーヌ**
フランスの大資本家「フランソワ・ピノー」氏が経営する投資会社の名前。ピノー氏はクロ・ド・タールの他にも、ボルドー（メドック地区）の五大シャトーの一つ「シャトー・ラトゥール」やローヌ北部の「シャトー・グリエ」なども所有する。

**Bourgogne**
<< 代表的なPremier Cru、代表的なMonopole

# フランス国内のクレマンのまとめ　　Crémant in France

| 地方 | A.O.C. | 赤 | ロゼ | 白 | 熟成期間 | 備考 |
|---|---|---|---|---|---|---|
| ボルドー | Crémant de Bordeaux<br>クレマン・ド・ボルドー | | 発泡 | 発泡 | | |
| ブルゴーニュ | Crémant de Bourgogne<br>クレマン・ド・ブルゴーニュ | | 発泡 | 発泡 | | |
| ジュラ | Crémant du Jura<br>クレマン・デュ・ジュラ | | 発泡 | 発泡 | | |
| サヴォワ | Crémant de Savoie<br>クレマン・ド・サヴォワ | | | 発泡 | 瓶内二次発酵。<br>瓶内熟成期間<br>最低 **9** カ月。 | |
| アルザス | Crémant d'Alsace<br>クレマン・ダルザス | | 発泡 | 発泡 | | フランス国内で<br>消費される<br>クレマン第1位。 |
| ロワール | Crémant de Loire<br>クレマン・ド・ロワール | | 発泡 | 発泡 | | |
| ラングドック | Crémant de Limoux<br>クレマン・ド・リムー | | 発泡 | 発泡 | | シャルドネ主体。 |
| ローヌ | Crémant de Die<br>クレマン・ド・ディー | | | 発泡 | 瓶内二次発酵。<br>瓶内熟成期間<br>最低 **12** カ月。 | |

フランス国内に8つある「クレマン」の中で、“サヴォワ”と“ディー”は生産可能色が白のみ
（その他のクレマンの生産可能色は同じ）。

Chapter **4** ブルゴーニュ地方

# Chapter 5 ジュラ・サヴォワ地方

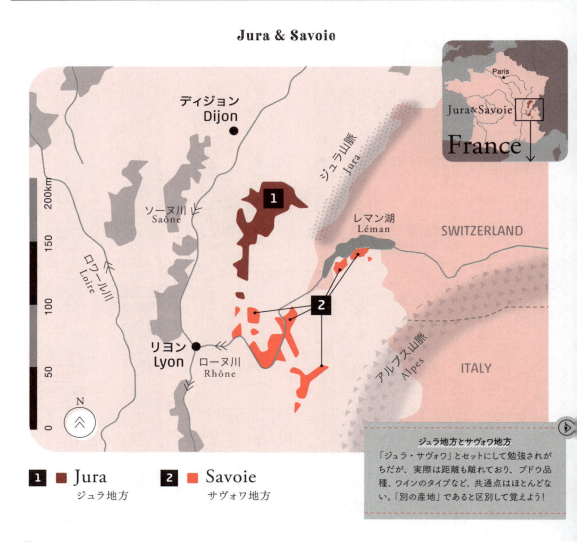

Jura & Savoie

1 ■ Jura ジュラ地方
2 ■ Savoie サヴォワ地方

**ジュラ地方とサヴォワ地方**
「ジュラ・サヴォワ」とセットにして勉強されがちだが、実際は距離も離れており、ブドウ品種、ワインのタイプなど、共通点はほとんどない。「別の産地」であると区別して覚えよう!

## Chapter 5 Jura & Savoie

### Jura

## ジュラ地方

**DATA** — Jura

| | |
|---|---|
| 地域圏 | ブルゴーニュ・フランシュ・コンテ |
| ブドウ栽培面積 | 2,185ha（内 A.O.C. ワインの面積：2,076ha） |
| ワイン生産比率 | 白：77％、赤：20％、ロゼ：3％（A.O.C. ワイン） |
| 気候 | **半大陸性**気候 |

気候区分で、"半大陸性気候" として試験に出題されるのは、4地方のみ！（ブルゴーニュ、ジュラ、ローヌ北部、ロワール上流域）

## Jura
ジュラ地方

1 ■ Arbois アルボワ
2 ■ Château-Chalon シャトー・シャロン
3 ■ L'Étoile レトワール
4 ■ Côtes du Jura コート・デュ・ジュラ

### 概要

- フランス東部、**ジュラ**山脈の**西**側に位置し、地質年代の呼称の一つである**ジュラ紀**はこの地方に分布する地質に因んでいる。
- ブルゴーニュ地方の**東**側に位置するため、ブドウ品種や地質において似ている点がある。
- **Vin Jaune** ヴァン・ジョーヌ（黄ワイン）や、**Vin de Paille** ヴァン・ド・パイユ（藁ワイン）などの特殊なワインが造られていることで有名。
- ワイン産地の大きさとしてはフランス**最小**の産地で、A.O.C. は7つ。
- フランシュ・コンテ地方の首都ブザンソンにある「ブザンソンの城塞」、「アルケ・スナンにある王立製塩所とサラン・レ・バンの大製塩所」は世界遺産に登録されている。
- **Arbois** アルボワの町は、**アルコール発酵の原理**を解明し、**低温殺菌法**※を発見した、「細菌学の父」と呼ばれる**ルイ・パストゥール**の出身地である。
- オーストリア宰相メッテルニッヒが、彼の居城であるシュロス・ヨハニスベルクでナポレオン3世と会見した際、ナポレオン3世はヨハニスベルクのワインを味わい「世界最高のワイン」と褒め称え、メッテルニッヒは「世界最高のワインはあなたの国の**シャトー・シャロン**です」と言い返したという逸話が残っている。

> ジュラ山脈の東側は「スイス」であるが、スイスを学習する際も、"ジュラ"という名の産地が出てくる。

> ボーヌ～マコネの東側に位置するが、標高が高くより冷涼になる。

※ **低温殺菌法**
一般的に、65～75℃で3～5分ほど加熱した後、25～30℃まで急速に冷やす方法。醸造所の衛生管理の向上、濾過技術の進化等によって、現代においては、高品質ワインに低温殺菌法が用いられることはない。

ジュラ地方

**気候風土**

- ジュラ地方の年間平均気温は 11 〜 13℃、年間平均降水量は 1,150mm。
- ブドウ畑の多くが、南ないし南西向きの斜面に位置して日当たりが良く、土壌の多くはジュラ紀前期のリアスの<ruby>灰色泥灰岩<rt>でいかい</rt></ruby>である。

> ジュラではおよそ半分程度を占めるのに対し、サヴォワではほとんど栽培されていない！このことからもジュラとサヴォワの共通点が薄いことがわかる。☕

**主要ブドウ品種**

| 白ブドウ 🍇 | **Savagnin** サヴァニャン | **十字軍**の時代に**オーストリア**、または**ハンガリー**から渡来したとされる。**ヴァン・ジョーヌ**はこの品種から造られる。 |
| | Chardonnay シャルドネ = **Melon d'Arbois** ムロン・ダルボワ | 10世紀には既にジュラで栽培されていた。ジュラの耕作面積の約**50**％を占める。 |
| 黒ブドウ 🍇 | **Poulsard** プールサール = **Ploussard** プルサール | ジュラ原産の赤ワイン用の品種。リアスの泥灰岩土壌に適しており、全耕作面積の**20**〜**25**％を占める。 |
| | **Trousseau** トゥルソー | ジュラ原産の赤ワイン用の品種。晩熟のため適地が限られる。 |
| | Pinot Noir ピノ・ノワール | 15世紀頃、ジュラに渡来したとされる。石灰岩の小石の多い土地を好む。 |

◁ ブルゴーニュと距離的に近いことがうかがえる。サヴォワやスイスでも栽培されている。

## 地方料理と食材 🍴 Cooking and Ingredients

| 料理名 | 内容 |
| --- | --- |
| Coq au Vin Jaune コッコ・ヴァン・ジョーヌ | ヴァン・ジョーヌを使ったクリーミーな鶏の煮込み。 |
| Mont d'Or モンドール | 牛乳、ウォッシュ、8/15〜翌年3/15限定生産、A.O.P. チーズ。 |

◁ **Coq au Vin** 何も付かない「コッコ・ヴァン」は、ブルゴーニュの地方料理で、「鶏肉の赤ワイン煮込み」のこと。

> ジュラ地方、そしてスイス側でも造られている。☕

# 主要なA.O.C.ワイン

Jura

> ブドウ品種は、一部を除いて覚える必要がなく、生産可能色が重要。「全部ある」と言った場合、特殊ワインの2つ（ヴァン・ジョーヌとヴァン・ド・パイユ）も含むことに注意！

Chapter 5
ジュラ・サヴォワ地方

| A.O.C. | 赤 | ロゼ | 白 | 黄 | 藁 | 備考 |
|---|---|---|---|---|---|---|
| **Arbois**<br>アルボワ | 🍷 | 🍷 | 🍷 | 🍷 | 🍷 | ジュラ地方**最大**のA.O.C.。生産量の**70**％を赤が占める。 |
| Arbois Pupillin<br>アルボワ・ピュピヤン | 🍷 | 🍷 | 🍷 | 🍷 | 🍷 | Pupillin ピュピヤン村で造られたワインは、Arbois Pupillinと名乗れる。 |
| **Château-Chalon**<br>シャトー・シャロン | | | | 🍷 | | 土壌はジュラ紀前期のリアスの**灰色泥灰岩**。他の黄ワインと比較し、繊細で上品なものが多い。 |
| **L'Étoile**<br>レトワール | | | 🍷 | 🍷 | 🍷 | レトワール（**星**）の名は、レトワール村を取り囲む5つの丘が**星**のように見えること、また土壌に星の形をした化石が見られることに由来。**シャルドネ**主流で、酸化熟成タイプが多い。 |
| **Côtes du Jura**<br>コート・デュ・ジュラ | 🍷 | 🍷 | 🍷 | 🍷 | 🍷 | **白**の生産量が圧倒的に多い。 |
| **Crémant du Jura**<br>クレマン・デュ・ジュラ | | 🍷<br>発泡 | 🍷<br>発泡 | | | **瓶内二次発酵**。滓と共に瓶内熟成期間は最低**9カ月**。 |
| **Macvin du Jura**<br>マクヴァン・デュ・ジュラ | 🍷 | 🍷 | 🍷 | | | A.O.C. **Côtes du Jura**と同一エリアで、**V.D.L.**を生産した場合の原産地呼称。果汁または発酵の初期段階に度数52％以上のオー・ド・ヴィ（フランシュ・コンテ産、最低**14**カ月小樽熟成）を添加。添加後最低10カ月オーク樽で熟成。 |
| **Marc du Jura**<br>マール・デュ・ジュラ | | | | | | ジュラ地方のA.O.C.ワインの搾り粕から造る蒸留酒。**サヴァニャン**、シャルドネ、ピノ・グリ、プールサール、トゥルソー、ピノ・ノワールのうち最低**3**品種が混ぜられ、そのうち一つは**サヴァニャン**。最大600ℓの木樽で最低**24**カ月熟成。 |

> "概要"でも登場した、ヴァン・ジョーヌの最高峰として古くから知られ、最も高名なA.O.C.！

> **V.D.L.**
> フランスで生産される酒精強化ワインの一つ。

117

ジュラ地方

# ジュラ地方の特殊なワイン

Jura

> **出題のポイント**
> ヴァン・ジョーヌを「酒精強化ワイン」だと間違わせる問題が頻出！
> シェリーは酒精強化ワインだが、ヴァン・ジョーヌはスティルワイン。

**Vin Jaune ヴァン・ジョーヌ**
黄ワイン

- 色調が黄色に近いことから<u>Vin Jaune ヴァン・ジョーヌ</u>（黄色ワイン）と呼ばれ、シャトー・シャロンで偶発的に生まれたと考えられる。
- <u>ソトロン</u>と呼ばれる芳香成分によって、アーモンド、ヘーゼルナッツ、キャラメル、シナモン、ハチミツ、カレーなどの、複雑なフレーバーが生じる<u>スティル・ワイン</u>。

> **シェリー同様の香り**
> 濃度が薄いときはナッツ、濃くなってくるとカレーのような香りといわれる。シェリーの香りとしても有名！

> ジュラの白ワインは、Vin Jauneとカテゴライズされないものでも、僅かな酸化的特徴を伴ったワインが多かったが、近年はウイヤージュ（補酒）をし、酸化風味を抑えたタイプが増加している。

品種：<u>Savagnin サヴァニャン</u>

製法・規定

- オークの小樽にワインを詰め、<u>Ouillage ウイヤージュ（補酒）</u>※1 せず、収穫から少なくとも6年目の12月15日まで熟成、そのうち最低<u>60カ月</u>は<u>産膜酵母下</u>※2<u>で熟成。</u>
- <u>Clavelin クラヴラン</u>という容量<u>620</u>mlのボトルに詰める。
- 収穫から7年目の1月1日以降に出荷可能となる。

> **クラヴランの容量**
> 一般的なシェリー樽の容量は500ℓ。産膜酵母下熟成によって、樽内のワインの容量が約62％まで減るため、620mlのクラヴランであれば、一樽から500本程度瓶詰めできることになる。

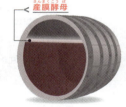
産膜酵母

> **フロール**
> シェリーでは、この産膜酵母のことを「フロール」と呼ぶ。

※1 <u>ウイヤージュ</u>を行わないと、目減りしたワインの分だけ樽内に空洞ができ、過度な酸化という劣化につながってしまう。
※2 酵母の中には、アルコール発酵終了後に、表面に浮いてくる性質を持つものがいる。2〜3年かけて表面に膜ができるが、これを<u>産膜酵母</u>と呼ぶ。

**Clavelin**
クラヴラン

**Vin de Paille ヴァン・ド・パイユ**
藁ワイン

- <u>陰干ししたブドウ</u>から造られる甘口ワイン。
- <u>Paille パイユ</u>（藁）の上にブドウを敷いて乾燥させたことから、このように呼ばれる。

品種：**白ブドウ** Savagnin サヴァニャン、Chardonnay シャルドネ
　　　**黒ブドウ** Poulsard プールサール、Trousseau トゥルソー

製法・規定

- ブドウを藁やスノコの上に並べるか、吊り下げ、最低<u>6週間</u>風通しのよい場所で乾燥させる。
- 収穫から少なくとも<u>3年目</u>の11月15日まで熟成させ、そのうち最低<u>18カ月間</u>は木樽で熟成。

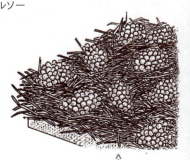
藁の上に並べ乾燥させる

VINOLET

**Jura & Savoie**
<< ジュラ地方
P.114 >> 118

# Chapter 5 Jura & Savoie
## Savoie

## サヴォワ地方

**DATA**                                                                                    Savoie

- 地域圏 …………… オーヴェルニュ・ローヌ・アルプ
- ブドウ栽培面積 …… 2,104ha（内A.O.C.ワインの面積：1,761ha）
- ワイン生産比率 …… 白：73％、赤：22％、ロゼ：5％（A.O.C.ワイン）
- 気候 ……………… 主に**海洋性**気候

> **ジュラとの対比**
> ジュラが**半大陸性**気候なのに対し、意外にも主に**海洋性**気候。（実際には斜面の向きや標高により、大陸性または地中海性気候の影響を受ける場所もある。）試験でも狙われやすいので注意しよう。

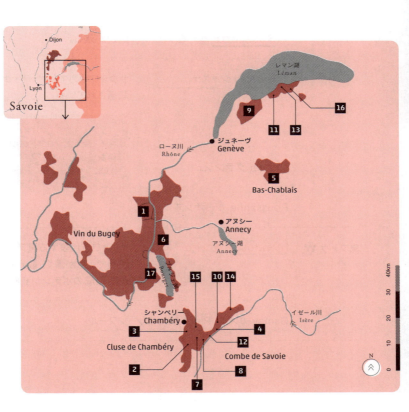

| Savoie サヴォワ地方 | | | |
|---|---|---|---|
| 1 | Seyssel セイセル | 7 Chignin シニャン | 13 Ripaille リパイユ |
| 2 | Abymes アビーム | 8 Chignin-Bergeron シニャン・ベルジュロン | 14 Saint-Jean-de-la-Porte サン・ジャン・ド・ラ・ポルト |
| 3 | Apremont アプルモン | 9 Crépy クレピー | 15 Saint-Jeoire-Prieuré サン・ジョワール・プリウレ |
| 4 | Arbin アルバン | 10 Cruet クリュエ | 16 Marin マラン |
| 5 | Ayze エーズ | 11 Marignan マリニャン | 17 Jongieux ジョンジュー |
| 6 | Chautagne ショターニュ | 12 Montmélian モンメリアン | |

サヴォワ地方

**概要**
- スイス、イタリアと国境を接し、**レマン**湖から**ローヌ**川に沿って**アルプス**山脈の麓に位置するため、ブドウ畑が**急斜面**に点在している。
- 観光業が経済の中心で、ワインも観光客による地元消費が大きく、輸出は全生産量のわずか5％。

**主要ブドウ品種**

白ブドウ

| | |
|---|---|
| **Jacquère** ジャケール | サヴォワ地方で**栽培面積最大**の品種で、**約半分**を占める。 |
| Altesse アルテス ＝ **Roussette** ルーセット | **キプロス島**からもたらされたという伝説が残る。 |
| Chasselas シャスラ | サヴォワ地方ではオート・サヴォワ県のみで栽培されている。 |
| Gringet グランジェ | |
| Roussanne ルーサンヌ | |

> **スイスとの共通項**
> スイス最重要の白ブドウ品種であり、いかにスイスと距離的に近いかが理解できる。また、ロワールのA.O.C.「プイィ・シュール・ロワール」でも認められている。

黒ブドウ

| | |
|---|---|
| **Mondeuse** モンドゥーズ | サヴォワを代表する黒ブドウ品種。晩熟で、色が濃く、酸が高いため長期熟成のポテンシャルをもつ。 |
| Gamay ガメイ、Pinot Noir ピノ・ノワール | |

> ブルゴーニュと距離的に近いことがうかがえる。ジュラやスイスでも栽培されている。

# 主要なA.O.C.ワイン

Savoie

## 出題のポイント
サヴォワのA.O.C.関連の出題については、"サヴォワ"といった産地名や"ルーセット"といった品種名がA.O.C.名に組み込まれてしまっているものは、試験で出題されにくい。それ以外の"Seyssel"や"Bugey"といったものに目を通しておこう。

## "白のみ"
フランス国内に8つある「クレマン」の中で、サヴォワとディー（ローヌ）は生産可能色が"白のみ"。（その他のクレマンは「ロゼと白」が認められている。）

| A.O.C. | 赤 | ロゼ | 白 | 備考 |
|---|---|---|---|---|
| Vin de Savoie / Savoie<br>ヴァン・ド・サヴォワ/サヴォワ | 🍷 | 🍷（発泡） | 🍷 | 発泡ロゼはVin de Savoie Mousseuxを名乗れる。 |
| Vin de Savoie + Cru（16） | 🍷 |  | 🍷 | 生産可能色はCruにより異なる。 |
| Vin de Savoie Mousseux<br>ヴァン・ド・サヴォワ・ムスー |  | 🍷<br>発泡 |  | 瓶内二次発酵、9カ月以上熟成。 |
| **Crémant de Savoie**<br>クレマン・ド・サヴォワ |  |  | 🍷<br>発泡 | ジャケール40％以上。黒ブドウ20％以下。瓶内二次発酵、9カ月以上熟成。2014年ヴィンテージから表示可能。 |
| Roussette de Savoie<br>ルーセット・ド・サヴォワ |  |  | 🍷 | **アルテス**（＝**ルーセット**）100％。 |
| Roussette de Savoie + Cru（4） |  |  | 🍷 |  |
| **Seyssel**<br>セイセル |  |  | 🍷<br>辛～半辛<br>（発泡） | **アルテス**（＝**ルーセット**）100％。1942年にサヴォワ地方で**初めて**認定。発泡白はSeyssel Mousseuxを名乗れる。 |
| Seyssel Molette<br>セイセル・モレット |  |  | 🍷 | モレット100％。 |
| Seyssel Mousseux<br>セイセル・ムスー |  |  | 🍷<br>発泡 | アルテス、シャスラ、モレット。瓶内二次発酵、9カ月以上熟成。 |
| **Bugey**<br>ビュジェイ | 🍷 | 🍷（発泡） | 🍷（発泡） |  |
| Bugey Manicle<br>ビュジェイ・マニクル | 🍷 |  | 🍷 | 赤：ピノ・ノワール100％、白：シャルドネ100％。 |
| Bugey Montagnieu<br>ビュジェイ・モンタニュー | 🍷 |  | 🍷<br>発泡 | 赤：**モンドゥーズ**100％、白：アルテス、シャルドネ、モンドゥーズ（単独または合わせて70％以上）。発泡白は瓶内二次発酵で12カ月以上熟成。 |
| **Bugey Cerdon Méthode Ancestrale**<br>ビュジェイ・セルドン・メトード・アンセストラル |  | 🍷<br>発泡 |  | ガメイ、プールサール。メトード・リュラル方式。残糖22～80g/ℓ。 |
| Roussette du Bugey<br>ルーセット・デュ・ビュジェイ |  |  | 🍷 |  |
| Roussette du Bugey Montagnieu<br>ルーセット・デュ・ビュジェイ・モンタニュー |  |  | 🍷 | **アルテス**（＝ルーセット）100％。 |
| Roussette du Bugey Virieu-le-Grand<br>ルーセット・デュ・ビュジェイ・ヴィリウ・ル・グラン |  |  | 🍷 |  |

**Jura & Savoie**

サヴォワ地方　>>

P.119 >> 121

VINOLET

121

Chapter

# 6 シャンパーニュ地方

## Champagne

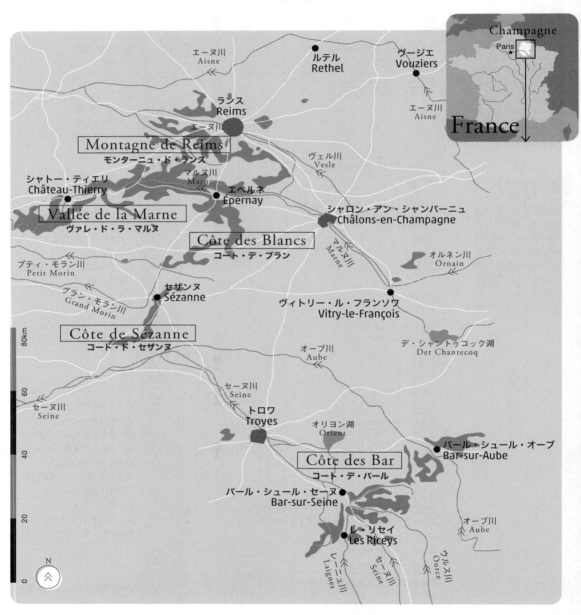

| DATA | | Champagne |
|---|---|---|
| 県名 | Marneマルヌ（栽培面積の7割）、Aubeオーブ（栽培面積の2割）、Aisneエーヌ、Seine-et-Marneセーヌ・エ・マルヌ、Haute-Marneオート・マルヌ | |
| 栽培面積 | 約3.1万ha | |
| 気候 | 大陸性気候と海洋性気候が混じり合う | |

> 栽培面積で規模感をイメージ
> 栽培面積が、そのまま試験に出題されることはないが、この数字を見て産地の「規模感」をイメージできるようにしよう！

## 概要

- パリから**140km**ほど東にあり、フランスで最重要とされる発泡性ワインの産地。シャンパーニュは産地の名称であり、ここで造られる発泡性ワインの名称でもある。
- 約15,000軒の栽培農家がブドウ畑を耕作し、**メゾン**※と呼ばれる約400の大手生産者にブドウを供給する形が一般的である。
- メゾンが生産したシャンパーニュの出荷量が全体の7割を占め、協同組合やレコルタンと呼ばれる栽培農家が生産したシャンパーニュの出荷量は3割程である。
- フランク王国の初代国王クロヴィスが、496年から511年の間に**ランス**司教から洗礼を受けたという史実に因んで、歴代の**フランス国王**は**ランスの大聖堂**（1991年ユネスコ世界文化遺産登録）で**戴冠式**を行った。
- 文化 **2015年**には、「シャンパーニュの丘陵、メゾンとカーヴ」がユネスコの世界文化遺産に登録された。

※シャンパーニュでは、ワイナリーのことを「メゾン」と呼ぶ。直訳は「家」。

> シャンパーニュの産業構造は、他の産地と比べ、よりブドウ栽培者とワイン生産者の「分業」制で成り立っている。

> パリからランスまで、高速鉄道で約45分とパリから最も訪れやすいワイン産地。

ランスの大聖堂 >>

## 気候風土

- シャンパーニュ地方は、フランスのブドウ栽培地としてほぼ**北限**に位置する。
- 年間平均気温は11℃と冷涼で、**大陸性**気候と海洋性気候が混じり合う。大陸性気候の影響が強い年には大きな霜害が生じることがある。
- マルヌ県のブドウ畑の多くは、**白亜（チョーク）質**の母岩をもつ。白亜は多孔質で保湿性が高いことから、乾燥した夏でもブドウの根に必要な水分を供給できる。
- オーブ県のブドウ畑は、ジュラ紀後期**キンメリジャン**の泥灰質土壌。

> キンメリジャン土壌はシャブリだけではないということ。

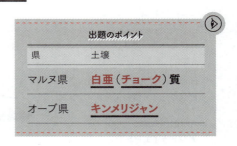

出題のポイント

| 県 | 土壌 |
|---|---|
| マルヌ県 | **白亜（チョーク）質** |
| オーブ県 | **キンメリジャン** |

## 歴 史　　　　　　　　　　　　　　　　　　　　　　　　History

| 時代 | 主な出来事 |
|---|---|
| 4C頃 | 古代ローマ人によって、ブドウ栽培がもたらされる。 |
| 中世 | 修道士によってブドウ畑が拡大され、マルヌ川を水路として各地にワイン（この頃はまだ非発泡性）が運ばれる。 |
| 1663年 | 発泡性ワインのシャンパーニュは、偶発的に英国で誕生。英国の詩人サミュエル・バトラーが発泡性シャンパーニュについて書き記す。 |
| 1728年 | フランス国王ルイ15世が、ガラス瓶に詰められたワインの流通を許可する。 |
| 1729年 | 最初のメゾンであるルイナールがランスに創設され、発泡性のシャンパーニュが商業化される。 |
| 1908年 | 初めてシャンパーニュ地方の境界線が引かれたが、南部のオーブ県が含まれず、生産者間の紛争に発展。 |
| 1927年 | オーブ県も含めたシャンパーニュ地方の境界線が確定。 |

> ガラス瓶での流通が認められる以前は、樽を用いてワインは流通していたが、これでは、発酵によって生じた$CO_2$が逃げてしまう。ガラス瓶での流通が許可されたことで、瓶内に泡が閉じ込められ、発泡性のシャンパーニュ生産が正式に認められた。

### 主要ブドウ品種

| | 品種 | 栽培面積比率 | 主な栽培エリア | 備考 |
|---|---|---|---|---|
| 黒ブドウ | Pinot Noir ピノ・ノワール | 39％（最大） | モンターニュ・ド・ランス | ボディと骨格をもたらす。 |
| | Meunier ムニエ | 33％ | ヴァレ・ド・ラ・マルヌ | フルーティーさとしなやかさを与える。 |

> **ヴァレ・ド・ラ・マルヌで「ムニエ」の栽培が多い理由**
> ムニエは発芽が遅く、遅霜※の被害に遭いにくい。ヴァレ・ド・ラ・マルヌは渓谷のため、冷気が溜まりやすい。他の品種を植えると遅霜の被害に遭ってしまうが、ムニエは霜が降りる時期を避けて発芽するため、ヴァレ・ド・ラ・マルヌで栽培されている。
> ※遅霜とは、春先（3月末〜4月下旬）にブドウの芽が顔を出した頃に、最低気温がマイナスとなり、霜が降りること。新芽が壊死してしまい、その年のブドウをダメにしてしまう。

| | 品種 | 栽培面積比率 | 主な栽培エリア | 備考 |
|---|---|---|---|---|
| 白ブドウ | Chardonnay シャルドネ | 28％ | コート・デ・ブラン | 繊細さと新鮮味を与え、長期熟成を可能にする。 |

※その他、Arbanne アルバンヌ、Petit Meslier プティ・メリエ、Pinot Blanc ピノ・ブラン、Pinot Gris ピノ・グリ（Fromenteau フロマントー）の4品種も、A.O.C.シャンパーニュの醸造に認められている。また2022年、気候変動に対する適応品種としてVoltisが認められた。

## 地方料理と食材　　　　　　　　　　　Cooking and Ingredients

| 料理名 | | 内容 |
|---|---|---|
| Biscuit Rose de Reims ビスキュイ・ローズ・ド・ランス |  ビスキュイ・ローズ・ド・ランス | 17世紀に起源をもつピンク色のビスケット。 |
| Andouillette アンドゥイエット | | トロワ名物の豚の内臓の腸詰。 |

Chapter **6** Champagne

**A.O.C.**

# 主要なA.O.C.と生産地区

Champagne

**3つのポイント**

1. ピノ・ノワール100%
2. スティル
3. ロゼ

※ A.O.C.名に "Rosé" が組み込まれているので、タイプは試験に出題されず、「ブドウ品種」が特に狙われる！

| A.O.C. | 赤 | ロゼ | 白 | 主要品種 |
|---|---|---|---|---|
| **Champagne**※<br>シャンパーニュ | | 🍷<br>発泡 | 🍷<br>発泡 | ピノ・ノワール、ムニエ、シャルドネ。 |
| **Coteaux Champenois**<br>コトー・シャンプノワ | 🍷 | 🍷 | 🍷 | ピノ・ノワール、ムニエ、シャルドネ。 |
| **Rosé des Riceys**<br>ロゼ・デ・リセイ | | 🍷 | | ピノ・ノワール100％。 |

シャンパーニュ地方で造られるスティルワインのA.O.C.。

※ A.O.C.Champagne は、特定の村で収穫されたブドウを使用した場合、Grand Cru グラン・クリュまたは Premier Cru プルミエ・クリュの表示が可能。

**生産地区（4大ブドウ栽培地）**

Montagne：山（ここでは小高い丘を指す）
Vallée：渓谷
Côte：丘
Blanc：白 ☕

● **Montagne de Reims モンターニュ・ド・ランス**地区
- ランスとエペルネの間にある小高い丘で、森に覆われている。ピノ・ノワールの栽培が盛んな地区。

● **Vallée de la Marne ヴァレ・ド・ラ・マルヌ**地区
- マルヌ川の両岸に広がる栽培地区。谷という土地柄、遅霜のリスクが高いため、発芽が遅いムニエが主に栽培されている。

● **Côte des Blancs コート・デ・ブラン**地区
- エペルネの南に連なる丘陵地の斜面で、大半がシャルドネで占められていることから「白い丘」とも呼ばれる。

● **Côte des Bar コート・デ・バール**地区
- 南部オーブ県に位置する栽培地区。
- 現在、ピノ・ノワールの供給地として、大手メゾンに欠かせない地区。

**格付け**

- A.O.C.シャンパーニュは、**Grand Cru グラン・クリュ**または **Premier Cru プルミエ・クリュ**の表示が可能。
- シャンパーニュ地方のブドウが公定価格で取引※されていた時代の名残で、村（クリュ）単位で格付けされている。
- グラン・クリュは公定取引価格が、**100％に格付けされた**村のブドウだけで造ったもので、**17**カ村が認定されている。プルミエ・クリュは**90〜99％に格付けされた**村のことで、42カ村が認定されている。

**Column**

**※「公定価格で取引」とは**

シャンパーニュは完全に分業制で造られる。そのため長年、大手メゾンVSブドウ栽培農家という構図となっていた。というのも、シャンパーニュの売れ行きは景気に左右されやすく、特に不況の時のブドウ栽培農家は立場が弱かった。

農家側は立場が弱いからこそ交渉の余地をなくしたかった。そこで、ブドウ栽培農家の生計を保護するため、「村」毎にブドウの平均的な品質で格付けをし、公定価格を制定（価格を一定に）した。グラン・クリュに格付けされた質の高い村は公定

価格100％、それより劣る村はその程度によって公定価格の80〜99％で買い取らなければならない、というルールを設けてブドウを売買していた。

しかし、村の中でも「畑」毎にブドウの品質が異なるのは当然であり、また、格付けがある事でブドウ栽培農家が努力を怠り、品質が落ちるという事態が発生してしまった。栽培農家の努力が価格に反映されないこの格付け制度は批判され廃止となった。現在では自由取引（各々の交渉）となっているが、グラン・クリュやプルミエ・クリュという呼び名だけが慣習として残っている。

125

| シャンパーニュ地方のグラン・クリュ | Grand Cru |

- グラン・クリュは、主要な3地区に集中している。

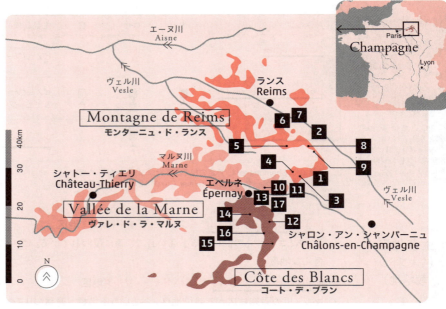

# Grand Cru
シャンパーニュ地方のグラン・クリュ

■ **Montagne de Reims**
モンターニュ・ド・ランス

■ **Vallée de la Marne**
ヴァレ・ド・ラ・マルヌ

■ **Côte des Blancs**
コート・デ・ブラン

1 **Ambonnay**
アンボネー

2 **Beaumont sur Vesle**
ボーモン・シュール・ヴェル

3 **Bouzy**
ブージー

4 **Louvois**
ルーヴォワ

5 **Mailly - Champagne**
マイイ・シャンパーニュ

6 **Puisieulx**
ピュイジュー

7 **Sillery**
シルリー

8 **Verzenay**
ヴェルズネー

9 **Verzy**
ヴェルジー

10 **Aÿ**
アイ

11 **Tours sur Marne**
トゥール・シュール・マルヌ

12 **Avize**
アヴィーズ

13 **Chouilly**
シュイイ

14 **Cramant**
クラマン

15 **Le Mesnil sur Oger**
ル・メニル・シュール・オジェ

16 **Oger**
オジェ

17 **Oiry**
オワリー

Champagne

| 地区 | Grand Cru (**17**村) |
|---|---|
| **Montagne de Reims**<br>モンターニュ・ド・ランス<br>(**9** Crus) | **Ambonnay** アンボネー、<br>**Beaumont sur Vesle** ボーモン・シュール・ヴェル、<br>**Bouzy** ブージー、<br>**Louvois** ルーヴォワ、<br>**Mailly-Champagne** マイイ・シャンパーニュ、<br>**Puisieulx** ピュイジュー、<br>**Sillery** シルリー、<br>**Verzenay** ヴェルズネー、<br>**Verzy** ヴェルジー |
| **Vallée de la Marne**<br>ヴァレ・ド・ラ・マルヌ<br>(**2** Crus) | **Aÿ** アイ、<br>**Tours sur Marne** トゥール・シュール・マルヌ |
| **Côte des Blancs**<br>コート・デ・ブラン<br>(**6** Crus) | **Avize** アヴィーズ、<br>**Chouilly** シュイイ、<br>**Cramant** クラマン、<br>**Le Mesnil sur Oger** ル・メニル・シュール・オジェ、<br>**Oger** オジェ、<br>**Oiry** オワリー |

### 出題のポイント
各グラン・クリュの村がどの地区に属しているかが問われる。

### 覚え方

試験では、グラン・クリュが3つの地区のどこに属すかが問われる。
次のような手順で完璧に覚えよう。

① コート・デ・ブランの6つを覚える。(シャルドネで重要なグラン・クリュ!)

② ヴァレ・ド・ラ・マルヌの「Aÿ アイ」を覚える。
「Tours sur Marne トゥール・シュール・マルヌ」は名前の中に"マルヌ"が含まれているので、覚えなくてもヴァレ・ド・ラ・マルヌのグラン・クリュだとわかる。

③ 残りはすべてモンターニュ・ド・ランスのグラン・クリュ。

Chapter **6** シャンパーニュ地方

VINOLET

**Champagne**
DATA、概要、気候風土、歴史、主要ブドウ品種、
地方料理と食材、主要なA.O.C.と生産地区
P.123 » 127

# Chapter 6 Champagne

## シャンパーニュについて

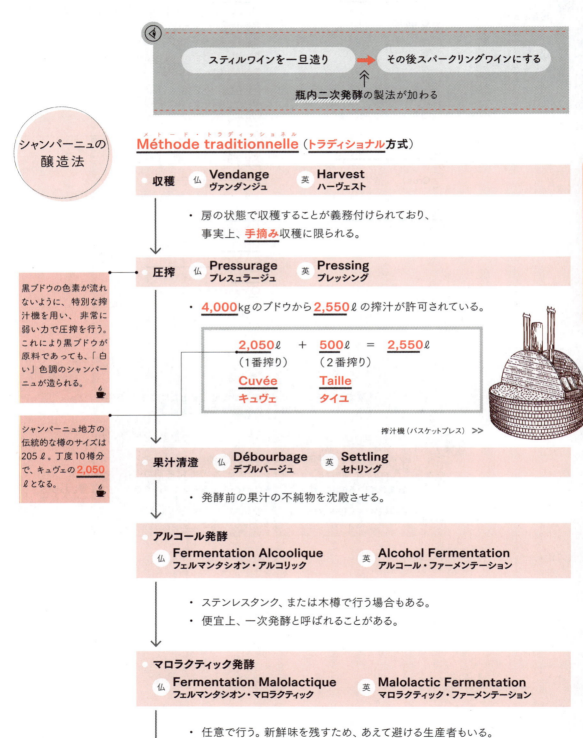

スティルワインを一旦造り → その後スパークリングワインにする
↑
瓶内二次発酵の製法が加わる

**シャンパーニュの醸造法**

**Méthode traditionnelle**（メトード・トラディショネル）（**トラディショナル**方式）

- 収穫　仏 **Vendange** ヴァンダンジュ　英 **Harvest** ハーヴェスト
  - 房の状態で収穫することが義務付けられており、事実上、**手摘み**収穫に限られる。

- 圧搾　仏 **Pressurage** プレスュラージュ　英 **Pressing** プレッシング
  - **4,000**kgのブドウから**2,550**ℓの搾汁が許可されている。

  2,050ℓ　＋　500ℓ　＝　2,550ℓ
  （1番搾り）　（2番搾り）
  **Cuvée**　　**Taille**
  キュヴェ　　タイユ

  搾汁機（バスケットプレス）>>

  > 黒ブドウの色素が流れないように、特別な搾汁機を用い、非常に弱い力で圧搾を行う。これにより黒ブドウが原料であっても、「白い」色調のシャンパーニュが造られる。

  > シャンパーニュ地方の伝統的な樽のサイズは205ℓ。丁度10樽分で、キュヴェの**2,050**ℓとなる。

- 果汁清澄　仏 **Débourbage** デブルバージュ　英 **Settling** セトリング
  - 発酵前の果汁の不純物を沈殿させる。

- アルコール発酵
  仏 **Fermentation Alcoolique** フェルマンタシオン・アルコリック
  英 **Alcohol Fermentation** アルコール・ファーメンテーション
  - ステンレスタンク、または木樽で行う場合もある。
  - 便宜上、一次発酵と呼ばれることがある。

- マロラクティック発酵
  仏 **Fermentation Malolactique** フェルマンタシオン・マロラクティック
  英 **Malolactic Fermentation** マロラクティック・ファーメンテーション
  - 任意で行う。新鮮味を残すため、あえて避ける生産者もいる。

スティルワインの醸造フローとほぼ同じ

スティルワインの醸造フローとほぼ同じ

## 調合　仏 Assemblage アッサンブラージュ　英 Blending ブレンディング

- 品種やクリュが異なるワインを組み合わせる。
- ノン・ヴィンテージの場合は、過去の取り置きワイン（英：Reserve Wineリザーヴ・ワイン、仏：Vin de Réserve ヴァン・ド・レゼルヴ）も加えることで品質を安定させ、スタイルの普遍化を図る。

**安定感のある大手メゾン**

様々な
1. 品種
2. エリア
3. ヴィンテージ

をブレンドすることにより、各メゾンのスタイル、品質が常に一定に保たれる！大手メゾンの場合、リザーヴ・ワインを合わせて100種類以上の原酒を有しているため、ブレンドに無限の可能性がある。シャンパーニュの工程の中で最も大事な作業の一つである。

Assemblage アッサンブラージュ

瓶内二次発酵

## 瓶詰め　仏 Tirage ティラージュ　英 Bottling ボトリング

- 調合済みのワインに **Liqueur de Tirage リキュール・ド・ティラージュ**（ワイン、糖、酵母の混合液）を加えて瓶詰めする。6気圧の炭酸ガスを得るには**24g/ℓ**の糖分が必要。
- 収穫の翌年1月1日以降に瓶詰めを行う。

この時点では、コルクを用いず、大半は王冠で栓をする。

## 瓶内二次発酵

仏 Deuxième Fermentation en Bouteille ドゥージエーム・フェルマンタシオン・アン・ブテイユ　英 Secondary Fermentation in Bottle セカンダリー・ファーメンテーション・イン・ボトル

- リキュール・ド・ティラージュにより、瓶内で再度発酵が起き、炭酸ガスが発生。
- 24g/ℓ の糖の場合、アルコール度数が1.2％上昇する。

## 瓶内熟成

仏 Maturation sur lies マチュラシオン・シュール・リー　英 Maturation on lees マチュレーション・オン・リーズ

- 二次発酵後のボトルは水平な状態で、冷暗な熟成庫で保管。
- 二次発酵で生じた澤（役目を終えた酵母の死骸※）が自己消化を起こしてワインの中に溶け込むことで、複雑な香味が醸成される。

※酵母が役目を終えて死滅し、澤となると、自らの酵素の作用で細胞を壊していく（酵母の自己消化）。酵母の細胞は主にタンパク質でできているが、分解された結果、アミノ酸などの複数の化合物を解き放っていく（様々な香りや味わいをワインに付与する）。

Sur Lie シュール・リーによって、旨味が付与されるためには、長期熟成させる必要がある。長期間、瓶内で熟成させればさせるほど、シュール・リーによって旨味がシャンパーニュに付与される。一般的に、6年程度で澤の持つ旨味の全てが液体に移るといわれる。この工程によって生じる特有のアロマは、オートリシス（Autolysis）と呼ばれる。

シャンパーニュの醸造法

### 動瓶　仏 **Remuage** ルミュアージュ　英 **Riddling** リドリング

- 熟成後、**Pupitre** ピュピートルという穴の空いた木の板にボトルを刺し、毎日1/8または1/4ずつ左右に回転させながら少しずつ傾斜をつけていき、澱を瓶口に集める。
- 現在は **Gyropalette** ジャイロパレットという機械を使用するのが一般的。

「動瓶→澱抜き」この順でセットで覚えよう。共に澱を除く作業。

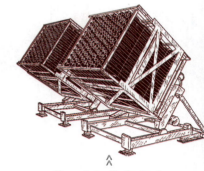

**Pupitre** ピュピートル　　**Gyropalette** ジャイロパレット

### 澱抜き　仏 **Dégorgement** デゴルジュマン　英 Disgorgement ディスゴージメント

- 動瓶で瓶口に集めた澱を取り除く作業。瓶口を−27℃の溶液※に浸し、澱ごと凍らせてから抜栓することで、瓶内のガス圧で凍った澱を飛び出させる。

※「塩化カルシウム水溶液」が用いられる。ある一定以上の濃度にすると、水より低い凝固点（結氷点）が得られる（寒冷地で、凍結防止剤などに用いられる）。つまり、−27℃でも液体の状態を保っており、そこに瓶口を浸すと中のワインが凍る仕組み。（昔は手動で行っていた＝アラボレ）

アラボレ >>

### 糖分調整　仏・英 **Dosage** ドザージュ

シャンパーニュの甘辛はココで決まる。

- 甘味調整するため、Liqueur d'expédition リキュール・デクスペディシオンまたはLiqueur de Dosage リキュール・ド・ドザージュ（ブレンド済みのワインや特別に調合されたリザーヴ・ワインなどに糖分を加えた液体）を、澱抜き後のシャンパーニュに添加。
- 残糖量に応じてラベルに甘辛度を表示する。

### 打栓　仏 **Bouchage** ブシャージュ　英 **Corking** コーキング

- 澱抜きとリキュール添加の後、素早くコルクを打ち込み、金属製の止め板を針金と組み合わせた **Muselet** ミュズレを用いて固定する。

**Muselet** ミュズレ >>

130

Champagne

## シャンパーニュの種類

**Non Vintage**
ノン・ヴィンテージ（英）
**Non Millésimé**
ノン・ミレジメ（仏）

複数の収穫年のワインをブレンドした、
収穫年無表示の製品で、各メゾンの主力アイテム。
二次発酵のための瓶詰めから最低**15**カ月間**出荷不可**。
瓶詰めから滓抜きまで最低**12**カ月間の瓶内熟成が義務。

---

**出題のポイント**
ノン・ヴィンテージの
「15カ月」と「12カ月」
を混同させる問題が
頻出。

**Vintage**
ヴィンテージ（英）
**Millésimé**
ミレジメ（仏）

優良年に造られ、収穫年が表示された製品。
二次発酵のための瓶詰めから最低**36**カ月間の
熟成期間を経て出荷。

---

**Prestige Cuvée**
プレステージキュヴェ（英）
**Cuvée Prestige**
キュヴェ・プレスティージュ（仏）

各メゾンのフラッグシップ。
各生産者が最高級として造った製品。
熟成期間は通常のヴィンテージよりも長い。

---

**Rosé**
ロゼ（英・仏）

発泡前の色付けは、以下のいずれかの方法
**1** 直接圧搾法
**2** セニエ法
**3** 適量の赤ワインを白ワインに混ぜる
　　アッサンブラージュ（ブレンド）

多くのロゼシャンパー
ニュが **3** のブレンド法
によって造られる。鮮
やかなピンクの色調に
コントロールしやすい
から。

---

**Blanc de Blancs**
ブラン・ド・ブラン（仏）

白ブドウのみで造られるシャンパーニュ。
原則としてシャルドネ100％だが、
ごく稀に希少品種が使用されることもある。

---

**Blanc de Noirs**
ブラン・ド・ノワール（仏）

黒ブドウのみで造られる無色のシャンパーニュ。
一般的には**ピノ・ノワール**100％。

---

甘辛度表示 ≫ P.22

### スペルミスに注意

「Blanc de Blancs」、「Blanc de Noirs」の最初の"Blanc"はワインの色、つまり白いシャンパーニュを指しているため、複数形を意味する最後の"s"は付かない。
後ろの"Blancs"、"Noirs"はブドウ品種の色を指しているため、複数形の"s"が付く。

Chapter **6** シャンパーニュ地方

## 生産者の登録業態とその略号

- シャンパーニュの生産者は、業態に応じて **CIVC**（シャンパーニュ委員会）に登録されており、ラベルにはその略号が記載されている。

**覚え方**

"正式名称"と"意味"が行ったり来たりできるようにすること！以下のキーワードに注目して覚える。

1. ネゴシアン
   ブドウやワインを購入する人
2. レコルタン
   栽培農家
3. コーペラティヴ
   協同組合
4. ソシエテ
   一族
5. ディストリビュトゥール
   流通業者
6. マニピュラン、
   マニピュラシオン
   生産者

| ラベル表示 | 正式名称 | 意味 |
|---|---|---|
| NM | **Négociant-Manipulant**<br>ネゴシアン・マニピュラン | 原料となるブドウを**他者から購入**し、シャンパーニュを醸造する生産者。いわゆる**大手メゾン**。自社畑も保有するが、それだけでは賄いきれず、他者から購入するのが一般的。 |
| RM | **Récoltant-Manipulant**<br>レコルタン・マニピュラン | **自社畑**で収穫されたブドウだけを使用し、自らシャンパーニュの醸造も行う**栽培農家**。一部のブドウをメゾンやコーペラティヴに販売することもある。 |
| CM | **Coopérative de Manipulation**<br>コーペラティヴ・ド・マニピュラシオン | 加盟する栽培農家が持ち込んだブドウを原料として使用し、醸造から販売まで行う**生産者協同組合**。 |
| RC | **Récoltant-Coopérateur**<br>レコルタン・コーペラトゥール | **協同組合**にブドウを持ち込んで醸造を委託した後、相当量のシャンパーニュを買い取って、自社銘柄として販売する**栽培農家**。 |
| SR | **Société de Récoltants**<br>ソシエテ・ド・レコルタン | **一族**が所有する畑で収穫された原料を使用してシャンパーニュを醸造、販売する栽培農家。 |
| ND | **Négociant-Distributeur**<br>ネゴシアン・ディストリビュトゥール | 完成したシャンパーニュを**購入**し、自社ブランドのラベルを貼って販売する**流通業者**。 |
| MA | **Marque d'Acheteur**<br>マルク・ダシュトゥール | スーパーやレストランなどの**プライベートラベル**が貼付けられたシャンパーニュ。 |

スパークリング
ワインの製法

- 全部で5つ（主に4つ）ある。

シャンパーニュ方式
＝
伝統方式
＝
瓶内二次発酵方式
全て同じ意味。

> **トラディショナル方式**　英 **Traditional Method**　仏 **Méthode traditionnelle**
> ＝**シャンパーニュ方式**　　トラディショナル・メソッド　　メトード・トラディッショネル
> 　　　　　　　　　　　　　　　　　　　　　　　　　　　　＝**Méthode champenoise**
> 　　　　　　　　　　　　　　　　　　　　　　　　　　　　メトード・シャンプノワーズ

方法　スティルワインを**瓶**に詰め、糖分と酵母を加えて密閉することで、**瓶内で二次発酵**を発生させる方式。

目的　最もきめ細かい上質な泡を得ることが可能。

**トラディショナル**方式で造られるスパークリングワインの各国の名称

| 国 | 名称 |
|---|---|
| フランス | **Crémant** クレマン |
| ドイツ | **Flaschengärung** フラシェンゲールング |
| イタリア | **Metodo classico** メトド・クラシコ |
| スペイン | **Cava** カバ |

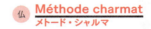

"シャルマ方式"とはつまり、「タンク内二次発酵方式」と覚えよう！シャルマは発案者の名前。

> **シャルマ方式**　英 **Tank Method**　仏 **Méthode charmat**
> 　　　　　　　　タンク・メソッド　　メトード・シャルマ

- 別名、**密閉タンク**方式（**Méthode cuvée close** メトード・キュベ・クローズ）とも呼ばれる。

方法　スティルワインを大きなタンクに密閉し、糖分と酵母を加えて、**二次発酵**させて造る方式。

目的　① 一度に多量を造ることができるため、**コストを抑えた生産**が可能。
　　　② 空気に触れないため、ブドウの**アロマ**を保つことができる。
ブドウのアロマを残したい発泡性ワイン（マスカットやリースリングなどを原料としたもの）を造る場合に広く用いられる。

> イタリアではMetodo Martinotti メトド・マルティノッティ、Metodo charmat メトド・シャルマと呼ばれ、広く取り入れられている。

スパークリングワインの製法

```
┌─────────────────────────────────────────────────┐
│ トランスファー方式   英 Transfer Method    仏 Méthode de transfert │
│                      トランスファー・メソッド      メトード・ド・トランスフェール │
└─────────────────────────────────────────────────┘
```

方法　一度**瓶内二次発酵**させた二酸化炭素含有のワインを、**加圧下のタンク**に移し、冷却、濾過した後に新しいボトルに詰め替える方式。
フランスやアメリカなどで用いられている。

> ガスが抜けないようにするため。☕

> つまり、手間とコストを削減。☕

目的　トラディショナル方式の**ルミュアージュ**（動瓶）と**デゴルジュマン**（滓抜き）の過程を簡略化した手法といえる。

```
┌─────────────────────────────────────────────────┐
│ Ancestral Method        仏 Méthode ancestrale    │
│ アンセストラル・メソッド     メトード・アンセストラル │
│                       = Méthode rurale           │
│                         メトード・リュラル          │
└─────────────────────────────────────────────────┘
```

> **最古の泡!?**
> 最古のスパークリングの製法とされる。その昔、秋に収穫したブドウを発酵させていると、冬が来て、外気温が下がり発酵が止まってしまった。それを発酵が終了したものと思い込んで、瓶に詰めたところ、春が来て外気温が上がり、瓶内で発酵が再開。抜栓してみると「スパークリング」になってしまっていた。☕

方法　**発酵途中**のワインを瓶詰めして、王冠などで打栓し、残りの発酵を**瓶内**で行う方式。
例：フランスの **Clairette de Die** クレレット・ド・ディー、
　　Gaillac ガイヤック、Limoux méthode ancestrale
　　リムー・メトード・アンセストラルなど。

> アンセストラル：祖先
> リュラル：田舎
> という意味。

```
┌─────────────────────────────────────────────────┐
│ 炭酸ガス注入方式    英 Carbonation    仏 Gazéifié │
│                       カルボネイション      ガゼイフィエ │
│                     = Carbonated sparkling wine  │
│                       カルボネイティット・スパークリング・ワイン │
└─────────────────────────────────────────────────┘
```

方法　加圧したタンク内でワインに炭酸ガスを吹き込む方式。

---

**Champagne**
シャンパーニュの醸造法、シャンパーニュの種類、
生産者の登録業態とその略号、スパークリングワインの製法
P.128≫134

# Chapter 7 アルザス・ロレーヌ地方

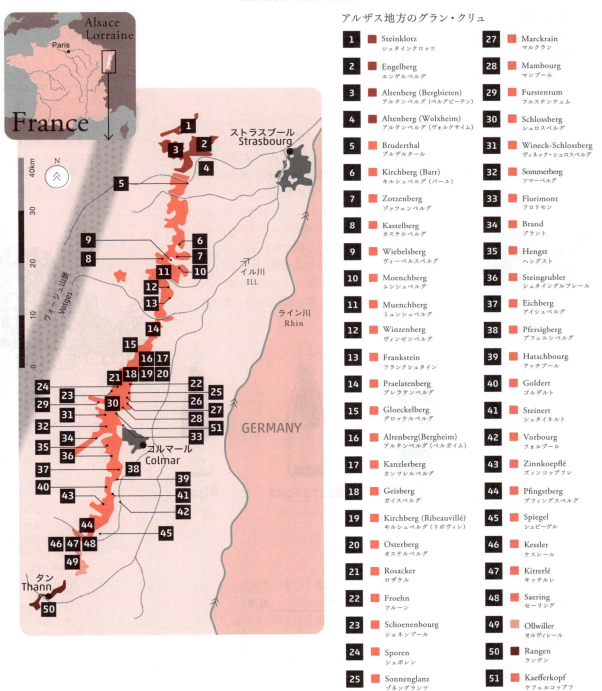

Alsace-Lorraine

アルザス地方のグラン・クリュ

| # | 名称 | # | 名称 |
|---|---|---|---|
| 1 | Steinklotz シュタインクロッツ | 27 | Marckrain マルクラン |
| 2 | Engelberg エンゲルベルグ | 28 | Mambourg マンブール |
| 3 | Altenberg (Bergbieten) アルテンベルグ (ベルグビーテン) | 29 | Furstentum フルステンテュム |
| 4 | Altenberg (Wolxheim) アルテンベルグ (ヴォルクサイム) | 30 | Schlossberg シュロスベルグ |
| 5 | Bruderthal ブルデルタール | 31 | Wineck-Schlossberg ヴィネック・シュロスベルグ |
| 6 | Kirchberg (Barr) キルシュベルグ (バール) | 32 | Sommerberg ソマーベルグ |
| 7 | Zotzenberg ゾッツェンベルグ | 33 | Florimont フロリモン |
| 8 | Kastelberg カステルベルグ | 34 | Brand ブラント |
| 9 | Wiebelsberg ヴィーベルスベルグ | 35 | Hengst ヘングスト |
| 10 | Moenchberg ムンシュベルグ | 36 | Steingrubler シュタイングルブレール |
| 11 | Muenchberg ミュンシュベルグ | 37 | Eichberg アイシュベルグ |
| 12 | Winzenberg ヴィンゼンベルグ | 38 | Pfersigberg プフェルシベルグ |
| 13 | Frankstein フランクシュタイン | 39 | Hatschbourg アッチブール |
| 14 | Praelatenberg プレラテンベルグ | 40 | Goldert ゴルデルト |
| 15 | Gloeckelberg グロッケルベルグ | 41 | Steinert シュタイネルト |
| 16 | Altenberg(Bergheim) アルテンベルグ (ベルガイム) | 42 | Vorbourg フォルブール |
| 17 | Kanzlerberg カンツレルベルグ | 43 | Zinnkoepflé ズィンコップフレ |
| 18 | Geisberg ガイスベルグ | 44 | Pfingstberg プフィングスベルグ |
| 19 | Kirchberg (Ribeauvillé) キルシュベルグ (リボヴィレ) | 45 | Spiegel シュピーゲル |
| 20 | Osterberg オステルベルグ | 46 | Kessler ケスレール |
| 21 | Rosacker ロザケル | 47 | Kitterlé キッテルレ |
| 22 | Froehn フルーン | 48 | Saering セーリング |
| 23 | Schoenenbourg シェネンブール | 49 | Ollwiller オルヴィレール |
| 24 | Sporen シュポレン | 50 | Rangen ランゲン |
| 25 | Sonnenglanz ゾネングランツ | 51 | Kaefferkopf ケフェルコップフ |
| 26 | Mandelberg マンデルベルグ | | |

135

Chapter 7 Alsace-Lorraine

## Alsace

# アルザス地方

### DATA　　　　　　　　　　　　　　　　　　　　　　　　　　Alsace

| | |
|---|---|
| 県名 | Haut-Rhin オー・ラン、Bas-Rhin バ・ラン |
| 栽培面積 | 約1.6万ha |
| ワイン生産比率 | 白：**88**%、赤：1%、ロゼ：11%（A.O.C.ワイン） |
| 気候 | **大陸性**気候 |

> （仏：Haut）上流の
> （仏：Bas）下流の
> ライン川は地図上の南から北へと流れている。よって、南部がオー・ラン県、北部がバ・ラン県となる。地図上の上下ではないので注意！

### 概要

- フランスの北東部にあり、東側を南北に流れる**ライン**川を挟んで、ドイツと国境を接する。
- **ヴォージュ**山脈の**東**側丘陵（標高170～478m）にブドウ畑があり、南北に170km、幅1.5～3kmの細長い帯状の産地。
- 鉄や石炭を産出する豊かな土地を巡り、フランスと**ドイツ**の間でたびたび領有権争いが起こった。そのため、文化的に**ドイツ**の影響を強く受けており、旧市街には**木骨組み漆喰固めの家**が多く、食文化も多分に**ドイツ**的である。
- 多くの場合、ワインは**単一**品種から造られ、ラベルに**品種名**を併記する他、ブドウ品種やボトル形状※などにも、フランスの他産地とは異なった独自性が感じられる。

> 地理的にも歴史的にも、ドイツワインとの共通項が非常に多い！

木骨組み漆喰固めの家

**Bordeaux**　　　**Bourgogne**　　　**Alsace**
ボルドー型　　　　ブルゴーニュ型　　　※ドイツ型

### 気候風土

- **ヴォージュ**山脈が西からの湿った風を遮断し、フランスの中でも特に**降雨量の少ない**産地。
- 山を越えた風がフェーン現象を引き起こすため、アルザス地方は、暖かく乾燥した**大陸性**気候となっている。
- 土壌は多様で、モザイクと表現されるほどである。

> **フェーン現象**
> 世界中のワイン産地で「山・山脈」が頻繁に登場するのはこのため！"フェーン現象"とは、海からの湿った風が、山脈に当たったのちに山を越えると、乾いた風となって吹き荒れ、周囲の気温を上昇させる現象のこと。

| 歴 史 | History |
|---|---|

| 時代 | 主な出来事 |
|---|---|
| 9C | 古代ローマ時代には既にブドウ畑があったと考えられるが、<br>この頃にブドウ栽培について明文化された。 |
| 1648年 | 神聖ローマ帝国による支配後、ウェストファリア条約でアルザスがフランスへ割譲された。 |
| 1871年～ | 普仏戦争後、アルザスはドイツ領となり、<br>ドイツにおける最大のワイン産地として質より量が求められ、<br>安価なブレンドワイン供給地となった。 |
| 19C末 | ウドン粉病、フィロキセラ被害の後、病気に強い交配品種が平地に植えられ、<br>上質なワインを生む斜面の畑が見捨てられた。 |
| 1919年～ | 第一次世界大戦後にフランスへ復帰し、斜面への植え付けが再開され、<br>現在見られるようなブドウ品種が栽培されるようになった。 |
| 1940年 | ナチス・ドイツがアルザスを占領。 |
| 1945年 | 第二次世界大戦後、フランス領に復帰し、現在に至る。 |

Chapter 7 アルザス・ロレーヌ地方

**Column**

**最後の授業** （作：アルフォンス・ドーデ（1873年出版））

フランス領アルザス地方に住む学校嫌いのフランツ少年は、いつものように学校を遅刻した。彼はアメル先生に叱られると思っていたが、今日の先生はいつもと違い、先生は怒らずに静かに着席を促した。教室の後ろには、元村長や村の老人たちが座っているのに気が付いた。そして、アメル先生は全員の前で話し始めた。

「私がここで、フランス語の授業をするのはこれで最後です。普仏戦争でフランスが負けたため、アルザスはプロイセンの領地となり、ドイツ語しか教えてはいけないことになりました。これが、私のフランス語の最後の授業です。」

それを聞いたフランツ少年はショックを受け、今までの不勉強な自分を恥じた。

そして先生は、「フランス語は世界で一番美しく、一番明晰な言葉です。そして、ある民族が奴隷となっても、その国語を保っている限り、その牢獄の鍵を握っているようなものだから、フランス語を決して忘れてはいけません。」と話した。

生徒も大人たちも、最後の授業に耳を傾けた。授業の終わりを告げる鐘がなると、最後に先生は黒板に「フランス万歳!!」と大きく書いて"最後の授業"を終えた。

アルザス地方

主要ブドウ品種

白ブドウ
- ★ **Gewürztraminer** ゲヴュルツトラミネール、
- ★ **Pinot Gris** ピノ・グリ、
- ★ **Riesling** リースリング、
- ★ **Muscat** ミュスカ※、
- Pinot Blanc ピノ・ブラン ＝ **Klevner** クレヴネール、
- Sylvaner シルヴァネール

「仏：ミュスカ」とは「英：マスカット」のこと。いくつもの種類があることで知られているが、アルザスでは特に"ミュスカ・ア・プティ・グラン・ブラン"の品質が最も高いとされるのが一般的。
ちなみに「ミュスカ・ブラン・ア・プティ・グラン」という表記がより広く用いられる。

黒ブドウ
**Pinot Noir** ピノ・ノワール
（アルザス地方で唯一認められている黒ブドウ品種）

★上質指定4品種
※Muscatと表記の場合、
Muscat à Petits Grains Blancs ミュスカ・ア・プティ・グラン・ブラン、
Muscat à Petits Grains Roses ミュスカ・ア・プティ・グラン・ローズ、
Muscat Ottonel ミュスカ・オットネルの3品種が使用可。

## 地方料理と食材　Cooking and Ingredients

| 料理名 | 内容 |
|---|---|
| **Choucroute** シュークルート | 乳酸発酵させた塩漬けキャベツに、ハム、ソーセージ、ジャガイモなどを添える。 |
| **Baeckeoffe** ベックオフ | 肉と野菜の白ワインの蒸し煮。 |
| **Tarte Flambée** タルト・フランベ | アルザス風の薄焼きピザ。 |
| **Kouglof** クグロフ | レーズン入りのブリオッシュ。 |

シュークルートは、ドイツではSauerkrautザワークラウトと呼ばれる。

## Chapter 7 Alsace-Lorraine　A.O.C.

# 主要なA.O.C.ワインと甘口ワイン

## 主要なA.O.C.

Alsace

| A.O.C. | 赤 | ロゼ | 白 | 主要品種・備考 |
|---|---|---|---|---|
| Alsace<br>アルザス /<br>Vin d'Alsace<br>ヴァン・ダルザス | 🍷 | 🍷 | 🍷 | 上質指定4品種、ピノ・ブラン、シルヴァネール、シャスラ、オーセロワ、ピノ・ノワール他。<br>単一品種の場合、**品種名**を併記する。<br>複数の白品種を混醸またはアッサンブラージュの場合は、「**Edelzwicker** エデルツヴィッケール」と表記可能。<br>上質指定4品種をあわせて50％以上使用したアッサンブラージュは、「**Gentil** ジャンティ」の表記可能。<br>2021年より、白ワインにはEUの規則で定められた**糖分表示**（1．ワイン概論の章参照）が義務付けられた。 |

主要なA.O.C.                                                                                                                          Alsace

| A.O.C. | 赤 | ロゼ | 白 | 主要品種・備考 |
|---|---|---|---|---|

**Alsace Grand Cru**
アルザス・グラン・クリュ
　　　　　　　　　　　　　　🍷　　　🥂

現在 **51** のリュー・ディ（区画名）が
グラン・クリュとして認められている。
原則として、上質指定4品種
（**ゲヴュルツトラミネール**、
**ピノ・グリ**、
**リースリング**、
**ミュスカ**）の中の **1** 品種を使用し、ブドウは **手摘み** が義務。

※品種に関して、以下 **6** つのグラン・クリュは例外。

> **2つのポイントを抑える！**
> ①　"ミュスカが仲間外れ"
>     が3つ（**1、2、3**）
> ②　"赤が認められている、
>     新たに増えた例外"
>     が3つ（**4、5、6**）

**1　Altenberg de Bergheim**
　　アルテンベルグ・ド・ベルガイム

　リースリング、
　ゲヴュルツトラミネール、
　ピノ・グリ、
　いずれかの単一、または混醸。
　（ミュスカは不可）

**2　Zotzenberg**
　　ゾッツェンベルグ

　リースリング、
　ゲヴュルツトラミネール、
　ピノ・グリ、
　シルヴァネール、
　いずれかの単一。
　（ミュスカは不可）

**3　Kaefferkopf**
　　ケフェルコップフ

　リースリング、
　ゲヴュルツトラミネール、
　ピノ・グリ、
　いずれかの単一、
　または混醸かアッサンブラージュ。
　（ミュスカは不可）

**4　Hengst**
　　ヘングスト

　リースリング、
　ゲヴュルツトラミネール、
　ピノ・グリ、
　ミュスカ、
　ピノ・ノワール、
　いずれかの単一。

**5　Kirchberg de Barr**
　　キルシュベルグ・ド・バール

　Hengst ヘングストと同様。

**6　Vorbourg**
　　フォルブール

　Hengst ヘングストと同様。

**Crémant d'Alsace**
クレマン・ダルザス

　　　　　　　　　　発泡　発泡

ロゼはピノ・ノワール100％。
1976年にA.O.C.認定。
瓶内二次発酵、滓と共に **9 カ月以上** 熟成。
**フランス国内で消費される** クレマンとして第1位。

> **近年注目のクレマン・ダルザス**
> 温暖化により、特に「シャルドネ」や「ピノ・ノワール」の品質が向上しており、これらの品種の使用が認められている「クレマン・ダルザス」の品質も向上している。

139

**甘口ワイン**
遅摘み、
粒選り摘み貴腐

アルザス地方

- 以下の通り、一定の条件を満たした甘口のA.O.C.アルザスもしくはA.O.C.アルザス・グラン・クリュには、「Vendanges Tardives ヴァンダンジュ・タルディーヴ（遅摘み）」や「Sélection de Grains Nobles セレクシオン・ド・グラン・ノーブル（粒選り摘み貴腐）」と表記することができる。
- ブドウは上質指定4品種の中の1品種のみ使用。
- ブドウは手摘みが義務。
- 少なくとも収穫翌年6月1日まで熟成させなければならない。
- 付記するためのブドウ収穫時の果汁糖度が、以下の通り定められている。補糖は不可。

ブドウ収穫時の糖度であり、ワインの残糖分ではないことに注意！

糖度が上がりやすい2品種のため、収穫時の糖度も他の2品種に比べ高めに設定されている。☕

## ブドウ収穫時の果汁糖分最低含有量（2016年基準改訂）

| 品種 | Vendanges Tardives | Sélection de Grains Nobles |
|---|---|---|
| Gewürztraminer | **270** g/ℓ | **306** g/ℓ |
| Pinot Gris | | |
| Riesling | **244** g/ℓ | **276** g/ℓ |
| Muscat | | |

**Chapter 7 Alsace-Lorraine**

Lorraine

# ロレーヌ地方

| DATA | Lorraine |
|---|---|

県名 ………… Moselle モーゼル、Meurthe-et-Moselle ムルト・エ・モーゼル、

Meuse ムーズ、Vosges ヴォージュ

栽培面積 ………… 約260ha

**概要**

- アルザスの西に接し、現在はアルザス同様グラン・テスト地域圏に属す。
- かつては鉄鋼業で繁栄し、歴史的背景はアルザスとほぼ同様で、
  ドイツとの紛争に翻弄された。

Lorraine

| A.O.C. | 赤 | ロゼ | 白 | 主要品種・備考 |
|---|---|---|---|---|
| Côtes de Toul<br>コート・ド・トゥール | 🍷 | 🍷<br>グリ | 🍷 | 赤：ピノ・ノワール100％。<br>グリ：ガメイ、ピノ・ノワール（この主要2種を含むブレンド）。<br>白：オーセロワ主体。 |
| Moselle<br>モーゼル | 🍷 | 🍷 | 🍷 | 赤：ピノ・ノワール100％。<br>ロゼ：ピノ・ノワール主体。<br>白：オーセロワ、ピノ・グリ、ミュラー・トゥルガウ他。 |

Chapter
**7**
アルザス・ロレーヌ地方

Chapter 8

# ロワール渓谷地方

**Val de Loire**

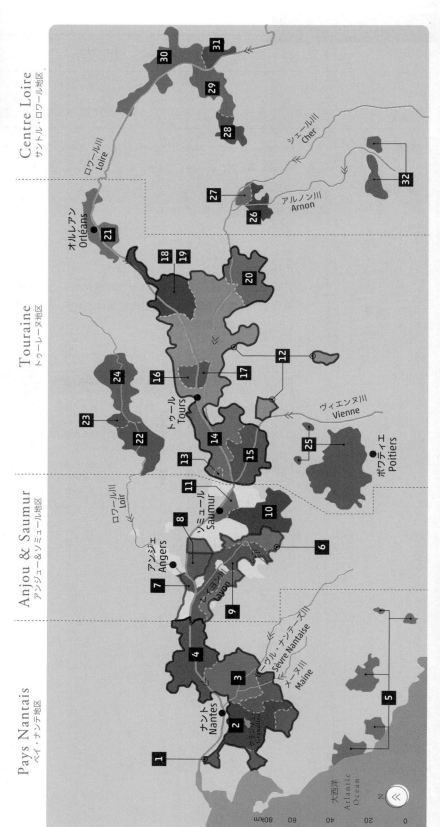

Pays Nantais
ペイ・ナンテ地区

Anjou & Saumur
アンジュー＆ソミュール地区

Touraine
トゥーレーヌ地区

Centre Loire
サントル・ロワール地区

対岸を意識して覚えよう。

## Pays Nantais ペイ・ナンテ地区

- **1** Muscadet ミュスカデ
- **2** Muscadet Côtes de Grandlieu ミュスカデ・コート・ド・グランリュー
- **3** Muscadet Sèvre et Maine ミュスカデ・セーヴル・エ・メーヌ
- **4** Muscadet Coteaux de la Loire / Coteaux d'Ancenis ミュスカデ・コトー・ド・ラ・ロワール/コトー・ダンスニ
- **5** Fiefs Vendéens フィエフ・ヴァンデアン

## Anjou & Saumur アンジュー＆ソミュール地区

- **6** Anjou Villages アンジュー・ヴィラージュ
- **7** Savennières ※右岸 サヴニエール
- **8** Anjou Brissac / Coteaux de l'Aubance アンジュー・ブリサック・ド・ローバンス
- **9** Coteaux du Layon ※左岸 コトー・デュ・レイヨン
- **10** Saumur ソミュール
- **11** Saumur-Champigny ソミュール・シャンピニー

## Touraine トゥーレーヌ地区

- **12** Touraine トゥーレーヌ
- **13** Saint Nicolas de Bourgueil サン・ニコラ・ド・ブルグイユ
- **14** Bourgueil ※右岸 ブルグイユ
- **15** Chinon ※左岸 シノン
- **16** Vouvray ※右岸 ヴーヴレ
- **17** Montlouis sur Loire ※左岸 モンルイ・シュール・ロワール
- **18** Cheverny シュヴェルニー
- **19** Cour Cheverny クール・シュヴェルニー
- **20** Valençay ヴァランセ
- **21** Orléans オルレアン
- **22** Coteaux du Loir コトー・デュ・ロワール
- **23** Jasnières ジャニエール
- **24** Coteaux du Vendômois コトー・デュ・ヴァンドモワ
- **25** Haut-Poitou オー・ポワトゥー

## Centre Loire サントル・ロワール地区

- **26** Reuilly ルイイ
- **27** Quincy カンシー
- **28** Menetou-Salon ムヌトゥ・サロン
- **29** Sancerre ※左岸 サンセール
- **30** Coteaux du Giennois コトー・デュ・ジエノワ
- **31** Pouilly-Fumé / Pouilly sur Loire ※左岸 プイィ・フュメ/プイィ・シュール・ロワール
- **32** Châteaumeillant シャトーメイヤン

## Massif Central 中央高地地区

- **33** Saint Pourçain サン・プルサン
- **34** Côtes d'Auvergne コート・ドーヴェルニュ
- **35** Côte Roannaise コート・ロアネーズ
- **36** Côtes du Forez コート・デュ・フォレ

---

（地図）

ロワール川 Loire
ロアンヌ Roanne — 35 / 36
アリエ川 Allier
ムーラン Moulins — 33
クレルモン・フェラン Clermont-Ferrand — 34

---

**Pays Nantais**

**Anjou & Saumur**
- 右岸 — **7** Savennières
- 左岸 — **9** Coteaux du Layon

**Touraine**
- 右岸 — **14** Bourgueil / **16** Vouvray
- 左岸 — **15** Chinon / **17** Montlouis sur Loire

ロワール川

**Centre Loire**
- 右岸 — **31** Pouilly-Fumé / Pouilly sur Loire
- 左岸 — **29** Sancerre

右岸 / 左岸

Chapter **8** ロワール渓谷地方

## DATA
Val de Loire

ブドウ栽培面積 ……… 約5.7ha（内A.O.C.ワインの面積：約4.6ha）
ワイン生産比率 …… 白：58％、赤：19％、ロゼ：23％（A.O.C.ワイン）
気候 ……………… 気候や土壌は地区ごとに大きく異なる

### 概要

- フランス**最大**の大河であるロワール川により形成された、渓谷沿いに広がる産地。
- **全長1,012km**に及ぶロワール川は、中央高地から北上し、西へ向きを変えて大西洋へ注ぎ込み、周辺のブドウ畑は**15**の県にまたがる。

> それほどまでに東西に横長、広大な産地であるということを示唆している。☕

- 産地が広大なため、ワインの種類も幅広く、軽めの赤やロゼ、しっかりとした赤、辛口から甘口の白、貴腐ワイン、発泡性ワインと様々である。比較的**冷涼**な気候（北緯47度前後に位置する）を反映し、白：6割、ロゼ：2割、赤：2割となっている。
- **経済** **ナント**を中心とするペイ・ド・ラ・ロワール地域圏は、造船業、園芸業で国内1位。オルレアンを中心とするサントル・ヴァル・ド・ロワール地域圏は、ヨーロッパ随一の穀倉地帯であるだけでなく、化粧品関連の企業も集中する。
- **文化** ロワール川中流域には王侯貴族の栄華を偲ばせる荘厳華麗なシャトーが立ち並び、2000年には「シュリー・シュール・ロワールとシャロンヌ間のロワール渓谷」の呼称で、ユネスコ世界遺産に登録された。

シュノンソー城 ≫

### 気候風土

- 河口に近い地区ほど大西洋の影響が顕著な海洋性気候で、上流に進むほど海洋性から半海洋性、さらに半大陸性へと変化していく。

> ◀ "半海洋性"という言葉自体、ここでしか登場しない。

> ◀ "半"大陸性は4産地のみ！ブルゴーニュ、ジュラ、ローヌ北部、ロワール上流（中央高地）。

| 地区 | 気候 | 土壌 |
|---|---|---|
| Pays Nantais<br>ペイ・ナンテ（海沿い） | **海洋性** | 火成岩<br>変成岩<br>花崗岩（かこうがん） |
| Anjou & Saumur<br>アンジュー＆ソミュール | **海洋性〜半海洋性** | 西部：片岩（へんがん）<br>東部：石灰岩（**トゥファ**） |
| Touraine<br>トゥーレーヌ | **海洋性**から**大陸性**への転換点 | 石灰岩（**トゥファ**） |
| Centre Loire<br>サントル・ロワール | **大陸性** | 石灰岩<br>粘土質 |
| Massif Central<br>中央高地（内陸） | **半大陸性** | 花崗岩<br>石灰質 |

144

### 主要ブドウ品種

## 地区毎の主要品種から全体像を捉える

Val de Loire

| 地区 | 主な白ブドウ | | 主な黒ブドウ | |
|---|---|---|---|---|
| **Pays Nantais** ペイ・ナンテ | **Melon de Bourgogne** ムロン・ド・ブルゴーニュ = **Muscadet** ミュスカデ | ブルゴーニュ地方起源。 | **Cabernet Franc** カベルネ・フラン = **Breton** ブルトン | ボルドー地方原産の品種。 |

名前は「ブルゴーニュ原産のメロンのような香りがする品種」に由来する。1700年代初頭にフランスをおそった異常な厳冬の影響で、ペイ・ナンテ地区のブドウが凍害によって壊滅的な被害を受けた。その後、寒さに耐性のあるこの品種が持ち込まれた。1395年のフィリップ豪胆公による"ガメイ禁止令"の際に、ムロン・ド・ブルゴーニュの栽培もブルゴーニュ地方では禁止となった。

この地でのカベルネ・フランの栽培を発展させた人物「アボット・ブルトン」に由来する。

| 地区 | 主な白ブドウ | | 主な黒ブドウ | |
|---|---|---|---|---|
| **Anjou & Saumur** アンジュー&ソミュール | **Chenin（Blanc）** シュナン（・ブラン） = **Pineau de la Loire** ピノー・ド・ラ・ロワール | 酸の高さが特徴。辛口〜甘口、発泡性など様々なワインが造られる。 | **Cabernet Franc** カベルネ・フラン = **Breton** ブルトン （ロゼ・ダンジュー： **Grolleau** グロロー） | |
| **Touraine** トゥーレーヌ | 原則 **Chenin（Blanc）** シュナン（・ブラン） = **Pineau de la Loire** ピノー・ド・ラ・ロワール 例外 **Sauvignon（Blanc）** ソーヴィニヨン（・ブラン） = **Blanc Fumé** ブラン・フュメ | | **Cabernet Franc** カベルネ・フラン = **Breton** ブルトン、 **Gamay** ガメイ | |

【 Fumé 】

（仏：フュメ）煙、燻製の意味。ワインに、火打ち石のようなスモーキーな香りがあることに由来する。

| 地区 | 主な白ブドウ | 主な黒ブドウ |
|---|---|---|
| **Centre Loire** サントル・ロワール | **Sauvignon（Blanc）** ソーヴィニヨン（・ブラン） = **Blanc Fumé** ブラン・フュメ | **Pinot Noir** ピノ・ノワール |
| **Massif Central** 中央高地 | **Chardonnay** シャルドネ | **Gamay** ガメイ |

ロワールで最も上流に位置し、ブルゴーニュ地方に近いため、ロワール川沿いにあっても、他の地区とは分けて考える。

※この章において、品種を下記のように表記している。
CB：シュナン（・ブラン）、SB：ソーヴィニヨン（・ブラン）、CH：シャルドネ、SG：ソーヴィニヨン・グリ、
PN：ピノ・ノワール、CF：カベルネ・フラン、CS：カベルネ・ソーヴィニヨン、PA：ピノー・ドーニ

Chapter
**8**
ロワール渓谷地方

145

## 地方料理と食材 — Cooking and Ingredients

| 料理名 | 内容 |
|---|---|
| **Brochet au Beurre Blanc**<br>ブロシェ・オ・ブール・ブラン | ナント名物カワカマスのブール・ブラン・ソース。 |
| **Tarte Tatin**<br>タルト・タタン | リンゴのタルト。1880年代にタタン・ホテルで生まれたとされる。 |
| Sainte-Maure de Touraine<br>サント・モール・ド・トゥーレーヌ | 山羊乳、シェーヴル、薪の形、木炭粉がまぶされている、A.O.P.チーズ。 |
| Selles-sur-Cher<br>セル・シュール・シェール | 山羊乳、シェーヴル、底が広がった円盤形、木炭粉がまぶされている、A.O.P.チーズ。 |
| Valençay<br>ヴァランセ | 山羊乳、シェーヴル、上部を切り取ったピラミッド形、木炭粉がまぶされている、A.O.P.チーズ。 |
| Pouligny-Saint-Pierre<br>プーリニィ・サン・ピエール | 山羊乳、シェーヴル、ピラミッド形、A.O.P.チーズ。 |
| Chavignol / Crottin de Chavignol<br>シャヴィニョル / クロタン・ド・シャヴィニョル | 山羊乳、シェーヴル、饅頭（まんじゅう）形、A.O.P.チーズ。 |

タルト・タタン

> ヴァランセ: フランスのA.O.C.で唯一、ワインとチーズ両方で同じ名前で登録されているA.O.C.。

# Chapter 8 Val de Loire
## A.O.C.

### 各地区の特徴と主要なA.O.C.ワイン

**"ロワール"学習の手順**
ロワールのA.O.C.は、試験に出題される範囲の中でも、最も苦手にしている受験生が多い（A.O.C.にルールがあまり存在せず、「例外」が非常に多いため）。重要なのは、試験で集中的に問われている箇所は赤文字部分に集中しているため、全てを完璧に覚える必要はないということ！その上で次の手順を守って、効率よく勉強を進めよう！

1. ペイ・ナンテ地区の"ミュスカデ"関連のA.O.C.を覚える。
2. サントル・ロワール地区のA.O.C.は数が少なく、かつ試験に頻繁に出題される有名なものが多いので、ここは完璧に覚えたい！
3. アンジュー＆ソミュール地区とトゥーレーヌ地区を混同しがちなので、色のついたA.O.C.が、この2つのどちらに属すのか意識して覚える。
4. 中央高地は試験にはほとんど出題されないので、サッと目を通す。

高い ←―――― 重要度 ――――→ 低い

VINOLET

**Val de Loire**
<< DATA、概要、気候風土、主要ブドウ品種、地方料理と食材

P.144 >> 146

146

# Chapter 8 Val de Loire
## Pays Nantais

## ペイ・ナンテ地区

- ロワール川の河口に最も近く、**ナント市**を中心とする地区。
- **ムロン・ド・ブルゴーニュ**（＝**ミュスカデ**）から造られる爽やかな白ワインで知られる。
- 典型的な**海洋性**気候。
- この地区では、白ワインに澱からの旨味を取り込む「**Sur Lie シュール・リー製法**※」が多く用いられている。

※ **Sur Lie シュール・リー**は「澱の上で」という意で、醸造過程で発生した澱をそのまま底に残し、その上にワインを寝かせる方法。この地区では、収穫翌年3月1日まで熟成させなければならない。

【 甲州との関係 】
この地区のシュール・リー製法にヒントを得て、日本の固有品種「甲州」はシュール・リーをするようになった。

【 Sur Lie 】
（仏：Sur）英訳すると、前置詞の「on」に当たる。「〜の上で、〜と接触している」という意味。澱には働き終えた酵母の死骸であるタンパク質が含まれる。タンパク質はアミノ酸に分解され、ワインに旨味をもたらす。

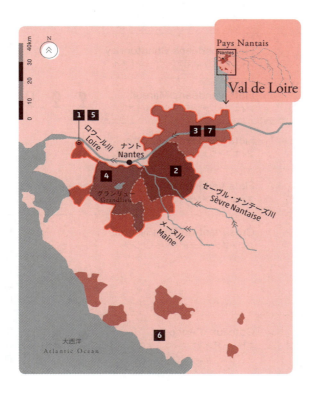

## Pays Nantais
ペイ・ナンテ地区

| 1 □ | Muscadet ミュスカデ |
| 2 ■ | Muscadet Sèvre et Maine ミュスカデ・セーヴル・エ・メーヌ |
| 3 ■ | Muscadet Coteaux de la Loire ミュスカデ・コトー・ド・ラ・ロワール |
| 4 ■ | Muscadet Côtes de Grandlieu ミュスカデ・コート・ド・グランリュー |
| 5 ■ | Gros Plant du Pays Nantais グロ・プラン・デュ・ペイ・ナンテ |
| 6 ■ | Fiefs Vendéens フィエフ・ヴァンデアン |
| 7 ■ | Coteaux d'Ancenis コトー・ダンスニ |

Chapter 8 ロワール渓谷地方

147

ペイ・ナンテ地区                                                                                    Pays Nantais

| 地域名 A.O.C. 小地区 A.O.C. | 赤 | ロゼ | 白 | 主要品種・備考 |
|---|---|---|---|---|
| **Muscadet**<br>ミュスカデ | | | Y | ミュスカデ主体、<br>CH（補助：10％まで）。<br>最大収量70hℓ/ha。 |
| **Muscadet Coteaux<br>de la Loire**<br>ミュスカデ・コトー・ド・ラ・ロワール | | | Y | ミュスカデ100％、<br>Sur Lie表記可。<br>最大収量55hℓ/ha。 |
| **Muscadet Côtes<br>de Grandlieu**<br>ミュスカデ・コート・ド・グランリュー | | | Y | 同上 |
| **Muscadet Sèvre et Maine**<br>ミュスカデ・セーヴル・エ・メーヌ | | | Y | 同上<br>ペイ・ナンテ地区で<br>面積・生産量<u>最大</u>。 |
| Fiefs Vendéens Brem<br>フィエフ・ヴァンデアン・ブレム | | | | 赤：CF、PN、<br>Négretteネグレット主体。<br>ロゼ：ガメイ、PN主体。<br>白：CB主体。 |
| Fiefs Vendéens Chantonnay<br>フィエフ・ヴァンデアン・シャントネイ | | | | |
| Fiefs Vendéens Mareuil<br>フィエフ・ヴァンデアン・マルイユ | 🍷 | 🍷 | Y | |
| Fiefs Vendéens Pissotte<br>フィエフ・ヴァンデアン・ピソット | | | | |
| Fiefs Vendéens Vix<br>フィエフ・ヴァンデアン・ヴィックス | | | | |
| Gros Plant du Pays Nantais<br>グロ・プラン・デュ・ペイ・ナンテ | | | Y | **Folle Blanche**<br>フォール・ブランシュ<br>＝Gros Plantグロ・プラン主体。<br>A.O.C. Muscadetを<br>名乗ることが可能なエリアと<br>ほぼ重なる。 |
| Coteaux d'Ancenis<br>コトー・ダンスニ | 🍷 | 🍷 | Y<br>半甘 | 赤・ロゼ：ガメイ100％、<br>CF（補助：10％まで）。<br>白：ピノ・グリ100％。 |

（仏：et）英訳すると「and」。セーヴル川とメーヌ川の2つの川の流域に産地が広がる。ワインショップなどで見かけることのできる"ミュスカデ"は、ほとんどがこのA.O.C.。

VINOLET

**Val de Loire**

≪　ペイ・ナンテ地区

P.147 ≫ 148

# Chapter 8 Val de Loire
## Anjou & Saumur

## アンジュー & ソミュール地区

- ロワール川の河口から80km内陸に位置する**アンジェ市**と、さらに40km程上流の**ソミュール市**周辺に広がるワイン産地。
- 東部のソミュール地区の土壌には、パリ盆地由来の**Tuffeau トゥファ**と呼ばれる、**石灰岩**の一種である炭酸塩堆積物が見られる。
- アンジュー地区は、温暖な**海洋性**気候。一方、ソミュール地区は丘が西風を堰き止めるため、**半海洋性**気候。

> "半"海洋性気候という単語は、試験上ロワールのココでしか使用されない。

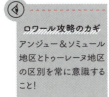

ロワール攻略のカギ
アンジュー&ソミュール地区とトゥーレーヌ地区の区別を常に意識すること！

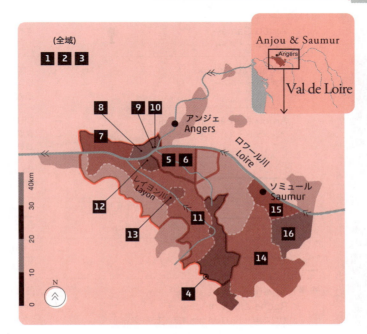

### Anjou & Saumur
アンジュー&ソミュール地区

| 1 | Anjou アンジュー |
| 2 | Cabernet d'Anjou カベルネ・ダンジュー |
| 3 | Rosé d'Anjou ロゼ・ダンジュー |
| 4 ☐ | Anjou Villages アンジュー・ヴィラージュ |
| 5 ■ | Anjou Brissac アンジュー・ブリサック |
| 6 ■ | Coteaux de l'Aubance コトー・ド・ローバンス |
| 7 ■ | Anjou Coteaux de la Loire アンジュー・コトー・ド・ラ・ロワール |
| 8 ■ | **Savennières** サヴニエール ※右岸 |
| 9 ■ | Savennières-Roche aux Moines サヴニエール・ロッシュ・オー・モワンヌ |
| 10 ■ | **Coulée de Serrant** クーレ・ド・セラン |
| 11 ■ | **Coteaux du Layon** コトー・デュ・レイヨン ※左岸 |
| 12 ■ | **Quarts de Chaume** カール・ド・ショーム |
| 13 ■ | **Bonnezeaux** ボンヌゾー |
| 14 ■ | Saumur ソミュール |
| 15 ■ | **Saumur-Champigny** ソミュール・シャンピニー |
| 16 ■ | Coteaux de Saumur コトー・ド・ソミュール |

アンジュー＆ソミュール地区　　　　　　　　　　　　　　　　　　　　　Anjou & Saumur

| 川岸 | 地域名A.O.C. | 赤 | ロゼ | 白 | 主要品種・備考 |
|---|---|---|---|---|---|
| | Anjou<br>アンジュー | 赤 | 発泡 | （発泡） | 赤：CF、CS主体。<br>白：CB主体。<br>同域内で造る発泡白、発泡ロゼは<br>Anjou Mousseux（5行下）を参照。 |
| | Anjou Villages<br>アンジュー・ヴィラージュ | 赤 | | | CF、CSのみ。<br>A.O.C. Anjouより規定が厳しい。 |
| | Anjou Brissac<br>アンジュー・ブリサック | 赤 | | | CF、CSのみ。 |
| | Coteaux de l'Aubance<br>コトー・ド・ローバンス | | | 甘 | CB100％。<br>貴腐または過熟による甘口。 |
| | Anjou Gamay<br>アンジュー・ガメイ | 赤 | | | ガメイ100％。 |
| | Anjou Mousseux<br>アンジュー・ムスー | | 発泡 | 発泡 | ロゼ：CF、CS他。<br>白：CB主体。<br>瓶内二次発酵、熟成9カ月以上。 |
| | Anjou Coteaux de la Loire<br>アンジュー・コトー・ド・ラ・ロワール | | | 半甘〜甘 | CB100％。<br>貴腐または過熟による甘口。<br>残糖34g/ℓ以上。 |
| | **Cabernet d'Anjou**<br>カベルネ・ダンジュー | | 半甘 | | CS、CFのみ。<br>残糖10g/ℓ以上。 |
| | **Rosé d'Anjou**<br>ロゼ・ダンジュー | | 半甘 | | グロロー他。<br>残糖7g/ℓ以上。 |
| 右岸 | **Savennières**<br>サヴニエール | | | 辛〜甘 | CB100％。主に辛口で、半甘口や<br>甘口も造られる。 |
| 右岸 | Savennières-<br>Roche aux Moines<br>サヴニエール・ロッシュ・オー・モワンヌ | | | 白 | 同上<br>（2011年 A.O.C. Savennières<br>から独立。） |
| 右岸 | **Coulée de Serrant**<br>クーレ・ド・セラン<br>※ニコラ・ジョリー家の単独所有。 | | | 白 | 同上<br>（2011年 A.O.C. Savennières<br>から独立。） |
| 左岸 | **Coteaux du Layon**<br>コトー・デュ・レイヨン | | | 甘 | CB100％。<br>貴腐または過熟による甘口。 |
| 左岸 | Coteaux du Layon+Commune<br>（6村） | | | 甘 | 同上 |
| 左岸 | Coteaux du Layon<br>Premier Cru Chaume<br>コトー・デュ・レイヨン・<br>プルミエ・クリュ・ショーム | | | 甘 | 同上 |
| 左岸 | **Quarts de Chaume**<br>カール・ド・ショーム | | | 甘 | 同上<br>Grand Cruの付記が可能。 |
| 左岸 | **Bonnezeaux**<br>ボンヌゾー | | | 甘 | 同上 |

Cabernet d'Anjouは、品種と産地がA.O.C.名に含まれているため、「タイプ」が問われる。一方でRosé d'Anjouはタイプと産地がA.O.C.名に含まれているため、「品種」が問われる。

試験では、ココでしか登場しない品種！

産地を覚えるときは「地図帳」を必ず用いること！"右岸"という情報を、文字だけを見て強引に覚えるのではなく、地図帳を見て「場所」を確認しながら勉強することで、記憶が定着しやすい！

ビオ・ディナミ農法の第一人者として世界的に有名。

【 Coteaux 】
（仏：Coteaux）丘の中腹。
「レイヨン川」沿いには、様々な「甘口」のA.O.C.が集中的に存在する。

Anjou & Saumur

| 川岸 | 地域名A.O.C. | 赤 | ロゼ | 白 | 主要品種・備考 |
|---|---|---|---|---|---|
| | Saumur<br>ソミュール | 赤 | ロゼ（発泡） | 白（発泡） | 赤：CF主体。<br>ロゼ：CF、CSのみ。<br>白：CB100％。<br>同域内で造る発泡白、発泡ロゼは Saumur Mousseux（4行下）を参照。 |
| | **Saumur-Champigny**<br>ソミュール・シャンピニー | ロゼ | | | CF主体。<br>トゥファの母岩を粘土石灰質の表土が覆っている。 |
| | Saumur Puy-Notre-Dame<br>ソミュール・ピュイ・ノートル・ダム | 赤 | | | CF主体。<br>2009年認定。 |
| | Coteaux de Saumur<br>コトー・ド・ソミュール | | | 白 甘 | CB100％。<br>貴腐または過熟による甘口。<br>土壌はトゥファ。 |
| | Saumur Mousseux<br>ソミュール・ムスー | | 発泡 | 発泡 | ロゼ：CF主体。<br>白：CB主体。<br>瓶内二次発酵、熟成9カ月以上。 |
| | **Crémant de Loire**<br>クレマン・ド・ロワール | | 発泡 | 発泡 | ロゼ：CF、CS他。<br>白：CH、CB他。<br>瓶内二次発酵。 |
| | **Rosé de Loire**<br>ロゼ・ド・ロワール | | ロゼ | | CF、CS他。 |

ロワールを代表する赤ワインとして、特に有名なA.O.C.の1つ。「ソミュール」との生産可能色の違いが問われる。

「間違いの選択肢」として、試験に頻繁に登場する。

"Loire"と名が付くように、Anjou & Saumur 地区とTouraine地区にまたがる。クレマン・ド・ロワールは主にSaumur、ロゼ・ド・ロワールは主にAnjouで生産される。

Chapter 8 ロワール渓谷地方

Val de Loire

アンジュー&ソミュール地区

P.149>>151

VINOLET

151

# Chapter 8 Val de Loire
## Touraine

### トゥーレーヌ地区

- ソミュールの東から中心都市**トゥール**を経て、東は**オルレアン**までの地域。
- ブロワ城、アンボワーズ城、シノン城、シュノンソー城といった、かつて王侯貴族が過ごした古城が多く見られる。
- パリ盆地由来の海洋性堆積物で、石灰岩の一種である**トゥファ**を母岩とする。
- オルレアン周辺の土壌は、砂やシルトの沖積土壌。
- トゥーレーヌ地区は**海洋性**から**大陸性**へと気候が変わる中間地点で、アンジューと比べて季節ごとの**気温差**が大きい。

> ロワール川沿いの古城はこの石灰岩を切り出して造られた！ ☕

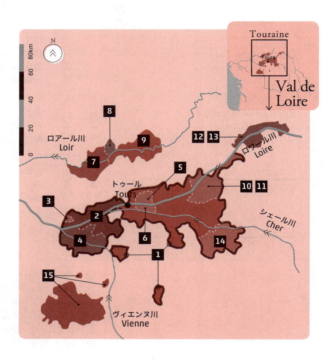

**Touraine** トゥーレーヌ地区

1. ☐ Touraine / トゥーレーヌ
2. ■ **Bourgueil** ※右岸 / ブルグイユ
3. ■ Saint Nicolas de Bourgueil / サン・ニコラ・ド・ブルグイユ （対岸）
4. ■ **Chinon** ※左岸 / シノン
5. ■ **Vouvray** ※右岸 / ヴーヴレ
6. ■ **Montlouis sur Loire** ※左岸 / モンルイ・シュール・ロワール （対岸）
7. ■ Coteaux du Loir / コトー・デュ・ロワール
8. ■ Jasnières / ジャニエール
9. ■ Coteaux du Vendômois / コトー・デュ・ヴァンドモワ
10. ■ Cheverny / シュヴェルニー
11. ■ Cour Cheverny / クール・シュヴェルニー
12. ■ Orléans / オルレアン
13. ■ Orléans-Cléry / オルレアン・クレリー
14. ■ Valençay / ヴァランセ
15. ■ Haut-Poitou / オー・ポワトゥー

> 基本的にシュナン・ブランから造られるが、例外的にソーヴィニヨン・ブランから造られる呼称もあり、そこが試験で狙われる。
>
> **トゥーレーヌのSBトリオ**
>
> | | |
> |---|---|
> | Touraine | （赤、ロゼ、白） |
> | Cheverny | （赤、ロゼ、白） |
> | Valençay | （赤、ロゼ、白） |

Touraine

| 川岸 | 地域名A.O.C. | 赤 | ロゼ | 白 | 主要品種・備考 |
|---|---|---|---|---|---|
| | Touraine<br>トゥーレーヌ | ● | ●（発泡） | ○（発泡） | 赤：CF、コット主体。<br>ロゼ：CF、CS、コット他。<br>白：**SB**。<br>同域内で造る発泡白、発泡ロゼはTouraine Mousseux（8行下）を参照。 |
| | Touraine Amboise<br>トゥーレーヌ・アンボワーズ | ● | ● | ○ | 赤：コット。<br>ロゼ：コット主体、ガメイ。<br>白：CB100％。 |
| | Touraine Mesland<br>トゥーレーヌ・メスラン | ● | ● | ○ | 赤：ガメイ60％以上。<br>ロゼ：ガメイ80％以上。<br>白：CB60％以上。 |
| | Touraine Chenonceaux<br>トゥーレーヌ・シュノンソー | ● | | ○ | 赤：コット、CF主体。<br>白：SB100％。<br>2011年認定。 |
| | Touraine Gamay<br>トゥーレーヌ・ガメイ | ● | | | ガメイ85％以上。 |
| | Touraine Noble-Joué<br>トゥーレーヌ・ノーブル・ジュエ | | ● | | ムニエ40％以上、<br>ピノ・グリ20％以上、PN10％以上、これら3種を必ず使用。 |
| | Touraine Oisly<br>トゥーレーヌ・オワスリー | | | ○ | SB100％。<br>2011年認定。 |
| | Touraine Azay-le-Rideau<br>トゥーレーヌ・アゼイ・ル・リドー | | ● | ○ | ロゼ：グロロー60％以上。<br>白：CB100％。 |
| | Touraine Mousseux<br>トゥーレーヌ・ムスー | | ●発泡 | ○発泡 | ロゼ：CF、CS他。<br>白：CH、CB他。<br>瓶内二次発酵、熟成9カ月以上。 |
| 右岸 | **Bourgueil**<br>ブルグイユ | ● | ● | | CF100％または主体。 |
| 右岸 | **Saint Nicolas de Bourgueil**<br>サン・ニコラ・ド・ブルグイユ | ● | ● | | CF100％または主体。 |
| 左岸 | **Chinon**<br>シノン<br>※アンドル・エ・ロワール県最西端 | ● | ● | ○ | 赤・ロゼ：**CF**100％または主体。<br>白：CB100％。<br>**ブルグイユ**の対岸に位置。 |

> ブルグイユとシノンは対岸に位置する！

> ロワールを代表する赤ワインとして、特に有名なA.O.C.の1つだが、白もロゼも認められている点に注意！

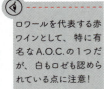

## トゥーレーヌ地区

Touraine

| 川岸 | 地域名A.O.C. | 赤 | ロゼ | 白 | 主要品種・備考 |
|---|---|---|---|---|---|
| 右岸 | **Vouvray** ヴーヴレ | | | 〇（発泡） | **CB**100％または主体。同域内で造る発泡白は下のMousseux、Pétillantを参照。 |
| 右岸 | Vouvray Mousseux ヴーヴレ・ムスー | | | 発泡 | CB100％または主体。瓶内二次発酵、熟成12カ月以上。 |
| 右岸 | Vouvray Pétillant ヴーヴレ・ペティヤン | | | 発泡 | |
| 左岸 | **Montlouis sur Loire** モンルイ・シュール・ロワール | | | 〇（発泡） | **CB**100％。同域内で造る発泡白は下のMousseux、Pétillantを参照。 |
| 左岸 | Montlouis sur Loire Mousseux モンルイ・シュール・ロワール・ムスー | | | 発泡 | CB100％。瓶内二次発酵、熟成9カ月以上。 |
| 左岸 | Montlouis sur Loire Pétillant モンルイ・シュール・ロワール・ペティヤン | | | 発泡 | |
| 左岸 | **Cheverny** シュヴェルニー | 〇 | 〇 | 〇 | 赤・ロゼ：PN主体。白：**SB**、SG。 |
| 左岸 | **Cour Cheverny** クール・シュヴェルニー | | | 〇 | ロモランタン100％。 |
| | Coteaux du Loir コトー・デュ・ロワール | 〇 | 〇 | 〇 | 赤・ロゼ：PA100％または主体。白：CB100％。 |
| | Coteaux du Vendômois コトー・デュ・ヴァンドモワ | 〇 | 〇 | 〇 | 赤：PA主体。グリ（ロゼと同義）：PA100％。白：CB100％または主体。 |
| | Orléans オルレアン | 〇 | 〇 | 〇 | 赤・ロゼ：ムニエ主体。白：CH主体。 |
| | Orléans-Cléry オルレアン・クレリー | 〇 | | | CF100％。 |
| | **Valençay** ヴァランセ | 〇 | 〇 | 〇 | 赤・ロゼ：ガメイ、PN、コットの3種を必ずブレンド。白：**SB**100％または主体。 |
| | Haut-Poitou オー・ポワトゥー | 〇 | 〇 | 〇 | 赤：CF主体、ロゼ：CF、ガメイ、PNを必ずブレンド、白：SB主体。 |
| | Jasnières ジャニエール | | | 〇 | CB100％。 |

- ロワールを代表する白ワイン（シュナン・ブラン）として、特に有名なA.O.C.の1つ。
- ヴーヴレとモンルイ・シュール・ロワールは対岸に位置する！
- エリアは同じだが、生産可能色、主要品種が全く異なる。
- ココでしか登場しない、非常に珍しい白ブドウ品種。

VINOLET

Val de Loire
<< トゥーレーヌ地区
P.152 » 154

154

# Chapter 8 Val de Loire
## Centre Loire

### サントル・ロワール地区

- フランスの中心部（サントル）に位置するワイン産地。ロワール川とシェール川の流域にブドウ畑が広がる。
- オルレアン以西ではロワール川が東西に流れ、オルレアンから南ではおおよそ南北に流れる。
- 土壌は、石灰岩や粘土石灰質、火打ち石やシリカの混じった粘土質、砂礫質など多様。
- ロワール川を挟んで左岸に広がる**サンセール**、右岸の**プイィ・フュメ**が代表的な産地。

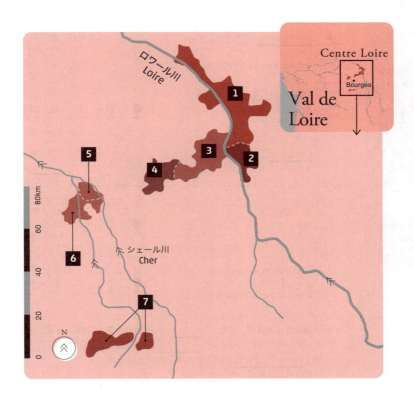

## Centre Loire
サントル・ロワール地区

1. ■ Coteaux du Giennois
   コトー・デュ・ジェノワ

2. ■ **Pouilly-Fumé** / Pouilly sur Loire　※右岸
   プイィ・フュメ　　プイィ・シュール・ロワール

   対岸

3. ■ **Sancerre**　※左岸
   サンセール

4. ■ Menetou-Salon
   ムヌトゥー・サロン

5. ■ Quincy
   カンシー

6. ■ Reuilly
   ルイイ

7. ■ Châteaumeillant
   シャトーメイヤン

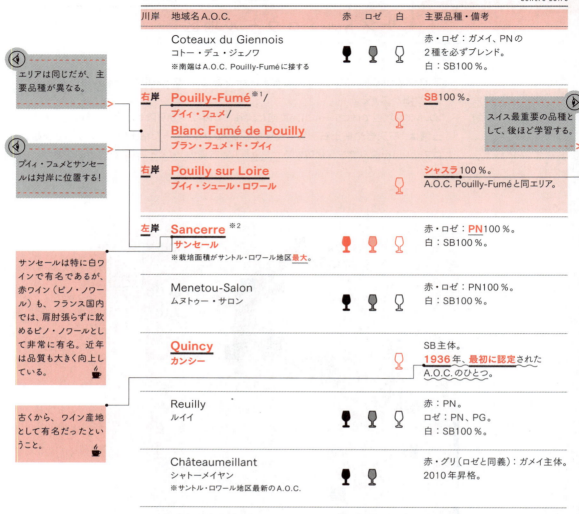

# Chapter 8 Val de Loire
## Massif Central

### 中央高地地区

- ガメイやピノ・ノワールから造る軽めの赤、シャルドネを用いたフレッシュな白が多い。
- 夏と冬の気温差が明確な**半大陸性**気候で、標高の高いブドウ畑では**山岳性**気候の影響も受ける。

> "半"大陸性気候は、4つの産地のみ！ ブルゴーニュ、ジュラ、ローヌ北部、ロワール上流域。

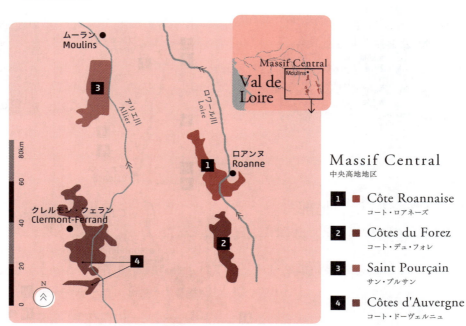

| 地域名A.O.C. | 赤 | ロゼ | 白 | 主要品種・備考 |
|---|---|---|---|---|
| Saint Pourçain<br>サン・プルサン | 🍷 | 🍷 | 🍷 | 赤：ガメイ、PN。<br>ロゼ：ガメイ。<br>白：CH主体。 |
| Côtes d'Auvergne<br>コート・ドーヴェルニュ | 🍷 | 🍷 | 🍷 | 赤・ロゼ：ガメイ、PN。<br>白：CH100％。 |
| Côtes d'Auvergne+Commune（4村） | 🍷 | | | ガメイ、PN。 |
| Côtes d'Auvergne Corent<br>コート・ドーヴェルニュ・コラン | | 🍷 | | ガメイ、PN。 |
| Côte Roannaise<br>コート・ロアネーズ | 🍷 | 🍷 | | 赤・ロゼ：ガメイ100％。 |
| Côtes du Forez<br>コート・デュ・フォレ | 🍷 | 🍷 | | 赤・ロゼ：ガメイ100％。 |

VINOLET

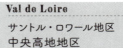

**Val de Loire**
サントル・ロワール地区
中央高地地区
P.155 » 157

# Chapter 9 ローヌ渓谷地方

**Vallée du Rhône**

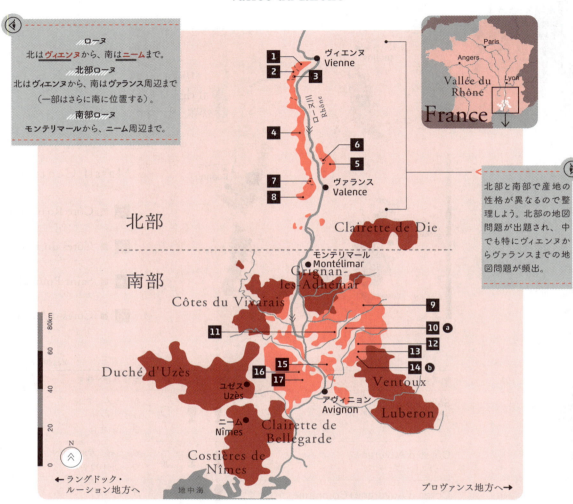

ローヌ
北はヴィエンヌから、南はニームまで。
北部ローヌ
北はヴィエンヌから、南はヴァランス周辺まで（一部はさらに南に位置する）。
南部ローヌ
モンテリマールから、ニーム周辺まで。

北部と南部で産地の性格が異なるので整理しよう。北部の地図問題が出題され、中でも特にヴィエンヌからヴァランスまでの地図問題が頻出。

コート・デュ・ローヌの17のクリュ

### 北部ローヌ

1. ■ Côte-Rôtie コート・ロティ
2. ■ Condrieu コンドリュー
3. ■ Château-Grillet シャトー・グリエ
4. ■ Saint-Joseph サン・ジョゼフ
5. ■ Crozes-Hermitage クローズ・エルミタージュ
6. ■ Hermitage エルミタージュ
7. ■ Cornas コルナス
8. ■ Saint-Péray サン・ペレイ

### 南部ローヌ

9. ■ Vinsobres ヴァンソーブル
10. ■ Rasteau ラストー
11. ■ Cairanne ケランヌ
12. ■ Gigondas ジゴンダス
13. ■ Vacqueyras ヴァケイラス
14. ■ Beaumes de Venise ボーム・ド・ヴニーズ
15. ■ Châteauneuf-du-Pape シャトーヌフ・デュ・パプ
16. ■ Lirac リラック
17. ■ Tavel タヴェル

**V.D.N.のA.O.C.**

ⓐ Rasteau ラストー
ⓑ Muscat de Beaumes de Venise ミュスカ・ド・ボーム・ド・ヴニーズ

158

| DATA | Vallée du Rhône |
|---|---|

**ブドウ栽培面積** ······ 約6.6万ha（A.O.C.ワインのみ）

**ワイン生産比率** ···· 白：12％、赤：74％、ロゼ：14％（A.O.C.ワイン）

**気候** ··············· 〔北部〕半大陸性気候、〔南部〕地中海性気候

---

**概要**

- スイスアルプスを発し、レマン湖を経てフランスに入った後、さらに500km以上を南へ流れて地中海へと注ぐローヌ川流域に広がり、北はヴィエンヌから南はニームまで南北250kmにわたる産地。
- A.O.C.ワインの生産量は、ボルドーに次ぎフランス第2位。
- 経済 リヨンを首都とするローヌ・アルプ地域圏は、パリを中心としたイル・ド・フランス地域圏に次ぎ、フランス第2位の経済力をもつ。
- 経済 ドイツのバーデン・ヴュルテンベルク、スペインのカタルーニャ、イタリアのロンバルディアと並び、「ヨーロッパの4大原動力」の一つといわれる。
- 経済 リヨンには、フランス3大金融グループの一つであるクレディ・リヨネや、ルノー・トラックの本社があり、ヴァランスには、航空宇宙、防衛、交通システムなどの事業を持つタレス社の工場が置かれている。

> **"半"大陸性気候は4産地のみ！**
> 1 ブルゴーニュ
> 2 ジュラ
> 3 ローヌ北部
> 4 ロワール上流域
> 気候区分が違うということは、北部と南部で造られるワインの特徴も異なるということ。

> **ローヌ川の流れ**
> スイスに端を発し、東から流れてきた"ローヌ川"と、ブルゴーニュを北から流れてきた"ソーヌ川"とがリヨン近郊で合流し、「ローヌ川」と名前を統一し（ローヌ川の方が大きいから）、南へと流れ地中海に流れ出る。このリヨン〜地中海のローヌ川沿いに広がる産地が"ローヌ渓谷"。

**気候風土**

- ローヌ渓谷地方特有の風にミストラル（ローヌ渓谷を北から南に吹き抜ける強風で、風速30m/秒を超えることもある）があり、1年の内120〜160日間も吹く。

> 立っていられないほどの強風が吹き荒れるため、畑は常に乾燥し、病害にかかりにくい。またブドウ樹が風で倒れないように「ゴブレ」に仕立てる。

**北部と南部の比較**

| | 北部 | | 南部 |
|---|---|---|---|
| 気候 | 半大陸性 | | 地中海性 |
| 畑 | 急斜面 | | なだらかな平地や丘陵地 |
| 品種 | 単一も多い | | ブレンド |
| 土壌 | 右岸 | 主に花崗岩質 | 粘土石灰質、泥灰土、砂質、ガレ・ルレ（玉石）※など多様 |
| | 最北端（コート・ロティ） | 片岩、片麻岩 | |
| | 左岸（エルミタージュ、クローズ・エルミタージュ） | 石灰質、粘土質、石ころなど多様な土壌 | |

※ガレ・ルレ（玉石）
≫

159

| 歴 史 | | History |
|---|---|---|
| 時代 | 主な出来事 | |

| 時代 | 主な出来事 |
|---|---|
| 1C～ | 1C以降、ローヌ渓谷北部までブドウ畑が広がる。 |
| 1309年 | 法皇クレメンス5世がその座所をアヴィニョンに定め、次のヨハネス22世が法皇の夏の居城としてシャトーヌフ・デュ・パプ（＝法皇の新城）を建設。法皇が、出身地カオールから栽培家たちを呼び寄せ、シャトーヌフの周りにブドウを植えさせた。 |
| 1933年 | シャトーヌフ・デュ・パプの生産者ル・ロワ男爵がA.O.C.の原型を作り、2年後のI.N.A.O.設立につながる。 |
| 1936年 | シャトーヌフ・デュ・パプ、タヴェル、シャトー・グリエ、サン・ペレイが最初のA.O.C.を取得。 |
| 1937年 | エルミタージュ、クローズ・エルミタージュ、コート・デュ・ローヌがA.O.C.を取得。 |
| 2004年 | 当初ラングドック地方のA.O.C.に組み込まれていたコスティエール・ド・ニームが、ローヌ渓谷のA.O.C.へ編入。 |
| 近年 | ヴァンソーブル（2006年）、ラストー（2010年）、ケランヌ（2016年）など、コート・デュ・ローヌ・ヴィラージュから独立するA.O.C.が増加している。 |

いわゆる教皇のアヴィニョン捕囚。絶対的な権力の座にいた教皇の権力が弱体化し、フランス王と衝突。その後、1309年にローマからアヴィニョン（南ローヌ）に教皇庁が移された。1377年にローマへと戻る。☕

元々南部ローヌは、アヴィニョン周辺までであったが、その後ニームまで広がり、ローヌ"最南端"のA.O.C.はコスティエール・ド・ニームとなった！☕

## Column

### ル・ロワ男爵とは？

　19世紀後半に多くの畑がフィロキセラにより荒廃した後、水増ししたワインや銘醸地を騙る偽造ワインが出回るようになり、既に名声を得ていたシャトーヌフ・デュ・パプも例外ではなかった。

　シャトーヌフ・デュ・パプの生産者であるル・ロワ男爵は、多くのブドウ品種から造られるシャトーヌフ・デュ・パプを偽造ワインから守るため、ワイン造りに関する厳格なルールを策定した。その後、このルールは、他のワイン産地の生産者からも賛同を得るようになり、A.O.C.の原型となった。

## 主要ブドウ品種

### 白ブドウ 🍇

**Viognier**
**ヴィオニエ（VN）**

北部 コンドリュー、シャトー・グリエで香り高い白ワインを造る。コート・ロティではシラーに最大20％まで加えることも認められている。

> 完璧な日照量を必要とする極めて栽培が難しい品種。北部ローヌ産の右に出るヴィオニエは世界でも少ない。☕

**Marsanne**
**マルサンヌ（MS）**

北部 エルミタージュ、クローズ・エルミタージュ、サン・ジョゼフなどの白ワインに用いられ、ルーサンヌとブレンドされることが多い。
※シャトーヌフ・デュ・パプで使用を**認められていない**。

**Roussanne**
**ルーサンヌ（RS）**

北部 エルミタージュ、クローズ・エルミタージュ、サン・ジョゼフなどの白ワインに用いられ、マルサンヌとブレンドされることが多い。
※シャトーヌフ・デュ・パプで使用を**認められている**。

> ルーサンヌは香りと酸味を、マルサンヌはボディをワインに与える、と言われる。互いにキャラクターが異なるので、ブレンドすることでバランスに優れた味わいのワインが出来上がる。☕

---

**マルサンヌとルーサンヌ**
A.O.C. エルミタージュ、クローズ・エルミタージュ、サン・ジョゼフでは、白ワインに用いられる他、赤ワインを造る際シラーにブレンドされることもある。詳細はP.164,165参照。

---

Clairette
クレレット（CL）

南部 白ワインに主にブレンドの一部として用いられる。酸は低め。

Grenache Blanc
グルナッシュ・ブラン

南部 白ワインにブレンドの主体として用いられる。アルコールが高く、酸は低め。

### 黒ブドウ 🍇

**Syrah**
**シラー（SY）**
**=Sérine**
**セリーヌ**

北部 代表する赤ワイン用品種。
南部 ブレンドの一部として用いられる。骨格と気品を形成する。

> この品種はフランスとオーストラリアの2大産地があり、オーストラリアではShiraz シラーズと呼ばれている。☕

**Grenache**
**グルナッシュ（GR）**

南部 赤ワインに、ブレンドの主要品種として用いられる。色は淡いがアルコールが高く、ワインにボディを与える。

Mourvèdre
ムールヴェードル

南部 赤ワインにブレンドされ、色の濃さ、タンニンをもたらすと同時に、ジビエや皮革など複雑な風味を与える。

Cinsault
サンソー

南部 赤ワインに柔らかみを与えるためブレンドされることが多く、色は淡い。

> グルナッシュには白ブドウ品種とグリブドウ品種も存在する。☕

> 一般的に濃い品種と思われているが、単体ではエレガントなワインとなることも多い。そのため、南仏一帯において「ロゼ」の主要品種となることも多い。☕

Chapter **9** ローヌ渓谷地方

161

## 地方料理と食材　Cooking and Ingredients

| 料理名 | 内容 |
|---|---|
| Nougat de Montélimar<br>ヌガー・ド・モンテリマール | アーモンドと蜂蜜から作られる<br>モンテリマール特産のヌガー。 |
| **Daube Avignonnaise**<br>**ドーブ・アヴィニョネーズ** | アヴィニョン名物の仔羊の肩肉の白ワイン煮込み。 |
| Rigotte de Condrieu<br>リゴット・ド・コンドリュー | 山羊乳、シェーヴル、メダル形、A.O.P.チーズ。 |
| **Picodon**<br>**ピコドン** | 山羊乳、シェーヴル、メダル形、A.O.P.チーズ。 |

---

Chapter 9　Vallée du Rhône
## A.O.C.

### 主要なA.O.C.ワイン

**全域のA.O.C.**

> 北部と南部のA.O.C.の構成
> 「北部：基本"ロゼ"がない」、
> 「南部：基本全て（赤・ロゼ・白）ある」
> という大前提を頭に入れておこう。

- 実質的には、南部地区で生産されている。

Vallée du Rhône

| A.O.C. | 赤 | ロゼ | 白 | 備考 |
|---|---|---|---|---|
| **Côtes du Rhône**<br>コート・デュ・ローヌ | ● | ● | ● | ローヌ渓谷の全A.O.C.ワインの**47**％を占める。2024年から、気候変動に適応したブドウ品種の使用が認められている。 |
| Côtes du Rhône Villages<br>コート・デュ・ローヌ・ヴィラージュ | ● | ● | ● | 限られた市町村だけに認められたA.O.C.。A.O.C. Côtes du Rhôneに比べ、最低果汁糖度や最大収量などの規定が厳しい。2024年から、気候変動に適応したブドウ品種の使用が認められている。 |
| Côtes du Rhône Villages<br>+ 地理的名称 | ● | ● | ● | さらに限られた特定の村（22カ村）で造られるA.O.C. Côtes du Rhône Villagesのワインは、一定条件を満たした場合、A.O.C.名の後に地理的名称を付記することができる。品種規定はA.O.C. Côtes du Rhône Villagesに準ずるが、最大収量はさらに厳しい。 |

> 試験に最頻出だが、意外に見落とされがち。ローヌ全体の半分くらいのワインをこのA.O.C.で生産しており、ワインショップでも常に見かけるA.O.C.ワインである。

---

VINOLET

**Vallée du Rhône**
≪　DATA、概要、気候風土、歴史、主要ブドウ品種、地方料理と食材
P.159 ≫ 162

162

## 北部ローヌ

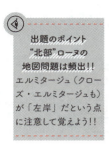

出題のポイント
"北部"ローヌの地図問題は頻出!!
エルミタージュ(クローズ・エルミタージュも)が「左岸」だという点に注意して覚えよう!!

川の流れの向きに沿って、右岸、左岸なので、地図上は左右が逆になる。
北部で左岸に位置する主要A.O.C.は、エルミタージュとクローズ・エルミタージュのみ。

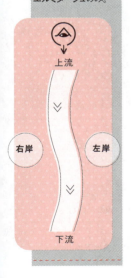

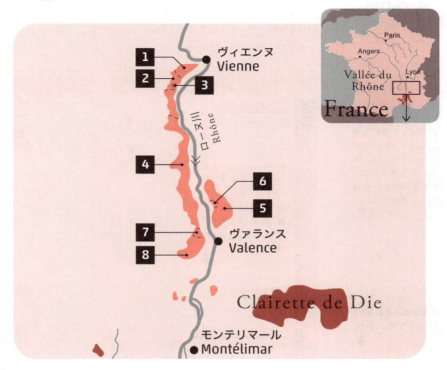

| | | | | |
|---|---|---|---|---|
| **1** ■ | Côte-Rôtie<br>コート・ロティ | **5** ■ | Crozes-Hermitage<br>クローズ・エルミタージュ |
| **2** ■ | Condrieu<br>コンドリュー | **6** ■ | Hermitage<br>エルミタージュ |
| **3** ■ | Château-Grillet<br>シャトー・グリエ | **7** ■ | Cornas<br>コルナス |
| **4** ■ | Saint-Joseph<br>サン・ジョゼフ | **8** ■ | Saint-Péray<br>サン・ペレイ |

## 北部ローヌのA.O.C.

- 北部ローヌは、**単一品種**ワインが主である。
- 赤の主要品種は**シラー**だが、白ブドウ（VN/RS&MS）の混植混醸が許可されている。
- 白ワインは、ヴィオニエ種のみのワインと、ルーサンヌ種・マルサンヌ種のワインがある。

 ヴィオニエが混植混醸されるのはコート・ロティのみ。

白ブドウを混ぜる理由は、①香りに華やかさが加わる、②タンニンが和らぐ、③逆説的ではあるが、白ブドウが加わることによって、黒ブドウの色素が安定し色が濃くなるから、の3つがよく言われる。

最高品質の高級なヴィオニエを生産している。

### Vallée du Rhône

| 川岸 | A.O.C. | 赤 | ロゼ | 白 | 備考 |
|---|---|---|---|---|---|
| 右岸 | **Côte-Rôtie**<br>コート・ロティ | 🍷 | | | **SY80**％以上＋**VN20**％以下。<br>ローヌ地方**最北端**。<br>「**焼け焦げた丘**」の意で日当たりが良い。 |
| | 【 Rôtie 】"ロティ"とは、フランス料理店の料理名でよく目にする"〜のロティ"と同じ意味。英語に訳すと「ロースト」。 | | | | |
| | **Condrieu**<br>コンドリュー | | | 🥂 | **VN100**％。 |
| | **Château-Grillet**<br>シャトー・グリエ | | | 🥂 | **VN100**％。<br>ローヌ地方で栽培面積**最小**（3ha）。<br>2011年以降シャトー・ラトゥールのピノー家の単独所有。 |

コンドリューの中の一部に与えられた呼称。

**ピノー家の単独所有**
シャトー・ラトゥール（ポイヤック/ボルドー地方）
クロ・ド・タール※（モレ・サン・ドニ/ブルゴーニュ地方）
シャトー・グリエ（北部/ローヌ地方）
※正確には、アルテミスグループ（ピノー氏の投資会社）の所有

| 川岸 | A.O.C. | 赤 | ロゼ | 白 | 備考 |
|---|---|---|---|---|---|
| | **Saint-Joseph**<br>サン・ジョゼフ | 🍷 | | 🥂 | 赤：**SY90**％以上＋**RS**・**MS10**％以下。<br>白：**RS**・**MS**。 |
| | **Cornas**<br>コルナス | 🍷 | | | 赤：**SY100**％。<br>ローヌ地方で唯一**SY100**％のA.O.C.。 |
| | **Saint-Péray**<br>サン・ペレイ | | | 🥂（発泡） | **RS**・**MS**。<br>同域内の発泡白は下のMousseuxを参照。 |
| | **Saint-Péray Mousseux**<br>サン・ペレイ・ムスー | | | 🥂 発泡 | **RS**・**MS**。<br>**瓶内二次**発酵、12カ月以上瓶内熟成。 |

 VINOLET

**Vallée du Rhône**
≪ 全域のA.O.C.、北部ローヌのA.O.C.

P.162 ≫ 165

Vallée du Rhône

| 川岸 | A.O.C. | 赤 | ロゼ | 白 | 備考 |
|---|---|---|---|---|---|
| 左岸 | **Hermitage**<br>(**Ermitage**)<br>エルミタージュ | 🍷 | | 🍷 | 赤：**SY85**%以上+**RS・MS 15**%以下。<br>白：**RS・MS**。<br>南向きの急斜面に広がる。 |
| | | | | 🍷甘 | **Vin de Paille**。**RS・MS**。<br>（収穫後45日間以上ブドウを乾燥。<br>収穫から2年目の5月15日まで熟成） |
| | **Crozes-Hermitage**<br>(**Crozes-Ermitage**)<br>クローズ・エルミタージュ | 🍷 | | 🍷 | 赤：**SY85**%以上+**RS・MS 15**%以下。<br>白：**RS・MS**。<br>エルミタージュ周辺地域。<br>北部の中で**面積**最大。 |
| | Coteaux de Die<br>コトー・ド・ディー | | | 🍷 | CL100%。 |
| | Clairette de Die<br>クレレット・ド・ディー | | | 🍷発泡 | （瓶内二次発酵）<br>CL100%。9カ月以上熟成。 |
| | | | | 🍷発泡（半甘～甘） | （Méthode Ancestrale）<br>白：**Muscat à Petits Grains**<br>75%以上。<br>4カ月以上熟成。 |
| | Crémant de Die<br>クレマン・ド・ディー | | | 🍷発泡 | 瓶内二次発酵。<br>CL55%以上、12カ月以上熟成。 |
| | Châtillon-en-Diois<br>シャティヨン・アン・ディオワ | 🍷 | 🍷 | 🍷 | 赤・ロゼ：Gamay75%以上。<br>白：Aligoté、Chardonnay。 |

十字軍の騎士が帰国後、丘の頂上に庵を作り、隠遁生活（隠者をフランス語でErmiteエルミットという）を送ったことに由来。

ヴァン・ド・パイユ以外は、エルミタージュと同様のブドウ品種構成。

Chapter 9 ローヌ渓谷地方

### 「北部ローヌのA.O.C.」このように整理しよう

| 生産可能色 | | 赤ワインのブレンド比率 | | |
|---|---|---|---|---|
| | | SY | VN | RS・MS |
| **赤のみ** | コート・ロティ | 80％以上 | 20％以下 | × |
| | コルナス | – | – | – |
| **白のみ** | コンドリュー | – | – | – |
| | シャトー・グリエ | – | – | – |
| | サン・ペレイ（スティル、泡） | – | – | – |
| **赤・白** | エルミタージュ（VdPあり） | 85％以上 | × | 15％以下 |
| | クローズ・エルミタージュ | | | |
| | サン・ジョゼフ | 90％以上 | × | 10％以下 |

## 南部ローヌの A.O.C.

- 南部ローヌは、**グルナッシュ**を主体として、シラー、ムールヴェードルなど多くの品種を**ブレンド**した赤が多い。

> 生産可能色が「欠けている」呼称を覚えよう！

Vallée du Rhône

南部ローヌのA.O.C.は、基本「全部ある」（赤、ロゼ、白）！ また、品種が試験で問われることはほとんどない（ブレンドだから）が、特に有名なブレンドに「GSM」というものがある。グルナッシュ、シラー、ムールヴェードルの頭文字をとったもので、ラベルに書かれていることも多い。☕

1936年に最も早く認められたA.O.C.の一つ。ロゼの中でも色調が濃く、アルコール度数も高い。☕

> 白を忘れないで！
> 直訳は「法皇の新しい城」。白が認められているのを忘れがちなので注意！

> 「ラストー」はV.D.N.とスティルの両方OK
> 元は1944年、ラストー村で造られるV.D.N.にのみ与えられたA.O.C.だったが、2010年にスティル・ワインの赤が、コート・デュ・ローヌ・ヴィラージュから独立し、加わった。

| 川岸 | A.O.C. | 赤 | ロゼ | 白 | 備考 |
|---|---|---|---|---|---|
| 右岸 | Côtes du Vivarais<br>コート・デュ・ヴィヴァレ | 🍷 | 🍷 | 🍷 | |
| | Duché d'Uzès<br>デュシェ・デュゼス | 🍷 | 🍷 | 🍷 | |
| | Costières de Nîmes<br>コスティエール・ド・ニーム | 🍷 | 🍷 | 🍷 | ローヌ地方**最南**端。典型的な地中海性気候。ミストラルが一年中吹く。 |
| | Clairette de Bellegarde<br>クレレット・ド・ベルガルド | | | 🍷 | |
| | **Lirac**<br>リラック | 🍷 | 🍷 | 🍷 | 赤・ロゼ：グルナッシュ主体。白：クレレット他主体。 |
| | **Tavel**<br>タヴェル | | 🍷 | | グルナッシュ40％以上。力強いロゼ。 |
| 左岸 | Grignan-les-Adhémar<br>グリニャン・レ・ザデマール | 🍷 | 🍷 | 🍷 | 旧称コトー・デュ・トリカスタン（2010年改称）。南部ローヌで**最北**。 |
| | Ventoux<br>ヴァントゥー | 🍷 | 🍷 | 🍷 | |
| | Luberon<br>リュベロン | 🍷 | 🍷 | 🍷 | 年間日照時間が2,600時間に及ぶ。ロゼの比率が最も高い。 |
| | **Châteauneuf-du-Pape**<br>シャトーヌフ・デュ・パプ | 🍷 | | 🍷 | **13**品種が認可されている。次ページ参照。 |
| | **Gigondas**<br>ジゴンダス | 🍷 | 🍷 | 🍷 | 赤・ロゼ：グルナッシュ50％以上。白：クレレット70％以上。1971年にコート・デュ・ローヌ・ヴィラージュから最初に独立。 |
| | **Vacqueyras**<br>ヴァケイラス | 🍷 | 🍷 | 🍷 | ジゴンダスの南に位置。 |
| | **Vinsobres**<br>ヴァンソーブル | 🍷 | | | グルナッシュ50％以上。 |
| | **Rasteau**<br>ラストー | 🍷 | | | グルナッシュ50％以上。 |
| | **Rasteau V.D.N.**<br>ラストー | 🍷 甘 | 🍷 甘 | 🍷 甘 | **V.D.N.**（ランシオも有）。 |
| | **Beaumes de Venise**<br>ボーム・ド・ヴニーズ | 🍷 | | | グルナッシュ50％以上、シラー。 |
| | **Muscat de Beaumes de Venise**<br>ミュスカ・ド・ボーム・ド・ヴニーズ | 🍷 甘 | 🍷 甘 | 🍷 甘 | **V.D.N.**。ボーム・ド・ヴニーズと同一の生産地域。 |
| | Cairanne<br>ケランヌ | 🍷 | | 🍷 | 赤：グルナッシュ50％以上。2016年コート・デュ・ローヌ・ヴィラージュから独立した、最新のA.O.C.。 |

### ● Châteauneuf-du-Pape シャトーヌフ・デュ・パプ

- 南部ローヌを代表するA.O.C.で、オランジュ市と**アヴィニョン**市を結ぶ**ローヌ川左岸**にブドウ畑が広がる。
- A.O.C.名は、**ローマ法皇ヨハネス22世**が造らせた夏の居城の廃墟が今も残る村の名前に因む。
- **13品種**の使用が認められているが、比率に関する定めはない。
- 土壌は主に、砂質の土壌、赤い粘土の土壌、**ガレ・ルレ**（**玉石**）の土壌の３つに分けられる。

#### 認可されている13品種

| 白：3品種 ＋ 黒：7品種 ＋ 複数色：3品種 ＝ **13**品種（18品種） |
|---|

| | |
|---|---|
| 白ブドウ<br>（3品種） | **Roussanne** ルーサンヌ<br>Bourboulenc ブールブーラン<br>Picardan ピカルダン |
| 黒ブドウ<br>（7品種） | **Mourvèdre** ムールヴェードル<br>**Syrah** シラー<br>**Cinsault** サンソー<br>Brun Argenté ブラン・アルジャンテ ＝ Vaccarèse ヴァカレーズ<br>Counoise クーノワーズ<br>Muscardin ミュスカルダン<br>Terret Noir テレ・ノワール |
| 複数色があるもの<br>3品種（8品種） | **Grenache** グルナッシュ<br>（**Noir** ノワール、**Gris** グリ、**Blanc** ブラン）<br>**Piquepoul** ピクプール<br>（**Noir** ノワール、**Gris** グリ、**Blanc** ブラン）<br>**Clairette** クレレット<br>（**Clairette** ＝ **Clairette Blanche** ブランシュ、**Rose** ロゼ） |

> **出題のポイント**
> ルーサンヌは認められているのに、マルサンヌは認められていない！（マルサンヌが引っ掛けの選択肢として頻繁に出題される。）

### 右岸・左岸のまとめ

| 川岸 | ローヌ川右岸（西） | ローヌ川左岸（東） |
|---|---|---|
| 北部地区 | **Côte-Rôtie** コート・ロティ<br>**Condrieu** コンドリュー<br>**Château-Grillet** シャトー・グリエ<br>**Saint-Joseph** サン・ジョゼフ<br>**Cornas** コルナス<br>**Saint-Péray** サン・ペレイ | **Crozes-Hermitage** クローズ・エルミタージュ<br>**Hermitage** エルミタージュ<br>Clairette de Die クレレット・ド・ディー |
| 南部地区 | Lirac リラック<br>**Tavel** タヴェル<br>Costières de Nîmes コスティエール・ド・ニーム | Vinsobres ヴァンソーブル<br>Rasteau ラストー<br>Gigondas ジゴンダス<br>Vacqueyras ヴァケイラス<br>Beaumes de Venise ボーム・ド・ヴニーズ<br>Muscat de Beaumes de Venise ミュスカ・ド・ボーム・ド・ヴニーズ<br>**Châteauneuf-du-Pape** シャトーヌフ・デュ・パプ |

VINOLET

**Vallée du Rhône**

南部ローヌのA.O.C.、右岸・左岸のまとめ

P.166»167

Chapter

# 10 ラングドック・ルーション地方

## Languedoc-Roussillon

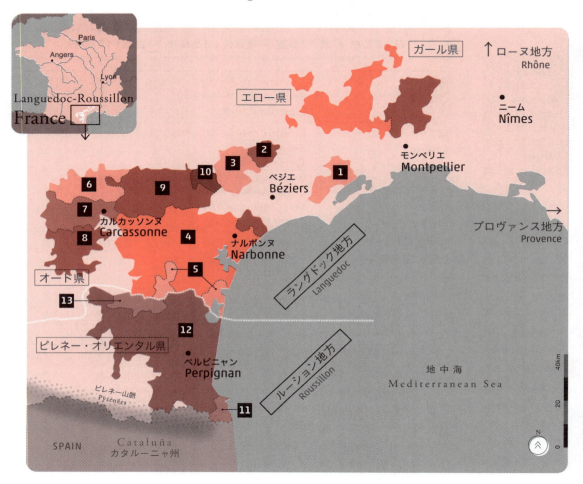

### Languedoc
ラングドック地方

- **1** Picpoul de Pinet
  ピクプール・ド・ピネ
- **2** Faugères
  フォジェール
- **3** Saint-Chinian
  サン・シニアン
- **4** Corbières
  コルビエール
- **5** Fitou
  フィトゥー
  ※ラングドック最南端
- **6** Cabardès
  カバルデス
- **7** Malepère
  マルペール
- **8** Limoux
  リムー
- **9** Minervois
  ミネルヴォワ
- **10** La Livinière
  ラ・リヴィニエール

### Roussillon
ルーション地方

- **11** Collioure /
  Banyuls,
  Banyuls Grand Cru (V.D.N.)
  コリウール /
  バニュルス、
  バニュルス・グラン・クリュ (V.D.N.)
- **12** Côtes du Roussillon
  コート・デュ・ルーション
- **13** Maury Sec /
  Maury (V.D.N.)
  モーリー・セック /
  モーリー (V.D.N.)

## DATA
Languedoc-Roussillon

栽培面積 ……… 約19.0万ha（うちA.O.C.ワイン栽培面積：約4.2万ha）
ワイン生産比率 …… 白：24.5％、赤：57.5％、ロゼ：20％（A.O.C.ワイン）
気候 ………… **地中海性**気候

### 概要

- フランス南部、地中海沿岸の産地で、**ローヌ**川を境にプロヴァンス地方の西側に位置する。
- ルーションはかつて**カタルーニャ君主国**の一部であったため、いまもその文化が色濃く残っており、日常的にカタルーニャ語を話す人々が現在も多い。一方、ラングドックではフランス語南部方言であるオック語が使用されている。
- ワイン生産量はフランス全体の20％を占めており、栽培面積、生産量共に**フランス最大**の産地。
- A.O.C.が急増しているが、I.G.P.ワインの生産量がこの地方全体の**70**％以上を占めており、フランスの全I.G.P.ワインの**80**％に当たる。
- ルーションを中心に、V.D.N.（天然甘口ワイン）も多く生産されている。
- ラングドックには、ガールの水道橋（**ポン・デュ・ガール**）やニームの円形闘技場など、古代ローマ遺跡が多数ある。

> カタルーニャは州都にバルセロナを持つスペインの州の一つで、フランスのルーションと接している。カタルーニャ君主国はかつてそこを拠点にしていた国。

> この地方の産業構造は、低価格のワインを大量に生産することで成り立っているというのが基本的な考え方。

### 気候風土

- 典型的な**地中海性**気候で、「**トラモンタン**」と呼ばれる乾いた冷風の影響で、ブドウ畑は過度の暑さから守られると同時に乾燥するため、病害のリスクが少ない。
- 恵まれた気候のため、**有機栽培**を実践しているブドウ畑が多く、フランスの全有機ブドウ畑の3分の1に相当する。

> **ワイン産地の風**
> ローヌ地方とプロヴァンス地方に吹く風「**ミストラル**」と混同しないように！

## 歴史
History

| 時代 | 主な出来事 |
| --- | --- |
| 1659年 | ルーション地方が、ピレネー条約によりカタルーニャ君主国からフランス王国に割譲。 |
| 1980年代 | 水代わりに飲用される大量生産ワインの供給地であったが、80年代から品質の追求に舵を切り、フィトゥー、サン・シニアン、ミネルヴォワ、コルビエールといった産地がA.O.C.を取得。 |
| 1997年 | ガロ・ローマン期に建てられた「**歴史的城塞都市カルカッソンヌ**」が、ユネスコの世界遺産に登録された。 |

> 産地をあげて、量から質（品質向上）に舵を切っている。

> 世界遺産登録後は、フランス国内ではモン・サン＝ミシェルに次ぐ年間来訪者数を誇る。

**カルカッソンヌ** >>

| | |
|---|---|
| 白ブドウ | **Grenache Blanc** グルナッシュ・ブラン、Bourboulenc ブールブーラン、**Piquepoul** ピクプール、Clairette クレレット、Vermentino ヴェルメンティーノ、Marsanne マルサンヌ、Roussanne ルーサンヌ、Chardonnay シャルドネ |
| 黒ブドウ | **Grenache** グルナッシュ、**Carignan** カリニャン、**Cinsault** サンソー、Mourvèdre ムールヴェードル、Syrah シラー |

## 地方料理と食材　Cooking and Ingredients

| 料理名 | 内容 |
|---|---|
| **Brandade de Morue** ブランダード・ド・モリュ | タラとジャガイモのピュレ。 |
| **Cassoulet** カスーレ | カルカッソンヌやカステルノダリーの名物で、白インゲン豆の煮込み料理。鴨のコンフィや豚足など、地方により具材が異なる。 |
| Pélardon ペラルドン | 山羊乳、シェーヴル、メダル形、A.O.P. チーズ。 |

> 「豆の煮込み」と聞くとシンプルな料理を想像しがちであるが、実際は鴨や豚を煮込んで供される重厚な料理。よって、この地方の赤ワインとよく合う。

---

### Chapter 10　Languedoc-Roussillon
### A.O.C.

## 主要なA.O.C.ワイン（V.D.N.、V.D.L.除く）

Languedoc

**ラングドック地方**

| 地域 | A.O.C. | 赤 | ロゼ | 白 | 備考 |
|---|---|---|---|---|---|
| 全域 | Languedoc ラングドック | ● | ● | ● | 栽培面積約1万haの広域A.O.C.。赤・ロゼの新酒は、**Primeur** プリムール、**Nouveau** ヌーヴォーの表示可。 |
| | Languedoc+Commune (10)（地理的名称） | ● | ● | | 生産可能色はCommuneによって異なる。（CabrièresとSaint-Saturninは赤・ロゼ、その他は赤のみ） |
| エロー | **Faugères** フォジェール | ● | ● | ● | |
| | **Saint-Chinian** サン・シニアン | ● | ● | ● | |

170

Languedoc

| 地域 | A.O.C. | 赤 | ロゼ | 白 | 備考 |
|---|---|---|---|---|---|
| エロー | Saint-Chinian Berlou<br>サン・シニアン・ベルルー | 赤 | | | |
| | Saint-Chinian Roquebrun<br>サン・シニアン・ロックブラン | 赤 | | | |
| | Pic-Saint-Loup<br>ピック・サン・ルー | 赤 | ロゼ | | 2017年に地理的名称付きA.O.C. Languedocより独立。 |
| | Terrasses du Larzac<br>テラス・デュ・ラルザック | 赤 | | | 2014年に地理的名称付きA.O.C. Languedocより独立。 |
| | Clairette du Languedoc<br>クレレット・デュ・ラングドック | | | 白（辛～甘） | 白：クレレット100％。<br>（V.D.L.、ランシオも有り） |
| | **Picpoul de Pinet**<br>**ピクプール・ド・ピネ** | | | 白 | ピクプール・ブラン100％。<br>2013年にA.O.C. Languedoc Picpoul de Pinetより独立。 |
| | Grés de Montpellier<br>グレ・ド・モンペリエ | 赤 | | | 2024年に地理的名称付きA.O.C.ラングドックから独立した。 |
| エロー／オード | **Minervois**<br>**ミネルヴォワ** | 赤 | ロゼ | 白 | |
| | **La Livinière**<br>**ラ・リヴィニエール** | 赤 | | | 1999年A.O.C. Minervoisから独立し、A.O.C. Minervois La Livinièreと名乗っていたが、2022年A.O.C. La Livinièreへ改称。 |
| オード | **Corbières**<br>**コルビエール** | 赤 | ロゼ | 白 | 広大な地域に広がり、栽培面積1万haを超える。ラングドック最大のA.O.C.。 |
| | **Boutenac**<br>**ブートナック** | 赤 | | | 2005年A.O.C. Corbièresから独立し、A.O.C. Corbières Boutenacと名乗っていたが、2022年A.O.C. Boutenacへ改称。 |
| | La Clape<br>ラ・クラープ | 赤 | | 白 | 2015年に地理的名称付きA.O.C. Languedoc La Clapeより独立。 |
| | Cabardès<br>カバルデス | 赤 | ロゼ | | |
| | Malepère<br>マルペール | 赤 | ロゼ | | |
| | **Fitou**<br>**フィトゥー** | 赤 | | | 1948年A.O.C.認定、古い歴史をもつ。ラングドック最南端。 |
| | **Limoux**<br>**リムー** | 赤 | | 白（発泡） | 発泡性の白については下の2行を参照。 |
| | **Limoux méthode ancestrale**<br>**リムー・メトード・アンセストラル**<br>（Blanquette méthode ancestrale） | | | 白 発泡 | モーザック100％。Méthode Rurale方式。 |
| | **Limoux Blanquette de Limoux**<br>**リムー・ブランケット・ド・リムー** | | | 白 発泡 | モーザック90％以上。瓶内二次発酵、瓶内熟成9カ月以上。 |
| | **Crémant de Limoux**<br>**クレマン・ド・リムー** | | ロゼ 発泡 | 白 発泡 | ロゼ・白：シャルドネ主体。瓶内二次発酵、瓶内熟成9カ月以上。 |

カジュアルな海辺の白ワインとして注目が集まっている。☕

アンセストラル
＝祖先の
リュラル
＝田舎の
同じ製法だが2つの名称がある。詳細はシャンパーニュの章参照。☕

Chapter 10 ラングドック・ルーション地方

Roussillon

## ルーション地方

| 地域 | | | 赤 | ロゼ | 白 | 備考 |
|---|---|---|---|---|---|---|
| **Côtes du Roussillon**<br>コート・デュ・ルーション | | | 🍷 | 🍷 | 🍷 | 新酒は**Primeur** プリムール、**Nouveau** ヌーヴォーの表示可。 |
| Côtes du Roussillon（広域）<br>⇒全ての色が生産可能<br>Côtes du Roussillon+α<br>⇒赤のみ生産可能 | | | | | | |
| **Côtes du Roussillon Villages**<br>コート・デュ・ルーション・ヴィラージュ | | | 🍷 | | | |
| Côtes du Roussillon Villages Caramany カラマニ | | | 🍷 | | | |
| Côtes du Roussillon Villages Latour-de-France ラトゥール・ド・フランス | | | 🍷 | | | |
| Côtes du Roussillon Villages Lesquerde レスケルド | | | 🍷 | | | |
| Côtes du Roussillon Villages Tautavel トータヴェル | | | 🍷 | | | |
| Côtes du Roussillon Villages Les Aspres レ・ザスプル | | | 🍷 | | | |
| 同地域 | **Maury Sec**<br>モーリー・セック | スティルワイン | 🍷 | | | 同一生産地域内で、スティルワインとV.D.N.両方の生産が可能。 |
| | **Maury**<br>モーリー | V.D.N. | 🍷 | | 🍷 | |
| 同地域 | **Collioure**<br>コリウール | スティルワイン | 🍷 | 🍷 | 🍷 | A.O.C. **Banyuls**（V.D.N.）と同一生産地域。 |
| | **Banyuls**<br>バニュルス | V.D.N. | 🍷 | 🍷 | 🍷 | 同一生産地域内にA.O.C. Collioure（スティルワイン）がある。 |

コリウールとバニュルス 同地域で、スティルワインが造られたら「Collioure」、V.D.N.が造られたら「Banyuls」の各A.O.C.を名乗る。

# Chapter 11 新酒、V.D.N. と V.D.L.

Vin de Primeur / Vin Nouveau / V.D.N. / V.D.L.

## Chapter 11 新酒

### Vin de Primeur / Vin Nouveau
ヴァン・ド・プリムール　　ヴァン・ヌーヴォー

- Primeur プリムールと Nouveau ヌーヴォーは、「新しい」という同義語で、「走りのワイン」といえる。
- 新酒は、各地で **11月第3木曜日** から販売が許可され、ラベルには **収穫年** の表示が義務付けられている。

**解禁日のまとめ**

Vino Novello ヴィーノ・ノヴェッロ（イタリア）
10/30

Heurige ホイリゲ（オーストリア）
11/11（規定ではなく、慣習としての解禁日）

**Column　なぜ、解禁日が11月第3木曜日になったか**

解禁日が設けられていなかった頃、早く販売すればするだけ売れ、発酵が不十分な粗悪品が出回ったため、品質低下を防止するために解禁日が設けられた。当初は、11月15日が解禁日であったが、この日が土日にあたってしまうと運送業者がお休みになってしまうため、1985年より11月第3木曜日に変更された。

**Vin de Primeur として認められている A.O.C.**

通常と生産可能色が同じ A.O.C

| A.O.C. | | 赤 | ロゼ | 白 | 備考 |
|---|---|---|---|---|---|
| Bourgogne Aligoté ブルゴーニュ・アリゴテ | ブルゴーニュ地方 | | | ○ | |
| Mâcon Villages マコン・ヴィラージュ | ブルゴーニュ地方 | | | ○ | |
| Coteaux du Lyonnais コトー・デュ・リヨネ | ブルゴーニュ地方 | ● | ● | ○ | |
| Muscadet ミュスカデ | ロワール渓谷地方 | | | ○ | |
| Anjou Gamay アンジュー・ガメイ | ロワール渓谷地方 | ● | | | 赤：ガメイのみ。 |
| Rosé d'Anjou ロゼ・ダンジュー | ロワール渓谷地方 | | ● | | |
| Cabernet d'Anjou カベルネ・ダンジュー | ロワール渓谷地方 | | ● | | |
| Ventoux ヴァントゥー | ローヌ渓谷地方 | ● | ● | ○ | |
| Côtes du Roussillon コート・デュ・ルーション | ルーション地方 | ● | ● | ○ | |

173

## 通常と生産可能色が異なる A.O.C

※これらの A.O.C. は、通常の場合はすべて「赤・ロゼ・白」が生産可能。

| A.O.C. | | 赤 | ロゼ | 白 | 備考 |
|---|---|---|---|---|---|
| Beaujolais ボージョレ | ブルゴーニュ地方 | 🍷 | 🍷 | | |
| Beaujolais + コミューン名 | ブルゴーニュ地方 | 🍷 | 🍷 | | |
| Beaujolais Villages ボージョレ・ヴィラージュ | ブルゴーニュ地方 | 🍷 | 🍷 | | |
| Coteaux Bourguignons コトー・ブルギニヨン | ブルゴーニュ地方 | | | 🍷 | |
| Mâcon マコン | ブルゴーニュ地方 | | 🍷 | 🍷 | |
| Mâcon + 地理的表示名 | ブルゴーニュ地方 | | | 🍷 | |
| Saumur ソミュール | ロワール渓谷地方 | | 🍷 | | |
| Touraine トゥーレーヌ | ロワール渓谷地方 | 🍷 | 🍷 | | 赤：ガメイのみ。 |
| Côtes du Rhône コート・デュ・ローヌ | ローヌ渓谷地方 | 🍷 | 🍷 | | |
| Languedoc ラングドック | ラングドック地方 | 🍷 | 🍷 | | |
| Gaillac ガイヤック | シュッド・ウエスト | 🍷 | | 🍷 | 赤：ガメイのみ。 |

> "ロゼ"の
> ボージョレ・ヌーヴォー
> 赤のイメージが強く、ロゼの存在を忘れてしまいがちなので注意。

---

## Chapter 11
### V.D.N. / V.D.L.

# V.D.N. と V.D.L.
ヴァン・ドゥー・ナチュレル　　ヴァン・ド・リキュール
Vin Doux Naturel　　　　　　Vin de Liqueur

- フランスで造られる酒精強化のワイン。製法の違いにより「2種類」存在する。

### V.D.N. >>> Vin Doux Naturel
ヴァン・ドゥー・ナチュレル
**天然甘口ワイン**

- ブドウ果汁の発酵中にアルコールを添加し、発酵を停止（<u>Mutage</u> ミュタージュ）させることで、多くの天然の糖分がワイン中に残留し<u>甘口</u>になる。

**Vin de Primeur / Vin Nouveau / V.D.N. / V.D.L.**
<< 新酒

174

## V.D.L. >>> Vin de Liqueur
### ヴァン・ド・リキュール
**リキュールワイン**
- 未発酵のブドウ果汁にアルコールを添加し、樽またはタンクで熟成させる甘口ワイン。

## Rancio >>> ランシオ
- 太陽にさらした樽の中での長期熟成によって、一種の酸化作用で、特有の色と風味をもつようになったワイン。
- このブーケを特に**ランシオ**の香りといい、シェリーやマデイラ、長い熟成を経たアルマニャックなどにも感じられる。

| 酒精強化のタイプ | 酒精強化のタイミング | 味わい |
| --- | --- | --- |
| V.D.L. | (i) 発酵**前** | **甘口** |
| V.D.N. | (ii) 発酵**中期** | **甘口** |
| フィノ（シェリー） | (iii) 発酵**後** | **辛口** ← 酒精強化ワインは甘口だけではない!! |

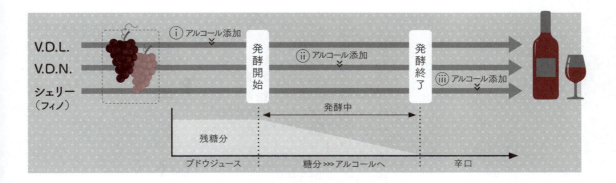

175

**V.D.N.**

ヴァン・ドゥー・ナチュレル
Vin Doux Naturel

試験ではココが問われる！
① 各A.O.C.が、V.D.N.とV.D.L.のどちらであるか。
② どの地方でつくられているか。
V.D.L.の数が圧倒的に少ないので、真っ先に覚えよう！

| 地方 | A.O.C. | 赤 | ロゼ | 白 | 備考 |
|---|---|---|---|---|---|
| ローヌ | **Muscat de Beaumes de Venise**<br>ミュスカ・ド・ボーム・ド・ヴニーズ | 🍷 | 🍷 | 🍷 | |
| | **Rasteau**<br>ラストー | | | | |
| | **Rasteau** Rancio<br>ラストー・ランシオ | 🍷 | 🍷 | 🍷 | |
| | **Rasteau** hors d'âge※<br>ラストー・オール・ダージュ | | | | |
| コルス | **Muscat du Cap Corse**<br>ミュスカ・デュ・カップ・コルス | | | 🍷 | |
| ルーション | **Maury**<br>モーリィ | | | | |
| | **Maury** Rancio<br>モーリィ・ランシオ | 🍷 | | 🍷 | |
| | **Maury** hors d'âge※<br>モーリィ・オール・ダージュ | | | | |
| | **Banyuls**<br>バニュルス | | | | グルナッシュ50％以上。<br>バニュルス・アンブレ<br>Banyuls ambré<br>バニュルス・ブラン<br>Banyuls blanc<br>バニュルス・ロゼ<br>Banyuls rosé<br>バニュルス・リマージュ<br>Banyuls rimage<br>バニュルス・トラディショネル<br>Banyuls Traditionnel がある。 |
| | **Banyuls** Rancio<br>バニュルス・ランシオ | | | | |
| | **Banyuls** hors d'âge※<br>バニュルス・オール・ダージュ | 🍷 | 🍷 | 🍷 | |
| | **Banyuls Grand Cru**<br>バニュルス・グラン・クリュ | | | | グルナッシュ**75**％以上。<br>オーク樽で**30**カ月以上熟成。 |
| | **Banyuls Grand Cru** Rancio<br>バニュルス・グラン・クリュ・ランシオ | 🍷 | | | |
| | **Banyuls Grand Cru** hors d'âge※<br>バニュルス・グラン・クリュ・オール・ダージュ | | | | |
| 同地域 | **Rivesaltes**<br>リヴザルト | 🍷 | 🍷 | 🍷 | |
| | **Rivesaltes Rancio**<br>リヴザルト・ランシオ | | | | |
| | Muscat de Rivesaltes<br>ミュスカ・ド・リヴザルト | | | 🍷 | ※Muscat種のみ。 |
| | **Grand Roussillon**<br>グラン・ルーション | 🍷 | 🍷 | 🍷 | Rivesaltesと同一エリア。 |
| | **Grand Roussillon** Rancio<br>グラン・ルーション・ランシオ | | | | |

モーリィ
同地域で造られる「Maury Sec」はスティルワインのA.O.C.で、生産可能色が「赤のみ」であることに注意！

※ Hors d'âge は最低でも収穫から5年後の9月1日まで熟成させなければならない。

## V.D.N.

| 地方 | A.O.C. | 赤 | ロゼ | 白 | 備考 |
|---|---|---|---|---|---|
| ラングドック | **Muscat de Lunel**<br>ミュスカ・ド・リュネル | | | 🍷 | |
| | **Muscat de Mireval**<br>ミュスカ・ド・ミルヴァル | | | 🍷 | |
| | **Frontignan** / フロンティニャン /<br>Muscat de **Frontignan** / ミュスカ・ド・フロンティニャン /<br>Vin de **Frontignan**<br>ヴァン・ド・フロンティニャン | | | 🍷 | **V.D.N.** と **V.D.L.** の両方を産出できる唯一のA.O.C.。 |
| | Muscat de Saint-Jean-de-Minervois<br>ミュスカ・ド・サン・ジャン・ド・ミネルヴォワ | | | 🍷 | |

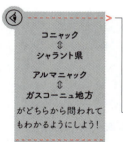

ヴァン・ド・リキュール
Vin de Liqueur

コニャック
⇕
シャラント県
アルマニャック
⇕
ガスコーニュ地方
がどちらから問われてもわかるようにしよう！

| 地方 | A.O.C. | 赤 | ロゼ | 白 | 備考 |
|---|---|---|---|---|---|
| ジュラ | **Macvin du Jura**<br>マクヴァン・デュ・ジュラ | 🍷 | 🍷 | 🍷 | |
| ラングドック | **Clairette du Languedoc**<br>クレレット・デュ・ラングドック | | | 🍷 | ランシオもあり。 |
| | **Frontignan** / フロンティニャン /<br>Muscat de **Frontignan** / ミュスカ・ド・フロンティニャン /<br>Vin de **Frontignan**<br>ヴァン・ド・フロンティニャン | | | 🍷 | **V.D.N.** と **V.D.L.** の両方を産出できる唯一のA.O.C.。 |
| コニャック | **Pineau des Charentes**<br>ピノー・デ・シャラント | 🍷 | 🍷 | 🍷 | ブランデー（コニャック、アルマニャック）はブドウ原料の蒸留酒であるため、これらの地域で生産されているのは至極当然であると理解できる。 |
| アルマニャック | **Floc de Gascogne**<br>フロック・ド・ガスコーニュ | | 🍷 | 🍷 | |

Chapter 11 新酒、V.D.N. と V.D.L.

**Vin de Primeur / Vin Nouveau / V.D.N. / V.D.L.**

V.D.N. と V.D.L. 　　　　　>>

P.174 ≫ 177

VINOLET

177

Chapter

# 12 プロヴァンス地方・コルシカ島

Provence - Corse

Chapter 12 Provence - Corse

**Provence**

## プロヴァンス地方

「最○端」は頻出
プロヴァンスは位置関係が問われる。最西端、最北端、最東端の産地を確認しよう。
(最南端は出題されていない)

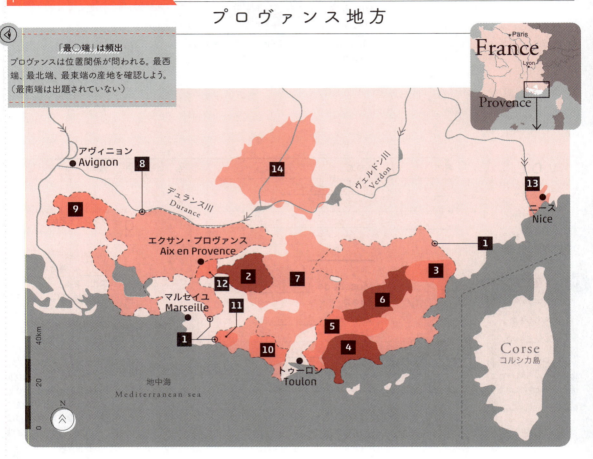

## Provence
プロヴァンス地方

1. Côtes de Provence ※最大
   コート・ド・プロヴァンス
2. Côtes de Provence Sainte-Victoire
   コート・ド・プロヴァンス・サント・ヴィクトワール
3. Côtes de Provence Fréjus
   コート・ド・プロヴァンス・フレジュ
4. Côtes de Provence La Londe
   コート・ド・プロヴァンス・ラ・ロンド
5. Côtes de Provence Pierrefeu
   コート・ド・プロヴァンス・ピエールフー
6. Côtes de Provence Notre-Dame des Anges
   コート・ド・プロヴァンス・ノートル・ダム・デ・ザンジュ
7. Coteaux Varois-en-Provence
   コトー・ヴァロワ・アン・プロヴァンス
8. Coteaux d'Aix-en-Provence
   コトー・デクサン・プロヴァンス
9. Les Baux de Provence ※最西端
   レ・ボー・ド・プロヴァンス
10. Bandol
    バンドール
11. Cassis ※マルセイユに最も近い
    カシス
12. Palette
    パレット
13. Bellet ※最東端
    ベレ
14. Pierrevert ※最北端
    ピエールヴェール

178

## DATA

Provence

| | | |
|---|---|---|
| **ブドウ栽培面積** ···· | 約4.0万ha（内A.O.C.ワイン栽培面積：約3.0万ha） | |
| **ワイン生産比率** ···· | 白：6.5％、赤：6.5％、ロゼ：**87**％（A.O.C.ワイン） | |
| **気候** ·············· | **地中海性**気候 | |

### 概要

- フランス南東部に位置し、**ローヌ川左岸**から東は**ニース**までの地中海沿岸の地域。
- 生産量の**87％がロゼ**という**ロゼ**の一大産地で、フランスのA.O.C.**ロゼ**ワインの42％に相当し、世界中で消費されるロゼワインの5％を占める。
- プロヴァンス地方は、**フランス最古**のブドウ栽培・ワイン醸造の歴史を持ち、**BC600年**頃に古代ギリシャのフォカイア人が、今日の**マルセイユ**を植民地として、ブドウを持ち込んだとみられている。
- エクサン・プロヴァンスは、サント・ヴィクトワール山を描き続けた画家セザンヌの出身地である。
- 地中海沿いの温暖なコート・ダジュールは、ルノワール、マティス、ピカソなど有名な画家達が晩年を過ごした避寒地。

**ワインの歴史は東から西へ**
ブドウ栽培（＝ワイン）の歴史はヨーロッパ最東端のジョージアから西へ西へと広がってきた。ジョージア→ギリシャ→イタリア→フランスなので、イタリアと接しているプロヴァンス地方が、フランス最古の歴史を持つ！

**プロヴァンスといえばロゼ！**
世界有数のロゼワインの一大産地である。この地にバカンスで訪れた世界中の人々が、地中海を眺めながら、テラスで冷やしたロゼワインを飲んでいるのを想像しよう！

**大都市「マルセイユ」**
フランス最大の港湾都市で、パリに次ぐ第2位の大都市でもある。

### 気候風土

- 南に地中海を臨み、典型的な**地中海性**気候。
- **ミストラル**と呼ばれる強く冷たい風がローヌ川を下って吹き下ろし、ベール湖付近で東に向きを変え、サント・ヴィクトワール山やモール山塊の麓を吹き抜けるため、夏の暑さが和らぐ。

**ミストラルが吹く「2つの」地方**
ミストラルは、ローヌとプロヴァンスの2つの地方で試験に問われる！

Chapter **12** プロヴァンス地方・コルシカ島

179

主要ブドウ
品種

プロヴァンス地方

白ブドウ　Rolle ロール ＝ Vermentino ヴェルメンティーノ
＝ Malvoisie de Corse マルヴォワジー・ド・コルス、
Ugni Blanc ユニ・ブラン、
Clairette クレレット、
Bourboulenc ブールブーラン、
Grenache Blanc グルナッシュ・ブラン

黒ブドウ　Syrah シラー、
Grenache グルナッシュ、
Cinsault サンソー、
Mourvèdre ムールヴェードル、
Carignan カリニャン、
Counoise クーノワーズ

> **シノニムが頻出**
> 地中海沿岸で広く栽培されており、日常消費型のカジュアルな白ワインになる。プロヴァンスで"ロール"と呼ばれ、コルシカ島では"マルヴォワジー・ド・コルス"、イタリアでは"ヴェルメンティーノ"と呼ばれる。イタリアでも頻出の品種なので、今のうちに覚えておこう！

## 地方料理と食材　Provence　Cooking and Ingredients

| 料理名 | 内容 |
|---|---|
| **Salade Niçoise**　サラド・ニーソワーズ | ニース風サラダ。具材は、レタス、トマト、かた茹で玉子、アンチョビのフィレ、黒オリーヴなど。 |
| **Bouillabaisse**　ブイヤベース | マルセイユ名物、魚介の寄せ鍋。 |
| **Ratatouille**　ラタトゥイユ | 夏野菜のトマト煮込み。 |
| **Gigot d'Agneau en Croûte**　ジゴ・ダニョー・アン・クルット | 仔羊もも肉のパイ包み。 |
| Banon　バノン | 山羊乳、シェーヴル、栗の葉に包んで熟成、A.O.P.チーズ。 |

Chapter **12** Provence -Corse

A.O.C.

## 主要なA.O.C.ワイン

- ほとんどが3色生産可能なA.O.C.だが、赤・ロゼのみのA.O.C.が4つある。

> 2色生産可能なA.O.C.と、3色生産可能なA.O.C.をグループ分けして覚えておこう！

Provence

| A.O.C. | 赤 | ロゼ | 白 | 備考 |
|---|---|---|---|---|
| **Côtes de Provence**<br>コート・ド・プロヴァンス | ● | ● | ● | プロヴァンス地方**最大**（約2万ha）。ロゼが**92%**を占める。<br>赤・ロゼ：アギオルギティコ、カラブレーゼ、モスコフィレロ、ヴェルデホ、クシノマヴロ、<br>白：ヴェルデホの使用が認められた。 |
| Côtes de Provence La Londe<br>コート・ド・プロヴァンス・ラ・ロンド | ● | ● | ● | 2016年に白もA.O.C.認定。 |
| Coteaux Varois-en-Provence<br>コトー・ヴァロワ・アン・プロヴァンス | ● | ● | ● | |
| **Coteaux d'Aix-en-Provence**<br>コトー・デクサン・プロヴァンス | ● | ● | ● | |
| **Côtes de Provence Sainte-Victoire**<br>コート・ド・プロヴァンス・サント・ヴィクトワール | ● | ● | | |
| **Côtes de Provence Fréjus**<br>コート・ド・プロヴァンス・フレジュ | ● | ● | | |
| **Côtes de Provence Pierrefeu**<br>コート・ド・プロヴァンス・ピエールフー | ● | ● | | |
| Côtes de Provence Notre-Dame des Anges<br>コート・ド・プロヴァンス・ノートル・ダム・デ・ザンジュ | ● | ● | | 2019年に認定の最新のA.O.C.。 |

> プロヴァンスのロゼは、ほとんどがこのA.O.C.名で販売されている。

Chapter 12 プロヴァンス地方・コルシカ島

## プロヴァンス地方 / Provence

| A.O.C. | 赤 | ロゼ | 白 | 備考 |
|---|---|---|---|---|
| **Les Baux de Provence**<br>レ・ボー・ド・プロヴァンス | ● | ● | ● | プロヴァンス地方<u>最西</u>に位置。 |
| **Bandol**<br>バンドール | ● | ● | ● | 地中海沿いの街<u>バンドール</u>を中心とする。<br>赤：<u>Mourvèdre</u> 主体、<br>樽熟成 <u>18</u> カ月以上。<br><u>ロゼ</u>が74％を占める。 |
| **Cassis**<br>カシス | ● | ● | ● | <u>マルセイユ</u>の東にあり、<br><u>カシス</u>の町のみ認められている。<br>ソーテルヌ、シャトーヌフ・デュ・パプと共に<br>1936年認定のプロヴァンス<u>初</u>のA.O.C.。<br>白の比率が高く、80％を占める。 |
| **Palette**<br>パレット | ● | ● | ● | 赤は18カ月以上、木樽熟成。<br>収穫の翌々年の4/1まで販売不可。 |
| **Bellet** /<br>ベレ /<br>**Vin de Bellet**<br>ヴァン・ド・ベレ | ● | ● | ● | <u>ニース近郊</u>（裏山）にあり、<br><u>プロヴァンス地方最東</u>。<br>土壌は玉砂利が混じる<br>細かな砂の塊（プーダング）。<br>白：<u>Vermentino</u> 60％以上。 |
| **Pierrevert**<br>ピエールヴェール | ● | ● | ● | プロヴァンス地方<u>最北</u>。 |

---

**プロヴァンス地方を代表する高級ワインのA.O.C.**
グルナッシュではなく、"ムールヴェードル"が主体！ カジュアルなワインが圧倒的に多い南仏において、赤・白・ロゼの全てのタイプで高級ワインを造っているA.O.C.。

**マルセイユに近い**
マルセイユに近く、かつ地中海に面した産地であるため、「ブイヤベースによく合うワイン」といわれる。

生産者の数が少なく、プロヴァンス地方においては、高価格帯のワイン産地である。

VINOLET

**Provence - Corse**
<< プロヴァンス地方
P.178 >> 182

# Chapter 12 Provence - Corse

## Corse

## コルシカ島

- 地中海に浮かぶフランス領の島。フランス語でコルス、イタリア語ではコルシカという。

## Corse
コルシカ島

- **1** Patrimonio / Muscat du Cap Corse (V.D.N.)
  パトリモニオ / ミュスカ・デュ・カップ・コルス (V.D.N.)
- **2** Ajaccio
  アジャクシオ
- **3** Vin de Corse
  ヴァン・ド・コルス

### DATA — Corse

| | |
|---|---|
| 県名 | Haute Corse オート・コルス、Corse du Sud コルス・デュ・シュド |
| ブドウ栽培面積 | 約6,106ha |
| ワイン生産比率 | 白：18％、赤：25.5％、ロゼ：56.5％（A.O.C.ワイン） |
| 気候 | 地中海性気候 |

## 概要

コルシカ島

- シチリア島、サルデーニャ島、キプロス島に次いで、地中海で4番目に大きな島で、すぐ南にイタリア領のサルデーニャ島がある。
- 1768年に事実上フランス領となったが、長い間イタリアの都市国家に支配されていたため、今もイタリアの影響が残る。しかし、コルシカ独自の文化も根強く、ワインにも表れている。
- **アジャクシオ**は、**ナポレオン・ボナパルト**の**生誕地**として知られている。

町の名前であり、A.O.C.名でもある。

## 気候風土

- 気候は**地中海性**気候。
- 島のほとんどが急峻な山岳地帯で、ブドウ畑は島の沿岸部を囲むように、標高400mまでの土地に点在する。
- 土壌は、西側2/3は**花崗岩**質、東側はシスト（片岩）だが、パトリモニオのような石灰質土壌が見られる土地もある。

## 主要ブドウ品種

| 白ブドウ | **Vermentino** ヴェルメンティーノ<br>＝ Malvoisie de Corse マルヴォワジー・ド・コルス |
| --- | --- |
| 黒ブドウ | **Sciacarello** シャカレッロ、<br>**Nielluccio** ニエルッチョ（イタリアのサンジョヴェーゼと同一クローン）、<br>Grenache グルナッシュ |

## 地方料理と食材　Corse / Cooking and Ingredients

| 料理名 | 内容 |
| --- | --- |
| **Aziminu**<br>アズィミヌ | コルシカ風ブイヤベース。 |
| **Civet de Sanglier**<br>シヴェ・ド・サングリエ | イノシシの煮込み。 |
| Brocciu<br>ブロッチュ | 羊乳主体＋山羊乳、ホエイフレッシュタイプ、A.O.P.チーズ。 |

VINOLET

**Provence - Corse**

<< コルシカ島

P.183 >> 185

184

**Chapter 12 Provence - Corse**

**A.O.C.**

# 主要なＡ.Ｏ.Ｃ.ワイン

- 島全域を包括する広域A.O.C.は存在しないが、広域のI.G.P. Ile de Beautéがある。

> パトリモニオとアジャク
> シオの品種構成の違
> いが重要！

Corse

| A.O.C. | 赤 | ロゼ | 白 | 備考 |
|---|---|---|---|---|
| **Patrimonio**<br>パトリモニオ | 🍷 | 🍷 | 🍷 | 赤・ロゼ：**Nielluccio 主体**。<br>（赤：90％以上、ロゼ：75％<br>以上）<br>白：**Vermentino** 100％。<br>1968年、コルシカ初の<br>A.O.C.認定。 |
| **Ajaccio**<br>アジャクシオ | 🍷 | 🍷 | 🍷 | 赤・ロゼ：**Sciacarello** 40％<br>以上。<br>白：Vermentino 80％以上。 |
| Vin de Corse/<br>ヴァン・ド・コルス/<br>Corse<br>コルス | 🍷 | 🍷 | 🍷 | 赤・ロゼ：Nielluccio、<br>Sciacarello 主体。<br>白：**Vermentino** 75％以上。 |
| Vin de Corse Calvi/<br>ヴァン・ド・コルス・カルヴィ/<br>Corse Calvi<br>コルス・カルヴィ | 🍷 | 🍷 | 🍷 | A.O.C. Vin de Corse 同様。 |
| Vin de Corse Figari/<br>ヴァン・ド・コルス・フィガリ/<br>Corse Figari<br>コルス・フィガリ | 🍷 | 🍷 | 🍷 | A.O.C. Vin de Corse 同様。<br>島の最南端。 |
| Vin de Corse Sartène/<br>ヴァン・ド・コルス・サルテーヌ/<br>Corse Sartène<br>コルス・サルテーヌ | 🍷 | 🍷 | 🍷 | A.O.C. Vin de Corse 同様。 |
| Vin de Corse Porto-Vecchio/<br>ヴァン・ド・コルス・ポルト・ヴェッキオ/<br>Corse Porto-Vecchio<br>コルス・ポルト・ヴェッキオ | 🍷 | 🍷 | 🍷 | A.O.C. Vin de Corse 同様。 |
| Vin de Corse Coteaux du Cap Corse/<br>ヴァン・ド・コルス・コトー・デュ・カップ・コルス/<br>Corse Coteaux du Cap Corse<br>コルス・コトー・デュ・カップ・コルス | 🍷 | 🍷 | 🍷 | 島の最北端、<br>Cap Corse（コルス岬）に位置。 |
| **Muscat du Cap Corse**<br>ミュスカ・デュ・カップ・コルス | | | 🍷<br>甘 | **V.D.N.**。A.O.C. Vin de Corse<br>Coteaux du Cap Corse、<br>A.O.C. Patrimonio と同エリア。<br>白：Muscat Blanc à Petits<br>Grains 100％。 |

（仏：Cap）岬。

**Chapter**

**12**

プロヴァンス地方・コルシカ島

# Chapter 13 シュッド・ウエスト

Sud-Ouest

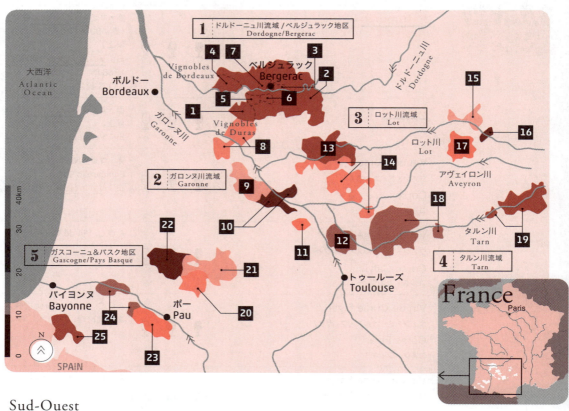

## Sud-Ouest
シュッド・ウエスト

### 1 Dordogne / Bergerac
ドルドーニュ川流域／ベルジュラック地区

- 1 Côtes de Duras
  コート・ド・デュラス
- 2 Bergerac / Côtes de Bergerac
  ベルジュラック／コート・ド・ベルジュラック
- 3 Pécharmant
  ペシャルマン
- 4 Montravel
  モンラヴェル
- 5 Saussignac
  ソーシニャック
- 6 Monbazillac
  モンバジャック
- 7 Rosette
  ロゼット

### 2 Garonne
ガロンヌ川流域

- 8 Côtes du Marmandais
  コート・デュ・マルマンデ
- 9 Buzet
  ビュゼ
- 10 Brulhois
  ブリュロワ
- 11 Saint-Sardos
  サン・サルドス
- 12 Fronton
  フロントン

### 3 Lot
ロット川流域

- 13 Cahors
  カオール
- 14 Coteaux du Quercy
  コトー・デュ・ケルシー
- 15 Entraygues-Le Fel
  アントレイグ・ル・フェル
- 16 Estaing
  エスタン
- 17 Marcillac
  マルシヤック

### 4 Tarn
タルン川流域

- 18 Gaillac
  ガイヤック
- 19 Côtes de Millau
  コート・ド・ミヨー

### 5 Gascogne / Pays Basque
ガスコーニュ＆バスク地区

- 20 Madiran / Pacherenc du Vic-Bilh
  マディラン／パシュラン・デュ・ヴィク・ビル
- 21 Saint-Mont
  サン・モン
- 22 Tursan
  テュルサン
- 23 Jurançon
  ジュランソン
- 24 Béarn
  ベアルン
- 25 Irouléguy
  イルレギー

186

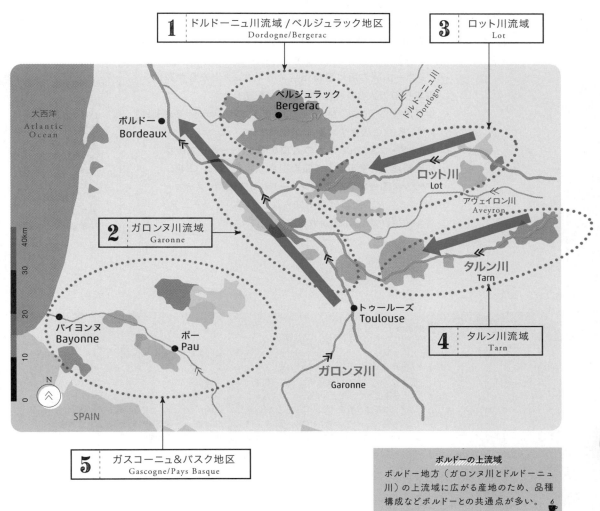

> **ボルドーの上流域**
> ボルドー地方（ガロンヌ川とドルドーニュ川）の上流域に広がる産地のため、品種構成などボルドーとの共通点が多い。

| **DATA** | Sud-Ouest |
|---|---|

**ブドウ栽培面積** …… 約5.4万ha（内A.O.C.ワイン栽培面積：約2.5万ha）
**ワイン生産比率** …… 白：36％、赤：47％、ロゼ：17％（A.O.C.ワイン）
**気候** ……………… 〔盆地西部〕穏やかな海洋性気候、〔北西部〕大陸性気候、
　　　　　　　　　　　 南下するにつれ地中海性気候が強まる

**概要**

- 中央高地から**ピレネー**山脈の麓まで、現行政区分のオクシタニー地域圏とヌーヴェル・アキテーヌ地域圏の13県にわたって広がる。
- 土壌的にも気候的にも多様なテロワールに加え、**120**種程度もの地品種の宝庫で、造られているワインは個性に富む。A.O.C.は29、I.G.P.は14ある。
- ベルジュラックの近くに「ヴェゼール渓谷の先史的景観と装飾洞窟群」の名称でユネスコ世界遺産に登録された遺跡群があり、特にラスコーの洞窟が有名である。
- ピレネー山脈の麓に聖母伝説で有名なルルドの町があり、毎年600万人もの巡礼者や観光客が訪れる。
- 世界遺産「フランスのサンティアゴ・デ・コンポステーラの巡礼路」には、多数の教会や大聖堂が登録されている。
- シュッド・ウエストで最大の人口を誇るトゥールーズ市は、航空機産業と宇宙産業の重要拠点である。また、CNES（フランス国立宇宙研究センター）の研究部門、メテオ・フランス、人工衛星開発で知られるタレス・アレーニア・スペース社の拠点も置かれる。

ワインと関係ないように思える"文化や経済"に関する記述も、産地全体のプロフィールを問う問題として「正誤問題」の選択肢の一つになり得る。ざっくりと目だけ通しておこう！

**Column**

**奥地のワイン**

　シュッド・ウエストは、ボルドー地方よりもブドウ栽培の歴史は古かったが、ボルドー地方の上流に位置するため、ワインの輸送時には河口に近いボルドーを通過しなければならなかった。河口に近く、ワインの運搬に有利なボルドー地方に比べ、より上流域のシュッド・ウエストのワインは「奥地のワイン」と呼ばれていた。また、ボルドーワインの販売を終えてからでないと、シュッド・ウエストのワインを売り出してはいけないというボルドーワイン優遇政策のせいで、シュッド・ウエストのワインはボルドーワインに遅れを取っていた。しかし、そのおかげで、今でも土着品種が多く残っており、現在は長い不遇の時代を乗り越え、個性豊かな産地として注目されている。

**気候風土**

- 盆地西部は穏やかな**海洋性**気候、北西部は**大陸性**気候の影響により、南下するにつれ**地中海性**気候が強まる。
- シュッド・ウエストの特徴の一つである風が、ブドウ畑の環境を衛生的に保つ役割を果たす。
- ピレネーの麓では、スペイン側からの暑く乾燥した風によって**フェーン現象**が起き、秋にブドウの最終的な成熟を促す。

| 歴 史 | | History |
|---|---|---|
| 時代 | 主な出来事 | |

**12C 以降**
サンティアゴ・デ・コンポステーラの巡礼者を迎える教会や修道院の増加に伴い、ブドウ畑が拡大。
巡礼者によって、カベルネ・フランやマルベックなど、いくつかのブドウ品種が他地域へ広がる。
他地方のワインが販路を拡大していくのとは対照的に、シュッド・ウエストのワインはその流れから取り残されたため、多くの固有品種がこの地にとどまる。

**1241 年**
英国王でアキテーヌ公の**ヘンリー3世**が、ボルドワインに特権を与え、ガロンヌ川及びドルドーニュ川上流域や、その支流沿いのワインをクリスマス前にボルドー港へ持ち込むことを禁じた。

**19C 末**
フィロキセラ、ベト病の影響で、ブドウ畑は壊滅的な被害を受けた。
その後、より生産性の高いブドウ品種が肥沃な平地で栽培され、シュッド・ウエストは安価な日常ワインの産地となった。

**1936 年**
ベルジュラック、ジュランソンがA.O.C.を獲得。

**1956 年**
大きな霜害を転機に、志の高い栽培農家が量より質のワイン造りへ転換。

**1970 年〜**
1970年にイルレギー、1971年にはカオールなどの産地が新たにA.O.C.を獲得。

---

## 主要ブドウ品種

**白ブドウ**

|  |  |
|---|---|
| Sémillon セミヨン、<br>Sauvignon (Blanc) ソーヴィニヨン(・ブラン)、<br>Muscadelle ミュスカデル | ボルドー系3品種。<br>ベルジュラックやコート・ド・デュラスで栽培。 |
| Mauzac モーザック | 青リンゴのアロマが特徴。<br>ガイヤック原産。<br>辛口〜甘口、発泡性ワインまで広い用途。 |
| Len de l'el ラン・ド・レル<br>(= Loin de l'oeil ロワン・ド・ルイユ) | 黄色い果実のアロマ。<br>辛口白や凝縮した甘口白を生む。 |
| **Petit Manseng** プティ・マンサン | ピレネー・アトランティック原産。<br>甘口白に向く。 |
| **Gros Manseng** グロ・マンサン | バスク地方原産。<br>エキゾチックな果実香をもつ。 |
| Baroque バロック | テュルサンのみで栽培されている品種。 |

ラングドック地方のリムーでもこの品種が登場する。

湿気に強く、病気にかかりにくいという特徴から、日本でも注目が高まっている。

## 主要ブドウ品種

**黒ブドウ**

| | | |
|---|---|---|
| Cabernet Franc<br>カベルネ・フラン | | バスク地方原産とされる。<br>シュッド・ウエストの様々なワインに<br>ブレンドされる。 |

**マルベックはフランスと「アルゼンチン」**
"マルベック"の最重要産地として2つ、フランス、シュッド・ウエストの「カオール」と「アルゼンチン」が挙げられる！

| | |
|---|---|
| **Malbec**<br>マルベック<br>= **Côt**<br>コット<br>= **Auxerrois**<br>オーセロワ | カオールで重要な役割を果たし、<br>力強く、スパイシーな風味をもつ。 |
| **Négrette**<br>ネグレット | フロントンのロゼや赤を<br>代表する品種。 |

**タナはフランスと「ウルグアイ」**
"Tannatタナ"の語源は、「タンニン」。ウルグアイの主要ブドウ品種でもあり、「ウルタナ」として親しまれている。

| | |
|---|---|
| **Tannat**<br>タナ | タンニンが強く、骨格のしっかりした<br>長期熟成向きのワインを生む。 |
| Prunelard<br>プリュヌラール | 収量が低く、<br>絶滅しかけた品種だが、<br>ガイヤックとマルシヤックで復活。 |

**シュッド・ウエストの最重要品種**

| 地区 | A.O.C. | 色 | 品種 |
|---|---|---|---|
| ロット川流域 | Cahors<br>カオール | 赤 | コット |
| ガスコーニュ&<br>バスク地区 | Madiran<br>マディラン | 赤 | タナ主体 |

| | |
|---|---|
| Duras<br>デュラス | ガイヤック原産。<br>色は濃いもののしなやかな味わいの<br>ワインを生む。 |
| Fer Servadou<br>フェール・セルヴァドゥ | タンニンが強く、ワインの骨格を形作る。 |

## 地方料理と食材　Cooking and Ingredients

| 料理名 | 内容 |
|---|---|
| **Confit de Canard**<br>コンフィ・ド・カナール | 鴨のコンフィ。 |
| **Magret de Canard**<br>マグレ・ド・カナール | フォワ・グラを採取するために肥育された鴨。 |
| **Foie Gras**<br>フォワ・グラ | ペリゴール名産。フォワ・グラ。 |
| **Truffe**<br>トリュフ | ペリゴール名産。トリュフ。 |
| Jambon de Bayonne<br>ジャンボン・ド・バイヨンヌ | アドゥール盆地産の生ハム。1998年I.G.P.取得。 |
| **Garbure**<br>ガルビュール | キャベツ、白インゲン豆、ベーコン、<br>細かく刻んだ野菜の入ったガスコーニュ地方のスープ。 |
| Roquefort<br>ロックフォール | 青カビ、羊乳チーズ。アヴェイロン県ロックフォール・<br>シュール・スルゾン村の洞窟で熟成させる。<br>1979年A.O.C.、1996年A.O.P.取得。 |
| Ossau-Iraty<br>オッソー・イラティ | バスク地方及びベアルン産の羊乳チーズ。<br>1980年A.O.C.、2003年A.O.P.取得。 |
| **Pruneau d'Agen**<br>プリュノー・ダジャン | アジャン産の干しプラム。2002年に欧州のI.G.P.取得。 |

Chapter **13** Sud-Ouest

## A.O.C.

# 主 要 な Ａ.Ｏ.Ｃ. ワイン

| Sud-Ouest **1** | ドルドーニュ川流域 / ベルジュラック地区 | Dordogne / Bergerac |

- ボルドー地方を流れる**ドルドーニュ**川上流に広がる産地。
- ボルドーとほぼ同じ品種が栽培されているが、奥地のため気温が低く、かつ粘土質の土壌のため、赤はメルロを主体とした口当たりが優しいタイプ、白はソーヴィニヨン（・ブラン）主体の爽やかな辛口、遅摘みや貴腐化したセミヨン主体の甘口も造られる。

> **ボルドー右岸と隣接**
> ボルドー右岸エリアに隣接している産地のため、最もボルドーの影響が色濃く反映されている。

Dordogne / Bergerac

> シュッド・ウエストの最重要A.O.C.は "カオール" と "マディラン"。この２つのA.O.C.を確実に覚えた後に、赤文字のA.O.C.を一つずつ覚えていこう！（出題されるA.O.C.は偏っている）

| A.O.C. | 赤 | ロゼ | 白 | 備考 |
|---|---|---|---|---|
| **Bergerac**<br>ベルジュラック | 🍷 | 🍷 | 🍷 | 白：残糖3g/ℓ以下。 |
| Côtes de Bergerac<br>コート・ド・ベルジュラック | 🍷 | | 🍷 甘 | 白：残糖4～54g/ℓ。<br>アルコール度数11.5％以上。 |
| Côtes de Duras<br>コート・ド・デュラス | 🍷 | 🍷 | 🍷 辛～半甘 | |
| **Montravel**<br>モンラヴェル | 🍷 | | 🍷 | 赤：メルロ主体。<br>白：ソーヴィニヨン・ブラン、<br>ソーヴィニヨン・グリ、セミヨン、<br>ミュスカデル主体。 |
| Côtes de Montravel<br>コート・ド・モンラヴェル | | | 🍷 甘 | 残糖25～54g/ℓ。 |
| Haut-Montravel<br>オー・モンラヴェル | | | 🍷 甘 | 残糖85g/ℓ以上。 |
| **Monbazillac**<br>モンバジヤック | | | 🍷 甘 | 貴腐菌が付着した、<br>または付着していなくても<br>過熟したブドウを使用。<br>残糖45g/ℓ以上。 |
| **Saussignac**<br>ソーシニャック | | | 🍷 甘 | サント・フォワ・コート・ド・ボルドー（西）とモンバジヤック（東）に挟まれた産地。<br>貴腐や自然のパスリアージュで糖度が上昇したブドウを使用。<br>残糖68g/ℓ以上。<br>収穫翌年10月31日まで熟成。 |
| **Rosette**<br>ロゼット | | | 🍷 甘 | 残糖25～51g/ℓ。<br>これに満たない場合、<br>A.O.C.コート・ド・ベルジュラックとなる。 |
| **Pécharmant**<br>ペシャルマン | 🍷 | | | メルロ、カベルネ・フラン、<br>カベルネ・ソーヴィニヨン、<br>コットの中から3品種以上のブレンド。 |

> "ロゼット" なのに「ロゼワイン」じゃない！

191

**Sud-Ouest 2** ガロンヌ川流域 Garonne

- ボルドー地方を流れる**ガロンヌ**川上流に点在する産地。
- 西は大西洋の影響により、比較的穏やかな海洋性気候で、東に進むにつれ、地中海性気候が混じるようになる。

Garonne

| A.O.C. | 赤 | ロゼ | 白 | 備考 |
|---|---|---|---|---|
| Côtes du Marmandais<br>コート・デュ・マルマンデ | 赤 | ロゼ | 白 | ガロンヌ川両岸に広がる。 |
| **Buzet**<br>**ビュゼ** | 赤 | ロゼ | 白 | |
| Brulhois<br>ブリュロワ | 赤 | ロゼ | | 赤・ロゼ：カベルネ・フラン、メルロ、タナ主体。 |
| Saint-Sardos<br>サン・サルドス | 赤 | ロゼ | | 赤・ロゼ：シラー、タナの2品種を必ずブレンド。 |
| **Fronton**<br>**フロントン** | 赤 | ロゼ | | 赤・ロゼ：**ネグレット** **主体**。 |

**Sud-Ouest 3** ロット川流域 Lot

- ガロンヌ川に流れ込む**ロット**川流域には、古くから知られる**カオール**のブドウ畑が存在する。
- 東は海洋性気候と地中海性気候の影響を、西は地中海と中央高地の影響を受ける。

Lot

| A.O.C. | 赤 | ロゼ | 白 | 備考 |
|---|---|---|---|---|
| Entraygues-Le Fel<br>アントレイグ・ル・フェル | 赤 | ロゼ | 白 | 赤・ロゼ：フェール・セルヴァドゥ主体。<br>白：シュナン・ブラン主体。 |
| Estaing<br>エスタン | 赤 | ロゼ | 白 | |
| Coteaux du Quercy<br>コトー・デュ・ケルシー | 赤 | ロゼ | | 赤・ロゼ：カベルネ・フラン主体。<br>2011年A.O.C.へ昇格。 |
| **Marcillac**<br>**マルシヤック** | 赤 | ロゼ | | 赤・ロゼ：フェール・セルヴァドゥ主体。 |
| **Cahors**<br>**カオール** | 赤 | | | **コット**（＝**マルベック**＝**オーセロワ**）70％以上。<br>ロット川沿い東西60kmに広がる。 |

| Sud-Ouest **4** | タルン川流域 | Tarn |

- アヴェイロン川と合流後、ガロンヌ川とも合流するタルン川の流域には、シュッド・ウエストにおいて、ベルジュラック、カオールに次いで大きなA.O.C.ガイヤックがある。
- ガイヤックは、地中海性気候による暑い夏に、海洋性気候の影響で湿度が加わる。また、オータンと呼ばれる暑く乾燥した風が、ブドウの生育を促す。

Tarn

| A.O.C. | 赤 | ロゼ | 白 | 備考 |
|---|---|---|---|---|
| Côtes de Millau<br>コート・ド・ミヨー | 赤 | ロゼ | 白 | 赤：ガメイ、シラー主体。<br>ロゼ：ガメイ主体。<br>白：シュナン・ブラン主体。<br>2011年A.O.C.に昇格。 |
| **Gaillac**<br>ガイヤック | 赤 | ロゼ | 白 | 赤・ロゼ：デュラス、フェール・セルヴァドゥ、プリュヌラール、シラー主体。<br>白：ラン・ド・レル、モーザック、モーザック・ローズ、ミュスカデル主体。<br>残糖4g/ℓ以下。 |
| **Gaillac** Mousseux<br>ガイヤック・ムスー | | | 白<br>発泡 | 瓶内二次発酵、熟成期間9カ月以上（Méthode Ancestrale除く）。<br>残糖50g/ℓ以下。 |
| **Gaillac** Méthode Ancestrale<br>ガイヤック・メトード・アンセストラル | | | 白<br>発泡 | モーザック、モーザック・ローズのみ。 |
| **Gaillac** Doux<br>ガイヤック・ドゥー | | | 白<br>甘<br>(発泡) | 残糖45g/ℓ以上。<br>Méthode Ancestraleも有、その場合は残糖50g/ℓ以上。 |
| **Gaillac** Vendanges Tardives<br>ガイヤック・ヴァンダンジュ・タルディーヴ | | | 白<br>甘 | 残糖100g/ℓ以上。<br>収穫時の果汁糖度は280g/ℓ以上。 |
| **Gaillac** Premières Côtes<br>ガイヤック・プルミエール・コート | | | 白 | A.O.C.ガイヤックの内11町村に限られる。<br>品種規定はA.O.C.ガイヤック白と同じだが、収量、アルコール度などの規定がより厳しい。 |

Chapter **13** シュッド・ウエスト

| Sud-Ouest **5** | ガスコーニュ&バスク地区 | Gascogne / Pays Basque |

**フランスとスペインにまたがる「バスク」**
フランス側の3領域と、スペイン側の4領域、7領域合わせて「バスク」と呼ばれている。

- ガスコーニュは、広義ではボルドーも含まれるが、ここではオート・ピレネー、ジェール、ピレネー・アトランティック、ランドの4県を指し、中央部はアルマニャックの産地。
- バスクは、スペインとフランスにまたがるピレネー山脈の麓に位置し、ビスケー湾に面するスペインに最も近い地区。

Gascogne / Pays Basque

| A.O.C. | 赤 | ロゼ | 白 | 備考 |
|---|---|---|---|---|
| Saint-Mont<br>サン・モン | ● | ● | ● | マディランの北に位置する。<br>2011年 A.O.C. へ昇格。 |
| Tursan<br>テュルサン | ● | ● | ● | マディランの西に位置する。<br>2011年 A.O.C. へ昇格。 |
| Béarn<br>ベアルン | ● | ● | ● | ジュランソンで造られる赤・ロゼ、<br>マディラン、パシュラン・デュ・ヴィク・ビル<br>で造られるロゼは、条件を満たせば<br>ベアルンを名乗れる。 |
| **Irouléguy**<br>イルレギー | ● | ● | ○ | 赤・ロゼ：カベルネ・フラン、<br>タナ主体。<br>シュッド・ウエストにおいて最も<br>**スペイン国境**に近い A.O.C.。 |
| **Madiran**<br>マディラン | ● | | | **タナ**主体。 |
| **Pacherenc du Vic-Bilh**<br>パシュラン・デュ・ヴィク・ビル | | | ○甘 | A.O.C. **Madiran** と同じエリアの白。<br>残糖 45g/ℓ 以上。 |
| **Pacherenc du Vic-Bilh Sec**<br>パシュラン・デュ・ヴィク・ビル・セック | | | ○ | 残糖 4g/ℓ 以下。 |
| **Jurançon**<br>ジュランソン | | | ○甘 | アンリ4世の洗礼式に使用されたと伝わる。<br>プティ・マンサン、グロ・マンサン主体。<br>残糖 40g/ℓ 以上。<br>11月2日以降に収穫し、<br>残糖 55g/ℓ 以上の甘口には<br>「Vendanges Tardives（遅摘み）」の<br>表記可能、その場合は<br>プティ・マンサンとグロ・マンサンのみ。 |
| **Jurançon Sec**<br>ジュランソン・セック | | | ○ | プティ・マンサン、グロ・マンサン主体。<br>残糖 4g/ℓ 以下。 |

メモ: 地図問題も出題される。ぽつんと、イルレギーのみスペイン側に寄っている！

同地域：Madiran / Pacherenc du Vic-Bilh / Pacherenc du Vic-Bilh Sec

「Sec＝辛口」

同地域：Jurançon / Jurançon Sec

---

Sud-Ouest　　　　　　　　リムーザン地区　　　　　　　　Limousin

- 以前はブドウ畑があったが、フィロキセラやウドン粉病などの被害で壊滅した後に回復せず、現在はわずかな畑が残るのみ。

Limousin

| A.O.C. | 赤 | ロゼ | 白 | 備考 |
|---|---|---|---|---|
| Corrèze<br>コレーズ | ● | | | カベルネ・フラン 100%、<br>または主体。 |
| Corrèze Coteaux de la Vézère<br>コレーズ・コトー・ド・ラ・ヴェゼール | ● | | ○ | 赤：カベルネ・フラン 100%。<br>白：シュナン・ブラン 100%。 |
| Corrèze Vin de Paille<br>コレーズ・ヴァン・ド・パイユ | | | ○甘 | Vin de paille。<br>陰干ししたブドウを使用、<br>残糖 68g/ℓ 以上。 |

Chapter 13　シュッド・ウエスト

194

# フランスの世界遺産

World Heritage Sites in France

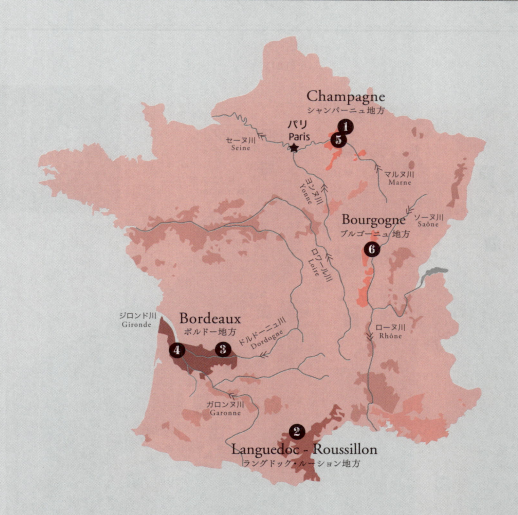

| 登録年 | 遺産名 | 地方 |
| --- | --- | --- |
| 1991年 | ❶ ランスの大聖堂 | シャンパーニュ地方 |
| 1997年 | ❷ 歴史的城塞都市カルカッソンヌ | ラングドック・ルーション地方 |
| 1999年 | ❸ サンテミリオン管轄区 | ボルドー地方 |
| 2007年 | ❹ 月の港ボルドー | ボルドー地方 |
| 2015年 | ❺ シャンパーニュの丘陵、メゾンとカーヴ | シャンパーニュ地方 |
| 2015年 | ❻ ブルゴーニュのブドウ畑のクリマ | ブルゴーニュ地方 |

# Chapter 14 イタリア

## Italy

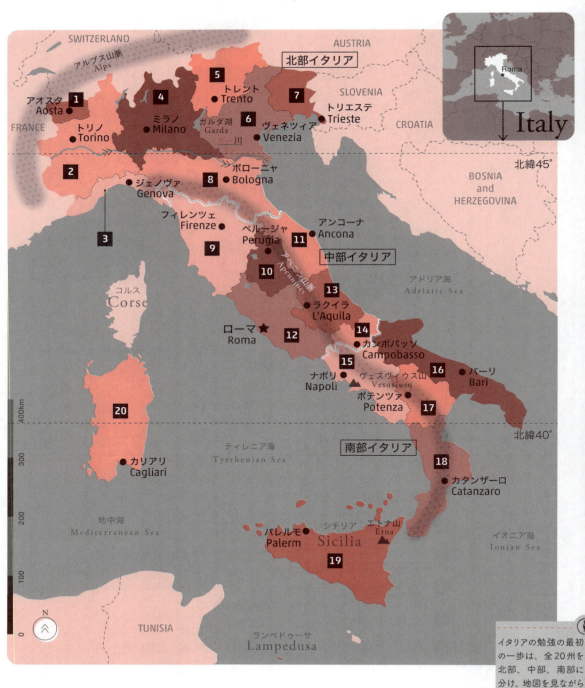

> イタリアの勉強の最初の一歩は、全20州を北部、中部、南部に分け、地図を見ながら完璧に覚えること！

## 北部イタリア (8)

| | | |
|---|---|---|
| 1 | ■ | **Valle d'Aosta** ヴァッレ・ダオスタ州 |
| 2 | ■ | **Piemonte** ピエモンテ州 |
| 3 | ■ | **Liguria** リグーリア州 |
| 4 | ■ | **Lombardia** ロンバルディア州 |
| 5 | ■ | **Trentino-Alto Adige** トレンティーノ・アルト・アディジェ州 |
| 6 | ■ | **Veneto** ヴェネト州 |
| 7 | ■ | **Friuli-Venezia Giulia** フリウリ・ヴェネツィア・ジューリア州 |
| 8 | ■ | **Emilia Romagna** エミリア・ロマーニャ州 |

## 中部イタリア (6)

西側
- 9 ■ **Toscana** トスカーナ州
- 10 ■ **Umbria** ウンブリア州
- 12 ■ **Lazio** ラツィオ州

東側
- 11 ■ **Marche** マルケ州
- 13 ■ **Abruzzo** アブルッツォ州
- 14 ■ **Molise** モリーゼ州

## 南部イタリア (6)

本土
- 15 ■ **Campania** カンパーニア州
- 16 ■ **Puglia** プーリア州
- 17 ■ **Basilicata** バジリカータ州
- 18 ■ **Calabria** カラブリア州

島
- 19 ■ **Sicilia** シチリア州
- 20 ■ **Sardegna** サルデーニャ州

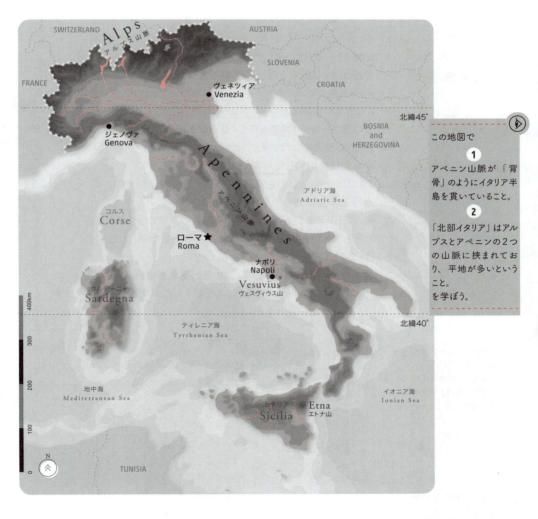

この地図で

1. アペニン山脈が「背骨」のようにイタリア半島を貫いていること。
2. 「北部イタリア」はアルプスとアペニンの2つの山脈に挟まれており、平地が多いということ。

を学ぼう。

**Chapter 14 イタリア**

---

**DATA**　　　　　　　　　　　　　　　　　　　　　　　　Italy

**ブドウ栽培面積** …… 約66万ha
**ワイン生産量** …… 約4,250万hℓ

## 概要

- 全**20州**あり、全ての州でワインが生産されている。
- 総面積は日本の約80％に当たるが、
  人口は5,900万人弱と日本に比べて人口密度が低い。
- 古代からワイン造りが盛んで、**古代ギリシャ人**が
  「**エノトリア・テルス**」（**ワインの大地**）と讃えた。
- イタリアワインの特徴は「多様性」である。
  地形、気候、土壌、ブドウ品種、栽培方法、文化、
  歴史などが地方毎に大きく異なっているため、
  ワインに対するアプローチも異なる。

> 国土面積はフランスより小さいが生産量は第1位。
> それほどまでに、ワイン造りに適した土地といえる。

**多様性は吉か凶か**
イタリアワインの勉強は、複雑で難しいと捉えるか、それとも多様性があって面白いと捉えるかで、その成果が180度変わってくる！ 苦手意識を持たず、フランスとの違いを楽しもう！ ☕

## 気候風土

- 北緯35〜47度の間に位置している。
- 首都ローマは**函館**と同じ北緯41.5度、
  イタリア最南端のランペドゥーサ島は**東京**と同じ北緯35.5度程度。
- かなり北に位置するが、**北大西洋海流**（暖流）の影響によって、
  他の西ヨーロッパ諸国と同じく温暖な気候で、日照にも恵まれ、
  ブドウの生育期にはあまり雨が降らない。
- 半島部は典型的な**地中海性気候**だが、
  アルプス気候、大陸性気候など多様である。
- イタリア半島の真ん中を**アペニン山脈**が貫くため、
  東のアドリア海側と西のティレニア海側の気候が全く異なる。
  地形も、海から平野、すぐに丘陵地帯や山岳地帯となるなど、
  目まぐるしく変化する。
- 近年の温暖化現象の中、ブドウの葉が房を直射日光から守り、
  アルコール度数が高くなりすぎるのを防ぐ**棚仕立て**が見直されている。

> シチリア島のさらに南に位置しており、チュニジア（アフリカ）により近い。

> 細長い半島部の中央を、アペニン山脈が「背骨」のように貫いているため、平野部がほとんどなく、丘陵地帯が多いのもブドウ栽培には有利となる。アペニン山脈は、つま先側のカラブリア州に向かって連なり、かかと側のプーリア州は平野のため、ワイン生産量が多い。

### 産地と土壌の組み合わせのまとめ

| 土壌 | 主なエリア |
|---|---|
| **火山性**土壌 | **ソアーヴェ、タウラージ、エトナ** |
| **氷堆石**土壌 | フランチャコルタ、ルガーナ、バルドリーノ |
| **花崗岩**土壌 | ガッルーラ |

> 氷河が時間をかけて流れる際、削り取られた岩石・岩屑や土砂などが土手のように堆積した地形のこと。一般的に湖南部に広がっていることが多い。☕

> コルシカ島も花崗岩土壌であるが、コルシカ島はサルデーニャ島の目と鼻の先にある。☕

# 歴 史 　　　　　　　　　　　　　　　　　　　　　History

時代 | 主な出来事

**古代**

**BC2000以前**
原始的なワイン造りが既に行われていた。

> ワインの発酵・貯蔵・運搬に用いられた、いわば大きめの「土器」。現在は、新しい試みの一環として、世界中で用いられている。（ジョージアで再度学習する）

**BC8C**
イタリア**南部**を植民地化した**ギリシャ**人が、多くのブドウ品種、優れた栽培法、醸造技術を持ち込む。

> **"はじまりの"民族**
> 中部：エトルリア人
> 南部：ギリシャ人
> 整理して覚えよう！

**～1C**
イタリア**中部**の広範囲を支配していた**エトルリア**人が、洗練した文明を繁栄させる。
ワインの通商も盛んに行われ、**アンフォラ**に詰めて船で地中海全域へ運ばれた。

**近世**

**1716年**
トスカーナ大公**コジモ3世**が
**Chianti** キアンティ、
**Carmignano** カルミニャーノ、
**Pomino** ポミーノ、
**Val d'Arno di Sopra** ヴァルダルノ・ディ・ソプラの
産地の境界を定め、
**世界最初の原産地呼称制度の例**となる。

> ヴァルダルノ・ディ・ソプラは、ここでしか問われないので、コジモ3世と結びつけて覚えよう。

**1773年**
イギリス人**ジョン・ウッドハウス**が
**シチリア**で酒精強化ワインMarsala **マルサーラ**を生産。

> リヴァプール出身のワイン商のジョンは、トラパニでワイン樽を購入し、イギリスへ持ち帰ることにした。長い航海に耐えられるように、当時イギリスで流行していたポートやマデイラを参考に、酒精強化して造ったのがはじまり。☕

**1861年**
サヴォイア王家のもと統一され、近代国家イタリア王国が建国される。

**1870年前後**
**ベッティーノ・リカーゾリ男爵**が、
キアンティワインのベースとなる
品種構成Formulae フォルムラ
（**Sangiovese**
サンジョヴェーゼ70％、
**Canaiolo Nero**
カナイオーロ・ネーロ20％、
**Malvasia del Chianti**
マルヴァジア・デル・キアンティ10％）を定める。

> リカーゾリ男爵の狙いは、軽く、口当たりが良い、万人に好まれるワインを造ることだった。そのために、白ブドウ品種であるマルヴァジアを加えた。（白ブドウのブレンドは現在では、D.O.C.G. Chiantiでは使用が認められているが、D.O.C.G. Chianti Classicoでは認められていない）

**20C～**

> 各国の原産地呼称法制定年をまとめよう！
> フランス：1935年
> スペイン：1932年

20世紀に入り、フィロキセラがイタリアの畑を襲い始める。

> 意欲的な生産者が、従来の「安くてそれなりに美味しいワイン」という範疇から抜け出して、世界に通用する高品質ワインの生産を始めたことによる、イタリアワインの近代化。☕

**1963年**
イタリアで初の**原産地呼称法**を公布。

**1970年代末**
イタリアワインの近代化
「**イタリアワイン・ルネッサンス**」が始まる。

Chapter
**14**
イタリア

---

> **出題のポイント**
> 「コジモ3世」と「リカーゾリ男爵」がそれぞれ何をしたか、混同させる問題が頻出！

### 初の原産地呼称制度

| | |
|---|---|
| **1716年** | **コジモ3世**が産地（**キアンティ、ポミーノ、カルミニャーノ、ヴァルダルノ・ディ・ソプラ**）の線引きを行う。 |
| **1737年** | トカイで原産地呼称が導入。 |
| **1756年** | **ポルト**で世界初の原産地呼称管理法制定。 |

## 主要ブドウ品種

- イタリア半島には多くの固有品種が残っている。
  ※少なくとも1300～2000種。

### 各国の固有品種の数

| | |
|---|---|
| ポルトガル | 250種を超える |
| ギリシャ | 約300種 |
| ジョージア | 少なくとも525種 |

### 白ブドウ

| 順位 | 品種名 | 主な産地 |
|---|---|---|
| 1位 | Glera（プロセッコのブドウ品種）グレーラ | ヴェネト州 |
| 2位 | Pinot Grigio ピノ・グリージョ | フリウリ・ヴェネツィア・ジューリア州 |
| 3位 | Trebbiano Toscano トレッビアーノ・トスカーノ | |
| 4位 | Chardonnay シャルドネ | |
| 5位 | Trebbiano Romagnolo トレッビアーノ・ロマニョーロ | |

### 黒ブドウ

| 順位 | 品種名 | 主な産地 |
|---|---|---|
| 1位 | Sangiovese サンジョヴェーゼ | 中部イタリア西側 |
| 2位 | Montepulciano モンテプルチアーノ | 中部イタリア東側 |
| 3位 | Merlot メルロ | |
| 4位 | Barbera バルベーラ | ピエモンテ州 |
| 5位 | Nero d'Avola ネロ・ダヴォラ | シチリア州 |

> 「トレッビアーノ・～」のように、イタリアには同じ名を部分的に冠した品種が多数存在している。名前が少し違うだけで完全に同品種のケースもあれば、実際には全く異なる品種であるケースもあるため非常に複雑だが、試験対策の段階では、教本に記載されている表の通り、「別品種」として覚えておこう。

### 白・黒ブドウ合わせたブドウ栽培面積順位

| 順位 | 品種名 |
|---|---|
| 1位 | Sangiovese サンジョヴェーゼ |
| 2位 | Glera グレーラ |
| 3位 | Pinot Grigio ピノ・グリージョ |
| 4位 | Montepulciano モンテプルチアーノ |
| 5位 | Trebbiano Toscano トレッビアーノ・トスカーノ |

＊栽培面積は6万ha以上を占める。

### ヨーロッパ主要4カ国の白黒1位品種

| 国名 | 白ブドウ | 黒ブドウ |
|---|---|---|
| イタリア | Glera グレーラ | Sangiovese サンジョヴェーゼ |
| フランス | Ugni Blanc ユニ・ブラン | Merlot メルロ |
| スペイン | Airén アイレン | Tempranillo テンプラニーリョ |
| ドイツ | Riesling リースリング = Rheinriesling ラインリースリング | Spätburgunder シュペートブルグンダー = Pinot Noir ピノ・ノワール |

Chapter 14 Italy

## D.O.P. / I.G.P. / Vino

### ワイン法と品質分類

> 他国のワイン法と、まとめて覚えよう！
> フランス：1935年
> スペイン：1932年
> （1933年発効）

**旧ワイン法**
2008年ヴィンテージまで
4段階の格付け

- <u>1963年</u>イタリアで初の原産地呼称法が制定。

**D.O.C.G.** >>> 統制保証原産地呼称ワイン
Denominazione di Origine Controllata e Garantita
デノミナツィオーネ・ディ・オリージネ・コントロッラータ・エ・ガランティータ

**D.O.C.** >>> 統制原産地呼称ワイン
Denominazione di Origine Controllata
デノミナツィオーネ・ディ・オリージネ・コントロッラータ

**I.G.T.** >>> 地理的生産地表示ワイン
Indicazione Geografica Tipica
インディカツィオーネ・ジェオグラフィカ・ティピカ

ヴィーノ・ダ・ターヴォラ
**Vino da Tavola** >>> テーブルワイン

**新ワイン法**
2009年ヴィンテージから
3段階の格付け

- 従来通りのD.O.C.G.、D.O.C.、I.G.T.などの表示も認められている。

地理的表示付きワイン
**D.O.P.** >>> **保護原産地呼称ワイン**
Vino a Denominazione di Origine Protetta
ヴィーノ・ア・デノミナツィオーネ・ディ・オリージネ・プロテッタ
- 従来のD.O.C.G.とD.O.C.に代わるもの。

> 原則「85％」
> ほとんどが「85％ルール」なので、それ以外の数字が出てきたときに積極的に覚えるようにしよう！（Vol.2巻末の表を参照）

地理的表示付きワイン
**I.G.P.** >>> **保護地理表示ワイン**
Vino a Indicazione Geografica Protetta
ヴィーノ・ア・インディカツィオーネ・ジェオグラフィカ・プロテッタ
- 従来のI.G.T.に代わるもので、地理（産地）表示を伴う。「ワインの<u>**85**</u>％以上がその土地で造られたもの」と定義付けられている。

ヴィーノ
**Vino** >>> 地理的表示なしワイン
- Vino da Tavolaに代わるもので、地理表示なし。

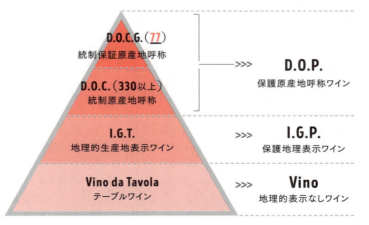

**ヴィーノ・ノヴェッロ（新酒）**

- D.O.P.（D.O.C.G.、D.O.C.）とI.G.P.（I.G.T.）にのみ認められ、**Vino** は不可。
- 炭酸ガス浸漬法（MC法）で造られたワインが **40％以上** 含まれていなければならない。
- ブドウ収穫年の **12月31日** までに瓶詰め。
- ラベルにブドウの **収穫年** 記載義務。
- 収穫年の **10月30日零時1分より前** に消費に供してはならない。

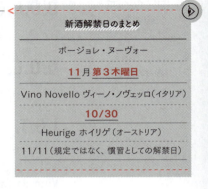

新酒解禁日のまとめ

| | |
|---|---|
| ボージョレ・ヌーヴォー | **11月第3木曜日** |
| Vino Novello ヴィーノ・ノヴェッロ（イタリア） | **10/30** |
| Heurige ホイリゲ（オーストリア） | 11/11（規定ではなく、慣習としての解禁日） |

## Chapter 14 Italy
### Vino Speciale
### その他の色々なワインと酒類

**陰干しブドウを用いたワイン**

- 収穫したブドウを約3カ月陰干しして、エキスを濃縮させることを **Appassimento アパッシメント** という。

"アパッシメント"とは製法のことであり、造られたワインが、辛口か甘口かについては言及していない点に注意。

| 甘辛度 | 呼称 | 生産地域 | 備考 | 代表的なD.O.P. |
|---|---|---|---|---|
| 甘口 | **Passito** パッシート | 全州 | 陰干しブドウを用いた **甘口** ワイン。 | |
| | **Recioto** レチョート | **ヴェネト州** | パッシートの **ヴェネト** 州での呼称。 | **レチョート・デッラ・ヴァルポリチェッラ**（D.O.C.G.） **レチョート・ディ・ソアーヴェ**（D.O.C.G.） |

202

| 甘辛度 | 呼称 | 生産地域 | 備考 | 代表的なD.O.P. |
|---|---|---|---|---|
| 甘〜辛口 | **Vin Santo**<br>ヴィン・サント | イタリア中部中心<br>（**トスカーナ**、ウンブリア他） | 白ブドウを2〜5カ月陰干しした後、**カラテッリ**と呼ばれる小樽で発酵熟成。**ヴィンサンタイア**と呼ばれる屋根裏部屋で発酵熟成させるため、夏は暑く、冬は寒いという環境で長期間熟成させる。黒ブドウで造られたものは**オッキオ・ディ・ペルニーチェ**と呼ばれる。 | ヴィン・サント・デル・キアンティ（D.O.C.） |
| 辛口 | **Amarone**<br>アマローネ | ヴェネト州 | 「**苦味**」の意味を持つ。陰干しブドウの糖分を全てアルコール発酵させ、**辛口**に仕上げたもの。 | **アマローネ・デッラ・ヴァルポリチェッラ**（D.O.C.G.） |
| 辛口 | **Sforzato**<br>スフォルツァート | **ロンバルディア**州 | アマローネの**ロンバルディア**州での呼称。**Sforzato**は「**強化した**」という意味。 | スフォルツァート・ディ・ヴァルテッリーナ（D.O.C.G.） |

> つまり、アルコール度数が非常に高いワインに仕上がる。（法定最低アルコール度数は14%以上だが、実際には平気で15%を超えるものが多い）

## その他の特殊なワイン

| 呼称 | 生産地域 | 備考 |
|---|---|---|
| **Vermut di Torino**<br>ヴェルムート・ディ・トリノ | **ピエモンテ**州 | **ピエモンテ**州のベルモット。トリノは**ピエモンテ**州の州都。 |
| **Limoncello**<br>リモンチェッロ | **カンパーニア**州<br>ソレント半島とその周辺 | **レモンの皮**で造るリキュール。 |
| **Grappa**<br>グラッパ | 全州 | ブドウの搾り粕（**ヴィナッチャ**）を固形蒸留したイタリア独自の蒸留酒。**ヴェネト**州の**Bassano del Grappa**バッサーノ・デル・グラッパが有名。 |
| **Valpolicella Ripasso**<br>ヴァルポリチェッラ・リパッソ | **ヴェネト**州 | アマローネ・デッラ・ヴァルポリチェッラのヴィナッチャ（ブドウの搾り粕）を入れて再発酵させたワイン。 |

> マールとグラッパ
> ブドウの搾り粕の蒸留酒。
> フランス
> ↓
> Marc マール
> イタリア
> ↓
> Grappa グラッパ

> 干しブドウ状態のブドウを絞って造るアマローネの搾り粕には、まだまだ糖分が残っている。再利用することによって、その素材を充分に使い切り、アマローネの持つ香りとコクをワインに与えることができる。

> 町の名前。「グラッパ」と「ホワイトアスパラガス」が特産品として知られる。

**Italy**
DATA、概要、気候風土、歴史、主要ブドウ品種、ワイン法と品質分類、その他の色々なワインと酒類
P.197 ≫ 203

# Chapter 14 Italy
## North Italy

各州の特徴

# 北部イタリア

## ヴァッレ・ダオスタ州　Valle d'Aosta

州都 Aosta アオスタ

- イタリア北西部に位置し、北はスイス、西はフランスと国境を接する。
- フランス語圏の自治州で、公用語はフランス語、イタリア語。
- ヴァッレ・ダオスタとは、「**アオスタ渓谷**」の意味。
  ほとんどが**山岳**地帯のため、栽培面積が少ない。
- イタリアで**面積最小**、**人口最少**、ワイン**生産量最少**の州。
- ドーラ・バルテア川両岸の傾斜面にある段々畑で、独特の棚式栽培が行われている。

> ヴァッレ・ダオスタ州は、アルプス山脈の山の中に位置している。

> **3つの最小**
> ワイン関連で問われることは少ないため、この"3つの最小"に関連する問題が頻出！

### 主要ブドウ品種

| 白ブドウ | **Prié Blanc** プリエ・ブラン、Moscato Bianco モスカート・ビアンコ |
|---|---|
| 黒ブドウ | Fumin フミン、Petit Rouge プティ・ルージュ |

### 主要な D.O.C.

- D.O.C.G. はなく、D.O.P. ワインは D.O.C. 一つのみ。

Valle d'Aosta

| D.O.C. | 赤 | ロゼ | 白 | 備考 |
|---|---|---|---|---|
| Valle d'Aosta ヴァッレ・ダオスタ / Vallée d'Aoste ヴァレ・ダオステ | ● | ● | ●(発泡) | 州唯一の D.O.C. だが、次のような地理表示が認められている。Blanc de Morgex et de La Salle ブラン・ド・モルジェ・エ・ド・ラ・サル（プリエ・ブランから造られる白ワイン。標高が高い産地。） |

204

# ピエモンテ州　　　Piemonte

州都　<u>Torino</u> トリノ

**州都「トリノ」**
2006年に冬季オリンピックが開催されたことからもわかるように、アルプスの麓に広がる街。かつ、イタリア王国最初の首都であった。

**サヴォイア王家**
現在のヴァッレ・ダオスタ、ピエモンテ、サヴォワ、ジュネーヴ、サルデーニャ、時にはシチリアまで含んでいた公国。以前の首都はシャンベリー（サヴォワの現在の県庁所在地）だったが、1563年にトリノに遷都された。

- Verbano-Cusio-Ossola ヴェルバーノ・クシオ・オッソーラ県
- Biella ビエッラ県
- Novara ノヴァーラ県
- Torino トリノ県
- Vercelli ヴェルチェッリ県
- Asti アスティ県
- Alessandria アレッサンドリア県
- Cuneo クーネオ県

- ピエモンテとは「<u>山の麓（足）</u>」を意味し、トスカーナ州と並ぶ二大銘醸地の1つ。
- <u>シチリア</u>州に次いで、イタリアで第<u>2</u>位の面積を持つ。
- フランスのサヴォワ地方出身の<u>サヴォイア</u>王家が、長年この地を支配していたため、慣習、文化、食文化にフランスの影響が色濃く見られる。
- D.O.C.G.は<u>19</u>あり、全20州中<u>最多</u>。

## 歴 史　　　History

| 時代 | 主な出来事 |
| --- | --- |
| 11C以降 | サヴォイア家が支配を広げ、18世紀には州全体を支配する。 |
| 1861年 | イタリア王国が成立、トリノが王国初の首都となる。 |
| 第二次世界大戦後 | <u>フィアット</u>などの国際的企業が高度経済成長を牽引。 |
| <u>2014</u>年 | 「ピエモンテの葡萄畑の景観：ランゲ・ロエロ・モンフェッラート」が世界文化遺産に登録。 |

## 主要ブドウ品種

**ピエモンテ州**

白ブドウ
- **Cortese** コルテーゼ、
- **Arneis** アルネイス、
- Moscato Bianco モスカート・ビアンコ

黒ブドウ
- **Nebbiolo** ネッビオーロ[※1]、
- **Barbera** バルベーラ[※2]、
- **Dolcetto** ドルチェット[※3]、
- Brachetto ブラケット、
- Grignolino グリニョリーノ

[1] 収穫期が遅く、霧の多い10〜11月になってしまうため。

[2] ブドウの表面が大量の蝋分で覆われ、霧のように見えるため、という説が有力。

> 州を代表する3つの黒ブドウ品種には、慣習的に上下関係が存在する。最も優れた畑には偉大なネッビオーロを植え、バルベーラは地元消費用のワインとして重宝され、ドルチェットは安い価格の量販ワインとなる。近年バルベーラの品質向上が著しい。

※1 <u>Nebbiolo</u>はピエモンテ州を代表する高貴品種。名前の由来は「<u>霧（Nebbia）</u>」。

### ネッビオーロのシノニム

| シノニム | エリア | 代表的なD.O.P. |
|---|---|---|
| **Spanna**<br>スパンナ | 北ピエモンテ | ガッティナーラ（D.O.C.G.）<br>ゲンメ（D.O.C.G.） |
| **Chiavennasca**<br>キアヴェンナスカ | ロンバルディア州<br>**ヴァルテッリーナ** | ヴァルテッリーナ・スペリオーレ（D.O.C.G.） |

※2 <u>Barbera</u>：ピエモンテ州原産。ロンバルディア州でも広く栽培。

※3 <u>Dolcetto</u>は、ピエモンテでは早熟なブドウ。

### ドルチェットのシノニム

| シノニム | エリア |
|---|---|
| **Ormeasco**<br>オルメアスコ | リグーリア州 |

## 主要なD.O.C.G.

- 代表銘柄のD.O.C.G.Barbaresco バルバレスコ、D.O.C.G.Barolo バローロは、ピエモンテ州中南部の**クーネオ**県に位置する。
- 共にネッビオーロから造られる。長期熟成タイプ。
- **アルバ**の町を挟んで、北東に**バルバレスコ**産地、南西に**バローロ**産地がある。
- 西側（ラ・モッラ、バローロ）は、比較的早飲みでしなやかなバローロ。
  東側（カスティリオーネ・ファッレット、セッラルンガ・ダルバ、モンフォルテ・ダルバ）は、スパイシーで力強いバローロ。

> バローロには、実際11のサブリージョンがあるが、教本に記載されているのは5つのみ。

| Barolo　バローロの産地 | Barbaresco　バルバレスコの産地 |
|---|---|
| **La Morra**<br>ラ・モッラ | Barbaresco<br>バルバレスコ |
| Barolo<br>バローロ | **Neive**<br>ネイヴェ |
| Castiglione Falletto<br>カスティリオーネ・ファッレット | Treiso<br>トレイーゾ |
| **Serralunga d'Alba**<br>セッラルンガ・ダルバ | |
| **Monforte d'Alba**<br>モンフォルテ・ダルバ | |

全部で19のD.O.C.G.があり、最も覚えにくいピエモンテ州だが、「D.O.C.G. 19=6+3+3+3+4」と5つの固まりに分けて覚えよう!

Piemonte

| | D.O.C.G.：19 | | 赤 | ロゼ | 白 | 認定年 | 備考 |
|---|---|---|---|---|---|---|---|
| ネッビオーロ（6） | **Barolo**<br>バローロ | **バローロ・キナート**<br>バローロのワインにキナの樹皮を漬け込んだ強壮剤飲料も知られている。 | 🍷 | | | 1981 | 品種：ネッビオーロ。<br>「ワインの王であり、王のワインである」と讃えられる。<br>38カ月以上熟成（うち木樽熟成18カ月以上）、アルコール13％以上。<br>バローロ・キナートも認められている。 |
| | **Barbaresco**<br>バルバレスコ | | 🍷 | | | 1981 | 品種：ネッビオーロ。<br>「ピエモンテの女王」等と称される。<br>26カ月以上熟成（うち木樽熟成9カ月以上）、アルコール12.5％以上。 |
| | **Gattinara**<br>ガッティナーラ | | 🍷 | | | | 品種：<br>スパンナ＝ネッビオーロ90％以上。<br>かつてバローロに勝る名声を得ていた。<br>ヴェルチェッリ県。 |
| | **Ghemme**<br>ゲンメ | | 🍷 | | | | 品種：<br>スパンナ＝ネッビオーロ85％以上。<br>ノヴァーラ県で造られ、セシア川対岸のガッティナーラと並ぶ高貴なワイン。 |
| | **Roero**<br>ロエーロ | | 🍷 | | 🍷<br>(発泡) | | 赤：ネッビオーロ95％以上<br>白：アルネイス95％以上。 |
| | **Terre Alfieri**<br>テッレ・アルフィエーリ | | 🍷 | | 🍷 | 2020 | 赤：ネッビオーロ85％以上<br>白：アルネイス85％以上。 |
| バルベーラ（3） | **Barbera d'Asti**<br>バルベーラ・ダスティ | バルベーラのD.O.P.の中で生産量最多であり、最も有名。☕ | 🍷 | | | | 品種：バルベーラ主体。 |
| | Barbera del Monferrato Superiore<br>バルベーラ・デル・モンフェッラート・スペリオーレ | | 🍷 | | | | 品種：バルベーラ主体。 |
| | **Nizza**<br>ニッツァ | Barbera d'Astiのサブゾーンから独立したD.O.C.G.。☕ | 🍷 | | | | 品種：バルベーラ。 |
| ドルチェット（3） | Dolcetto di Ovada Superiore /<br>ドルチェット・ディ・オヴァーダ・スペリオーレ /<br>Ovada<br>オヴァーダ | | 🍷 | | | | 品種：ドルチェット。 |
| | Dolcetto di Diano d'Alba /<br>ドルチェット・ディ・ディアーノ・ダルバ /<br>Diano d'Alba<br>ディアーノ・ダルバ | | 🍷 | | | | 品種：ドルチェット。 |
| | **Dogliani**<br>ドリアーニ | ドルチェットの起源の地とされ、長期熟成可能なドルチェットを産する。☕ | 🍷 | | | | 品種：ドルチェット。 |

Chapter 14 イタリア

# ピエモンテ州 — Piemonte

**アルタ・ランガ**は常にスパークリングワインのみの呼称。

**シャルマ方式で造られるのが一般的だが、実際には瓶内二次発酵、甘口スティルワインも存在する。**

| D.O.C.G.：19 | | 赤 | ロゼ | 白 | 認定年 | 備考 |
|---|---|---|---|---|---|---|
| 泡（3） | **Alta Langa** アルタ・ランガ | | ロゼ 発泡 | 白 発泡 | 2011 | 品種：ピノ・ネーロ、シャルドネ主体。瓶内二次発酵。 |
| | **Asti** アスティ | | | 白 甘（発泡） | 1993 | 品種：**モスカート・ビアンコ**。 |
| | **Canelli** カネッリ | | | 白 甘（発泡） | **2023** | 品種：**モスカート・ビアンコ**。 |
| その他（4） | **Gavi** / **Cortese di Gavi** ガヴィ／コルテーゼ・ディ・ガヴィ | | | 白（発泡） | 1998 | 品種：**コルテーゼ**。 |
| | **Erbaluce di Caluso** / エルバルーチェ・ディ・カルーソ／ **Caluso** カルーソ | | | 白（発泡） | 2010 | 品種：**エルバルーチェ**。 |
| | **Brachetto d'Acqui** / ブラケット・ダックイ／ **Acqui** アックイ | 赤（発泡） | | | 1996 | 品種：**ブラケット**。 |
| | **Ruchè di Castagnole Monferrato** ルケ・ディ・カスタニョーレ・モンフェッラート | 赤 | | | 2010 | 品種：**ルケ**主体。 |

※「（発泡）」はスティル・発泡両方の意味。ここまで試験で出題される可能性は低いので覚える必要はない。「／」が入っているものについては、両方の表記が認められている。つまり、どちらで出題されるかわからないため、どちらで問われても気づけるようにしよう。

**混同しやすい白ワイン**
ソアーヴェ（ヴェネト州）：ガルガネガ
ガヴィ（ピエモンテ州）：コルテーゼ

## 「赤の甘口 D.O.C.G.」

1. Brachetto d'Acqui ブラケット・ダックイ※（ピエモンテ）
2. Moscato di Scanzo モスカート・ディ・スカンツォ（ロンバルディア）
3. Vernaccia di Serrapetrona ヴェルナッチャ・ディ・セッラペトローナ（マルケ）
（4）Recioto della Valpolicella レチョート・デッラ・ヴァルポリチェッラ（ヴェネト）
（5）Primitivo di Manduria Dolce Naturale プリミティーヴォ・ディ・マンドゥリア・ドルチェ・ナトゥラーレ（プーリア）
（6）Elba Aleatico Passito エルバ・アレアティコ・パッシート（トスカーナ）

※❶は辛口も認められ、2017ヴィンテージより流通しているが、覚えにくいのでこのリストに含めている。
※❹、❺、❻はD.O.C.G.名に「甘口」とわかるキーワードが入っているので、覚える必要さえない。

## 主要な D.O.C.

Piemonte

| D.O.C. | 赤 | ロゼ | 白 | 備考 |
|---|---|---|---|---|
| **Barbera d'Alba** バルベーラ・ダルバ | 赤 | | | 品種：バルベーラ主体。 |
| **Barbera del Monferrato** バルベーラ・デル・モンフェッラート | 赤（発泡） | | | 品種：バルベーラ主体。 |
| **Coste della Sesia** コステ・デッラ・セシア | 赤 | ロゼ | 白 | 品種：ネッビオーロ他。 |
| **Langhe** ランゲ | 赤（発泡） | ロゼ | 白 | 赤・ロゼ：ネッビオーロ他、白：アルネイス他。 |
| **Malvasia di Castelnuovo Don Bosco** マルヴァジア・ディ・カステルヌオーヴォ・ドン・ボスコ | 赤（発泡） | ロゼ 発泡 | | 品種：マルヴァジア・ディ・スキエラーノ他。 |

# リグーリア州　Liguria

州都 Genova ジェノヴァ

- イタリア北西部に位置し、西はフランスと国境を接し、**州都ジェノヴァ**はイタリア**最大**の港町。
- 中世後期には、ジェノヴァ共和国が栄え、新大陸を発見した**クリストフォロ・コロンボ**（**コロンブス**）などを輩出。
- 世界遺産の**チンクエ・テッレ**など、多くの景勝地がある。
- 耕作可能な土地が少なく、ワイン生産量はヴァッレ・ダオスタ州に次いで少ない。

> リグーリア州が沿岸部一帯に広がるため、ピエモンテ州は地中海に面していない。

> D.O.C.G.を持たない5つの州
> 1. ヴァッレ・ダオスタ州
> 2. リグーリア州
> 3. トレンティーノ・アルト・アディジェ州
> 4. モリーゼ州
> 5. カラブリア州

## 主要ブドウ品種

白ブドウ
- **Vermentino ヴェルメンティーノ**
- Pigato ピガート
- Bosco ボスコ
- Albarola アルバローラ

> シノニム
> フランス・プロヴァンス地方では「Rolle ロール」と呼ばれる。

黒ブドウ
- Rossese ロッセーゼ
- **Ormeasco オルメアスコ ＝ Dolcetto ドルチェット**

## 主要なD.O.C.

Liguria

| D.O.C. | 赤 | ロゼ | 白 | 備考 |
|---|---|---|---|---|
| **Cinque Terre**<br>チンクエ・テッレ | | | 〇 | 品種：ボスコ、アルバローラ、ヴェルメンティーノ。チンクエ・テッレとは「5つの村」の総称。**Cinque Terre Sciacchetrà** チンクエ・テッレ・シャッケトラはブドウを**陰干し**した甘口タイプ。 |
| **Colli di Luni**<br>コッリ・ディ・ルーニ | 〇 | | 〇 | 赤：**サンジョヴェーゼ**主体。白：**ヴェルメンティーノ**他。**トスカーナ**州にまたがる呼称。 |
| Rossese di Dolceacqua<br>ロッセーゼ・ディ・ドルチェアックア | 〇 | | | 品種：**ロッセーゼ**。リグーリアで最も重要な赤ワイン。 |

### 複数の州にまたがる10個のD.O.P.

| D.O.P. | 州名 | 州名 |
|---|---|---|
| **Lison**（D.O.C.G.） | ヴェネト | フリウリ・ヴェネツィア・ジューリア |
| **Colli di Luni**（D.O.C.） | リグーリア | トスカーナ |
| **Garda**（D.O.C.） | ロンバルディア | ヴェネト |
| **Lugana**（D.O.C.） | ロンバルディア | ヴェネト |
| San Martino della Battaglia（D.O.C.） | ロンバルディア | ヴェネト |
| Valdadige Terradeiforti/Terradeiforti（D.O.C.） | トレンティーノ・アルト・アディジェ | ヴェネト |
| Lison-Pramaggiore（D.O.C.） | ヴェネト | フリウリ・ヴェネツィア・ジューリア |
| **Prosecco**（D.O.C.） | ヴェネト | フリウリ・ヴェネツィア・ジューリア |
| **Orvieto**（D.O.C.） | ウンブリア | ラツィオ |
| Delle Venezie（D.O.C.） | ヴェネト<br>フリウリ・ヴェネツィア・ジューリア | トレンティーノ・アルト・アディジェ |

# ロンバルディア州   Lombardia

州都 Milano ミラノ

- イタリアで**最も豊かな**州で、国民総生産の4分の1を生み出し、**州都ミラノ**は工業、金融、商業の中心地。
- 北はスイスのティチーノ州と接する。
- イタリア**最大**の**ガルダ**湖（ヴェネト州にまたがる）、**マッジョーレ**湖、コモ湖、イゼオ湖など多くの湖が、独自の微気候をつくりだす。
- ワイン生産地は主に、**ヴァルテッリーナ**（厳格な「山のワイン」）、**フランチャコルタ**（瓶内二次発酵の高級スパークリングワイン）、**オルトレポ・パヴェーゼ**（ミラノに大量にワインを供給）の3つに分かれる。
- 陰干しブドウから造られる辛口ワイン **Sforzato** スフォルツァートが有名。

> 地図からロンバルディア州の中心から離れた北部にあることが確認できる。つまりアルプス山脈の山中にあるということ。

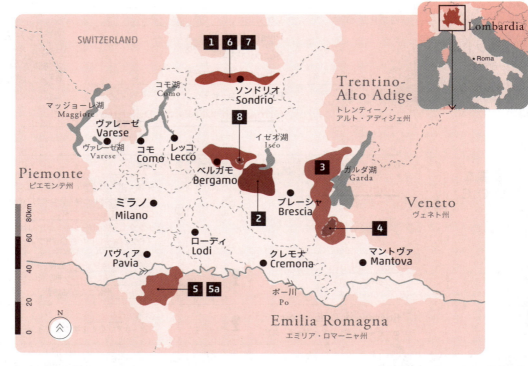

## Lombardia
ロンバルディア州

1. Valtellina Superiore D.O.C.G.
   ヴァルテッリーナ・スペリオーレ D.O.C.G.
2. Franciacorta D.O.C.G.
   フランチャコルタ D.O.C.G.
3. Garda Classico/Garda D.O.C.
   ガルダ・クラッシコ/ガルダ D.O.C.
4. Lugana D.O.C.
   ルガーナ D.O.C.
5. Oltrepò Pavese Metodo Classico D.O.C.G.
   オルトレポ・パヴェーゼ・メトド・クラッシコ D.O.C.G.
5a. Oltrepò Pavese D.O.C.
   オルトレポ・パヴェーゼ D.O.C.
6. Valtellina Rosso/Rosso di Valtellina D.O.C.
   ヴァルテッリーナ・ロッソ/ロッソ・ディ・ヴァルテッリーナ D.O.C.
7. Sforzato di Valtellina/Sfursat di Valtellina D.O.C.G.
   スフォルツァート・ディ・ヴァルテッリーナ/スフルサット・ディ・ヴァルテッリーナ D.O.C.G.
8. Moscato di Scanzo/Scanzo D.O.C.G.
   モスカート・ディ・スカンツォ/スカンツォ D.O.C.G.

## 主要ブドウ品種

| | | |
|---|---|---|
| 白ブドウ | Chardonnay シャルドネ | |
| 黒ブドウ | **Chiavennasca** キアヴェンナスカ、<br>＝ **Nebbiolo** ネッビオーロ、<br>Pinot Nero ピノ・ネーロ、<br>Moscato di Scanzo モスカート・ディ・スカンツォ | |

## 主要な D.O.C.G.

> **D.O.C.G.は「2＋2＋1」**
> ロンバルディア州は、北部3つの主要州の中でD.O.C.G.が特に少ない。5つしかないので、真っ先に覚えてしまいたい州である。「2＋2＋1」と分解することで覚えやすくなる。

> **シャンパーニュとの違い**
> シャンパーニュの主要ブドウ品種と比べると、ムニエがピノ・ビアンコに取って代わっている。

Lombardia

| | D.O.C.G.：5 | 赤 | ロゼ | 白 | 認定年 | 備考 |
|---|---|---|---|---|---|---|
| **2（泡）** | **Franciacorta**<br>フランチャコルタ | | 発泡 | 発泡 | 1995 | ロゼ・白：シャルドネ、ピノ・ネーロ、ピノ・ビアンコ。スプマンテ、**瓶内二次発酵**、ノーマルは瓶内熟成18カ月以上熟成。 |
| | Oltrepò Pavese Metodo Classico<br>オルトレポ・パヴェーゼ・メトド・クラッシコ | | 発泡 | 発泡 | 2007 | 品種：ピノ・ネーロ主体。スプマンテ、瓶内二次発酵。 |
| **2（ヴァルテッリーナ）** | **Valtellina Superiore**<br>ヴァルテッリーナ・スペリオーレ | ● | | | 1998 | 品種：**キアヴェンナスカ**＝ネッビオーロ主体。 |
| | **Sforzato** di Valtellina /<br>スフォルツァート・ディ・ヴァルテッリーナ /<br>Sfursat di Valtellina<br>スフルサット・ディ・ヴァルテッリーナ | ● | | | 2003 | 品種：**キアヴェンナスカ**＝ネッビオーロ主体。**Sforzato**：**陰干し**ブドウから造られる辛口。 |
| **1（甘口赤ワイン）** | Moscato di **Scanzo** /<br>モスカート・ディ・スカンツォ /<br>**Scanzo**<br>スカンツォ | 甘 | | | 2009 | 品種：モスカート・ディ・スカンツォ。**陰干し**ブドウを使用。 |

※呼称名に何もついていないとD.O.C.だが、"Superiore"がつくとD.O.C.G.に昇格する。イタリアワインでよく見かけるルール。

> 希少な甘口のD.O.C.G.赤ワイン。問われやすいので覚えよう。

## 主要な D.O.C.

Lombardia

| | D.O.C. | 赤 | ロゼ | 白 | 備考 |
|---|---|---|---|---|---|
| | **Oltrepò Pavese**<br>オルトレポ・パヴェーゼ | ●<br>（発泡） | （発泡） | （発泡） | 赤・ロゼ：バルベーラ、クロアティーナ他。<br>白：リースリング他。 |
| | **Garda**<br>ガルダ | ● | （発泡） | （発泡） | **ヴェネト**州にまたがる。クラッシコあり。 |
| | **Lugana**<br>ルガーナ | | | （発泡） | **ヴェネト**州にまたがる。 |

Chapter **14** イタリア

# トレンティーノ・アルト・アディジェ州　Trentino-Alto Adige

州都 **Trento** トレント

- イタリア**最北**に位置し、北は**オーストリア**、**スイス**と国境を接している。
- 州の真ん中を**アディジェ**川が流れ、両側に世界遺産の**ドロミーティ**山塊が連なる。
- 北部のアルト・アディジェ地方は**ドイツ**語圏、南部のトレンティーノ地方はイタリア語圏。

> 北部アルト・アディジェは「南チロル」とも呼ばれ、いわばオーストリアとイタリアの係争地である。第一次世界大戦後にイタリア領となったが、現在でも分離運動が比較的盛んな地域。

## 主要ブドウ品種

| 白ブドウ | Traminer Aromatico トラミネール・アロマティコ、**Nosiola** ノジオーラ |
|---|---|
| 黒ブドウ | Schiava スキアーヴァ、**Lagrein** ラグレイン、**Teroldego** テロルデゴ |

### 出題のポイント
D.O.C.G.を持たない州のため、白・黒ブドウ品種の組合せが問われる!!

## 主要な D.O.C.

Trentino-Alto Adige

| D.O.C. | 赤 | ロゼ | 白 | 備考 |
|---|---|---|---|---|
| **Trento** トレント |  | 発泡 | 発泡 | スプマンテ、瓶内二次発酵。 |

> フランチャコルタと並び、イタリア最高品質のスパークリングを造る呼称の一つ。

---

# ヴェネト州　Veneto

州都 **Venezia** ヴェネツィア

- イタリア北東部に位置し、イタリアの中では平野部が広い。
- 近年、ワイン生産量は全20州の中で第**1**位。
- 国際ワイン見本市**ヴィーニタリー**が毎年開催される**ヴェローナ**は、「イタリアワインの首都」と考えられている。
- 7世紀にヴェネツィアが誕生すると、東方貿易の独占によって繁栄し、最盛期には「**ラ・セレニッシマ**（非常に穏やかな）」、「**アドリア海の女王**」と讃えられた。
- 基本的に温暖で、ロンバルディア州との境にあるガルダ湖周辺は特に温暖である。
- ブドウの搾り粕から造る蒸留酒 Grappa グラッパで有名な、**Bassano del Grappa** バッサーノ・デル・グラッパがある。

> ヨーロッパでも屈指のワイン見本市として有名。

> アルプスとも、アペニン山脈とも距離が離れているため、イタリアとしては珍しく平野部が広く、ワイン生産量も多い。

212

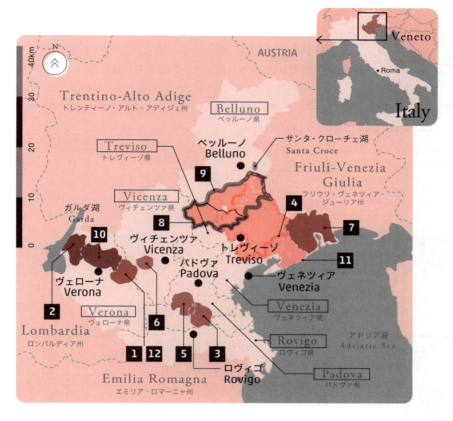

## Veneto
ヴェネト州

1 ■ Recioto di Soave D.O.C.G.
レチョート・ディ・ソアーヴェ D.O.C.G.

2 ■ Bardolino Superiore D.O.C.G.
バルドリーノ・スペリオーレ D.O.C.G.

3 ■ Bagnoli Friularo / Friularo Bagnoli D.O.C.G.
バニョーリ・フリウラーロ / フリウラーロ・バニョーリ D.O.C.G.

4 ■ Colli di Conegliano D.O.C.G.
コッリ・ディ・コネリアーノ D.O.C.G.

5 ■ Colli Euganei Fior d'Arancio / Fior d'Arancio Colli Euganei D.O.C.G.
コッリ・エウガネイ・フィオル・ダランチョ / フィオル・ダランチョ・コッリ・エウガネイ D.O.C.G.

6 ■ Recioto di Gambellara D.O.C.G.
レチョート・ディ・ガンベッラーラ D.O.C.G.

7 ■ Lison D.O.C.G.
リソン D.O.C.G.

8 ☐ Montello Rosso / Montello D.O.C.G.
モンテッロ・ロッソ / モンテッロ D.O.C.G.

Colli Asolani Prosecco / Asolo Prosecco D.O.C.G.
コッリ・アゾラーニ・プロセッコ / アゾーロ・プロセッコ D.O.C.G.

9 ☐ Conegliano Valdobbiadene-Prosecco / Conegliano-Prosecco / Valdobbiadene-Prosecco D.O.C.G.
コネリアーノ・ヴァルドッピアデネ・プロセッコ / コネリアーノ・プロセッコ / ヴァルドッピアデネ・プロセッコ D.O.C.G.

10 ■ Amarone della Valpolicella D.O.C.G.
アマローネ・デッラ・ヴァルポリチェッラ D.O.C.G.

Recioto della Valpolicella D.O.C.G.
レチョート・デッラ・ヴァルポリチェッラ D.O.C.G.

Valpolicella Ripasso D.O.C.
ヴァルポリチェッラ・リパッソ D.O.C.

11 ■ Piave Malanotte / Malanotte del Piave D.O.C.G.
ピアーヴェ・マラノッテ / マラノッテ・デル・ピアーヴェ D.O.C.G.

12 ■ Soave Superiore D.O.C.G.
ソアーヴェ・スペリオーレ D.O.C.G.

主要ブドウ品種

| | |
|---|---|
| 白ブドウ | **Garganega** ガルガネガ、Trebbiano di Soave トレッビアーノ・ディ・ソアーヴェ、Glera グレーラ※ |
| 黒ブドウ | **Corvina** コルヴィーナ、Rondinella ロンディネッラ、Raboso ラボーソ |

※古代ローマで有名だったPulcinumプルチヌムが祖先だといわれる。

## 主要な D.O.C.G.

**ヴェネト州**
- D.O.C.G.数はピエモンテ州に次いで、2番目に多い。

Veneto

| D.O.C.G.：**14** | | 赤 | ロゼ | 白 | 認定年 | 備考 |
|---|---|---|---|---|---|---|
| 3（コルヴィーナ・ヴェロネーゼ） | **Amarone della Valpolicella**<br>アマローネ・デッラ・ヴァルポリチェッラ | 🍷 | | | 2010 | 品種：<u>コルヴィーナ・ヴェロネーゼ</u>主体。陰干しして糖度の高くなったブドウをほぼ全て発酵させるため、アルコールの強いタイプとなる。 |
| | **Recioto della Valpolicella**<br>レチョート・デッラ・ヴァルポリチェッラ | 🍷<br>甘<br>（発泡） | | | 2010 | 品種：<u>コルヴィーナ・ヴェロネーゼ</u>主体。 |
| | **Bardolino Superiore**<br>バルドリーノ・スペリオーレ | 🍷 | | | 2001 | 品種：<u>コルヴィーナ・ヴェロネーゼ</u>主体。 |
| 3（ガルガネガ） | **Soave Superiore**<br>ソアーヴェ・スペリオーレ | | | 🍷 | 2001 | 品種：<u>ガルガネガ</u>70％以上。 |
| | **Recioto di Soave**<br>レチョート・ディ・ソアーヴェ | | | 🍷<br>甘<br>（発泡） | 1998 | 品種：<u>ガルガネガ</u>70％以上。 |
| | **Recioto di Gambellara**<br>レチョート・ディ・ガンベッラーラ | | | 🍷<br>甘<br>（発泡） | 2008 | 品種：<u>ガルガネガ</u>。スティル、スプマンテもあり。 |
| 2（グレーラ） | **Asolo** / **Asolo Prosecco**<br>アゾロ / アゾロ・プロセッコ<br>（旧名称：Colli Asolani Prosecco コッリ・アゾラーニ・プロセッコ） | | | 🍷<br>（発泡） | 2009 | 品種：<u>グレーラ</u>主体。スプマンテ、フリッツァンテ。 |
| | **Conegliano Valdobbiadene-Prosecco** /<br>コネリアーノ・ヴァルドッビアデネ・プロセッコ /<br>**Conegliano-Prosecco** /<br>コネリアーノ・プロセッコ /<br>**Valdobbiadene-Prosecco**<br>ヴァルドッビアデネ・プロセッコ | | | 🍷<br>（発泡） | 2009 | 品種：<u>グレーラ</u>主体。イタリアを代表する発泡性ワイン。 |
| 2（白のみ） | **Colli Euganei Fior d'Arancio** /<br>コッリ・エウガネイ・フィオル・ダランチョ /<br>**Fior d'Arancio Colli Euganei**<br>フィオル・ダランチョ・コッリ・エウガネイ | | | 🍷<br>（発泡） | 2011 | 品種：モスカート・ジャッロ主体。スティル、スプマンテ、パッシート。 |
| | **Lison**<br>リゾン | | | 🍷 | 2011 | 品種：<u>タイ</u>＝<u>フリウラーノ</u>主体。ヴェネト州と<u>フリウリ・ヴェネツィア・ジューリア</u>州にまたがる。 |

Amarone：辛口
Recioto：甘口

ガルダ湖とValpolicellaに挟まれたエリアのため、主要品種はコルヴィーナ・ヴェロネーゼで同じ。

ソアーヴェ近郊の産地のため、主要品種はガルガネガ。

フィオル・ダランチョはオレンジの花の意味。ワインの香りに由来する。

またがる呼称
「ヴェネト州とフリウリ・ヴェネツィア・ジューリア州にまたがる呼称」は「D.O.C.G. Lison」と「D.O.C. Prosecco」の2つを覚えておこう！

214

Veneto

| D.O.C.G.：**14** | | 赤 | ロゼ | 白 | 認定年 | 備考 |
|---|---|---|---|---|---|---|
| 3（赤のみ） | Montello Rosso /<br>モンテッロ・ロッソ /<br>Montello<br>モンテッロ | 🍷 | | | 2011 | 品種：カベルネ・ソーヴィニヨン他。 |
| | Piave Malanotte /<br>ピアーヴェ・マラノッテ /<br>Malanotte del Piave<br>マラノッテ・デル・ピアーヴェ | 🍷 | | | 2011 | 品種：ラボーソ・ピアーヴェ主体。 |
| | Bagnoli Friularo /<br>バニョーリ・フリウラーロ /<br>Friularo Bagnoli<br>フリウラーロ・バニョーリ | 🍷 | | | 2011 | 品種：フリウラーロ<br>＝ラボーソ・ピアーヴェ主体。 |
| 1（赤・白） | **Colli di Conegliano**<br>**コッリ・ディ・コネリアーノ** | 🍷 | | 🍷 | 2011 | 赤：カベルネ・フラン、カベルネ・ソーヴィニヨン、マルツェミーノなど。<br>白：インクローチョ・マンツォーニ 6.0.13 など。 |

Veneto

主要な
D.O.C.

| D.O.C. | 赤 | ロゼ | 白 | 備考 |
|---|---|---|---|---|
| **Prosecco**<br>**プロセッコ** | | 🍷<br>発泡 | 🍷<br>（発泡） | 品種：グレーラ他。<br>**フリウリ・ヴェネツィア・ジューリア**州にまたがる。<br>2020 年、プロセッコ・ロゼのカテゴリーが誕生した。<br>伝統的に食前酒として飲まれてきたが、近年は食中酒として楽しまれることも増え、辛口が増えてきている。 |
| Bardolino<br>バルドリーノ | 🍷 | 🍷<br>（発泡） | | |
| Piave<br>ピアーヴェ | 🍷 | | 🍷 | |
| **Soave**<br>**ソアーヴェ** | | | 🍷<br>（発泡） | 品種：ガルガネガ主体。 |
| **Valpolicella**<br>**ヴァルポリチェッラ** | 🍷 | | | 品種：コルヴィーナ・ヴェロネーゼ主体。 |
| **Valpolicella Ripasso**<br>**ヴァルポリチェッラ・リパッソ** | 🍷 | | | 品種：コルヴィーナ・ヴェロネーゼ主体。<br>アマローネ・デッラ・ヴァルポリチェッラの**ヴィナッチャ**（ブドウの搾り粕）を入れて、再発酵させて造られる。 |

Chapter
**14**
イタリア

# フリウリ・ヴェネツィア・ジューリア州 Friuli-Venezia Giulia

州都 Trieste トリエステ

- 北はオーストリア、東はスロヴェニアに接しており、南はアドリア海に面している。
- 白ワインの産地として知られ、生産量の85％が白ワインである。
- イタリア語、フリウリ方言の他、スロヴェニア語、ドイツ語も州の公用語として認められている。

## 主要ブドウ品種

特に州の東側では、果皮ごと漬け込んで発酵させるオレンジワインとなることも多い。

**白ブドウ**
- **Friulano** フリウラーノ、
- **Ribolla Gialla** リボッラ・ジャッラ、
- Verduzzo Friulano ヴェルドゥッツォ・フリウラーノ、Picolit ピコリット、
- Pinot Grigio ピノ・グリージョ

**黒ブドウ**
- Refosco dal Peduncolo Rosso レフォスコ・ダル・ペドゥンコロ・ロッソ※、
- Schioppettino スキオッペッティーノ

※ Peduncolo Rosso＝「赤い果梗」という意味。

## 主要な D.O.C.G.

Friuli-Venezia Giulia

| D.O.C.G.：4 | 赤 | ロゼ | 白 | 認定年 | 備考 |
|---|---|---|---|---|---|
| **Colli Orientali del Friuli Picolit**<br>コッリ・オリエンターリ・デル・フリウリ・ピコリット | | | 甘 | 2006 | 品種：ピコリット主体。ピコリットは生産量が少ない。 |
| **Ramandolo**<br>ラマンドロ | | | 甘 | 2001 | 品種：ヴェルドゥッツォ・フリウラーノ。 |
| Rosazzo<br>ロサッツォ | | | | 2011 | 品種：フリウラーノ主体。 |
| **Lison**<br>リソン | | | | 2011 | 品種：タイ＝フリウラーノ主体。ヴェネト州にまたがる。 |

ピコリット >>

**希少なブドウ品種「ピコリット」**
通常のブドウに比べ、粒の数が1/10程度しかつかない、極めて貴重なブドウ。

## 主要な D.O.C.

Friuli-Venezia Giulia

| D.O.C. | 赤 | ロゼ | 白 | 備考 |
|---|---|---|---|---|
| Collio Goriziano/Collio<br>コッリオ・ゴリツィアーノ／コッリオ | | | | 品種：フリウラーノ、リボッラ・ジャッラ等。 |

216

# エミリア・ロマーニャ州　　Emilia Romagna

州都 Bologna ボローニャ

- 州都ボローニャの西側に位置するエミリア、ボローニャの東側に位置するロマーニャの2地方に分かれる。2つの地方は、歴史や文化が全く異なり、ワインにも明確に表れている。
- 西側のエミリアは微発泡性の赤ワイン Lambrusco ランブルスコ、東側のロマーニャは単一品種ワインが造られる。
- 州の北部にはポー平原が広がっている。ポー平原はエミリア・ロマーニャ州をはじめピエモンテ州、ロンバルディア州、ヴェネト州にまたがるポー川流域の平野で、イタリア最大の平原である。

## 主要ブドウ品種

| 白ブドウ | Albana アルバーナ、Pignoletto ピニョレット |
| --- | --- |
| 黒ブドウ | Lambrusco ランブルスコ、Sangiovese サンジョヴェーゼ |

## 主要な D.O.C.G.

Emilia Romagna

| D.O.C.G.：2 | 赤 | ロゼ | 白 | 認定年 | 備考 |
| --- | --- | --- | --- | --- | --- |
| Colli Bolognesi Pignoletto<br>コッリ・ボロニェージ・ピニョレット | | | 〇 | 2010 | 品種：ピニョレット＝グレケット（ギリシャ起源）主体。 |
| Romagna Albana<br>ロマーニャ・アルバーナ | | | 〇<br>辛～甘 | 2011 | 品種：アルバーナ（古代ローマ時代から造られてきた）。パッシートあり。 |

## 主要な D.O.C.

| D.O.C. | 赤 | ロゼ | 白 | 備考 |
| --- | --- | --- | --- | --- |
| Lambrusco di Sorbara<br>ランブルスコ・ディ・ソルバーラ | 発泡 | 発泡 | | 品種：ランブルスコ・ディ・ソルバーラ主体。 |

> エミリア・ロマーニャ州の郷土料理である「ラザニア」と抜群の相性を誇る、微発泡性ワイン。

Italy

北部イタリア　>>

P.204 >> 217

VINOLET

217

Chapter 14 Italy
Central Italy

各州の特徴

# 中部イタリア

Central Italy

---

中部イタリアは、西側の3州と東側の3州に分かれる

|  | 西（ティレニア海）側 | 東（アドリア海）側 |
|---|---|---|
| 代表的な黒ブドウ品種 | サンジョヴェーゼ | モンテプルチアーノ |

## トスカーナ州　　　　　　　　　　　Toscana

州都 Firenze フィレンツェ

- イタリア中部に位置するトスカーナ州は、ピエモンテ州と並ぶ二大銘醸地のひとつ。
- トスカーナの語源は、「エトルリア」で、かつてエトルリア人が中部イタリアを広範囲にわたり支配していた。
- フィレンツェ、シエナ、ピサ、ルッカ、アレッツォなど、観光地が多く、世界遺産の数も多い。
- 特産品としてオリーヴオイルが有名であり、トスカーナ産は卓越している。
- 基本的には粘土石灰質土壌だが、キアンティ・クラッシコ地区、モンタルチーノでは、ガレストロという、泥灰土が薄く何層にも重なった土壌が多い。

> ピサの町のドゥオーモ広場にある「ピサの斜塔」が有名。

**ガレストロ**
石灰質のもろい瓦礫のような土壌。

### 歴史　　　　　　　　　　History

| 時代 | 主な出来事 |
|---|---|
| 14〜15C | フィレンツェは、銀行業で富を蓄えたメディチ家をリーダーとして文化的に繁栄し、ルネッサンスの中心地となる。 |
| 1716年 | トスカーナ大公コジモ3世が、世界初の原産地保護の例である、カルミニャーノ、キアンティ、ポミーノ、ヴァル・ダルノ・ディ・ソプラのワイン産地の境界を定める。 |
| 1870年頃 | ベッティーノ・リカーゾリ男爵が、キアンティワインのベースとなる品種構成、Formulae フォルムラ（サンジョヴェーゼ70％、カナイオーロ20％、マルヴァジア・デル・キアンティ10％）を定める。 |
| 1970年代 | キアンティ・クラッシコ地区の生産者が、イタリアワインの近代化「イタリアワイン・ルネッサンス」を牽引。規則にとらわれない、近代的スタイルのワインは「スーパータスカン※」ともてはやされ、国際的知名度を得た。 |

**【 Classico 】**
Classico クラッシコとは、「昔から認められていた伝統的なエリア」という意味。1996年、D.O.C.G.キアンティから独立を果たす。

※スーパータスカンとは、トスカーナ州で生まれたワイン法を無視した自由な発想で造られた高品質なワイン。1968年の「サッシカイア」を皮切りに、1970年代に入り次々と誕生していった。サッシカイアはイタリア初の国際品種であるCS主体で造られたワインであった為、当時のD.O.C.を名乗れず、高品質であるにもかかわらず最下層のVino da Tavola（現在のVinoにあたる）であった。現在はサッシカイアだけ特別にD.O.C. Bolgheri Sassicaiaという呼称が認められている。

| 主要ブドウ品種 | 白ブドウ | Vernaccia ヴェルナッチャ、Malvasia Bianca マルヴァジア・ビアンカ、Trebbiano トレッビアーノ |
|---|---|---|
| | 黒ブドウ | **Sangiovese** サンジョヴェーゼ ＝ **Brunello** ブルネッロ ＝ **Prugnolo Gentile** プルニョーロ・ジェンティーレ、Canaiolo Nero カナイオーロ・ネーロ |

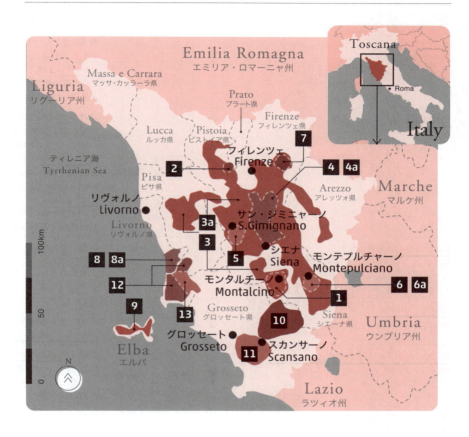

## Toscana
トスカーナ州

1. **Brunello di Montalcino D.O.C.G.**
   ブルネッロ・ディ・モンタルチーノ D.O.C.G.
2. **Carmignano D.O.C.G.**
   カルミニャーノ D.O.C.G.
3. Chianti D.O.C.G.
   キアンティ D.O.C.G.
3a. Vin Santo del Chianti D.O.C.
   ヴィン・サント・デル・キアンティ D.O.C.
4. **Chianti Classico D.O.C.G.**
   キアンティ・クラッシコ D.O.C.G.
4a. Vin Santo del Chianti Classico D.O.C.
   ヴィン・サント・デル・キアンティ・クラッシコ D.O.C.
5. Vernaccia di San Gimignano D.O.C.G.
   ヴェルナッチャ・ディ・サン・ジミニャーノ D.O.C.G.
6. **Vino Nobile di Montepulciano D.O.C.G.**
   ヴィーノ・ノビレ・ディ・モンテプルチャーノ D.O.C.G.
6a. Vin Santo di Montepulciano D.O.C.
   ヴィン・サント・ディ・モンテプルチャーノ D.O.C.

7. **Pomino D.O.C.**
   ポミーノ D.O.C.
8. Bolgheri D.O.C.
   ボルゲリ D.O.C.
8a. Bolgheri Sassicaia D.O.C.
   ボルゲリ・サッシカイア D.O.C.
9. Elba Aleatico Passito / Aleatico Passito dell'Elba D.O.C.G.
   エルバ・アレアティコ・パッシート / アレアティコ・パッシート・デッレルバ D.O.C.G.
10. Montecucco Sangiovese D.O.C.G.
    モンテクッコ・サンジョヴェーゼ D.O.C.G.
11. **Morellino di Scansano D.O.C.G.**
    モレッリーノ・ディ・スカンサーノ D.O.C.G.
12. Rosso della Val di Cornia / Val di Cornia Rosso D.O.C.G.
    ロッソ・デッラ・ヴァル・ディ・コルニア / ヴァル・ディ・コルニア・ロッソ D.O.C.G.
13. Suvereto D.O.C.G.
    スヴェレート D.O.C.G.

## 主要な D.O.C.G.

**トスカーナ州**

「11」の D.O.C.G. の内訳
1. 9つ…サンジョヴェーゼ関連
2. 1つ…赤の甘口
3. 1つ…唯一の白

> サンジョヴェーゼは、フランスの主要品種と比べ、より多くのクローン（亜種）が存在していることで知られている。

Toscana

| D.O.C.G.：11 | 赤 | ロゼ | 白 | 認定年 | 備考 |
|---|---|---|---|---|---|
| **Brunello di Montalcino**<br>ブルネッロ・ディ・モンタルチーノ | 赤 | | | **1980** | 品種：**ブルネッロ**＝サンジョヴェーゼ 100 %。<br>シエナ県モンタルチーノで造られる偉大な赤ワインのひとつ。<br>**1980** 年認定、**最も古い** D.O.C.G.。<br>**ガレストロ**土壌。<br>2年の樽熟成が義務付けられ、収穫年を含め5年を経過した翌年の1月1日から販売可能。 |
| **Chianti**<br>キアンティ | 赤 | | | 1984 | 品種：**サンジョヴェーゼ** 70 % 以上。<br>特定地域（Sottozona ソットゾーナ）に、<br>Colli Aretini コッリ・アレティーニ、<br>**Colli Senesi コッリ・セネージ**、<br>Colline Pisane コッリーネ・ピサーネ、<br>Montalbano モンタルバーノ、<br>**Rufina ルフィーナ**、<br>Colli Fiorentini コッリ・フィオレンティーニ、<br>Montespertoli モンテスペルトリがある。 |
| **Chianti Classico**<br>キアンティ・クラッシコ | 赤 | | | 1984 | 品種：**サンジョヴェーゼ** 80 % 以上。<br>**フィレンツェ**と**シエナ**の間に広がる<br>**丘陵**地帯にある8コムーネで造られる。<br>**ガレストロ**土壌。 |
| **Carmignano**<br>カルミニャーノ | 赤 | | | 1991 | 品種：**サンジョヴェーゼ**主体。<br>トスカーナの伝統的呼称には珍しく、<br>**カベルネ・ソーヴィニヨン**がブレンドされる。 |
| **Vino Nobile di Montepulciano**<br>ヴィーノ・ノビレ・ディ・モンテプルチャーノ | 赤 | | | 1981 | 品種：**プルニョーロ・ジェンティーレ**＝サンジョヴェーゼ 70 % 以上。<br>「**トスカーナ**」とラベルに表記することが義務づけられた。 |
| Montecucco Sangiovese<br>モンテクッコ・サンジョヴェーゼ | 赤 | | | 2011 | 品種：サンジョヴェーゼ 90 % 以上。 |
| **Morellino di Scansano**<br>モレッリーノ・ディ・スカンサーノ | 赤 | | | 2006 | 品種：**モレッリーノ**<br>（サンジョヴェーゼの亜種）主体。<br>トスカーナ州**最南**。 |
| **Suvereto**<br>スヴェレート | 赤 | | | 2011 | 品種：**カベルネ・ソーヴィニヨン**、<br>メルロ、サンジョヴェーゼ。 |
| Val di Cornia Rosso /<br>ヴァル・ディ・コルニア・ロッソ /<br>Rosso della Val di Cornia<br>ロッソ・デッラ・ヴァル・ディ・コルニア | 赤 | | | 2011 | 品種：サンジョヴェーゼ、<br>カベルネ・ソーヴィニヨン、メルロ。 |
| **Elba Aleatico Passito** /<br>エルバ・アレアティコ・パッシート /<br>Aleatico Passito dell'Elba<br>アレアティコ・パッシート・デッレルバ | 甘 | | | 2011 | 品種：**アレアティコ**。<br>**陰干し**ブドウから造ったパッシートのみ。 |
| **Vernaccia di San Gimignano**<br>ヴェルナッチャ・ディ・サン・ジミニャーノ | | | 白 | 1993 | 品種：ヴェルナッチャ・ディ・サン・ジミニャーノ主体。<br>トスカーナ州唯一の**白**ワインの D.O.C.G.。 |

> モンテプルチャーノは通常黒ブドウ品種名だが、ここでは村の名前である。

> 「美しい塔の街サン・ジミニャーノ」として有名な観光地。

> 赤の甘口であるが、D.O.C.G. 名に「パッシート」と"甘口の意味"が入っているため、覚えやすい。

## 主要な D.O.C.

Toscana

| D.O.C. | 赤 | ロゼ | 白 | 備考 |
|---|---|---|---|---|
| **Bolgheri**<br>ボルゲリ | 🍷 | 🍷 | 🍷 | 赤・ロゼ：<u>カベルネ・ソーヴィニヨン</u>、メルロ、サンジョヴェーゼ他。<br>白：ヴェルメンティーノ、ソーヴィニヨン他。<br>サッシカイアが誕生するまで、シンプルなロゼワイン産地であった。 |
| **Bolgheri Sassicaia**<br>ボルゲリ・サッシカイア | 🍷 | | | 品種：カベルネ・ソーヴィニヨン主体。<u>単一ワイナリー</u>に与えられた呼称。スーパータスカンの代表的存在。1994年に、サッシカイアのためだけに創出された呼称。 |
| **Pomino**<br>ポミーノ | 🍷 | | 🍷<br>(発泡) | スプマンテ、ヴィン・サント、ヴェンデンミア・タルディーヴァもあり。 |
| **Sant'Antimo**<br>サンタンティモ | 🍷 | | 🍷 | |

トスカーナ州の沿岸部
数多くの「スーパータスカン」が造られるトスカーナ州沿岸部一帯に広がる産地。☕

スーパータスカン「サッシカイア」の評判を借りて、産地全体の知名度を向上させようという狙いがある。サッシカイアとは "小石の多い土地" という意味。まさにカベルネ・ソーヴィニヨン主体のワインに相応しい土地であることがうかがえる。☕

コジモ3世による1716年の線引きでは、シエーヴェ川左岸の広い範囲を含んでいたが、現在のD.O.C.では、ポミーノ村周辺の狭い地域に限られている。☕

# ウンブリア州　　　Umbria

Perugia

州都 Perugia ペルージャ

- イタリア半島中央部に位置し、<u>海</u>には接していない。
- 州の70％を占める緑の丘陵地帯は美しく、イタリアの「<u>緑の心臓</u>」と呼ばれている。
- 石灰質土壌が多いが、オルヴィエート周辺では<u>火山性</u>土壌も混じる。

> ウンブリア州は中部イタリア「西側」に属する中央部に位置するが、アペニン山脈が州の東部を縦に走っており、そのためウンブリア州自体は「西側＝ティレニア海側」に属する。

## 主要ブドウ品種

| 白ブドウ 🍇 | Grechetto グレケット、Procanico プロカニコ |
|---|---|
| 黒ブドウ 🍇 | Sangiovese サンジョヴェーゼ、<u>Sagrantino</u> サグランティーノ※ |

※色が濃く果実味豊かでタンニンが強い赤ワインを生む、ウンブリア州の土着品種。

> ウンブリアだけの土着品種。濃厚で力強いワインを造る。

## 主要な D.O.C.G.

Umbria

| D.O.C.G.：<u>2</u> | 赤 | ロゼ | 白 | 認定年 | 備考 |
|---|---|---|---|---|---|
| **Montefalco Sagrantino**<br>モンテファルコ・サグランティーノ | 🍷 | | | 1992 | 品種：<u>サグランティーノ</u>。 |
| **Torgiano Rosso Riserva**<br>トルジャーノ・ロッソ・リゼルヴァ | 🍷 | | | 1991 | 品種：<u>サンジョヴェーゼ</u>主体。 |

## 主要な D.O.C.

| D.O.C. | 赤 | ロゼ | 白 | 備考 |
|---|---|---|---|---|
| **Orvieto**<br>オルヴィエート | | | 🍷<br>辛〜甘 | 品種：グレケット他。<br>貴腐菌の付着による黄金色の甘口ワインとして昔は名声を誇り、<u>教皇</u>御用達であった。<u>ラツィオ</u>州にまたがっている。 |

221

# ラツィオ州 *Lazio*

州都：Roma ローマ（首都） &gt;&gt;&gt; 北海道の函館と同じ北緯41.5度

- イタリアの首都でもある州都ローマは、古代ローマ帝国時代は「世界の中心」となり、中世にはヴァティカンがあることから「信仰の中心」としてさらに発展した。
- 世界中の芸術・文化遺産の30％がローマにあるといわれるように、ローマは「永遠の都」である。
- テヴェレ川が州の真ん中を横切り、ティレニア海に注いでいる。
- 典型的な地中海性気候だが、アペニン山脈付近では、より大陸性気候の涼しい気候となる。

## 主要ブドウ品種

**白ブドウ**　Malvasia Bianca di Candia マルヴァジア・ビアンカ・ディ・カンディア、Malvasia del Lazio マルヴァジア・デル・ラツィオ、Trebbiano Toscano トレッビアーノ・トスカーノ、Trebbiano Romagnolo トレッビアーノ・ロマニョーロ、Trebbiano Giallo トレッビアーノ・ジャッロ

**黒ブドウ**　Cesanese チェザネーゼ、Sangiovese サンジョヴェーゼ

## 主要な D.O.C.G.

D.O.C.G.：3

| | 赤 | ロゼ | 白 | 認定年 | 備考 |
|---|---|---|---|---|---|
| **Cesanese del Piglio**<br>チェザネーゼ・デル・ピリオ | 🍷 | | | 2008 | 品種：チェザネーゼ90％以上。修道院発祥の地で修道士達に守られてきた歴史のある銘柄。 |
| **Frascati Superiore**<br>フラスカーティ・スペリオーレ | | | 🍷 | 2011 | 品種：マルヴァジア・ビアンカ・ディ・カンディア他。 |
| **Cannellino di Frascati**<br>カンネッリーノ・ディ・フラスカーティ | | | 🍷 甘 | 2011 | 品種：マルヴァジア・ビアンカ・ディ・カンディア他。この地方では甘口のことを Cannellino と呼ぶ。 |

## 主要な D.O.C.

| D.O.C. | 赤 | ロゼ | 白 | 備考 |
|---|---|---|---|---|
| **Frascati**<br>フラスカーティ | | | 🍷（発泡） | スプマンテもあり。甘口の Cannellino di Frascati は2011年に D.O.C.G. へ昇格。 |
| **Est! Est!! Est!!! di Montefiascone**<br>エスト！エスト‼エスト‼! ディ・モンテフィアスコーネ | | | 🍷（発泡） | |
| **Orvieto**<br>オルヴィエート | | | 🍷 辛～甘 | 品種：グレケット他。ウンブリア州にまたがる。 |

「フラスカーティ」は、マルヴァジア種やトレッビアーノ種といった、比較的フラットな特性の品種から造られるラツィオ州を代表する日常消費型のワイン。

### Column — Est! Est!! Est!!! di Montefiascone

1111年、ドイツの司教（騎士という説もある）はローマ法王に会うためバチカンに向かっていた。同行した従者を先に行かせ、「美味しいワインがある店には "Est！（ここに銘酒あり！）" と書くように」と指示し、「とびきり美味しいワインがある店には "Est！Est！" と2回書くように」と命じた。

従者がモンテフィアスコーネ村に到着したところ、全てのワインがあまりに美味しいので、村中の居酒屋に "Est！" と書きまくったという伝説で知られている。

# マルケ州　　Marche

州都 Ancona アンコーナ

- 東は**アドリア海**、西は**アペニン山脈**に挟まれ、南北に細長く延びる。
- 「ルネッサンスの理想都市」として褒め称えられたウルビーノや、作曲家ロッシーニの故郷であるペサロがある。

> 白ブドウ品種名の他、羊乳を原料としたチーズ名としても登場する。

## 主要ブドウ品種

- 白ブドウ：**Verdicchio** ヴェルディッキオ、Pecorino ペコリーノ、Passerina パッセリーナ
- 黒ブドウ：**Montepulciano** モンテプルチャーノ、Vernaccia Nera ヴェルナッチャ・ネーラ

## 主要な D.O.C.G.

- イエージ：海沿い。生産量が多い。
- マテリカ：山沿い。生産量が少ない。

**暗記のポイント**
CòneroやOffidaといった名称が短いD.O.C.G.が最も覚えにくい！生産可能色に注意して意識して覚えよう。

Marche

| D.O.C.G.：5 | 赤 | ロゼ | 白 | 認定年 | 備考 |
|---|---|---|---|---|---|
| **Castelli di Jesi Verdicchio Riserva**<br>カステッリ・ディ・イエージ・ヴェルディッキオ・リゼルヴァ | | | 白 | 2010 | 品種：ヴェルディッキオ主体。 |
| **Verdicchio di Matelica Riserva**<br>ヴェルディッキオ・ディ・マテリカ・リゼルヴァ | | | 白 | 2010 | 品種：ヴェルディッキオ主体。 |
| **Cònero**<br>コーネロ | 赤 | | | 2004 | 品種：**モンテプルチャーノ**主体。アドリア海沿岸で最も優れた赤ワインとして**古代ローマ**時代より知られている。 |
| **Offida**<br>オッフィーダ | 赤 | | 白 | 2011 | 赤：**モンテプルチャーノ**主体、白：ペコリーノ、パッセリーナ。 |
| **Vernaccia di Serrapetrona**<br>ヴェルナッチャ・デイ・セッラペトローナ | 赤<br>発泡<br>辛～甘 | | | 2004 | 品種：ヴェルナッチャ・ネーラ主体。 |

「赤の甘口 D.O.C.G.」
1. Brachetto d'Acqui（ピエモンテ）
2. Moscato di Scanzo（ロンバルディア）
3. Vernaccia di Serrapetrona（マルケ）

## 主要な D.O.C.

| D.O.C. | 赤 | ロゼ | 白 | 備考 |
|---|---|---|---|---|
| **Verdicchio dei Castelli di Jesi**<br>ヴェルディッキオ・デイ・カステッリ・ディ・イエージ | | | 白<br>（発泡） | スプマンテ、パッシートもある。1950年代に**アンフォラ**型のボトルで世界的に大成功を収めた。 |

# アブルッツォ州　Abruzzo

州都 L'Aquila ラクイラ

- 山岳が多く、平野はわずか1％。
- 人口密度が低く、「人間よりも羊のほうが多い」と揶揄される州。

## 主要ブドウ品種

| 白ブドウ | Trebbiano Abruzzese トレッビアーノ・アブルッツェーゼ、Pecorino ペコリーノ、Passerina パッセリーナ |
|---|---|
| 黒ブドウ | Montepulciano モンテプルチャーノ |

## 主要な D.O.C.G.

Abruzzo

| D.O.C.G.：2 | 赤 | ロゼ | 白 | 認定年 | 備考 |
|---|---|---|---|---|---|
| **Colline Teramane Montepulciano d'Abruzzo** コッリーネ・テラマーネ・モンテプルチャーノ・ダブルッツォ | 🍷 | | | 2003 | 品種：モンテプルチャーノ主体。 |
| **Terre Tollesi** / テッレ・トッレージ / **Tullum** トゥッルム | 🍷 | | 🍷（発泡） | 2019 | 赤：モンテプルチャーノ主体、白：ペコリーノ、パッセリーナ主体、スプマンテ：シャルドネ主体。 |

> この Montepulciano は「品種」の名前。トスカーナ州の D.O.C.G. Vino Nobile di Montepulciano では「村」を指している。

## 主要な D.O.C.

| D.O.C. | 赤 | ロゼ | 白 | 備考 |
|---|---|---|---|---|
| Cerasuolo d'Abruzzo チェラスオーロ・ダブルッツォ | | 🍷 | | 品種：モンテプルチャーノ主体。 |
| **Montepulciano d'Abruzzo** モンテプルチャーノ・ダブルッツォ | 🍷 | | | 品種：モンテプルチャーノ主体。Colline Teramane が付くと D.O.C.G.。 |
| Trebbiano d'Abruzzo トレッビアーノ・ダブルッツォ | | | 🍷 | 品種：トレッビアーノ。 |

> 2つの「チェラスオーロ」
> シチリア州のチェラスオーロ・ディ・ヴィットリアは「赤」。生産可能色に注意して覚えよう。

224

## モリーゼ州 — Molise

州都 Campobasso カンポバッソ

- 1963年に**アブルッツォ州**から分離した州で、人口はヴァッレ・ダオスタ州の次に少ない。

> 基本的には、ワインの性格もアブルッツォ州に準ずる。

### 主要ブドウ品種

| | |
|---|---|
| 白ブドウ | Trebbiano Toscano トレッビアーノ・トスカーノ、<br>Pecorino ペコリーノ、<br>Passerina パッセリーナ |
| 黒ブドウ | Montepulciano モンテプルチャーノ、<br>**Tintilia ティンティリア**、<br>Aglianico アリアニコ |

> モリーゼ州だけの土着品種で、アブルッツォ州では見られない。

### 主要な D.O.C.

- D.O.C.G. は 0。

Molise

| D.O.C. | 赤 | ロゼ | 白 | 備考 |
|---|---|---|---|---|
| Biferno<br>ビフェルノ | 🍷 | 🍷 | 🍷 | |
| Pentro di Isernia /<br>ペントロ・ディ・イセルニア /<br>Pentro<br>ペントロ | 🍷 | 🍷 | 🍷 | |

**Chapter 14** イタリア

**Italy**

中部イタリア　　》

P.218 » 225

VINOLET

225

Chapter **14** Italy

## South Italy

各州の特徴

# 南部イタリア

---

### カンパーニア州　　　　　　　　　　Campania

州都 Napoli ナポリ

- 観光名所が多く、**ポンペイ**遺跡、**アマルフィ**海岸、**カプリ**島、青の洞窟、**ヴェスヴィウス**火山などがある。
- 温暖な気候と豊かな**火山性**土壌に恵まれ、古代ローマ時代には「**Campania Felix** カンパーニア・フェリックス（幸運なるカンパーニア）」と讃えられていた。
- 古代からカンパーニア州のワインは絶賛され、古代に最も偉大とされた**ファレルヌム**は現在の Falerno del Massico ファレルノ・デル・マッシコ地区で造られていた。

> カンパーニア州　ヴェスヴィウス火山
> バジリカータ州　ヴルトゥレ山

**主要ブドウ品種**

| 白ブドウ | **Greco** グレーコ、**Fiano** フィアーノ、**Falanghina** ファランギーナ、**Coda di Volpe** コーダ・ディ・ヴォルペ |

> 伊:Greco グレーコとは、「ギリシャの」という意味。

> 狐のしっぽという意味。

| 黒ブドウ | **Aglianico** アリアニコ、**Piedirosso** ピエディロッソ |

**出題のポイント**
D.O.C.G.に使用されないブドウも、カンパーニア州のブドウであることが試験に問われる！

**主要な D.O.C.G.**

Campania

| D.O.C.G.：4 | 赤 | ロゼ | 白 | 認定年 | 備考 |
|---|---|---|---|---|---|
| **Aglianico del Taburno** アリアニコ・デル・タブルノ | 🍷 | 🍷 |  | 2011 | 赤・ロゼ：**アリアニコ**主体。 |
| **Fiano di Avellino** フィアーノ・ディ・アヴェッリーノ |  |  | 🍷 | 2003 | 品種：**フィアーノ**主体。 |
| **Greco di Tufo** グレーコ・ディ・トゥーフォ |  |  | 🍷（発泡） | 2003 | 品種：**グレーコ**主体。**火山灰**土壌（**トゥーフォ**）。 |
| **Taurasi** タウラージ | 🍷 |  |  | 1993 | 品種：**アリアニコ**主体。アヴェッリーノ県イルピニア地方。 |

北部の「バローロ」、南部の「タウラージ」といわれるほど高名なワイン。☕

**主要な D.O.C.**

| D.O.C. | 赤 | ロゼ | 白 | 備考 |
|---|---|---|---|---|
| Vesuvio ヴェズヴィオ | 🍷 | 🍷（発泡） | 🍷（発泡） | この呼称に含まれる **Lacryma Christi** ラクリマ・クリスティは「キリストの涙」を意味し、人気がある。 |

古代都市ポンペイを、その噴火による火砕流によって埋めたとされる「ヴェスヴィウス火山（ヴェズヴィオ火山）」に由来する。☕

226

# バジリカータ州 — Basilicata

州都 Potenza ポテンツァ

- バジリカータ州は、イタリア半島をブーツに見立てたとき、**土踏まず**の部分に位置する。
- バジリカータ州は古代には**ルカーニア**と呼ばれていた。
- 黒ブドウの**アリアニコ**は、古代ギリシャ人によって持ち込まれた。
- 石灰岩に掘られた**マテーラ**の洞窟住居が有名で、世界遺産に登録されている。
- 北西部には死火山の**ヴルトゥレ**山がある。

> **南部はギリシャ伝来のブドウが多い**
> ラテン語で「ギリシャのブドウ」を意味する言葉に由来する。

> **イタリア半島をブーツに見立てると**
> | つま先 | カラブリア州 |
> | 土踏まず | バジリカータ州 |
> | かかと | プーリア州 |

### 主要ブドウ品種

| 白ブドウ | **Greco** グレーコ |
| 黒ブドウ | **Aglianico** アリアニコ |

### 主要な D.O.C.G.

Basilicata

| D.O.C.G.：1 | 赤 | ロゼ | 白 | 認定年 | 備考 |
|---|---|---|---|---|---|
| **Aglianico del Vulture Superiore**<br>アリアニコ・デル・ヴルトゥレ・スペリオーレ | ● |  |  | 2010 | 品種：**アリアニコ**。 |

### 主要な D.O.C.

| D.O.C. | 赤 | ロゼ | 白 | 備考 |
|---|---|---|---|---|
| Aglianico del Vulture<br>アリアニコ・デル・ヴルトゥレ | ●（発泡） |  |  | 品種：アリアニコ。 |
| Matera<br>マテーラ | ● | ●（発泡） | ●（発泡） | スプマンテ、パッシートもあり。 |

---

# カラブリア州 — Calabria

州都 Catanzaro カタンザーロ

- イタリア半島をブーツ型に見立てると**つま先**部分にあたる。
- **古代ギリシャ**人はカラブリアのイオニア海岸沿いのブドウ畑を讃えて、イタリアを「**エノトリア・テルス**（**ワインの大地**）」と呼ぶようになった。

> **出題のポイント**
> カラブリア州には、D.O.C.G. が無いため、ブドウ品種の組み合わせが問われる！

### 主要ブドウ品種

| 白ブドウ | **Greco Bianco** グレーコ・ビアンコ、<br>Malvasia Bianca マルヴァジア・ビアンカ |
| 黒ブドウ | **Gagliopppo** ガリオッポ※、Greco Nero グレーコ・ネーロ |

※カラブリア州で最も栽培されており、タンニンが強く頑強、包み込むような味わいの赤ワインを生む品種。

## 主要な D.O.C.

カラブリア州

- D.O.C.G. はない。

Calabria

| D.O.C. | 赤 | ロゼ | 白 | 備考 |
|---|---|---|---|---|
| **Cirò**<br>チロ | ● | ● | ● | 赤・ロゼ：**ガリオッポ**主体。<br>白：**グレーコ・ビアンコ**主体。<br>古代オリンピックの勝者にはカラブリアの **krimisa クリミサ** のワインが与えられたが、これが今日の **Cirò チロ** の祖先とされている。 |
| Greco di Bianco<br>グレーコ・ディ・ビアンコ | | | ●甘 | 品種：グレーコ・ビアンコ主体。 |

### 出題のポイント

覚えなければいけない D.O.C. は決して多くないが、試験上最重要な D.O.C. のうちの一つ。品種が特に狙われる。

試験では、
「カラブリア州の土着品種の組み合わせとして正しいのはどれか？」
「チロの主要品種として適当なものはどれか？」といった形式で出題される。

---

## プーリア州

Puglia

州都 Bari バーリ

- イタリアで**最も東**にあり、イタリア半島をブーツ型に見立てると、**かかと部分**に位置する州。830kmという長い**海岸線**をもち、**南北**に細長い。
- 古代ローマ時代には、**アッピア**街道がローマからブリンディジまで通っていたため、プーリアは**東洋**への門戸として重要な役割を果たした。
- 13世紀にフリードリヒ2世が建てた城「**カステル・デル・モンテ**」は世界遺産に登録されている。

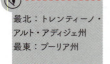

最北：トレンティーノ・アルト・アディジェ州
最東：プーリア州

イタリアのユーロ 1セント硬貨のデザイン

「カステル・デル・モンテ＝山の城」八角形を象徴的に取り入れた設計となっている。

≪ カステル・デル・モンテ

### 主要ブドウ品種

| 白ブドウ 🍇 | Bombino Bianco ボンビーノ・ビアンコ |
|---|---|
| 黒ブドウ 🍇 | **Primitivo** プリミティーヴォ<br>＝ **Zinfandel** ジンファンデル（カリフォルニア）、<br>Negroamaro ネグロアマーロ、<br>Nero di Troia ネーロ・ディ・トロイア、<br>Bombino Nero ボンビーノ・ネーロ |

Puglia

## 主要な D.O.C.G.

| D.O.C.G. : 4 | 赤 | ロゼ | 白 | 認定年 | 備考 |
|---|---|---|---|---|---|
| **Castel del Monte Bombino Nero**<br>カステル・デル・モンテ・ボンビーノ・ネーロ | | 🍷 | | 2011 | 品種：<br>ボンビーノ・ネーロ主体。 |
| Castel del Monte Nero di Troia Riserva<br>カステル・デル・モンテ・ネーロ・ディ・トロイア・リゼルヴァ | 🍷 | | | 2011 | 品種：<br>ネーロ・ディ・トロイア主体。 |
| Castel del Monte Rosso Riserva<br>カステル・デル・モンテ・ロッソ・リゼルヴァ | 🍷 | | | 2011 | 品種：<br>ネーロ・ディ・トロイア主体。 |
| **Primitivo di Manduria Dolce Naturale**<br>プリミティーヴォ・ディ・マンドゥリア・ドルチェ・ナトゥラーレ | 🍷<br>甘 | | | 2011 | 品種：<br>**プリミティーヴォ**。 |

**赤の甘口**
赤の甘口だが、Dolce ドルチェ＝甘いという言葉が D.O.C.G. 名に含まれているため、覚えやすい。

## 主要な D.O.C.

| D.O.C. | 赤 | ロゼ | 白 | 備考 |
|---|---|---|---|---|
| Castel del Monte<br>カステル・デル・モンテ | 🍷 | 🍷（発泡） | 🍷（発泡） | |
| Primitivo di Manduria<br>プリミティーヴォ・ディ・マンドゥリア | 🍷 | | | 品種：<br>プリミティーヴォ主体。 |

# シチリア州　　Sicilia

州都 Palermo パレルモ

- イタリア**最南**端に位置し、イタリア**最大**の州、地中海**最大**の島である。
- シチリア島の他に、パンテッレリア島など、周辺の諸島も含まれる。
- シチリア島の北東部には、今も活発に活動する**エトナ**火山がある。
- 島の南西部はアフリカの影響を受け、非常に暑く、サハラ砂漠からの風**シロッコ**も吹く。
- ローマ帝国時代は穀物栽培が盛んとなり、シチリアは「**ローマの穀物庫**」と呼ばれた。
- シチリア島の南にある**パンテッレリア**島は、火山土壌の真っ黒な島で「**地中海の黒い真珠**」と讃えられている。

☕ シチリアの緯度は約37度と低く、北アフリカのチュニジアと近い。

### フランスとイタリアの"風"

| 国 | 産地 | 風の名称 |
|---|---|---|
| フランス | ローヌ渓谷地方<br>プロヴァンス地方 | **ミストラル** |
| | ラングドック・ルーション地方 | **トラモンタン** |
| イタリア | シチリア州 | **シロッコ** |

∧ エトナ火山

## 主要ブドウ品種

白ブドウ 🍇
**Catarratto** カタラット、
**Ansonica** アンソニカ＝**Inzolia** インツォリア、
Grecanico グレカニコ、**Zibibbo** ジビッボ＝Moscato モスカート、
Carricante カッリカンテ

黒ブドウ 🍇
**Nero d'Avola** ネーロ・ダヴォラ＝**Calabrese** カラブレーゼ、
**Nerello Mascarese** ネレッロ・マスカレーゼ、
**Frappato** フラッパート

229

## シチリア州 / Sicilia

**主要な D.O.C.G.**

| D.O.C.G.：1 | 赤 | ロゼ | 白 | 認定年 | 備考 |
|---|---|---|---|---|---|
| **Cerasuolo di Vittoria**<br>チェラスオーロ・ディ・ヴィットリア | 🍷 | | | 2005 | 品種：**ネーロ・ダヴォラ**＝**カラブレーゼ**主体に、フラッパートをブレンド。クラッシコもあり。 |

力強いネーロ・ダヴォラ主体に、フラワリーなフラッパートを必ずブレンドしなければいけない。その結果絶妙な軽やかさを持つワインとなり、幅広い料理にマッチする。

>「チェラスオーロ・〜」
> アブルッツォ州のチェラスオーロ・ダブルッツォはロゼの呼称。

**主要な D.O.C.**

| D.O.C. | 赤 | ロゼ | 白 | 備考 |
|---|---|---|---|---|
| **Alcamo**<br>アルカモ | 🍷 | 🍷（発泡） | 🍷（発泡） | 赤・ロゼ：ネーロ・ダヴォラ＝カラブレーゼ他。<br>白：カタラット、アンソニカ＝インツォリア他。 |
| **Etna**<br>エトナ | 🍷 | 🍷（発泡） | 🍷（発泡） | 赤・ロゼ：**ネレッロ・マスカレーゼ**、**ネレッロ・カップッチョ**主体。<br>白：カッリカンテ主体。<br>**火山性**土壌。 |
| **Marsala**<br>マルサーラ | 🍷 | | 🍷 | 赤：ピニャテッロ、カラブレーゼ他。<br>白：**カタラット**、**グリッロ**主体。<br>島の西端で造られる偉大な**酒精強化**ワイン。<br>イギリス人**ジョン・ウッドハウス**が1773年にアルコール補強し、このワインを生み出してから、マルサーラの人気は世界的に広まる。 |
| **Pantelleria**<br>パンテッレリア | | | 🍷（発泡） | 品種：ジビッボ＝モスカート・ダレッサンドリア。<br>**火山性**土壌。 |
| **Malvasia delle Lipari**<br>マルヴァジア・デッレ・リパリ | | | 🍷 甘 | 品種：マルヴァジア・ディ・リパリ。 |

火山という特殊なテロワールと魅力的な地ブドウの組み合わせで、近年世界的な人気を獲得した注目の産地。

## サルデーニャ州 / Sardegna

州都 Cagliari カリアリ

- 地中海でシチリアに次ぐ**2番目**に大きな島で、シチリア州、ピエモンテ州に次ぐ3番目に大きな州。すぐ北に**コルシカ島**がある。
- **コルク**の産地としても知られている。
- **Bottarga** ボッタルガ（からすみ）が特産品。

**主要ブドウ品種**

| 白ブドウ | **Vermentino** ヴェルメンティーノ、<br>Vernaccia di Oristano ヴェルナッチャ・ディ・オリスターノ |
|---|---|
| 黒ブドウ | **Cannonau** カンノナウ |

230

Sardegna

## 主要な D.O.C.G.

| D.O.C.G.：1 | 赤 | ロゼ | 白 | 認定年 | 備考 |
|---|---|---|---|---|---|
| **Vermentino di Gallura** / ヴェルメンティーノ・ディ・ガッルーラ / Sardegna **Vermentino** di Gallura サルデーニャ・ヴェルメンティーノ・ディ・ガッルーラ | | | 🍷（発泡） | 1996 | 品種：**ヴェルメンティーノ**主体。ガッルーラは**花崗岩**土壌。 |

## 主要な D.O.C.

| D.O.C. | 赤 | ロゼ | 白 | 備考 |
|---|---|---|---|---|
| **Vernaccia di Oristano** ヴェルナッチャ・ディ・オリスターノ | | | 🍷 辛～甘 | 品種：ヴェルナッチャ・ディ・オリスターノ。酒精強化ワインあり。シェリーに似て、**フロール**を発生させ緩やかな酸化熟成をする。 |

> 産膜酵母のこと。

---

## 地方料理と食材　　Cooking and Ingredients

### ヴァッレ・ダオスタ州

| 料理名 | 内容 |
|---|---|
| **Costoletta alla Valdostana** コストレッタ・アッラ・ヴァルドスターナ | フォンティーナチーズをのせた仔牛肉のカツレツ。 |
| **Fontina** フォンティーナ | 牛乳、半加熱圧搾、D.O.P. チーズ、フォンデュにも使用される。 |

> ヴァッレ・ダオスタ風という意味。

### ピエモンテ州

| 料理名 | 内容 |
|---|---|
| **Vitello Tonnato** ヴィテッロ・トンナート | 薄切りにした仔牛肉にツナマヨネーズソースを添えたもの。 |
| **Bagna Cauda** バーニャ・カウダ | オリーヴオイルにアンチョビ、ニンニクを入れたソースを火にかけながら、野菜に付けて食べる料理。 |
| **Tajarin** タイアリン | 卵黄を多く使用した卵入り手打ち細麺。肉のラグーソースや、バターとチーズを絡めて食べられる。 |
| **Brasato** ブラサート | 牛肉の塊と野菜をワインでマリネし、長時間煮込んだもの。 |
| **Gorgonzola** ゴルゴンゾーラ | 牛乳、青カビ、ノヴァーラ県を中心に生産、D.O.P. チーズ。 |
| **Tartufo Bianco d'Alba** タルトゥーフォ・ビアンコ・ダルバ | アルバ名産の白トリュフ。 |

> ロンバルディア州でも登場する。

> 食材として最高級の白トリュフに合わせるワインは、「バローロ」というのが教科書的な回答。

**Italy**　南部イタリア　>>　P.226>>231

VINOLET

231

# 地方料理と食材

Cooking and Ingredients

## リグーリア州

| 料理名 | 内容 |
|---|---|
| **Ciuppin**<br>チュッピン | 魚を裏ごししたスープ。 |
| **Cappon Magro**<br>カッポン・マーグロ | 固いビスケットを敷き詰めた大皿の上に<br>10種類ほどの魚介や野菜を盛り付けた豪華な料理。 |
| Basilico Genovese<br>バジリコ・ジェノヴェーゼ | ジェノヴァ産バジリコ、D.O.P.。 |

> ジェノヴァ風という意味。

## ロンバルディア州

| 料理名 | 内容 |
|---|---|
| **Bresaola**<br>ブレザオラ | ヴァルテッリーナ名産の牛肉の生ハム。 |
| **Minestrone**<br>ミネストローネ | 野菜のスープ。 |
| **Costoletta alla Milanese**<br>コストレッタ・アッラ・ミラネーゼ | ミラノ風仔牛のカツレツ。 |
| **Ossobuco**<br>オッソブーコ | 仔牛すね肉の輪切りの煮込み。 |
| **Panettone**<br>パネットーネ | クリスマス用の焼き菓子。 |
| **Gorgonzola**<br>ゴルゴンゾーラ | 牛乳、青カビ、D.O.P.チーズ。<br>優しい風味のドルチェとピリッとした風味のピッカンテの<br>2つのタイプがある。 |
| **Taleggio**<br>タレッジョ | 牛乳、ウォッシュ、D.O.P.チーズ。<br>タレッジョ渓谷が名前の由来。 |
| **Grana Padano**<br>グラナ・パダーノ | 牛乳、加熱圧搾、D.O.P.チーズ。<br>ロンバルディア州中心にイタリア北部で生産。 |

> ミラノ風という意味。

## ヴェネト州

| 料理名 | 内容 |
|---|---|
| **Sarde in Saor**<br>サルデ・イン・サオール | 鰯の南蛮漬け。 |
| **Baccalà alla Vicentina**<br>バッカラ・アッラ・ヴィチェンティーナ | 干鱈のミルク煮込み。<br>ポレンタ添えが多い。 |
| **Fegato alla Veneziana**<br>フェガト・アッラ・ヴェネツィアーナ | 仔牛のレバーと玉ねぎの炒めもの。 |
| **Asparago Bianco di Bassano**<br>アスパラゴ・ビアンコ・ディ・バッサーノ | **バッサーノ・デル・グラッパ**名産のホワイトアスパラガス。<br>D.O.P.。 |

> ヴェネツィア風という意味。

Cooking and Ingredients

## フリウリ・ヴェネツィア・ジューリア州

| 料理名 | 内容 |
| --- | --- |
| **Prosciutto di San Daniele**<br>プロシュート・ディ・サン・ダニエーレ | サン・ダニエーレ産生ハム、D.O.P.。 |

> エミリア・ロマーニャ州のパルマ産の生ハム（プロシュート・ディ・パルマ）と2大巨頭だが、サン・ダニエーレの方が生産量が少ないため、知名度は劣る。☕

## エミリア・ロマーニャ州

| 料理名 | 内容 |
| --- | --- |
| **Prosciutto e Melone**<br>プロシュート・エ・メローネ | パルマ産生ハムのメロン添え。 |
| **Cotoletta alla Bolognese**<br>コトレッタ・アッラ・ボロニェーゼ | 生ハムとチーズをのせてオーブンで焼いた仔牛のカツレツ。 |
| **Parmiggiano Reggiano**<br>パルミジャーノ・レッジャーノ | 牛乳、加熱圧搾、D.O.P.チーズ。<br>イタリアを代表するチーズの1つ。 |
| Aceto Balsamico Tradizionale di Modena<br>アチェート・バルサミコ・トラディツィオナーレ・ディ・モデナ | モデナ産の伝統的な**バルサミコ酢**、D.O.P.。 |

> ボローニャ風という意味。☕

## トスカーナ州

| 料理名 | 内容 |
| --- | --- |
| **Crostini**<br>クロスティーニ | 鶏のレバーや仔牛の脾臓（ひぞう）などで作ったパテをのせたパン。 |
| **Panzanella**<br>パンツァネッラ | パン、フレッシュトマト、玉ねぎ、バジリコを使ったサラダ。 |
| **Ribollita**<br>リボッリータ | 野菜のスープ。 |
| **Bistecca alla Fiorentina**<br>ビステッカ・アッラ・フィオレンティーナ | 厚切りのTボーンステーキ。 |

> フィレンツェ風という意味。☕

## ウンブリア州

| 料理名 | 内容 |
| --- | --- |
| **Spaghetti con il Tartufo Nero**<br>スパゲッティ・コン・イル・タルトゥーフォ・ネーロ | 黒トリュフ（＝Tartufo Nero）を和えたスパゲッティ。 |

Chapter

**14**

イタリア

# 地方料理と食材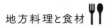

Cooking and Ingredients

## ラツィオ州

| 料理名 | 内容 |
|---|---|
| **Supplì di Riso**<br>スップリ・ディ・リーゾ | 生ハムやモッツァレッラが入った小さめのお米のコロッケ。 |
| **Spaghetti alla Carbonara**<br>スパゲッティ・アッラ・カルボナーラ | パンチェッタと卵、ペコリーノ・ロマーノ、胡椒のソースのスパゲッティ。 |
| **Bucatini all'Amatriciana**<br>ブカティーニ・アッラマトリチャーナ | グアンチャーレ（豚ほほ肉の塩漬け）、トマト、トウガラシ、ペコリーノ・ロマーノを和えたパスタ料理。 |
| **Pollo alla Romana**<br>ポッロ・アッラ・ロマーナ | ピーマンとトマト、鶏肉の煮込み料理。 |
| **Pecorino** Romano<br>ペコリーノ・ロマーノ | 羊乳、加熱圧搾、D.O.P.チーズ。<br>ローマ建国の王ロムルスが造ったという逸話がある。 |

## アブルッツォ州

| 料理名 | 内容 |
|---|---|
| **Mortadella di Campotosto**<br>モルタデッラ・ディ・カンポトスト | 中心に四角柱形のラードが入ったサラミ。 |
| **Porchetta**<br>ポルケッタ | 豚の丸焼き。<br>他州と異なり大きな豚を使用する。 |
| Zafferano<br>ザッフェラーノ | アブルッツォの**サフラン**。<br>イタリアで最も高品質。<br>州が貧しく他州に販売されていたので、地元料理に使用されることはあまりない。 |

## カンパーニア州

| 料理名 | 内容 |
|---|---|
| **Pizza Margherita**<br>ピッツァ・マルゲリータ | トマト、水牛のモッツァレッラ、バジリコがのったピッツァ。 |
| **Spaghetti alle Vongole**<br>スパゲッティ・アッレ・ヴォンゴレ | アサリのスパゲッティ。 |
| **Spaghetti alla Puttanesca**<br>スパゲッティ・アッラ・プッタネスカ | アンチョビ、ケッパー、オリーヴをトマトソースで和えたスパゲッティ。 |
| **Polpo alla Luciana**<br>ポルポ・アッラ・ルチアーナ | トマト、ニンニク、トウガラシでタコを長時間煮込んだサンタ・ルチア料理。 |
| **Bistecca alla Pizzaiola**<br>ビステッカ・アッラ・ピッツァイオーラ | ニンニク、オレガノ、ケッパーのトマトソースをかけた仔牛のステーキ。 |
| **Mozzarella di Bufala Campana**<br>モッツァレッラ・ディ・ブファラ・カンパーナ | 水牛乳、パスタフィラータ/フレッシュ、D.O.P.チーズ。 |

Cooking and Ingredients

## プーリア州

| 料理名 | 内容 |
|---|---|
| **Orecchiette con Cime di Rapa**<br>オレッキエッテ・コン・チーメ・ディ・ラーパ | オレッキエッテ（耳の形をしたパスタ）を<br>菜の花に似た野菜で和えた料理。 |
| **Agnello al Forno**<br>アニェッロ・アル・フォルノ | 塩、ニンニク、ローズマリーを使った仔羊のロースト。 |

## シチリア州

| 料理名 | 内容 |
|---|---|
| **Caponata**<br>カポナータ | トマト、茄子などの野菜の煮込み料理。 |
| **Cous Cous di Pesce**<br>クスクス・ディ・ペッシェ | トラパニ周辺で食べられる、クスクスの魚介ソースがけ。 |
| **Farsumagru**<br>ファルスマーグル | 仔牛肉にサルシッチャ、モルタデッラ、ゆで卵、パンチェッタ、<br>カチョカヴァッロ、ペコリーノ、グリーンピースなどを詰めて巻き、<br>トマトソースで煮込んだ料理。 |
| **Cannoli**<br>カンノーリ | 筒状の揚げた生地に、<br>リコッタと柑橘類の皮の砂糖漬けを添えたお菓子。 |
| **Cassata Siciliana**<br>カッサータ・シチリアーナ | スポンジケーキにリコッタ、アーモンドペースト、<br>ドライフルーツを重ねた非常に甘いケーキ。<br>アラブの影響を強く受けている。 |

## サルデーニャ州

| 料理名 | 内容 |
|---|---|
| **Bottarga**<br>ボッタルガ | カラスミ。薄切りにして前菜にするか、<br>すりおろしてパスタと和える。 |
| Pecorino Sardo<br>ペコリーノ・サルド （"サルデーニャ島の"という意味。） | 羊乳、半加熱圧搾、D.O.P. チーズ。 |
| **Pecorino Romano**<br>ペコリーノ・ロマーノ | 羊乳、加熱圧搾、D.O.P. チーズ。<br>現在は**サルデーニャ島**を中心に生産。 |

Chapter 14 イタリア

Italy

地方料理と食材

P.231 ≫ 235

VINOLET

235

# Chapter 15 ドイツ

## Germany

「最北」に関する出題
1. ドイツ全体の最北
⇒ザーレ・ウンストルート
2. 西側の最北
⇒アール
※ミッテルラインの一部が最北になるが、試験上はアールと覚えよう。

「モーゼル川」はルクセンブルクを学ぶ際にも重要。
ドイツでは「Mosel」、ルクセンブルクでは「Moselle」とスペルが異なる。

地図問題の攻略
この3地域の位置さえ覚えれば、残りは比較的楽に覚えられる。
N = 5 Nahe（ナーエ）
R = 6 Rheinhessen（ラインヘッセン）
P = 7 Pfalz（プファルツ）

### 旧西ドイツ

1. **Ahr** アール ※西側の最北（ミッテルラインの一部を除く）
2. **Mosel** モーゼル
3. **Mittelrhein** ミッテルライン
4. **Rheingau** ラインガウ
5. **Nahe** ナーエ
6. **Rheinhessen** ラインヘッセン
7. **Pfalz** プファルツ
8. **Hessische Bergstraße** ヘッシッシェ・ベルクシュトラーセ
9. **Franken** フランケン
10. **Württemberg** ヴュルテンベルク
11. **Baden** バーデン

### 旧東ドイツ

12. **Saale-Unstrut** ザーレ・ウンストルート ※最北
13. **Sachsen** ザクセン ※最東

| DATA | Germany |
|---|---|

**緯度（ワイン生産地域）** 北緯 **47**〜**52**度 ※樺太（サハリン）と同緯度
**ブドウ栽培面積** ‥‥‥ 約10万ha
**ワイン生産量** ‥‥‥ 約860万hℓ（おおよそ白**7**：赤**3**）
**気候** ‥‥‥‥‥‥‥ 南西部：**大西洋**と**大陸**の影響を受ける
　　　　　　　　　　　 東部：**大陸性**気候の影響が強い

> ドイツの栽培面積は約10万haと覚えやすいので、他産地と比較する際の「基準」として覚えておこう。☕

## 概要

- ドイツには全部で**13**のワイン生産地域があり、
  旧西ドイツの**11**生産地域がフランス寄りの**南西**部、
  旧東ドイツの**2**生産地域が東部にある。
- 川沿いの斜面を利用したブドウ栽培が伝統的に行われている。
  日照効率や水はけがいいことに加え、鉄道が敷設される
  19世紀後半まで、河川が物資の輸送に重要な役割を果たし、
  交易の拠点となる都市が川沿いにあったことに由来する。
- 品質の優れたワインは一般に斜面にあるブドウ畑で産する。

> 斜面のメリットは主に、
> ・水はけがよい
> 　（雨が排出される）
> ・冷気が溜まらない
> ・太陽から受け取る
> 　熱量が増える
> の3つが挙げられる。☕

- かつては、**甘口**白ワインが単独で飲まれることが多かったが、
  1990年代以降、食事に合わせて飲む機会が増え、
  **辛口**の需要が高まっていった。

> 「ブルグンダー」の意味
> 「Burgunder ブルグンダー」とは「ブルゴーニュの」の意味。ブルゴーニュ伝来の品種がこれに当たる。☕

- リースリングのほかにも、**ブルグンダー系**の品種（ピノ・ブラン、ピノ・グリ）やシャルドネ、
  ソーヴィニヨン・ブランなどの国際的な白品種が増加している。現在は辛口とオフドライが
  主体のワイン産地として認知されつつある。
- 近年はドイツならではの低アルコール濃度で繊細なスタイルが改めて評価されている。
- ワイン生産地域の大半が分布する南西部は、**大西洋**と**大陸**の両方の影響を受ける。
  ブドウの成長期である夏から秋にかけて雨が降りやすいため、病虫害対策が欠かせない。
- 東部は**大陸性**気候の影響を強く受け、夏はより暑く乾燥し、冬の寒さは厳しく、
  遅霜のリスクも高い。

> 辛口ワインの割合が数字を伸ばしていたが、近年はその伸びも収まりつつあり、甘口ワインも再評価、再注目されている。☕

Chapter **15** ドイツ

| 歴 史 | History |
|---|---|

| 時代 | 主な出来事 |
|---|---|
| BC5~4C | ライン川、モーゼル川周辺の**ケルト族**貴族が<br>地中海産のワインを輸入していたことが、<br>エトルリア様式のアンフォラなどの出土により明らかになっている。 |

**はじまりの民族**

| 国 | 民族 | 時代 |
|---|---|---|
| ドイツ | **ケルト**族 | 紀元前5C |
| フランス | **フォカイア**人（古代ギリシャ人の一民族） | 紀元前6C |
| イタリア | **エトルリア**人、古代**ギリシャ**人 | 紀元前8C |
| スペイン | **フェニキア**人 | 紀元前1100年 |

| 時代 | 主な出来事 |
|---|---|
| 6～7C | アイルランド、スコットランドから**宣教団**がライン川を越えて、<br>現在のドイツ北部と東部にキリスト教を布教すると同時に、<br>各地に**ブドウ栽培**も広まる。<br>当時、ブドウ畑を所有し、ワイン造りに取り組んでいたのは、<br>**教会と修道院**であった。 |
| 800年 | フランク王国カロリング朝の王、西ローマ皇帝の称号を得た**カール大帝**が、<br>適切なブドウ栽培と衛生的な醸造を指示し、**ワイン造りの普及**に貢献。 |
| 1136年 | ラインガウにシトー派の**エーバーバッハ修道院**が設立。 |
| 12C～ | 各地に都市が成立し、ワイン商業が盛んになる。<br>都市では水の衛生状態が特に悪かったため、<br>ドイツ**南部**では、**ワイン**は必需品として毎日1～2ℓ飲まれ、<br>ドイツ**北部**では、地元の**ビール**が日常的に飲まれた。<br>北部では、ワインはアルザスなどから河川を経由して、<br>遠距離を運ぶ必要があったため、高価な嗜好品として取引されていた。 |
| 1720年 | ラインガウの**ヨハニスベルク**で、**リースリング**の苗木が大量に植樹される。 |
| 1753年、<br>1760年 | ラインガウのエーバーバッハ修道院が所有するシュタインベルクで貴腐<br>ブドウの収穫が行われる。 |
| 1775年～ | **ヨハニスベルク**で**貴腐ワイン**の醸造が毎年試みられるようになる。 |
| **1860**年代 | **ラインガウ**（1867年）、**モーゼル**（1868年）で<br>ブドウ畑の格付けが行われる。 |
| 1960～70年代 | 高度経済成長時代に、**甘口**ワインがブームになる。 |
| **1971**年 | ワイン法（**収穫時の果汁糖度**による格付け）の施行。 |
| 1990年代末 | 若手醸造家団体が各地で結成され、品質向上に努める。<br>毎年3月下旬にデュッセルドルフで行われる国際ワイン見本市<br>**ProWein** プロヴァインで今でもその存在をアピールしている。 |
| 2005年 | 赤ワイン用ブドウの栽培面積は、**1990**年代半ばからの世界的な<br>赤ワインブームを背景に年々増加。2005年をピークにやや減少傾向に<br>あり、2021年には栽培面積全体の約3割を占めている。 |
| 2021年 | 新しいドイツワイン法が施行され、<br>格付けの基準が「**収穫時の果汁糖度**」から「**地理的呼称範囲**」へ変更。 |

カール大帝（ドイツ）
＝
シャルルマーニュ大帝
（フランス）
は同一人物

日本国内において、「ドイツワイン＝甘口」というイメージが根強く残っているのには、こういった歴史的背景がある。

甘口ワイン隆盛の時代は、品質が低下したワインもあった。
その反動で辛口・テロワール主義が叫ばれている。

※シュペートブルグンダーが持ち込まれた時期は2つの説がある。884年にカール大帝の曾孫（そうそん）がボーデン湖畔に持ち込んだ説と、1136年にエーバーバッハ修道院がラインガウにブルゴーニュより持ち込んだ説がある。

# 主要ブドウ品種

- 栽培面積の割合は、白ブドウ：**約69%**、黒ブドウ：**約31%**。

## 白ブドウ 🍇

**Riesling** リースリング
= **Rheinriesling** ラインリースリング

＊全体**1**位（約**24**％）。

リースリングはドイツ原産の品種であり、かつ現在も世界で最もドイツで栽培されている。リースリングを産する代表的な国は、ドイツ、フランス、オーストリア、オーストラリアなど。

「リースリング」のこと
特に東欧を勉強しているとリースリング・イタリコ（ヴェルシュリースリング）と呼ばれる品種が出てくる。それと混同を避けるために、"ラインリースリング"という名称が使われる。

Grau グラウ グリ
Weiß ヴァイス 白
Spät シュペート 遅い
（つまり晩熟＝熟すのが遅いという意味）

burgunder ブルグンダー ブルゴーニュの
（ブルゴーニュ由来のブドウ品種という意味）
ちなみに、「ß」は英語でいうところの「ss」に該当する。

**Müller-Thurgau** ミュラー・トゥルガウ
= **Rivaner** リヴァーナー
= **Riesling** × **Madeleine Royale** マドレーヌ・ロイアル
＊全体**3**位。

**Grauburgunder** グラウブルグンダー
= Ruländer ルーレンダー
= **Pinot Gris** ピノ・グリ

**Weißburgunder** ヴァイスブルグンダー
= **Pinot Blanc** ピノ・ブラン

**Silvaner** ジルヴァーナー
＊1659年にオーストリアから取り寄せられ、**Franken**のカステル村に初めて植えられた。

「ジ」と「シ」
「Silvaner ジルヴァーナー」のオーストリアでのシノニムは「Sylvaner シルヴァーナー」と呼ばれる。（こっちは濁らない！）

**Kerner** ケルナー

**Bacchus** バッフス
= (Silvaner × Riesling) × Müller-Thurgau

Scheurebe ショイレーベ
= **Riesling** × **Bukettraube** ブケットトラウベ

**Gutedel** グートエーデル
= **Chasselas** シャスラ
= **Fendant** ファンダン

## 黒ブドウ 🍇

**Spätburgunder** シュペートブルグンダー
= **Pinot Noir** ピノ・ノワール
＊全体**2**位、黒ブドウの中で栽培面積**1**位。

**Dornfelder** ドルンフェルダー
= **Helfensteiner** ヘルフェンシュタイナー
× **Heroldrebe** ヘロルドレーベ
＊シュペートブルグンダーと共に栽培面積が増加傾向。
＊黒ブドウの中で栽培面積**2**位。

「H × H」はここだけ！

**Portugieser** ポルトギーザー

**Schwarzriesling** シュヴァルツリースリング
= **Müllerrebe** ミュラーレーベ
= **Pinot Meunier** ピノ・ムニエ

引っ掛け問題に注意
「Schwarz シュヴァルツ：黒」という意味。黒ブドウ品種であることに注意!!

**Regent** レゲント
= (Silvaner × Müller-Thurgau) × Chambourcin シャンブールサン

Domina ドミナ
= **Portugieser** ポルトギーザー × **Spätburgunder** シュペートブルグンダー

カビ菌耐性品種
（= **PIWI** ピーヴィ）のひとつ。

VINOLET

Germany
DATA、概要、歴史、主要ブドウ品種
P.237 » 239

# ワイン法と品質分類

### ワイン法の歴史

- 1871年、ドイツが最初に統一され、最初のワイン法は1892年に制定された。
- **1971**年に施行されたワイン法で、ドイツワインの格付けシステムが根本的に変わり、肩書きの基準が数値化され、「**収穫時の果汁糖度**」に応じて格が決定することになった。
- 2009年に、ドイツを含むEU全域で**地理的呼称制度**が導入されたものの、ドイツではその表記は**任意**とされ、「**補糖の有無**」と「**収穫時の果汁糖度による肩書き**」が伝統的に維持された。
- 2021年からの新ワイン法では、格付けの基準が「**収穫時の果汁糖度**」から「**地理的呼称範囲**」に改正された。

> 当時のドイツにおける主要産地は寒冷な場所が多かったため、ブドウは熟すほど格が高いというシンプルな発想が採用された。

> 2025年産までは移行期間で、新ドイツワイン法に基づくラベル表記へ全面的に切り替わるのは、**2026**年産からである。（次ページで紹介）

### ドイツワインの地理的構成

- **13**の特定ワイン生産地域のことを「**Bestimmtes Anbaugebiet ベシュテムテス・アンバウゲビート**」といい、「**Qualitätswein クヴァリテーツヴァイン**」と「**Prädikatswein プレディカーツヴァイン**」はここでのみ生産することが可能。
- 各特定ワイン生産地域は**1**地区から最大で**9**地区の「**Bereich ベライヒ**」＝地区に分かれ、計**51**地区の**ベライヒ**がある。
- ベライヒはさらに**Großlage グロースラーゲ**＝**集合**畑に分かれ、集合畑は複数の**単一**畑＝**Einzellage アインツェルラーゲ**からなる。

| | |
|---|---|
| **Bestimmte** ベシュテムテ：特定の | **Qualität** クヴァリテート：品質 |
| **Anbaugebiet** アンバウゲビート：生産地域 | **Lage** ラーゲ：位置、状態、立地条件 |
| **Wein** ヴァイン：ワイン | **Einzel** アインツェル：シングル |
| **Prädikat** プレディカート：肩書き | **Groß** グロース：大きさ、偉大さ、すごい |

| 区画 | 意味／数 |
|---|---|
| **Bestimmtes Anbaugebiet**<br>ベシュテムテス・アンバウゲビート | 特定ワイン生産地域：**13**地域 |
| **Bereich** ベライヒ | 地区：**51**地区 |
| Landweingebiete<br>ラントヴァインゲビーテ | ラントヴァインに適用の地域：**26**地域 |
| **Großlage** グロースラーゲ | **集合**畑 |
| **Einzellage** アインツェルラーゲ | **単一**畑 |

- 1971年のワイン法で統合される以前の伝統的なブドウ畑名を登録すれば、ラベルに表記が可能で、ラベル上の表記は「村名＋単一畑名＋伝統的畑名」もしくは「村名＋伝統的畑名」となる。

  例：Ayl アイル村の単一畑Kupp クップの中に川沿いの急斜面のSchonefels ショーンフェルスという区画がある。これまではKuppに含まれているために表記できなかったが、ブドウ畑登記簿に新たに登録されたことにより、「Ayler Kupp Schonefels」もしくは「Ayler Schonefels」と表記が可能になり、ブドウ畑の区画をアピールすることができるようになった。

> 「～er」が付くと、「～村の」と訳せる。

## 品質分類

| カテゴリー | | 規定 | |
|---|---|---|---|
| 原産地呼称保護ワイン（略称 g.U.） | **Prädikatswein** プレディカーツヴァイン （別途6段階の品質分類） | 補糖は禁止。 | 13の特定ワイン生産地域の、いずれか1つの地域内で栽培・収穫されたブドウを100％使用。ワインは公的機関の品質検査を受け、公的検査番号（A.P.Nr. アー・ペー・ヌマー）をラベルに表示しなくてはならない。 |
| | **Qualitätswein** クヴァリテーツヴァイン | アルコール濃度を補うための補糖が可能。 | Amtliche Prüfungsnummer /A.P.Nr. アムトリッヒェ・プリューフングスヌマー（公的検査番号） 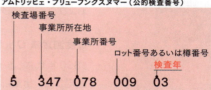 |
| 地理的表示保護ワイン（略称 g.g.A.） | **Landwein** ラントヴァイン | | 26の指定地域で栽培・収穫されたブドウを85％以上使用。一部地域を除き、基本的には trocken トロッケン（辛口）か halbtrocken ハルプトロッケン（オフドライ（中辛口））のみ。 |

- 上記の2カテゴリー以外を「保護原産地表示のないワイン」と呼ぶ。
- 地理的表示のないワインの中でも「保護原産地表示のないドイツワイン」において、**Winzer**（ブドウ栽培醸造家）、Weingut（醸造所）、Winzergenossenschaft（醸造協同組合）などをはじめ、どこで瓶詰めしたかや、地理的呼称や特定のブドウ品種に関することは表記が禁じられている。

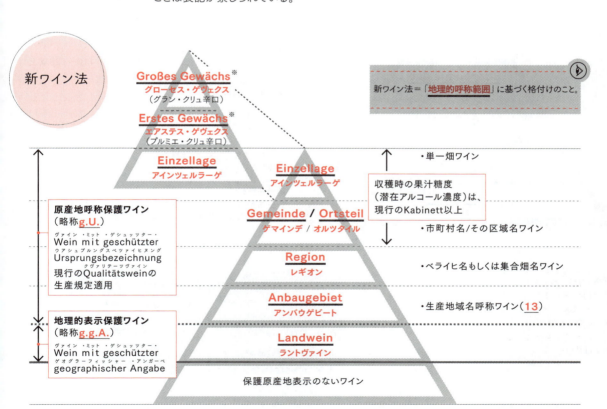

※さらにEinzellage内で、最上級格付けとして**Großes Gewächs**、上級格付けとして**Erstes Gewächs**が設定された。

旧ワイン法=「収穫時の果汁糖度」に基づく格付けのこと。

## Prädikatswein プレディカーツヴァインの肩書き

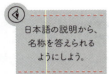
日本語の説明から、名称を答えられるようにしよう。

- 生産条件は、Qualitätswein クヴァリテーツヴァインの規定に準じるが、補糖は禁止されている。
- Prädikatswein プレディカーツヴァインは、収穫時のブドウの状態と果汁糖度（エクスレ度）およびワインのスタイルによりさらに6段階に分類される。

### 糖度測定法 Oechsle / Öchsle エクスレ

- 1830年代に、ドイツ人技師の Ferdinand Oechsle フェルディナンド・エクスレが提唱した、比重計によるブドウ果汁の糖度測定法。
- ドイツのほか、スイス、ルクセンブルクでも用いられている。
- 20℃の1ℓの水と果汁の重さの差を Oechsle / Öchsle エクスレ度という。

| 名称 | 備考 | 最低果汁糖度（エクスレ） |
|---|---|---|
| **Trockenbeerenauslese** トロッケンベーレンアウスレーゼ | 相当程度に乾燥した貴腐ブドウを手作業で収穫・選別。 | 150～154以上 |
| **Eiswein** アイスヴァイン | 樹上で氷点下7℃以下の寒気で凍結したブドウを、凍結した状態で圧搾し醸造。 | 110～128以上 |
| **Beerenauslese** ベーレンアウスレーゼ | 貴腐化したブドウか、少なくとも過熟したブドウ果粒を、手作業で収穫・選別。 | |
| **Auslese** アウスレーゼ | 完熟しているか、貴腐のついたブドウ。 | 88～105以上 |
| **Spätlese** シュペートレーゼ | 遅くまで待ち、完熟した状態で収穫したブドウ。 | 80～95以上 |
| **Kabinett** カビネット | 補糖を行わず、各生産地域が品種ごとに定めた、収穫時の果汁糖度基準を満たしていること。 | 70～85以上 |

実際、カビネット、シュペートレーゼ、アウスレーゼまでは、甘口と辛口の両方が存在し、ベーレンアウスレーゼ以上は甘口となる。

Trocken トロッケン：Dry ドライ。※「辛口」「乾いた」の2つの意味を有する
beeren ベーレン：ブドウの粒。英語の「berry ベリー」の意味。
aus アウス：選ぶ
lese レーゼ：収穫
Spät シュペート：遅い

## 残糖値とスタイル

- ドイツワインにはEUの規定に基づく残糖値に応じた表記が以下のようにある。
ラベル表記は任意であり、1g/ℓ未満の誤差は許容範囲。

| 名称 | 条件 |
|---|---|
| **Trocken** トロッケン | 残糖値が4g/ℓ以下。<br>もしくは9g/ℓ以下で、総酸度が残糖値を2g/ℓ以上下回らないこと。<br>フランスにおけるsec セックと同基準。 |
| **Halbtrocken** ハルプトロッケン | 残糖値がトロッケンを上回り、<br>・残糖値12g/ℓ以下か、<br>・18g/ℓ以下で、総酸度が残糖値を10g/ℓ以上下回らないこと。<br>フランスにおけるdemi-sec ドゥミ・セック。 |
| **Lieblich** リープリッヒ | 残糖値がハルプトロッケンを上回り、残糖値が45g/ℓ以下。<br>フランスにおけるmoelleux モワルー。 |
| **Süß** ズュース | 残糖値45g/ℓ以上。<br>フランスにおけるdoux ドゥー。 |
| **Feinherb** ファインヘルブ | オフドライを意味するが、法的な基準はない。<br>残糖値は**ハルプトロッケン**の基準を若干上回っているが、<br>酸やミネラルとのバランスで、甘味が抑制されて感じられる場合に使用されることが多い。<br>かつてドイツでは、気候が冷涼なため発酵が自然に途中で止まり、<br>糖分が残って酸味などと調和したオフドライのスタイルになることが多かった。<br>1990年代以降の辛口需要により、<br>多くの生産者が辛口やオフドライでテロワールの表現を目指すようになった。 |

**Halb:** 半分、ハーフ

**ブドウの生理的熟成**
今日では果汁糖度のみならず、種の色・果肉の状態・アロマの乗り具合などで判断されるブドウの生理的な熟成が重視されている。

### Süßreserve ズュースレゼルヴェ

- 瓶詰前に添加されることのある**未発酵**のブドウ果汁。
- 早摘みされ、糖度が低く酸度の高い果汁から醸造した廉価なワインに、甘みの調整や酸度とのバランスを取るために用いられ、総量の**25**％までの添加が許容されている。

【 Süßreserve 】
「リザーヴしておいた（取っておいた）ジュース」の意味。

Germany
ワイン法と品質分類 >>
P.240 » 243

Chapter 15 Germany

**Bestimmtes Anbaugebiet**

## ドイツの13生産地域

| 地域名 | 特色・特記事項 | 栽培面積順位　黒●/白○ |
|---|---|---|

### Ahr
アール

ドイツ西部における**最北**のワイン生産地域（ミッテルラインの一部を除く）。
ライン川支流アール川流域。
かつての西ドイツの首都**ボン**に近い産地。
**赤**ワイン用ブドウ品種の栽培比率が約**80**％。
2021年、豪雨に続く大洪水によりほぼすべての醸造所が水没し甚大な被害を受けた。

1位 ●**Spätburgunder** 約64％
　　　シュペートブルグンダー
2位 ○Riesling
　　　リースリング

白ワイン約20％
赤ワイン約80％

< **引っ掛け問題に注意**
"ドイツ最北のワイン産地"は、旧東ドイツの「ザーレ・ウンストルート」。

< **赤ワインで有名な産地**
赤ワイン用ブドウ品種の栽培比率が白よりも高い産地は2つしかない！
・アール（シュペートブルグンダーで有名）
・ヴュルテンベルク（トロリンガーで有名）

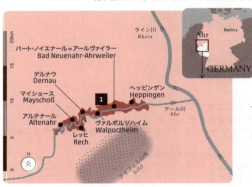

Ahr
アール

1 ■ Bereich Walporzheim / Ahrtal
ベライヒ・ヴァルポルツハイム／アールタール

### Mosel
モーゼル

ドイツの一般的なボトルの形状

モーゼル川支流**ザール**川、**ルーヴァー**川の流域を含む。
北西のアイフェル山地と南東のフンスリュック山地に挟まれた**渓谷**に畑があり、約4割が斜度**30**％を超える急斜面の畑（**Steillage シュタイルラーゲ**）で、土壌は**粘板岩**が多い。
下流域の一部では急斜面に石垣を組み**テラス**状にブドウ畑を仕立てることから「**Terassenmosel テラッセンモーゼル**」と称する。
1786年**トリーア大司教**で選帝侯のクレメンス・ヴェンツェスラウスが、劣った品質のブドウの植え替えを指示したことがモーゼルで広く**リースリング**が栽培される契機となった。
1868年**プロイセン**政府が畑の格付け地図を作成。現在もその地図は格付けの基礎資料として使われている。

1位 ○Riesling 約62％
　　　リースリング
2位 ○Müller-Thurgau
　　　ミュラー・トゥルガウ

白ワイン約90％
赤ワイン約10％

粘板岩

Mosel
モーゼル

1 ■ Bereich Burg Cochem
ベライヒ・ブルク・コッヘム
2 ■ Bereich Bernkastel
ベライヒ・ベルンカステル
3 ■ Bereich Ruwertal
ベライヒ・ルーヴァータール
4 ■ Bereich Obermosel
ベライヒ・オーバーモーゼル
5 ■ Bereich Saar
ベライヒ・ザール
6 ■ Bereich Moseltor
ベライヒ・モーゼルトーア

Terassenmosel
テラッセンモーゼル

ドイツの13生産地域

| 地域名 | 特色・特記事項 | 栽培面積順位 黒●/白○ |
|---|---|---|

### Mittelrhein
ミッテルライン

**ビンゲン**と**ボン**の間、約110kmにわたる**ライン**川流域。栽培面積は最も小さい。

**ビンゲン**から**コブレンツ**までの景観は、2002年にユネスコ世界文化遺産に登録されている。

**ローレライ**の歌で知られるかつての船の難所もある。ブドウ畑の約**85**％以上が、傾斜30度以上の急斜面で機械化が難しい。

オーストリアのヴァッハウにならって**3段階の格付け**を設定し、ミッテルライン産リースリングの個性をアピールしている。

1位 ○Riesling 約63%
2位 ●Spätburgunder

白ワイン約**84**％
赤ワイン約16％

↑
**ローレライ**

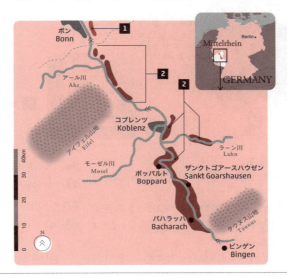

#### Mittelrhein
ミッテルライン

**1** ■ Bereich Siebengebirge
ベライヒ・ジーベンゲビルゲ

**2** ■ Bereich Loreley
ベライヒ・ローレライ

### Rheingau
ラインガウ

北緯50度に沿って広がる。

1136年にシトー派の**エーバーバッハ修道院**が設立され、彼らがシュペートブルグンダーをラインガウに持ち込んだとされる。今現在の「Kabinett」の肩書きは、以前は特別に優れたワインを貯蔵する部屋（**Cabinet カビネット**）を指し、1712年に**エーバーバッハ修道院**が最初に用いたといわれている。

**1775**年ヨハニスベルクでシュペートレーゼが発見されたことになっている。

ドイツのブドウ栽培醸造技術を研究し、若手醸造家を育成する**ガイゼンハイム**大学がある。

土壌は、斜面の上に行くほど**水はけ**のよい土壌が多く、川に近づくほど表土が深く**保水性**がよくなる。

1位 ○Riesling 約76%
2位 ●Spätburgunder 約13％

白ワイン約85％
赤ワイン約15％

#### Rheingau
ラインガウ

**1** ■ Bereich Johannisberg
ベライヒ・ヨハニスベルク

## ドイツの13生産地域

| 地域名 | 特色・特記事項 | 栽培面積順位 黒●/白○ |
|---|---|---|

### Nahe
ナーエ

ナーエ川河口の**ビンゲン**から**モンツィンゲン**に至るまでの約60kmの流域とその支流に広がる産地。
高品質な**リースリング**と赤白の**ブルグンダー**系品種が産地のポテンシャルを示す。

**1位** ○Riesling 約29%（リースリング）
**2位** ○Müller-Thurgau 約11%（ミュラー・トゥルガウ）
**3位** ●Dornfelder 約9%（ドルンフェルダー）

白ワイン約77%
赤ワイン約23%

Nahe
ナーエ

**1** Bereich Nahetal
ベライヒ・ナーエタール

### Rheinhessen
ラインヘッセン

ドイツ**最大**のワイン生産地。
内陸部は起伏に富んだ丘陵地帯で「千の丘のある地方」と呼ばれる。
**ヴォルムス**の聖母教会（リーブフラウエンキルヒェ）周囲のブドウ畑から造られたワインが「**リープフラウミルヒ**」として18世紀半ばから有名になった。
名声のあまり模造品が出回るようになったため、1971年のワイン法でリープフラウミルヒは下記のように規定された。

- ラインヘッセン、ナーエ、ファルツ、ラインガウで生産されたクヴァリテーツヴァイン。
- 原料の最低70%をリースリング、ジルヴァーナー、ミュラー・トゥルガウもしくはケルナーが占める。
- 残糖値がリーブリッヒに相当する甘口。

**若手の台頭** 1980年代までは量産甘口ワインの主要産地であったが、ラインヘッセンのテロワールの潜在能力を確信する**若手醸造家**たちが、2001年に「**Message in a bottle** メッセージ・イン・ア・ボトル」団体を結成。

**近年** 近年はVDP. Die Prädikatsweingüter ディー・プレディカーツヴァインギューター（プレディカーツヴァイン醸造所連盟）とラインヘッセンブドウ栽培者連盟の有志が集まって、テロワールの個性の表現を目指している。

**1位** ○Riesling 約20%（リースリング）
**2位** ○Müller-Thurgau 約14%（ミュラー・トゥルガウ）
**3位** ●Dornfelder 約11%（ドルンフェルダー）
**4位** ○Graburgunder（グラウブルグンダー）

白ワイン約74%
赤ワイン約26%

> 日本の高度経済成長期の時代に、世界中で流行したやや甘味のあるワイン。世界中の需要に応えるために強引にエリアを広げ、その結果極端な品質の低下を招いた。

> ドイツで今勢いのある産地!!
> ラインヘッセンとプファルツ、そしてバーデンは、若手醸造家の台頭により、ドイツで最も勢いのある産地として特に注目されている。

Rheinhessen
ラインヘッセン

**1** Bereich Nierstein
ベライヒ・ニアシュタイン

**2** Bereich Wonnegau
ベライヒ・ヴォンネガウ

**3** Bereich Bingen
ベライヒ・ビンゲン

## ドイツの13生産地域

| 地域名 | 特色・特記事項 | 栽培面積順位 黒●/白○ |
|---|---|---|

### Pfalz
プファルツ

ドイツで**2**番目に大きな生産地域。ラインヘッセンの南に地続きで広がる。ドイツの中では温暖な地域。
西の**ハールト**山地から**ライン**川に向かって続く平野にある。**南端**は**フランス**と国境を接しており、一部のブドウ畑はフランスにある。
1980年代までは甘口ワインが量産された。村々の祭りでは容量500mlの**Dubbeglas デュッベグラス**という側面に凹凸のついた独特のコップでワインが供される。
名醸造家として知られるハンス・ギュンター・シュヴァルツに学んだ**若手醸造家**たちが、プファルツに限らず各地で活躍している。例えば1991年に発足した「**Fünf Freunde フュンフ・フロインデ**」という団体のハンス・ヨルグ・レープホルツである。彼らは高品質な**ブルグンダー系**ワインを造り、話題を集めた。
かつては「プファルツの3B」と言われた大御所中心の産地から、品質向上に熱心な若手醸造家の活躍する産地へと変貌している。

- 1位 ○ **Riesling** リースリング 約25%
- 2位 ● **Dornfelder** ドルンフェルダー 約10%
- 3位 ○ **Grauburgunder** グラウブルグンダー
- 4位 ● **Spätburgunder** シュペートブルグンダー
- 5位 ○ **Müller-Thurgau** ミュラー・トゥルガウ

白ワイン約68%
赤ワイン約32%

☕「5人の友」という意味。

**プファルツの3B**
1. バッサーマン・ヨルダン
2. フォン・ブール
3. ビュルクリン・ヴォルフ

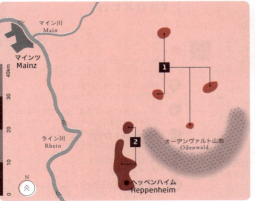

**Pfalz** プファルツ
- 1 ■ Bereich Mittelhaardt - Deutsche Weinstraße ベライヒ・ミッテルハールト・ドイチェ・ヴァインシュトラーセ
- 2 ■ Bereich Südliche Weinstraße ベライヒ・ズュートリッヒェ・ヴァインシュトラーセ

### Hessische Bergstraße
ヘッシッシェ・ベルクシュトラーセ

ドイツで栽培面積が2番目に**小さい**。
ドイツの「トスカーナ」や「リヴィエラ」と称される風光明媚で温暖な気候。
辛口～オフドライが生産量の約**90**%を占める。

- 1位 ○ **Riesling** リースリング 約36%
- 2位 ○ **Grauburgunder** グラウブルグンダー
- 3位 ● **Spätburgunder** シュペートブルグンダー

白ワイン約79%
赤ワイン約21%

**～と称される産地**
「千の丘のある地方」
⇒ラインヘッセン（内陸部）
「ドイツのトスカーナやリヴィエラ」
⇒ヘッシッシェ・ベルクシュトラーセ

**Hessische Bergstraße** ヘッシッシェ・ベルクシュトラーセ
- 1 ■ Bereich Umstadt ベライヒ・ウムシュタット
- 2 ■ Bereich Starkenburg ベライヒ・シュタルケンブルク

## ドイツの13生産地域

| 地域名 | 特色・特記事項 | 栽培面積順位　黒●/白○ |
|---|---|---|

### Franken
フランケン

Bocksbeutel
ボックスボイテル

唯一**バイエルン**州に属している生産地域。
他産地が甘口を量産していた80年代以前もフランケンは**辛口**にこだわっていた。残糖は独自基準で4g/ℓ以下で「trocken」とし、「**Fränkisch trocken フレンキッシュ・トロッケン**」と称する。
**ボックスボイテル**と呼ばれる、ずんぐりとして平板な伝統的なボトルも知られている。
ボックスボイテルは紀元前1400年頃の**ケルト**族の陶製容器が元祖であるとされる。
ドイツでの**ジルヴァーナー**は1659年に**オーストリア**から苗木を**カステル**村に植樹したのが起源。
20世紀半ばまで「**Österreicher エスタライヒャー**（オーストリアのもの）」と呼ばれていた。
産地は**マイン川**に沿って広がっている。
従来は、**Mainviereck マインフィアエック**、**Maindreieck マインドライエック**、**Steigerwald シュタイガーヴァルト**の3つのベライヒに分かれていたが、2009年の地理的呼称範囲の導入を受けて、2017年に12のベライヒに細分化された。
地理的枠組みとして従来のベライヒ名に沿って考えた方がわかりやすいため、下記では従来のベライヒ名を用いて産地の説明をしている。

1位 ○ ジルヴァーナー **Silvaner** 約25％
2位 ○ ミュラー・トゥルガウ **Müller-Thurgau** 約22％

白ワイン約83％
赤ワイン約17％

### 🔴 マインフィアエック
高品質なシュペートブルグンダーが造られる。
「Gemischter Satz ゲミシュター・ザッツ（混植混醸）」の伝統を守る畑もある。

### 🔴 マインドライエック
ヴュルツブルクを中心とする産地。遅霜のリスクが高い。
南部のタウバー川沿いでは一時絶滅の危機にさらされた地場品種「Tauberschwarz タウバーシュヴァルツ」が栽培され注目されている。

### 🔴 シュタイガーヴァルト
上流域に位置し、標高が高く冷涼。コイパー統の泥灰質土壌は冷めにくく、ジルヴァーナーやリースリングに向く。

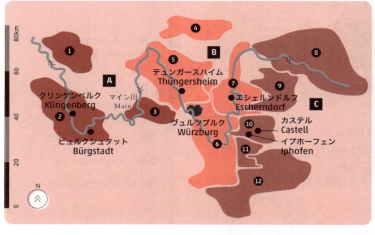

Viereck＝四角形、Dreieck＝三角形の意味。川がそれぞれ「四角形」「三角形」に蛇行しているのが地図から読み取れる。

Franken
フランケン

**A** 🟫 **Mainviereck**　マインフィアエック
1. Alzenauer Weinregion　アルツェナウアー・ヴァインレギオン
2. Churfranken　クアフランケン
3. Main Himmelreich　マイン・ヒンメルライヒ

**B** 🟥 **Maindreieck**　マインドライエック
4. Frankens Saalestück　フランケンス・ザーレシュトゥック
5. Mittelmain　ミッテルマイン
6. Main Süden　マイン・ズューデン
7. Volkacher Mainschleife　フォルカッハー・マインシュライフェ

**C** 🟫 **Steigerwald**　シュタイガーヴァルト
8. Abt Degen Weintal　アプト・デーゲン・ヴァインタール
9. Weinpanorama Steigerwald　ヴァインパノラマ・シュタイガーヴァルト
10. Schwanberger Land　シュヴァンベルガー・ラント
11. Weinparadies　ヴァインパラディース
12. Mittelfränkische Bocksbeutelstraß　ミッテルフレンキッシェ・ボックスボイテルシュトラー

ドイツの13生産地域

| 地域名 | 特色・特記事項 | 栽培面積順位　黒●/白○ |
|---|---|---|

### Württemberg
ヴュルテンベルク

シュヴァルツヴァルトを水源とする**ネッカー**川の中流〜上流、その支流に広がるほかボーデン湖畔に飛び地を持つ産地。ドイツ国内で**4**番目に大きな生産地域だが、金融業や自動車産業企業が集まる**シュトゥットガルト**で働く住民のほか、古都イルブロンなどを訪れる観光客の需要から地元消費が多く、規模とは対照的に存在感が薄い。
栽培面積の約16％を占める**トロリンガー**は房が大きく食用にも向いているので人気がある。
ワイン生産量の約75％が醸造協同組合の造る手頃な価格のもの。
トロリンガーやシュペートブルグンダーを始めとする赤ワインの品質向上が著しい。
また、レンベルガー（＝ブラウフレンキッシュ）、ツヴァイゲルトといったオーストリアの品種も存在感を増している。

1位 ○Riesling 約19%
2位 ●**Trollinger** 約16％

白ワイン約36％
赤ワイン約**64**％

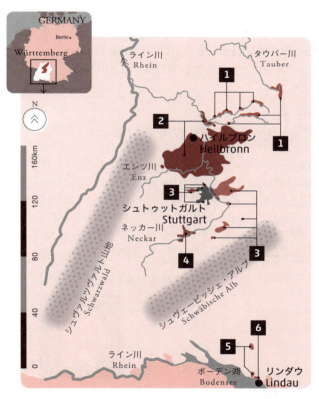

## Württemberg
ヴュルテンベルク

1 ■ Bereich Kocher-Jagst-Tauber
　ベライヒ・コッハー・ヤクスト・タウバー

2 ■ Bereich Württembergisch Unterland
　ベライヒ・ヴュルテンベルギッシュ・ウンターラント

3 ■ Bereich Remstal-Stuttgart
　ベライヒ・レムスタール・シュトゥットガルト

4 ■ Bereich Oberer Neckar
　ベライヒ・オーバラー・ネッカー

5 ■ Bereich Württembergischer Bodensee
　ベライヒ・ヴュルテンベルギッシャー・ボーデンゼー

6 ■ Bereich Bayerischer Bodensee
　ベライヒ・バイエリッシャー・ボーデンゼー

ドイツの13生産地域

| 地域名 | 特色・特記事項 | 栽培面積順位　黒●/白○ |
|---|---|---|

### Baden
バーデン

国内で **3** 番目に大きな産地。南北約 **400** km に細く伸びた産地で **9** つのベライヒ（ドイツ国内最大のベライヒ数）に分かれる。ドイツ**最南**端の産地。
バーデンのブドウ栽培の最古の証拠として、ベライヒ・ボーデンゼーの**ライヒェナウ**修道院で、8世紀のブドウの種が見つかっている。
**フランス**国境に接し、アルザスの食文化に影響を受けて「料理を引き立てるワイン」を目指す生産者が1970年代末から登場。カイザーシュトゥール周辺の生産者は1980年代から**ブルゴーニュ**を手本にした。
ライン川対岸のヴォージュ山脈南部とジュラ山地の間にある「ブルゴーニュの門」と呼ばれる低地から暖かい風が流れ込み、ベライヒ・オルテナウから南部の地区に影響を与える。

1位 ●**Spätburgunder** 約32％
　　　シュペートブルグンダー
2位 ○Grauburgunder
　　　グラウブルグンダー
3位 ○Müller-Thurgau
　　　ミュラー・トゥルガウ

※ブルグンダー系の品種が盛ん。

白ワイン約62％
赤ワイン約38％

**以下9つのベライヒがある。**

● **タウバーフランケン**　域内**最北**に位置する。フランケン南部タウバー川沿い。
● **バーディッシェ・ベルクシュトラーセ**　**ライン**川沿い最北。
● **クライヒガウ**　東に**ヴュルテンベルク**が隣接。ライン川対岸は南ファルツ。
● **オルテナウ**　**シュヴァルツヴァルト**渓谷沿い。バーデンでは珍しいリースリングの名産地。
● **ブライスガウ**　**シュペートブルグンダー**が栽培面積の約40％を占める。
● **カイザーシュトゥール**　**ライン**川と**シュヴァルツヴァルト**の間にある死火山（標高556m）がこのベライヒで、火山岩（**テフライト**）が多く混じった土壌。
● **トゥニベルク**　**カイザーシュトゥール**の南。
● **マルクグレーフラーラント**　**最南**端。標高が高くやや冷涼。特産品種の**Gutedel** グートエーデル（＝Chasselas シャスラ）はドイツでは大半がここで栽培。
● **ボーデンゼー**　**ボーデン**湖畔の飛び地。標高が高く冷涼。

## Baden
バーデン

| 1 ■ | Bereich Tauberfranken<br>ベライヒ・タウバーフランケン |
| 2 ■ | Bereich Badische Bergstraße<br>ベライヒ・バーディッシェ・ベルクシュトラーセ |
| 3 ■ | Bereich Kraichgau<br>ベライヒ・クライヒガウ |
| 4 ■ | Bereich Ortenau<br>ベライヒ・オルテナウ |
| 5 ■ | Bereich Breisgau<br>ベライヒ・ブライスガウ |
| 6 ■ | Bereich Kaiserstuhl<br>ベライヒ・カイザーシュトゥール |
| 7 ■ | Bereich Tuniberg<br>ベライヒ・トゥニベルク |
| 8 ■ | Bereich Markgräflerland<br>ベライヒ・マルクグレーフラーラント |
| 9 ■ | Bereich Bodensee<br>ベライヒ・ボーデンゼー |

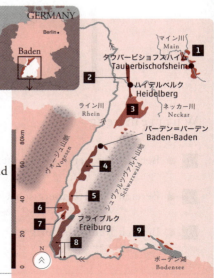

ドイツの13生産地域

| 地域名 | 特色・特記事項 | 栽培面積順位　黒●/白○ |
|---|---|---|

## Saale-Unstrut
### ザーレ・ウンストルート

ドイツ<u>最北</u>の産地で、北緯51度付近に位置。ザーレ川とウンストルート川沿いにある。1990年の東西ドイツ統一で新たに加わった生産地域の一つ。VDPと同様の格付けヒエラルキーを採用し、産地の可能性を追求している醸造家団体 <u>Breitengrad 51</u> ブライテングラート51（ドイツ語で「北緯51度」）や、ナチュラルワインの生産に取り組む若手醸造家などが注目されている。

1位 ○Müller-Thurgau 約14％
　　　ミュラー・トゥルガウ
2位 ○Weißburgunder
　　　ヴァイスブルグンダー

白ワイン約77％
赤ワイン約23％

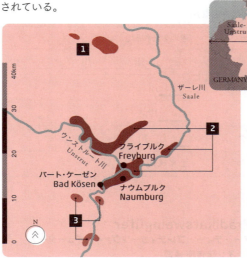

Saale-Unstrut
ザーレ・ウンストルート

1　Bereich Mansfelder Seen
　　ベライヒ・マンスフェルダー・ゼーン
2　Bereich Schloss Neuenburg
　　ベライヒ・シュロス・ノイエンブルク
3　Bereich Thüringen
　　ベライヒ・チューリンゲン
4　Bereich Werder (Havel)
　　ベライヒ・ヴェアダー（ハーフェル）
※ベルリン近郊のブランデンブルク州にある飛び地。

## Sachsen
### ザクセン

ドイツ<u>最東</u>にあり、<u>ポーランド</u>との国境近くに位置。国内で3番目に小さい生産地域。
エルベ川の渓谷に沿って約45kmの範囲にブドウ畑が散在。ザクセン州の州都<u>ドレスデン</u>と磁器で有名な<u>マイセン</u>を含む。
「<u>ザクセンコイレ</u>」と呼ばれるボーリングのピンに似た形のボトルと交配品種「<u>ゴルトリースリング</u>」が特産物。<u>ゴルトリースリング</u>はリースリングと<u>Früher Malingre</u> フリューアー・マリングレの交配品種。
エルベ渓谷の影響で北緯<u>51</u>度付近にしては温暖な気候。

1位 ○Riesling 約14％
　　　リースリング
2位 ○Müller-Thurgau
　　　ミュラー・トゥルガウ

白ワイン約81％
赤ワイン約19％

**Sachsenkeule**
ザクセンコイレ

Sachsen
ザクセン

1　Bereich Elstertal
　　ベライヒ・エルスタータール
2　<u>Bereich Meissen</u>
　　ベライヒ・マイセン

ドイツの13生産地域

### 栽培面積上位4つの産地

| 順位 | 産地 |
|---|---|
| 1位 | **ラインヘッセン** |
| 2位 | **プファルツ** |
| 3位 | **バーデン** |
| 4位 | **ヴュルテンベルク** |

### 栽培面積下位3つの産地

| 順位 | 産地 |
|---|---|
| 1位 | ミッテルライン |
| 2位 | ヘッシッシェ・ベルクシュトラーセ |
| 3位 | ザクセン |

### 産地と産地を流れる主な川

| 産地 | 産地を流れる川 |
|---|---|
| モーゼル | **モーゼル**川、**ザール**川、**ルーヴァー**川 |
| ミッテルライン | **ライン**川 |
| フランケン | **マイン**川 |
| ヴュルテンベルク | **ネッカー**川 |
| ザクセン | エルベ川 |

## ドイツにおけるブドウ畑の格付け

### VDP. Die Prädikatsweingüter
ファウ・デー・ペー・ディー・プレディカーツヴァインギューター /
プレディカーツヴァイン醸造所連盟

- ドイツの**ブドウ畑**の格付けを推進している生産者団体。
- 改称を繰り返しているが、<u>2000</u>年から「VDP. Die Prädikatsweingüter」と名乗っている。
- 加盟生産者は厳しい自主規制に基づき、毎年様々な面から検査される。知名度の高い生産者が多く、団体の規模こそ大きくないもののワイン業界への影響力は大きい。
- 2020年、VDPは高品質なゼクトの格付け（VDP. SEKT、VDP. SEKT. PRESTIGE）規約を発表。
- 2012年ヴィンテージより、以下のような<u>4</u>段階の品質基準を設けている。

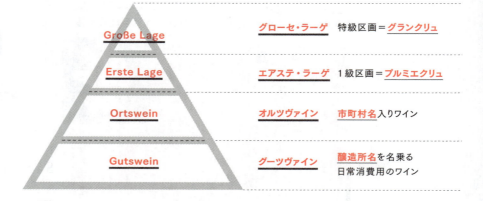

| | | |
|---|---|---|
| **Große Lage** | **グローセ・ラーゲ** | 特級区画＝**グランクリュ** |
| **Erste Lage** | **エアステ・ラーゲ** | 1級区画＝**プルミエクリュ** |
| **Ortswein** | **オルツヴァイン** | **市町村名**入りワイン |
| **Gutswein** | **グーツヴァイン** | **醸造所名**を名乗る日常消費用のワイン |

Germany
<< ドイツの13生産地域
P.244»252

スパークリング
ワイン

- ドイツでは通常の醸造所が醸造したワインを、ゼクト醸造専門の業者（Lohnversekter ローンフェアゼクター）に委託し、ペールヴァインやゼクトに仕上げることが多い。

## Perlwein ペールヴァイン と Pét-Nat ペット・ナット

**Perlwein**
ペールヴァイン

20℃で1～2.5気圧の**弱発泡性**ワイン。アルコール度数**7**％以上。
イタリアの**Frizzante**、フランスの**Pétillant**に相当する。
炭酸は一次発酵に由来するものと、スティルワインに添加したものがある。
品質はベースのワインにより左右され、
最上のものは Qualitätsperlwein b.A.（特定生産地域呼称高品質ペールヴァイン）となり、
炭酸は一次発酵で生じた炭酸でなければならない。

「自然派弱発泡性ワイン」の意味。世界中で大ブーム。

**Pét-Nat**
ペット・ナット

**メトード・アンセストラル**と同様の製法を用いる。
2015年産からドイツ（特にファルツ、ラインヘッセン、フランケン）の若手生産者が
醸造を始め、近年は各地で造られるようになった。
Pét-Natは本来「Pétillant Naturel」の略だが、
3.0気圧を超える場合は**Schaumwein シャウムヴァイン**に分類される。
野生酵母で発酵し、亜硫酸塩も門出のリキュールも何も添加しない。
完全発酵してもアルコール濃度11％前後と軽やかで、
酵母風味の混じる辛口の白かロゼとなる。

## Schaumwein シャウムヴァイン と Sekt ゼクト（発泡性ワイン）

- Schaumwein シャウムヴァインは、**発泡性**ワインの総称で品質によって以下に分かれる。

**高**

スパークリングワインの質

**Sekt b.A.**
ゼクトb.A.
=**Qualitätsschaumwein b.A.**
クヴァリテーツシャウムヴァイン b.A.

**13**の特定生産地域で生産された**クヴァリテーツヴァイン**から生産。
以下2つのカテゴリーがある。

| カテゴリー | 備考 | 製法 | 製造期間 |
|---|---|---|---|
| **Crémant**<br>クレマン | 高品質なゼクトb.A.。<br>手収穫し、除梗せずに<br>全房圧搾。<br>**150** kgの収穫から得る<br>果汁を**100** ℓ以下に抑<br>えたもの。<br>生産地域によって使用<br>可能な品種が限定され<br>ている。<br>残糖値は**50**g/ℓ（ライ<br>ンラント・プファルツ州<br>では**20**g/ℓ）以下など<br>の規定がある。 | **瓶内二次**<br>**発酵** | 一次発酵を<br>含め<br>**9**カ月以上 |
| **Winzersekt**<br>ヴィンツァー<br>ゼクト | 生産者が自家栽培した<br>ブドウで自家醸造した<br>ベースワインを、自家醸<br>造もしくは専門業者に<br>委託して仕上げたもの。 | **瓶内二次**<br>**発酵** | 一次発酵を<br>含め<br>**9**カ月以上 |

単なる「Sektゼクト」では、4つ全ての泡の獲得方法が認められている。（炭酸ガス注入方式はNG）

**Deutscher Sekt**
ドイッチャー・ゼクト

**ドイツ国内**産のベースワイン
（ラントヴァインの基準をクリアしたもの）から生産。

**Sekt**
ゼクト
= **Qualitätsschaumwein**
クヴァリテーツシャウムヴァイン

炭酸の気圧は20℃で3.5気圧以上、アルコール度数10％以上。
ベースワインの基準は、シャウムヴァインと同様。

つまり「割と何でもありのドイツで造られたスパークリングワインの総称」ということ。

**Schaumwein**
シャウムヴァイン

炭酸の気圧は20℃で**3.0**気圧以上、アルコール度数**9.5**％以上。
白・赤・生産国など異なるワインをブレンドした
ベースワインを用いることができる。

**低**

253

## ロゼワイン

**Roséwein/Rosé**
ロゼヴァイン／ロゼ
　赤ワイン用品種のみから造られた、淡いもしくは明るい色調のワイン。

**Weißherbst**
ヴァイスヘルプスト
　単一品種（黒ブドウ）で醸造されたロゼワイン。
　クヴァリテーツヴァインもしくはプレディカーツヴァインでなければならない。
　色調についての規定はなく、白ワインのような色調のものもある。
　ラベルに表示する場合、品種名も表示しなければならず、ロゼワインの併記は不可。

**Blanc de Noirs**
ブラン・ド・ノワール
　赤ワイン用品種のブドウを、白ワイン同様に圧搾して醸造し、明るい色調をしているワイン。
　「Blanc de Noir（sが抜けている）」「Weißgekeltert ヴァイスゲケルテルト」
　（Weiß＝白、gekeltert＝圧搾された）と表記されることもある。

**Rotling**
ロートリング
　黒ブドウと白ブドウ、またはそれぞれ破砕し、果汁に漬けた状態で混ぜて一緒に圧搾・醸造した、淡い赤色または明るい赤色のロゼワイン。
　生産地域によって別名称を持つものがある。

**Schillerwein**
シラーヴァイン
　ヴュルテンベルク産。

**Badisch Rotgold**
バーディッシュ・ロートゴルト
　バーデン産。グラウブルグンダーとシュペートブルグンダーから醸造。

**Schieler**
シーラー
　ザクセン産。
　伝統的には混植混醸。

### 「ブレンド」と「混醸」
白ワインと赤ワインの"ブレンド"ではなく、発酵中にすでに混ざり合っている状態、いわゆる「混醸」で造られたワインのこと。

## ドイツの著名な地区・銘醸畑

**ベライヒ数のまとめ**

| 地域名 | ベライヒ数 | |
|---|---|---|
| アール | 1 | |
| モーゼル | **6** | |
| ミッテルライン | 2 | |
| ラインガウ | **1** | |
| ナーエ | 1 | |
| ラインヘッセン | 3 | |
| プファルツ | 2 | |
| ヘッシッシェ・ベルクシュトラーセ | 2 | |
| フランケン | **12** | ※ベライヒ数最多 |
| ヴュルテンベルク | 6 | |
| バーデン | **9** | |
| ザーレ・ウンストルート | 4 | |
| ザクセン | 2 | |
| 計 | 51 | |

ドイツの著名な地区・銘醸畑

| 地域 | 地区名（ベライヒ） | 市町村名 | 単一畑名 |
|------|------|------|------|
| **Ahr**<br>**アール**<br><br>ベライヒ数（1） | Walporzheim/<br>ヴァルポルツハイム/<br>Ahrtal<br>アールタール | | |
| **Mosel**<br>**モーゼル**<br><br>ベライヒ数（**6**） | Burg Cochem<br>ブルク・コッヘム | | |
| | | Ürzig<br>ユルツィヒ | **Würzgarten**<br>**ヴュルツガルテン** |
| | **Bernkastel**<br>**ベルンカステル** | **Bernkastel**<br>**ベルンカステル** | **Doctor**<br>**ドクトール** |
| | | **Piesport**<br>**ピースポート** | Goldtröpfchen<br>ゴルトトレプヒェン |
| | Ruwertal<br>ルーヴァータール | | |
| | Obermosel<br>オーバーモーゼル | | |
| | **Saar**<br>**ザール** | Wiltingen<br>ヴィルティンゲン | **Scharzhofberg**[※1]<br>**シャルツホーフベルク** |
| | Moseltor<br>モーゼルトーア | | |
| **Mittelrhein**<br>**ミッテルライン**<br><br>ベライヒ数（2） | Siebengebirge<br>ジーベンゲビルゲ | | |
| | Loreley<br>ローレライ | | |
| **Rheingau**<br>**ラインガウ**<br><br>ベライヒ数（**1**） | **Johannisberg**<br>**ヨハニスベルク** | Hattenheim<br>ハッテンハイム | **Steinberg**[※2]<br>**シュタインベルク** |
| | | Winkel<br>ヴィンケル | **Schloss Vollrads**[※2]<br>**シュロス・フォルラーツ** |
| | | Johannisberg<br>ヨハニスベルク | **Schloss Johannisberg**[※2]<br>**シュロス・ヨハニスベルク** |
| | | **Assmannshausen**<br>**アスマンズハウゼン** | Höllenberg<br>ヘレンベルク |
| **Nahe**<br>**ナーエ**<br><br>ベライヒ数（1） | Nahetal<br>ナーエタール | | |

※1 **Scharzhofberg シャルツホーフベルク**は、単一畑ではなく、ヴィルティンゲン村の一部区域の地理的名称なので、エチケット上に村名を表記しない。
※2 **Steinberg シュタインベルク**、**Schloss Vollrads シュロス・フォルラーツ**、**Schloss Johannisberg シュロス・ヨハニスベルク**は、ヘッセン州条例で認められた、市町村の一部（Ortsteil オルツタイル）の地理的名称のみラベルに記載される例外的なブドウ畑。

ドイツの著名な地区・銘醸畑

| 地域 | 地区名（ベライヒ） | 市町村名 | 単一畑名 |
|---|---|---|---|
| **Rheinhessen**<br>ラインヘッセン<br><br>ベライヒ数（3） | **Bingen**<br>ビンゲン | **Appenheim**<br>アッペンハイム | Hundertgulden<br>フンデルトグルデン |
| | Nierstein<br>ニアシュタイン | | |
| | Wonnegau<br>ヴォンネガウ | | |
| **Pfalz**<br>プファルツ<br>ベライヒ数（2） | Mittelhaardt-Deutsche Weinstraße<br>ミッテルハールト・ドイチェ・<br>ヴァインシュトラーセ | | |
| | Südliche Weinstraße<br>ズュートリッヒェ・ヴァインシュトラーセ | | |
| **HessischeBergstraße**<br>ヘッシッシェ・ベルクシュトラーセ<br><br>ベライヒ数（2） | Umstadt<br>ウムシュタット | | |
| | Starkenburg<br>シュタルケンブルグ | | |
| **Franken**<br>フランケン<br><br>ベライヒ数（<u>12</u>）<br><br>※ベライヒ数最多 | **Mainviereck**※<br>マインフィアエック | Alzenauer Weinregion<br>アルツェナウアー・ヴァインレギオン | | |
| | | Churfranken<br>クアフランケン | | |
| | | Main Himmelreich<br>マイン・ヒンメルライヒ | | |
| | **Maindreieck**※<br>マインドライエック | Frankens Saalestück<br>フランケンス・ザーレシュトゥック | | |
| | | Mittelmain<br>ミッテルマイン | | |
| | | Main Süden<br>マイン・ズューデン | | |
| | | Volkacher Mainschleife<br>フォルカッハー・マインシュライフェ | | |
| | **Steigerwald**※<br>シュタイガーヴァルト | Abt Degen Weintal<br>アプト・デーゲン・ヴァインタール | | |
| | | Weinpanorama Steigerwald<br>ヴァインパノラマ・シュタイガーヴァルト | | |
| | | Schwanberger Land<br>シュヴァンベルガー・ラント | | |
| | | Weinparadies<br>ヴァインパラディース | | |
| | | Mittelfränkische Bocksbeutelstraße<br>ミッテルフレンキッシェ・ボックスボイテルシュトラーセ | | |

※Mainviereck、Maindreieck、Steigerwald は旧ベライヒ名だが、教本上では現ベライヒをまとめた地域名として用いられている。

ドイツの著名な地区・銘醸畑

| 地域 | 地区名（ベライヒ） | 市町村名 | 単一畑名 |
|---|---|---|---|
| **Württemberg**<br>ヴュルテンベルク | Kocher-Jagst-Tauber<br>コッハー・ヤクスト・タウバー | | |
| ベライヒ数（6） | WürttembergischUnterland<br>ヴュルテンベルギッシュ・<br>ウンターラント | | |
| | Remstal-Stuttgart<br>レムスタール・シュトゥットガルト | | |
| | Oberer Neckar<br>オーバラー・ネッカー | | |
| | Württembergischer Bodensee<br>ヴュルテンベルギッシャー・<br>ボーデンゼー | | |
| | Bayerischer Bodensee<br>バイエリッシャー・ボーデンゼー | | |
| **Baden**<br>バーデン | Tauberfranken<br>タウバーフランケン | | |
| ベライヒ数（**9**） | Badische Bergstraße<br>バーディッシェ・<br>ベルクシュトラーセ | | |
| | Kraichgau<br>クライヒガウ | | |
| | Ortenau<br>オルテナウ | | |
| | Breisgau<br>ブライスガウ | | |
| | Kaiserstuhl<br>カイザーシュトゥール | | |
| | Tuniberg<br>トゥニベルク | | |
| | Markgräflerland<br>マルクグレーフラーラント | | |
| | Bodensee<br>ボーデンゼー | | |

ドイツの著名な地区・銘醸畑

| 地域 | 地区名（ベライヒ） | 市町村名 | 単一畑名 |
|---|---|---|---|
| **Saale-Unstrut**<br>**ザーレ・ウンストルート**<br><br>ベライヒ数（4） | Mansfelder Seen<br>マンスフェルダー・ゼーン | | |
| | Schloss Neuenburg<br>シュロス・ノイエンブルク | | |
| | Thüringen<br>チューリンゲン | | |
| | Werder (Havel)<br>ヴェアダー（ハーフェル） | | |
| **Sachsen**<br>**ザクセン**<br><br>ベライヒ数（2） | Elstertal<br>エルスタータール | | |
| | **Meissen**<br>**マイセン** | | |

258

# 地方料理と食材  Cooking and Ingredients

## アール　　　　　　　　　　　　　　　　　　　　　　　　　　　　　　　　　　Ahr

| 料理名 | 内容 |
|---|---|
| Wildschweinbraten<br>ヴィルトシュヴァインブラーテン | イノシシのソテーを赤ワインやハーブで蒸し煮にした料理。 |

## モーゼル　　　　　　　　　　　　　　　　　　　　　　　　　　　　　　　　　Mosel

| 料理名 | 内容 |
|---|---|
| Dibbelabbes<br>ディベラッベス | ジャガイモやパン、タマネギのみじん切りをベーコンで炒め、溶き卵を加えたパンケーキ様の料理。アップルムースを添える。 |
| Gräwes<br>グレーヴェス | ザウアークラウト（乳酸発酵したキャベツの千切り）と炒めたベーコンを、ジャガイモのピュレに混ぜた料理。 |
| Fritierter Moselfisch<br>フリティエルター・モーゼルフィッシュ | ローチ（鯉科の魚）に塩コショウして小麦粉をまぶして揚げたもの。 |

## ミッテルライン　　　　　　　　　　　　　　　　　　　　　　　　　　　　　Mittelrhein

| 料理名 | 内容 |
|---|---|
| Rheinischer Sauerbraten<br>ライニッシャー・ザウアーブラーテン | 牛か馬の塊肉をマリネして焼き、柔らかくなるまで蒸し煮する。煮汁を煮詰めて干しブドウと砂糖で味付けし、スライスした肉にかけて食す。 |
| Dippekuchen<br>ディッペクーヘン | ベーコンとタマネギを炒め、ミルクで柔らかくしたパンとマッシュドポテトに混ぜてオーブンで焼いたパンケーキ。アップルムースを添える。 |

## ラインガウ　　　　　　　　　　　　　　　　　　　　　　　　　　　　　　　Rheingau

| 料理名 | 内容 |
|---|---|
| Himmel und Erde<br>ヒンメル・ウント・エアデ | 「ヒンメル＝天国」はアップルムース、「エアデ＝地上」はジャガイモのピュレで、この2つの付け合わせとグリルしたソーセージが一緒の皿に盛られた料理。 |
| Frankfurter Grüne Soße<br>フランクフルター・グリューネ・ゾーセ | アサツキ、パセリなどとゆで卵をみじん切りして、サワークリームに混ぜたソース。ゆでたジャガイモや卵につけて食べる。 |

## ナーエ　　　　　　　　　　　　　　　　　　　　　　　　　　　　　　　　　　Nahe

| 料理名 | 内容 |
|---|---|
| Handkäse mit Musik<br>ハントケーゼ・ミット・ムジーク | サワーミルクのチーズにマリネしたタマネギのみじん切りを載せた料理。スライスされたドイツパンを添える。 |

地方料理と食材 🍴

## ラインヘッセン | Rheinhessen

| 料理名 | 内容 |
|---|---|
| Zwiebelkuchen<br>ツヴィーベルクーヘン | 炒めたタマネギとベーコンを生クリームと卵に混ぜこんで焼いたパンケーキ。<br>ラインヘッセンを含むドイツ各地のワイン産地で、<br>特に濁り新酒 **Federweißer フェーダーヴァイサー**にあわせて楽しまれる。 |
| Mainzer Spundekäs<br>マインツァー・シュプンデケース | クワルク（フレッシュチーズ）にバター、生クリーム、塩コショウを混ぜ、<br>みじん切りのタマネギをまぶしたもの。塩気のあるパンに塗って食べる。 |

## プファルツ | Pfalz

| | |
|---|---|
| Saumagen<br>ザウマーゲン | 豚の胃袋に、塩ゆでした豚の赤身肉の細切りとジャガイモを、<br>ソーセージ用ペースト・ハーブ・スパイスとともに混ぜて詰めてゆでたあと、<br>厚切りしてフライパンで炙って供される。<br>ザワークラウト（乳酸発酵したキャベツ）が添えられていることが多い。 |

## ヘッシッシェ・ベルクシュトラーセ | Hessische Bergstraße

地元産のジャガイモやホワイトアスパラガス、リンゴを使った料理や、オーデンヴァルト産のチーズ、**アップルワイン**や蒸留酒が有名。

| | |
|---|---|
| Odenwälder Frühstückskäse<br>オーデンヴェルダー・<br>フリューシュトゥックスケーゼ | 牛乳から造るソフトチーズで、アルザスのマンステールと同じ製法。<br>1997年、EUのg.U.（保護原産地呼称）に認定。 |

## フランケン | Franken

| | |
|---|---|
| **Nürnberger Bratwurst**<br>**ニュルンベルガー・ブラートヴルスト** | 細くて白っぽい色をした**ソーセージ**。 |
| Karpfen blau<br>カルプフェン・ブラウ | 地元で有名な鯉を使った料理。<br>ジャガイモ、ニンジン、ハーブとともにワインもしくはヴィネガーで煮た料理は、<br>鯉の表面が青っぽくみえることから、「ブラウ（ドイツ語で青の意）」という。<br>クリスマスシーズンに食される。 |

## ヴュルテンベルク | Württemberg

| | |
|---|---|
| Maultasche<br>マウルタッシェ | 8〜12cm四方の四角いパスタ生地に、挽き肉、タマネギ、卵、<br>ホウレン草などに硬くなったパンを砕いて混ぜた具を詰めて塩水でゆでた後、<br>スープに入れたりフライパンで表面を焼いたりして供される。 |
| Käsespätzle<br>ケーゼシュペッツレ | 塩ゆでした卵入りの柔らかい太麺に、<br>エメンタールチーズをおろして溶かしからめ、フライドオニオンを散らして食す。 |

# 地方料理と食材

Cooking and Ingredients

## バーデン
Baden

| 料理名 | 内容 |
|---|---|
| Flammkuchen<br>フラムクーヘン | フランスの Tarte flambée タルト・フランベで、<br>薄いパン生地にサワークリーム、タマネギ、ベーコンなどを載せて焼いたピザ。<br>ドイツ各地でみられ、様々なヴァリエーションがある。 |
| Badische Schäufele<br>バーディッシェ・ショイフェレ | 塩漬けして燻製した豚肩肉を、白ワイン、ヴィネガー、タマネギ、<br>ローリエを入れて煮た料理。ポテトサラダを添える。 |

## ザーレ・ウンストルート
Saale-Unstrut

| 料理名 | 内容 |
|---|---|
| Altmärkische Hochzeitssuppe<br>アルトメルキッシェ・ホッホツァイツズッペ | 伝統的に婚約式の宴の最初に出されるスープ。<br>この地方では鶏ガラスープに肉団子、ダイス状の卵焼きなど、<br>季節によってはホワイトアスパラガスを使う。 |

## ザクセン
Sachsen

| 料理名 | 内容 |
|---|---|
| Dresdner Stollen<br>ドレスナー・シュトレン | 干しブドウや洋酒に漬けたドライフルーツ、アーモンド、<br>バターを練り込んで焼き、パウダーシュガーをまぶしたお菓子。<br>ドレスデンが発祥の地とされ、<br>EUの保護地理的呼称（g.g.A.）に認められている。 |

VINOLET

**Germany**

ドイツにおけるブドウ畑の格付け、スパークリングワイン、
ロゼワイン、ドイツの著名な地区・銘醸畑、地方料理と食材

P.252 ≫ 261

Chapter

# 16 オーストリア

Austria

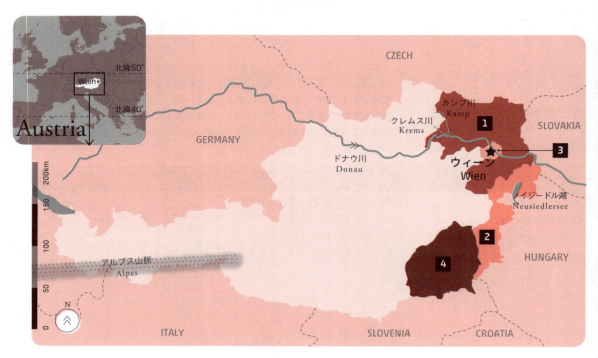

**ざっくりとイメージを掴もう**

| ニーダーエステライヒ州 | 白ワインが中心 |
| ブルゲンラント州 | 赤ワインが中心 |
| シュタイヤーマルク州 | ソーヴィニヨン・ブラン、シャルドネ、ロゼ |

**1** ■ Niederösterreich = Lower Austria
ニーダーエステライヒ州

**2** ■ Burgenland
ブルゲンラント州

**3** ■ Wien = Vienna
ウィーン州

**4** ■ Steiermark = Styria
シュタイヤーマルク州

## DATA　　　　　　　　　　　　　　　　　　　　　　　　　　Austria

- ブドウ栽培面積 ····· 約4.5万ha
- ワイン生産量 ······ 約250万hℓ
- 気候 ············· **大陸性**気候

## 概要

- 隣国ドイツと品種やワイン法に共通点が多い。
- ブドウ栽培地域は、北緯47〜48度に位置し、フランスの**ブルゴーニュ地方**とほぼ同緯度。
- ワイン産地は**東端**部に集中し、**ニーダーエステライヒ**州と**ブルゲンラント**州だけで全栽培面積の約87%を占めている。
- EU諸国随一の**オーガニック大国**で、全農地中の**オーガニック**比率は約27%（EU1位）。全ブドウ栽培面積中、21.8%の畑がオーガニック栽培されており、25%がサステイナブル認証を取得している。
- **バイオダイナミック**農法を生み出した**ルドルフ・シュタイナー**はオーストリア人であることから、この農法も浸透している。
- 生産者1軒あたりのブドウ畑の面積は約4.4haしかなく、**小規模**な生産者が多い。
- ワイン生産量の**約8割**が国内で消費される地産地消型の国。

西部はアルプス山脈が横たわっており、ブドウ栽培可能なエリアは少ない。（アルプス山脈は、イタリアから始まり、スイス、オーストリアの西部で終わると覚えよう）

↑
**Buschenschank**
ブッシェンシャンク

ドイツの「エクスレ」
オーストリアの「KMW」
ドイツでは1830年代に「エクスレ度」が開発された。

これによりオーストリアワイン全体の生産量が飛躍的にアップした。☕

## 歴 史  History

| 時代 | 主な出来事 |
|---|---|
| BC700年頃 | ブドウ栽培における最古の痕跡はケルト人によるもの。 |
| 10〜12C | 現存するシトー派修道院として世界最古である、テルメンレギオンの**ハイリゲンクロイツ修道院**を通じてブルゴーニュのワイン文化・ブドウ品種が伝わる。 |
| 1524年 | ルスト産ワインの樽にRの文字を記して売る特典が与えられ、原産地呼称の先駆けとなる。 |
| 18C | マリア・テレジアとその息子の**ヨーゼフ2世**の統治下で、ワインの生産が積極的に奨励される。 |
| 1784年 | **ヨーゼフ2世**が、国民が生産する食糧、ワイン、モスト、ジュースなどを1年通していつでも望む価格で販売・提供できる権利を与え、**ブッシェンシャンク・ホイリゲ**の文化が開花した。 |
| 1860年 | クロスターノイブルク修道院に、アウグスト・ヴィルヘルム・フライヘル・フォン・バボ氏がブドウ栽培とワイン醸造の学校・研究所（世界最古の醸造学校）を開設。同氏は後年の1869年、**KMW**（後述）測定法を開発した。 |
| 1907年 | オーストリア最初のワイン法が制定。 |
| 1950年 | レンツ・モーザー氏によって、機械化農業に適した樹高の高い垣根仕立てが発明され、1980年代までにオーストリアの9割の畑で採用されることとなる。 |
| 1985年 | **ジエチレングリコール事件**によって、オーストリアワインの輸出市場が壊滅。事件の後、厳格なチェック体制を含めたワイン法が発効される。 |
| 2003年 | **ヴァインフィアテル**が初のD.A.C.に認定。 |

### ジエチレングリコール事件

オーストリアから当時の西ドイツへ輸出したワインに、人体に有害なジエチレングリコール（不凍液）が混入されていることが発覚した。その目的は、ワインに、甘味やまろやかさを加えるためだった。これによりオーストリアワインの信用は世界的に失墜した。その後猛省し、改善に努めた結果、世界で最も厳しいワイン法のひとつへと成長し、事件から30年余りでその評価を完全に払拭している。☕

## 気候風土

> **出題のポイント**
> ドイツとの比較が試験に頻出。

- **大陸性**気候で降水量が**少なく**、ドイツに比べ**温暖**である。
- 北からの**冷たい**風、東にあるハンガリーのパノニア平原からの**乾燥**した**暖かい**風、南の地中海からの**湿度**を含んだ暖かい風、西のアルプスからの**冷たい**風など、様々な風が栽培地域の気候に影響を与える。
- 日光を反射し、寒暖差を調整する**ドナウ**川や、霧を発生させることで貴腐ブドウを生み出す**ノイジードラーゼー**（ノイジードル湖）などの水の影響もある。
- 標高も大切な要因で、標高**200**m前後の土地が一般的。
- 土壌は多岐にわたるが、**レス**が広範な地域で主要な土壌となっている。

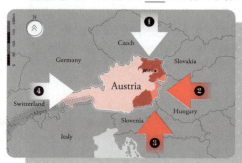

❶ 北からの**冷たい**風
❷ 東にあるハンガリーのパノニア平原からの**乾燥**した**暖かい**風
❸ 南の地中海からの**湿度**を含んだ暖かい風
❹ 西のアルプスからの**冷たい**風

## 主要ブドウ品種

- 白ブドウ品種が全栽培面積の約**2/3**を占めている。
- 気候変動がもたらす病害への対処、自然農法への貢献、労働環境の改善などの点で注目される、**PIWI**品種（耐カビ性品種）の導入に積極的に取り組んでいる。

### 白ブドウ

| | |
|---|---|
| **Grüner Veltliner**<br>**グリューナー・ヴェルトリーナー**※ | 全体の約1/3を占め、白ブドウで**面積最大**。<br>白・黒ブドウ合わせても**面積最大**。<br>最も重要な固有地場品種。<br>全地域で栽培。軽快なものから重厚なもの、辛口から甘口など様々なスタイルで成功を収めている。 |
| Welschriesling<br>ヴェルシュリースリング※ | 北イタリアでは、リースリング・イタリコと呼ばれる。<br>辛口から甘口まで作られる。 |
| Riesling リースリング | |
| Chardonnay シャルドネ<br>=Morillon モリヨン | |
| Weißer Burgunder<br>ヴァイサー・ブルグンダー<br>=Pinot Blanc ピノ・ブラン | |
| Sauvignon Blanc<br>ソーヴィニヨン・ブラン | |
| **Neuburger**<br>**ノイブルガー**※ | ローター・ヴェルトリーナー×シルヴァーナーの自然交配品種。ヴァッハウとテルメンレギオンで重要な品種。 |
| **Roter Veltliner**<br>**ローター・ヴェルトリーナー**※ | ニーダーエステライヒの少ない地域で栽培。<br>**ヴァーグラム**（ニーダーエステライヒ州）が有名。<br>滋味深くまろやかな味わい。 |
| **Rotgipfler** ロートギプフラー※ | **テルメンレギオン**（ニーダーエステライヒ州）原産。 |
| **Zierfandler** ツィアファンドラー<br>=Spätrot シュペートロート※ | |

※オーストリアを代表する地場品種

> 試験的にはニーダーエステライヒ州で特に問われる。

> **混同に注意**
> リースリングとリースリング・イタリコは全くの別品種である。かつては凡庸な品種とされていたが、近年は品質が急激に向上し、注目が高まっている。

> テルメンレギオンでは、この2つはブレンドされることが多い。

## 黒ブドウ 🍇

**北海道で栽培**
北海道でも「ツヴァイゲルトレーベ」の名前で栽培されており、主要なブドウ品種としての地位を確立している。

**オーストリア2大黒ブドウ品種**

|  |  |
|---|---|
| **Zweigelt** ツヴァイゲルト※ | 全体の約14％を占め、黒ブドウで**面積最大**。日常消費ワインを代表する品種。1922年にフリードリッヒ・ツヴァイゲルト博士が作り出した早熟な品種（**Sankt Laurent**×**Blaufränkisch**の交配）。 |
| **Blaufränkisch** ブラウフレンキッシュ※ ＝Frankovka フランコヴカ | ブルゲンラント全域とニーダーエステライヒ東部で栽培。晩熟品種であり、長期熟成タイプのワインとなる。 |

ドイツでのシノニムは「Lemberger レンベルガー」と呼ばれ、決して重要視されている品種とは言えないが、ドイツ以東の国々では高貴な品種として扱われている。☕

**Sankt Laurent** ザンクト・ラウレント※
テルメンレギオンとブルゲンラント北部で重要な品種。**ピノ・ノワール**の血縁といわれており、類似した性格を持つ長期熟成タイプのワインとなる。

**Blauer Burgunder** ブラウアー・ブルグンダー
＝Pinot Noir ピノ・ノワール

**Blauer Wildbacher** ブラウアー・ヴィルトバッハー※
野生のベリー類のアロマが顕著で、濃色でタンニン、酸が明確なワインとなる。シュタイヤーマルク州のロゼワイン・**Schilcher** シルヒャーの原料ブドウでもある。

ピノ・ノワールのような淡い色調と味わい、ボルドーのような香りがするといわれることがある。☕

※オーストリアを代表する地場品種

### ピノ種のシノニム

| フランス | 意味 | オーストリア ※公用語はドイツ語 | 意味 | ドイツ | 意味 |
|---|---|---|---|---|---|
| Pinot Noir ピノ・ノワール | Noir＝黒 | Blauer Burgunder ブラウアー・ブルグンダー ＝Blauburgunder ブラウブルグンダー（参考） | Blau＝青 | Spätburgunder シュペートブルグンダー | Spät＝遅摘みの |
| Pinot Gris ピノ・グリ | Gris＝灰色 | Grauer Burgunder グラウアー・ブルグンダー ＝Grauburgunder グラウブルグンダー（参考） | Grau＝灰色 | Grauburgunder グラウブルグンダー | |
| Pinot Blanc ピノ・ブラン | Blanc＝白 | Weißer Burgunder ヴァイサー・ブルグンダー ＝Weißburgunder ヴァイスブルグンダー（参考） | Weiß＝白 | Weißburgunder ヴァイスブルグンダー | |

※（参考）と記載のあるものは2021年度までの教本に記載されていた。

### ワイン法と品質分類

- 基本的にはドイツのワイン法と同じ階層構造となっているが、**カビネット**はプレディカーツヴァインに含まれないこと、プレディカーツヴァインに**シュトローヴァイン**／**シルフヴァイン**という独自の階級が存在することが特徴。
- 現在上記のドイツ式の分類に加え、原産地に基づいたラテン式分類（フランスのA.O.C.のような原産地呼称制度）を積極的に推進しており、オーストリアではそれを**D.A.C.**（Districtus Austriae Controllatus）という。
  ディストゥリクトゥス　アウストリアエ　コントロラートゥス

Chapter 16 オーストリア

**KMW糖度**

- オーストリアでは、ワインを造る前の果汁糖度を計る単位として、KMW（Klosterneuburger Mostwaage クロスターノイブルガー モストヴァーゲ）を採用している。
- 1869年、クロスターノイブルクにあるワイン研究機関の理事長 August Wilhelm Freiherr Von Babo アウグスト・ヴィルヘルム・フライヘル・フォン・バボ氏が開発した糖度単位。

### 品質分類

原産地呼称保護ワイン（g.U.）

**Prädikatswein**

プレディカーツヴァイン
補糖**不可**。アルコール度数9％以上。
KMW糖度により、**6**段階に分かれる。
単一の「包括的生産地域」「限定的生産地域」の
40認可品種を原料とし、ラベルに表記。

**Kabinett**

カビネット
KMW**17**度以上。アルコール9％以上13％以下。
補糖**不可**、残糖9g/ℓ以下。
単一の「包括的生産地域」
「限定的生産地域」の40認可品種を原料とし、
ラベルに表記。

**Qualitätswein**

クヴァリテーツヴァイン
KMW**15**度以上、補糖**可**（補糖後はKMW19度以下）。
アルコール9％以上。単一の「包括的生産地域」「限定的生産地域」の
40認可品種を原料とし、ラベルに表記。クヴァリテーツヴァインは、
当該産地がD.A.C.ステータスを申請し、承認されることでD.A.C.と
呼ばれることになる。※P.265参照

地理的表示保護ワイン（g.g.A.）

**Landwein**

ラントヴァイン
KMW**14**度以上。アルコール8.5％以上。
収量制限あり。単一の「ブドウ栽培地方」の
40認可品種を原料とする
ワインのラベルには「ブドウ栽培地方」名を
表記。

地理的表示のないワイン

Wein mit Angabe von Sorte oder Jahrgang　品種名、またはヴィンテージ付きワイン。

**Wein**

ヴァイン
品種名、ヴィンテージ表示なし。

**カビネットが移動!?**
カビネットのカテゴリー内の場所に注意。ドイツワイン法では、プレディカーツヴァインに属しているが、オーストリアワイン法では、独立している。

## Prädikatswein プレディカーツヴァインの6つのカテゴリー

- プレディカーツヴァインは、ブドウ果汁の糖度（KMW糖度）によって、さらに6段階に区分されている。

> ドイツワイン法にはないオーストリアワイン法独自の呼称。プレディカーツヴァインのカテゴリーは、ドイツもオーストリアも6段階ある。

**Prädikatswein**
プレディカーツヴァイン

最低KMW値

**Ausbruch/Trockenbeerenauslese**

アウスブルッフ※/
**トロッケンベーレンアウスレーゼ**
大半が貴腐化したブドウ
ないし特に乾燥したブドウ。 **30**度

**Strohwein/Schilfwein**

シュトローヴァイン（藁ワイン）/
**シルフヴァイン**（葦ワイン）
完熟させたブドウを藁や葦の上で**3カ月以上**
自然乾燥させて糖度が高くなったブドウ。

**Eiswein**

**アイスヴァイン**
樹上で凍結したブドウ。 **25**度

**Beerenauslese**

ベーレンアウスレーゼ
過熟または貴腐ブドウ。

**Auslese**

**アウスレーゼ**
未熟やカビなど不適切な果実を
はじいて粒選りしたブドウ。 **21**度

**Spätlese**

**シュペートレーゼ**
完熟したブドウ。 **19**度

※アウスブルッフは、ノイジードラーゼー西岸の**ルスト**市で作られる**トロッケンベーレンアウスレーゼ**に与えられる特別な呼称。つまり、「**ルスター・アウスブルッフ**」以外のワインでこの呼称は使用できない。

### ドイツ同様に「6段階」
カビネットがプレディカーツヴァインから外れるが、シュトローヴァインが加わるため、プレディカーツヴァインのカテゴリーは6段階である。

### その他の表記

2023年、ワイン法の改正によって単一畑の公式格付けの法的基準が確立され、すでに複数のD.A.C.で「Erste Lage（一級畑）」の認定が完了している。今後「Große Lage（特級畑）」の認定も予定されている。

**Ried リート/リード**

- 「Ried」は畑の意味。
- 畑名の前に「Ried」を付け、「Ried+畑名」と表記する。
- 「生産者独自に創案したワイン名」と、「法的に規定された単一畑（Ried）から造られるワイン」を区別し、消費者の混同を防ぐためである。

**Bergwein ベルクヴァイン**

- 傾斜26%以上の段丘や急斜面に植えられたブドウを原料としたワインのこと。
- 品質区分以外の名称だが、伝統的に認められてきた表記。

> ドイツのシュタイルラーゲ（Steillage）は斜度30%以上。

Chapter

**16**

オーストリア

267

### スパークリングワインの分類

**Sturm** シュトゥルム
- すぐに飲まれるべく販売される、<u>部分的</u>に発酵したブドウ果汁。
- 英語のストーム「<u>嵐</u>」の意味で、発酵途中のジュースが濁っている様子から命名された。

**Perlwein** ペアルヴァイン
- ワイン、発酵中のワイン、ブドウ果汁ないし部分的に発酵したブドウ果汁から造られる発泡ワイン。
- 炭酸ガスは、発酵によるものか、炭酸ガス注入法によって得る。

**Schaumwein** シャウムヴァイン
- アンセストラル法、シャルマ法、トラディシオネル法のいずれかで造られる発泡ワイン。
- 原産地呼称なしのワインからは、炭酸ガス注入法でも造ることが可能で、その場合は炭酸ガス添加によるシャウムヴァインと表記される。

**Hauersekt** ハウアーゼクト
- 二次発酵用リキュール添加、滓抜き、門出のリキュール添加が、当該ゼクトの原料ブドウを栽培する農家自身によって行われる場合、Hauersektの名称記載が許可される。

**Sekt Austria** ゼクト・オーストリア
- オーストリアの発泡ワインのうち、規定を満たしたものをゼクト・オーストリアと呼べる。
- 以下3段階の品質分類のうち、該当する一つの表記とともにラベルに記載される。

| 分類 | ラベル表記の許可範囲 | 備考 |
| --- | --- | --- |
| **Sekt Austria Grosse Reserve** ゼクト・オーストリア・グローセ・レゼルヴェ | 州名、村名、グロースラーゲ、Ried（単一畑）名 | 単一村内で収穫、搾汁、ブドウは手摘み。<u>36</u>カ月以上瓶内で滓とともに熟成。伝統的<u>瓶内二次</u>発酵のみ。 |
| **Sekt Austria Reserve** ゼクト・オーストリア・レゼルヴェ | 州名、村名 | 単一州内で収穫、搾汁、ブドウは手摘み。<u>18</u>カ月以上瓶内で滓とともに熟成。伝統的<u>瓶内二次</u>発酵のみ。 |
| **Sekt Austria** ゼクト・オーストリア | 州名 | 単一州内で収穫。瓶内発酵の場合<u>9</u>カ月以上瓶内で滓とともに熟成、タンク発酵の場合は6カ月以上。 |

### Heurige ホイリゲ

- オーストリアには「<u>Heurige ホイリゲ</u>」と呼ばれる「ブドウ栽培農家の自家製ワインの<u>新酒</u>」があり、「heuer ホイアー（今年の）」という言葉から派生した「<u>今年のワイン</u>（der heuriger Wein）」のことである。
- <u>ホイリゲ</u>とは、「新酒をはじめとする自家製ワインを自家製料理とともに提供する酒場（ワイン生産者兼居酒屋）」（法的に規定された言葉は <u>Buschenschank</u> ブッシェンシャンク）の意味もあり、ワイン産地全域で非常に多くみられる。
- 新酒解禁日は特別の規定はないが、慣習として11月11日（聖マルティンの日）が販売開始日とされる。
- 地理的表示なしワインの中で、ホイリゲだけはヴィンテージ表記が<u>必須</u>。

Austria
DATA、概要、歴史、気候風土、主要ブドウ品種、ワイン法と品質分類、KMW糖度、その他の表記、スパークリングワインの分類、ホイリゲ

P.262≫268

# ワイン産地

| ブドウ栽培地方名<br>（計3） | 包括的生産地域<br>（計9） | 限定的生産地域<br>（計18） |
|---|---|---|
| Weinland<br>ヴァインラント | Niederösterreich<br>ニーダーエステライヒ州 | 8 |
| | Burgenland<br>ブルゲンラント州 | 6 |
| | Wien<br>ウィーン州 | 1 |
| Steierland<br>シュタイヤーラント | Steiermark<br>シュタイヤーマルク州 | 3 |
| Bergland<br>ベルクラント | その他5州 | 0 |

- 2023年、ニーダーエステライヒ州のThermenregion テルメンレギオンがD.A.C.に認定された。これによって、18ある限定的生産地域すべてがD.A.C.に認定されたことになる。

## D.A.C.

- オーストリアは2002年ヴィンテージ以降、品種と糖度に基づくドイツ式分類に加え、フランスのA.O.C.やイタリアのD.O.C.G./D.O.C.のような原産地呼称制度を積極的に推進しており、これをD.A.C.（Districtus Austriae Controllatus ディストゥリクトゥス・アウストリアエ・コントロラートゥス）という。
- クヴァリテーツヴァイン以上で、当該産地が申請し、承認されると、D.A.C.と呼ばれることになる。
- 2023年にThermenregion テルメンレギオンがD.A.C.認定されたことにより、すべての限定的生産地域がD.A.C.となった。
- 限定的生産地域のワインでは、以下の3段階の格付けの制定も進んでおり、ヴァインフィアテルD.A.C.を除くニーダーエステライヒの全てのD.A.C.と、シュタイヤーマルクの3つのD.A.C.はRiedenwein リーデンヴァインとOrtswein オーツヴァインの表記が可能となった。
- 3段階の格付けは、以下のようになる。

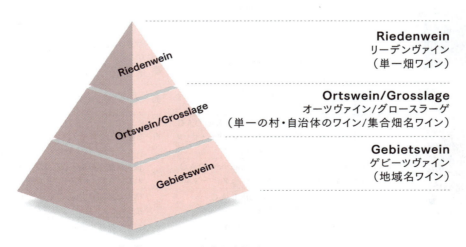

- 認定された産地名称につなげて「D.A.C.」の文字を表記する。

## D.A.C.

| 包括的生産地域 | 限定的生産地域 | タイプ | 認可品種 |
|---|---|---|---|
| Niederösterreich ニーダーエステライヒ州 (8) | Wachau D.A.C. ヴァッハウ ※2020年認定 | 白 | 〈リーデンヴァイン〉単一のみ。グリューナー・ヴェルトリーナー、リースリング。 |
| | | 白 | 〈オーツヴァイン〉単一のみ。グリューナー・ヴェルトリーナー、リースリング他、全9種。 |
| | | 白 ロゼ 赤 | 〈ゲビーツヴァイン〉ブレンド可。グリューナー・ヴェルトリーナー、リースリング他、全17品種。 |
| | Kremstal D.A.C. クレムスタール | 白 | グリューナー・ヴェルトリーナー、リースリング。 |
| | Kamptal D.A.C. カンプタール | 白 | グリューナー・ヴェルトリーナー、リースリング。 |
| | Traisental D.A.C. トライゼンタール | 白 | グリューナー・ヴェルトリーナー、リースリング。 |
| | Wagram D.A.C. ヴァーグラム ※2021年認定 | 白 | 〈リーデンヴァイン〉単一のみ。グリューナー・ヴェルトリーナー、リースリング、ローター・ヴェルトリーナー。 |
| | | 白 赤 | 〈オーツヴァイン〉単一のみ。グリューナー・ヴェルトリーナー、シャルドネ他、全7種。 |
| | | 白 ロゼ 赤 | 〈ゲビーツヴァイン〉ブレンド、ゲミシュター・サッツ可。グリューナー・ヴェルトリーナー、リースリング他、全13品種。 |
| | Weinviertel D.A.C. ヴァインフィアテル | 白 | グリューナー・ヴェルトリーナーのみ。 |
| | Carnuntum D.A.C. カルヌントゥム | 白 | グリューナー・ヴェルトリーナー、ヴァイサー・ブルグンダー、シャルドネ。 |
| | | 赤 | ツヴァイゲルト、ブラウフレンキッシュ。 |
| | Thermenregion D.A.C. テルメンレギオン ※最新のD.A.C.2023年認定 | 白 | ブレンド可。ツィアファンドラー、ロートギプフラー、ピノ・ブラン、シャルドネ他。 |
| | | 赤 | ブレンド可。ザンクト・ラウレント、ピノ・ノワール、ツヴァイゲルト他。 |
| Burgenland ブルゲンラント州 (6) | Neusiedlersee D.A.C. ノイジードラーゼー | 赤 | 〈クラシック〉ツヴァイゲルト単一。〈レゼルヴェ〉ツヴァイゲルト主体のブレンド。 |
| | | 甘口白 | クヴァリテーツヴァインに認可された全ての白品種。 |
| | Leithaberg D.A.C. ライタベルク | 白 | ピノ・ブラン、シャルドネ、ノイブルガー、グリューナー・ヴェルトリーナーの単一もしくはブレンド。 |
| | | 赤 | ブラウフレンキッシュ単一。 |
| | Ruster Ausbruch D.A.C. ルスター・アウスブルッフ | 甘口白 (貴腐) | クヴァリテーツヴァイン認可白品種1つ以上。 |
| | Rosalia D.A.C. ロザリア | ロゼ | クヴァリテーツヴァイン認可黒品種から1つ以上。 |
| | | 赤 | ブラウフレンキッシュ、ツヴァイゲルト。 |
| | Mittelburgenland D.A.C. ミッテルブルゲンラント | 赤 | ブラウフレンキッシュ。 |
| | Eisenberg D.A.C. アイゼンベルク | 赤 | ブラウフレンキッシュ。 |
| Wien ウィーン州 (1) | Wiener Gemischter Satz D.A.C. ヴィーナー・ゲミシュター・サッツ ※2013年認定 | 白 | 3種以上の混植・混醸。 |
| Steiermark シュタイヤーマルク州 (3) | Vulkanland Steiermark D.A.C. ヴルカンラント・シュタイヤーマルク | 白 | 様々な品種の単一またはブレンドが認められているが、トラミーナーが有名。 |
| | Südsteiermark D.A.C. ズュートシュタイヤーマルク | 白 | 様々な品種のブレンドで知られているが、特にソーヴィニヨン・ブランが有名。 |
| | Weststeiermark D.A.C. ヴェストシュタイヤーマルク | 白 | 様々な品種の単一またはブレンドが認められている。 |
| | | ロゼ | ブラウアー・ヴィルトバッハー。 |

**初のD.A.C.**
2003年に認定されたD.A.C.の第一号。

**例外に注意**
リースリングは認められていない点に注意。

**「赤」もある！**
カルヌントゥムは赤白生産可能だが、地理的にブルゲンラント州に近いため、何ら違和感はない。

赤が優勢の産地である。

地理的にニーダーエステライヒ州内にあるが、首都であるウィーン近郊はウィーン州という。

# ニーダーエステライヒ州　Niederösterreich = Lower Austria

州都　Sankt Pölten　ザンクト・ペルテン

- オーストリア東北部に位置し、北を**チェコ**、北東を**スロヴァキア**と国境を接する。
- 栽培面積はオーストリア全体の**60**％を占め、最**大**の包括的生産地域。
- グリューナー・ヴェルトリーナーが州内の栽培面積の49％を占めており、栽培面積最**大**。
- 以下に記す8つの限定的生産地域に分類される。

州名は"Lower Austria"という意味。アルプス山脈が聳え立っている西部に対し、このエリアは山脈がなく、標高が低いことに由来する。

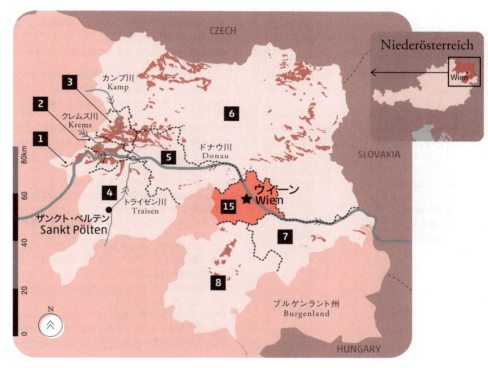

## Niederösterreich
ニーダーエステライヒ州

- **1** ■ Wachau D.A.C. ヴァッハウ
- **2** ■ Kremstal D.A.C. クレムスタール
- **3** ■ Kamptal D.A.C. カンプタール
- **4** ■ Traisental D.A.C. トライゼンタール
- **5** ■ Wagram D.A.C. ヴァーグラム
- **6** ■ Weinviertel D.A.C. ヴァインフィアテル
- **7** ■ Carnuntum D.A.C. カルヌントゥム
- **8** ■ Thermenregion D.A.C. テルメンレギオン

## Wien
ウィーン州

- **15** ■ Wien (Wiener Gemischter Satz D.A.C.) ウィーン（ヴィーナー・ゲミシュター・サッツ）

ニーダーエステライヒ州

| 限定的生産地域 | 特徴・備考 |
|---|---|
| **Wachau** D.A.C.<br>**ヴァッハウ** | **ユネスコ世界遺産**に認定された美しいブドウ畑の景観が、ドナウ渓谷に沿って<br>メルク市とクレムス市の間に続く、オーストリアのワインツーリズムにとって不可欠<br>な産地。<br>西へ行くほどアルプスからの冷風で涼しく、東へ行くほどパノニア気候の暖気で<br>暖かくなる。<br>独自のワイン格付けがある。（次頁参照）<br>栽培比率は、グリューナー・ヴェルトリーナー64％、リースリング18％。 |
| **Kamptal** D.A.C.<br>**カンプタール** | 大きな産地。北西からのヴァインフィアテルの冷風とパノニア平原からの<br>温風の影響を受ける。<br>気候の冷涼さに反し、ワインは比較的リッチで温かい果実味とクリーミーな質感、<br>豊かなボリューム感があるものが多い。 |
| Kremstal D.A.C.<br>クレムスタール | 冷たく湿気を帯びたヴァインフィアテルからの風と、暖かく乾燥したパノニア平原<br>からの風の影響を受ける。<br>産地は北、東、ドナウ川を挟んだ南の３つに分かれる。 |
| Traisental D.A.C.<br>トライゼンタール | 小さな産地で、1600万年以上前にアルプス山脈からトライゼン川によって運ばれた<br>石灰岩やドロマイトの礫（れき）が特徴。<br>グリューナー・ヴェルトリーナーが62％を占める。 |
| Wagram D.A.C.<br>ヴァーグラム | グリューナー・ヴェルトリーナーが代表品種だが、ソフトでほのかにスパイシーな<br>特徴を持つ固有品種の**ローター・ヴェルトリーナー**が注目されている。 |
| **Weinviertel** D.A.C.<br>**ヴァインフィアテル** | オーストリア最**北**、国内最**大**の産地。<br>**初めて**D.A.C.に認定された産地でもある。<br>チェコからの冷風の影響で、ワインのスタイルは細身でキリリとした酸が特徴。<br>栽培面積の50％を**グリューナー・ヴェルトリーナー**が占め、品種個性として<br>知られる**白胡椒**の香りはこの産地で最も顕著に表れる。 |
| **Carnuntum** D.A.C.<br>**カルヌントゥム** | 昼はパノニア平原からの温風を受けて気温が上がり、夜にはアルプスの冷風の<br>影響で気温が下がるメリハリのある気候が特徴。<br>D.A.C.認定2019年。<br>栽培品種比率は**ツヴァイゲルト**が28％、グリューナー・ヴェルトリーナーが20％。<br>**赤**用品種が約55％と多い。<br>カルヌントゥムの生産者たちは任意にRubin Carnuntumルービン・カルヌントゥム<br>という団体を立ち上げ、その名を冠した樽熟成ツヴァイゲルトの高品質なワインに<br>よって、オーストリアにおける**ツヴァイゲルト**のリーダーとしての地位を築いた。 |
| **Thermenregion**<br>**D.A.C.**<br>**テルメンレギオン** | ウィーンの南に隣接し、南部はパノニア気候の影響により温暖。<br>北部は固有品種の**ツィアファンドラー**と**ロートギプフラー**で知られ、<br>両者の混醸ワイン、シュペートロート・ロートギプフラー（微甘口）は、<br>歴史的にハプスブルク王宮で飲まれていた。<br>2023年D.A.C.に認定された。 |

~talタール
~渓谷の意味
「Kamptalカンプター
ル」であれば、ドナウ
川の支流の一つカンプ
渓谷沿いに広がる産
地だということ。

~viertelフィアテル
クォーター、1/4の意味
国内最大の広大な
エリアが産地として認
定されており、その大きさ
はニーダーエステライヒ
州全体の1/4ほどだと
いう意味。

温泉に由来!?
産地名は、「テルマエ
（温泉）＋「リージョン
（地域）」。その昔ここら
一帯が硫黄泉で知られ
ていたことに由来する。

> シュペートロートはツィアファ
> ンドラーのシノニム。この２品
> 種は混ぜられることが多い。

**Wachau ヴァッハウ 独自の品質基準**

・ 品質の高いワインの保護育成のため、ヴァッハウの生産者たちは、1983年に「Vinea Wachau Nobilis Districtus ヴィネア・ヴァッハウ・ノビリス・ディストリクテュス協会」を創立し、KMW糖度によって、3段階に品質分類を行っている。

| 名称 | 備考 | KMW値 | アルコール度 |
|---|---|---|---|
| Smaragd スマラクト | **最高**ランクのワイン。日当たりのよいテラスの石積みで観察される「**エメラルド色**のトカゲ」に由来する。シュペートレーゼ級のブドウから造られる。豊かな果実味と酸が調和し、クリーミーな質感と大きなスケール感を備えた個性的なワインで、オーストリア国内の一流レストランには欠かせない存在。 | 18.2度〜 | **12.5**% 以上 |
| Federspiel フェーダーシュピール | 「**鷹狩り**の道具」から命名。のびやかな果実味と繊細な酸とミネラルのバランスが良く、エレガント。カビネットのランクに相当。 | 17度 | **11.5〜12.5**% |
| Steinfeder シュタインフェーダー | 「きゃしゃな**野草**、スティパ・ペンナータ」から命名。最も軽いタイプでフルーティで、残糖4g/ℓ以下の辛口。クヴァリテーツヴァインのランクに相当。 | 15〜17度 | **11.5**% 以下 |

---

## ブルゲンラント州 　　　　　Burgenland

Eisenstadt

州都　Eisenstadt アイゼンシュタット

・ 2001年に世界遺産に登録された**ノイジードラーゼー**（**ノイジードル**湖）に面する、南北に細長い州。
・ 東を**ハンガリー**、北を**スロヴァキア**、南を**スロヴェニア**と国境を接する。
・ 州名は「城塞の州」の意で、トルコからの侵略に備えて多くの城があったことに由来する。
・ パノニア平原からの暖気が流れ込む、特に温暖な産地で、東端にあるノイジードル湖が気温の変化をやわらげ、ワインに穏やかさをもたらしている。
・ ワインは**ブラウフレンキッシュ**や**ツヴァイゲルト**の**赤**ワインが主体であり、オーストリアの**赤**ワインの半分を産出する。

東（大陸側）に隣接するハンガリーにかけて広がる平原。ニーダーエステライヒ州よりも、ブルゲンラント州の方がより開けており、大陸側から温暖な風が吹き込む。そのため、オーストリアの産地の中では赤ワインの生産量が多いエリアとなる。☕

**Chapter 16 オーストリア**

273

# Burgenland
ブルゲンラント州

- **9** Neusiedlersee D.A.C.
  ノイジードラーゼー
- **10** Leithaberg D.A.C.
  ライタベルク
- **11** Ruster Ausbruch D.A.C.
  ルスター・アウスブルッフ
- **12** Rosalia D.A.C.
  ロザリア
- **13** Mittelburgenland D.A.C.
  ミッテルブルゲンラント
- **14** Eisenberg D.A.C.
  アイゼンベルク

| 【See：湖】 Neusiedlersee D.A.C. | 限定的生産地域 | 特徴・備考 |
|---|---|---|
| | **Neusiedlersee** D.A.C.<br>ノイジードラーゼー | 湖の北から東を囲む広大な産地。<br>ノイジードラーゼー D.A.C. クラシックは、**ツヴァイゲルト**単一。<br>レゼルヴェは**ツヴァイゲルト**主体のブレンド。<br>2020年ヴィンテージから伝統的な甘口ワイン（主に貴腐）も認められている。 |
| ニーダーエステライヒ州のカルヌントゥムと並ぶツヴァイゲルトの産地。 | **Leithaberg** D.A.C.<br>ライタベルク | ライタ丘陵からノイジードル湖にかけて広がる産地。<br>D.A.C. 品種は、赤はブラウフレンキッシュ単一のみ。 |
| | **Ruster Ausbruch** D.A.C.<br>ルスター・アウスブルッフ | **ルスト**市で生産される貴腐の甘口ワインの D.A.C. で、オーストリアワインの歴史において重要な地位を占める。<br>最も重要な品種は**ヴェルシュリースリング**。<br>生産地区はライタベルク D.A.C. の中にあり、規定をクリアする限りにおいて、ライタベルク D.A.C. を名乗ることが可能。 |
| ノイジードル湖のおかげで霧が発生し、貴腐菌が付着する。 | Rosalia D.A.C.<br>ロザリア | オーストリアで栽培面積**最小**の D.A.C. 。<br>ライタベルク D.A.C. とミッテルブルゲンラント D.A.C. に挟まれたエリア。<br>2018年に D.A.C. に認定。<br>ロザリア山脈の麓にあり、パノニア平原の影響が相対的に少なく、すっきりとしたソフトでフルーティな赤・ロゼを産する。 |
| 【Mittel：中間の】ブルゲンラント州の中間に位置しているから。 | **Mittelburgenland** D.A.C.<br>ミッテルブルゲンラント | 1970年代末から赤ワインの生産が本格化した新興産地で、同州初の D.A.C. 認定を受けた。<br>気候は温暖で降水量が少なく、同国で最もパワフルなタイプの赤ワインを生産する。<br>栽培比率は**ブラウフレンキッシュ**が約51％を占め、ツヴァイゲルトが約24％と続く。 |
| | Eisenberg D.A.C.<br>アイゼンベルク | パノニア気候がもたらす豊かな果実味と、シュタイヤーマルクの影響で降水量が若干多いことからくるなめらかな質感と、アイゼン（鉄）という名前が示唆する重量感のあるミネラルが合わさった、ゆったりとした味わいのブラウフレンキッシュを産出する。<br>栽培比率はブラウフレンキッシュが約30％、ヴェルシュリースリングが約14％となっている。 |

# ウィーン州　　　　　　　　　　　　　　　　　　　Wien = Vienna

- ウィーンは、ハプスブルク帝国の帝都として繁栄した。
- 北から西南を囲む丘陵がウィーンを冷たい風をから守るため、比較的温暖な気候。
- ウィーン市は経済的に意味を持つワイン生産を世界で唯一行っている首都である。
- ウィーン市の北、北東、南の3カ所に畑があり、そこには数多くのホイリゲが存在する。市の中心部からホイリゲ街まで30分もかからない。
- **ゲミシュター・サッツ**（**混植・混醸**）のワインは、以前はホイリゲ用の安価な日常ワインという位置づけであったが、この15年ほどでウィーンを代表する高級ワインという地位を獲得した。
- 2013年に認定された **Wiener Gemischter Satz ヴィーナー・ゲミシュター・サッツ** D.A.C.は、混植混醸のスタイルのワインに限られる例外的なD.A.C.で、限定的生産地域名のWienウィーンと併存している。

> 首都でワイン生産を行っている国は少なく、行っていても規模が非常に小さいため。

> 元々はウィーンを代表する廉価なワインの位置づけであったが、著名な生産者がこの混植混醸スタイルの高品質ワインの生産に乗り出し、それが認められ、2013年にD.A.C.となった。

> **混植混醸ワインの最大の魅力とは？**
> 本来ブドウ品種ごとに収穫のベストタイミングは異なるはずであるが、あえて一緒に収穫することにより、一つ一つの品種の個性が消え、その代わりに、その土地の個性が表れることが最大の魅力である。

# シュタイヤーマルク州　　　　　　　　　　　　　　Steiermark = Styria

州都　Graz グラーツ

- **スロヴェニア**の北、**ハンガリー**の西に位置するオーストリア**南部**の州。
- 州都グラーツは、ウィーンに次ぐオーストリア第2の都市であり、1999年にグラーツ市歴史地区がユネスコ世界遺産に登録された。
- オーストリアのトスカーナと称されるほど風光明媚な丘陵地帯であるため、温暖なイメージがあるが実は冷涼。アドリア海からの湿潤な風の影響を受け、**降水量**が多い。

> 「○○のトスカーナ」「ドイツのトスカーナ」はヘッシッシェ・ベルクシュトラーセ。

## Steiermark
シュタイヤーマルク州

- **16** Vulkanland Steiermark D.A.C.
  ヴルカンラント・シュタイヤーマルク
- **17** Südsteiermark D.A.C.
  ズュートシュタイヤーマルク
- **18** Weststeiermark D.A.C.
  ヴェストシュタイヤーマルク

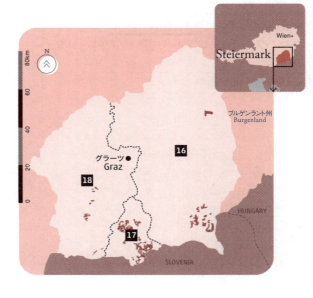

シュタイヤーマルク州

| 限定的生産地域 | 特徴・備考 |
|---|---|
| Vulkanland Steiermark D.A.C.<br>ヴルカンラント・シュタイヤーマルク | 2018年ヴィンテージよりD.A.C.認定。<br>乾燥したパノニア気候と湿った地中海性気候の境界線上にある。<br>火成岩土壌に植えられた華やかでスパイシーなトラミーナー品種のワインが有名。 |
| Südsteiermark D.A.C.<br>ズュートシュタイヤーマルク | 2018年ヴィンテージよりD.A.C.認定。<br>急斜面の続く標高の高い丘陵地帯で、<br>ワイン街道の両脇にはブッシェンシャンクが並ぶ。<br>歴史的にはヴェルシュリースリングが主要な品種であったが、<br>現在はソーヴィニヨン・ブランの産地として知られる。<br>南部でオポックと呼ばれる泥灰岩は、イタリアのフリウリ（旧オーストリア帝国領）のコッリオ等でみられるものと同じで、ワインにも類似性がある。 |
| Weststeiermark D.A.C.<br>ヴェストシュタイヤーマルク | ブラウアー・ヴィルトバッハー品種を早く収穫し、強烈な酸を持つロゼ「シルヒャー」（スティル・発泡）が有名。<br>同品種から濃厚で野性的な赤ワインも生産される。 |

**Vulkanland** 火山の土地の意味 小さな休火山が連なっている。

**Süd：南 West：西**

世界一酸っぱいロゼワインとして有名。（だが美味しい!!）

Chapter **16** Austria

## Food Culture

# オーストリアの食文化

## 地方料理と食材　　Cooking and Ingredients

### ニーダーエステライヒ州　　Niederösterreich・Lower Austria

| 限定的生産地域 | 料理名 | 内容 |
|---|---|---|
| Wachau D.A.C.<br>ヴァッハウ | **Marillenknödel**<br>**マリレンクヌーデル** | 特産のMarillen マリレンと呼ばれるアプリコットを小麦粉、トプフェン、卵でできた生地の中に入れて茹で、バターで炒ったパン粉をまぶした季節のお菓子。 |

ニーダーエステライヒ州

| 限定的生産地域 | 料理名 | 内容 |
|---|---|---|
| Kremstal D.A.C.<br>クレムスタール | Mohn モーン | ケシの実。 |
| | **Kriecherl クリーヒェル** | **ダムソン**（西洋スモモ）。 |
| Kamptal D.A.C.<br>カンプタール | **Wurstwaren<br>ヴルストヴァーレン** | シャルキュトリー。 |
| | **Blunzn ブルンツェン** | ブラッドソーセージ。 |
| | **Lumpensalat ルンペンザラート** | ハムやサラミなどとチーズを入れたサラダ。 |
| Weinviertel D.A.C.<br>ヴァインフィアテル | **Marchfelder Spargel<br>マルヒフェルダー・シュパーゲル** | マルヒフェルド産アスパラガス。 |
| | Mohnnudeln モーンヌーデルン | 小麦粉、ジャガイモ、卵でできた生地をちぎり、バター、ケシの実、粉砂糖、蜂蜜などをまぶしたお菓子（隣国のチェコはケシの最大生産地の一つ）。 |
| Carnuntum D.A.C.<br>カルヌントゥム | **Wurstwaren<br>ヴルストヴァーレン** | シャルキュトリー。 |
| Thermenregion<br>D.A.C.<br>テルメンレギオン | **Schneebergland Schwein<br>シュネーベルクラント・シュヴァイン** | シュネーベルクラント産豚肉。 |
| | Bucklige Welt Apfelmost<br>ブックリゲ・ヴェルト・アプフェルモスト | りんごジュース。 |

## ブルゲンラント州 Burgenland

| 限定的生産地域 | 料理名 | 内容 |
|---|---|---|
| Leithaberg D.A.C.<br>ライタベルク | Pannonisches Mangalitzaschwein<br>パノニッシェス・マンガリッツァシュヴァイン | パノニア産マンガリッツァ豚。 |
| | **Esterhazy Torte<br>エスターハージー・トルテ** | バタークリームとアーモンドのメレンゲを層に重ね、トップをフォンダンで飾ったケーキ。 |
| Mittelburgenland<br>D.A.C.<br>ミッテル<br>ブルゲンラント | **Grammelpogatscherl<br>グランメルポガチャル** | 同地域に限らずワインと楽しまれるパノニア地方の特産料理。豚の背脂から作ったグランメルと呼ばれる脂をミルクパンの生地で包んだもの。 |
| | Burgenländer Kipferl<br>ブルゲンレンダー・キプフェル | ナッツクッキーにチョコレートを付けたお菓子。 |
| | **Mehlspeisen<br>メールシュパイゼン** | 小麦粉で作られるブルゲンラント州のお菓子。 |
| Eisenberg D.A.C.<br>アイゼンベルク | Martini Gansl<br>マティーニ・ガンスル | 11月11日の新酒（ホイリゲ）解禁の時期に1カ月くらい楽しまれるガチョウの丸焼き（マルティンを守護聖人とするブルゲンラントでは特に広く食べられている）。 |

Chapter

**16**

オーストリア

277

地方料理と食材

### ウィーン州　　　　　　　　　　　　　　　　　　　　　　　　　　　　　　　　　　Wien • Vienna

- **ハプスブルク帝国**時代に宮廷料理、家庭料理などの料理が流入し、それにウィーン土着の食文化が交じり合って発展し、洗練されたウィーン料理が生まれた。

| 限定的生産地域 | 料理名 | 内容 |
|---|---|---|
| Wien<br>ウィーン | **Wiener Schnitzel**<br>ヴィーナー・シュニッツェル | 仔牛ないしは豚肉のカツレツ（ハプスブルク帝国時代の領地である**ミラノ**から伝わったとされる。オリジナルは仔牛）。 |
|  | **Tafelspitz**<br>ターフェルシュピッツ | 茹でた牛肉にホースラディッシュ入りリンゴのすりおろし、ペースト状のホウレン草、アサツキが入ったサワークリームのソースをつけて食べる。宮廷の長いテーブルの端に座った人が食べ終わらないうちに料理を下げられてしまい、お腹がすいた人々が王宮を出て、近所の飲食店に頼み、残り物で作ってもらったとされる料理。 |

### シュタイヤーマルク州　　　　　　　　　　　　　　　　　　　　　　　　　　　　　Steiermark • Styria

| 限定的生産地域 | 料理名 | 内容 |
|---|---|---|
|  | **Brettljause**<br>ブレットルヤウゼ | 様々な種類のシャルキュトリー、チーズやスプレッドが木の板にのったもの。ブッシェンシャンクで楽しまれる典型的な料理。 |

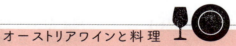

## オーストリアワインと料理　　Austrian wine and food

オーストリアワインと料理についての問題もいくつか出題されているが、以下の**3**つは必ず押さえておこう。

1. Gemischter Satz　　　　>>>　　Backhendl
   ゲミシュター・サッツ　　　　　　　バックヘンドル（フライドチキン）

2. Grüner Veltliner　　　　 >>>　　Gulasch
   グリューナー・ヴェルトリーナー　　グラーシュ（仔牛や牛肉のパプリカ煮込み）

3. Zweigelt　　　　　　　　 >>>　　ソフトな質感の軽めの味の肉料理に合わせる。
   ツヴァイゲルト

## オーストリアワインと料理

| ワイン／品種 | 特徴・相性例 |
|---|---|
| Gemischter Satz<br>ゲミシュター・サッツ | 1つのワインの中に多品種がもたらす多面的な味わいの要素があり、何に対しても何となく合う。Backhendl バックヘンドル（フライドチキン）ほか。 |
| Welschriesling<br>ヴェルシュリースリング | 個性が強い品種ではないが、それゆえに多様な料理に対して包容力がある。ブッシェンシャンク料理など、淡麗な味の肉料理に合う。 |
| Grüner Veltliner<br>グリューナー・ヴェルトリーナー | 厚みと香りの強さが特徴的で、柔らかくジューシーで、粘りがあり、かつ香りの強い料理と合わせる。<br>フレーバー的にはショウガ、パクチー、緑胡椒などがよく、中国、タイ、ベトナム、インド料理に最も使いやすい。<br>オーストリア料理の中ではGulasch グラーシュ（仔牛や牛肉のパプリカ煮込み）が最高の相性を示す。 |
| Zierfandler<br>ツィアファンドラー | 焼いた牛タンなど、白い色のコリっとした質感の肉料理に合う。 |
| Blaufränkisch<br>ブラウフレンキッシュ | シュピッツァーベルク（カルヌントゥム東部）や斜面のアイゼンベルクD.A.C.のものはラム背肉や鹿肉など、脂肪の少ない赤身肉のシンプルなローストに合う。<br>ライタベルクD.A.C.は軽い煮込みやソースを添えた鹿肉に向く。<br>ミッテルブルゲンラントD.A.C.は牛肉のステーキに、斜面下のアイゼンベルクD.A.C.はより脂肪のある肉の煮込みやローストに向く。 |
| Zweigelt<br>ツヴァイゲルト | 全般にソフトな質感の軽めの味の肉料理に合わせるのが定番。<br>ドナウ系は焼いた鶏肉料理、ノイジードラーゼーD.A.C.は煮る、またはローストした鶏肉料理や魚料理や、薄切りにしたさっぱりした牛肉料理が合う。<br>カルヌントゥムは煮る、またはローストした豚肉料理に合う。 |
| Sankt Laurent<br>ザンクト・ラウレント | 鴨や鳩等、赤身の鳥類のローストに合う。 |

**Austria**
ワイン産地、D.A.C.、ニーダーエステライヒ州、ブルゲンラント州、ウィーン州、シュタイヤーマルク州、オーストリアの食文化
P.269 >> 279

# Chapter 17 ルクセンブルク

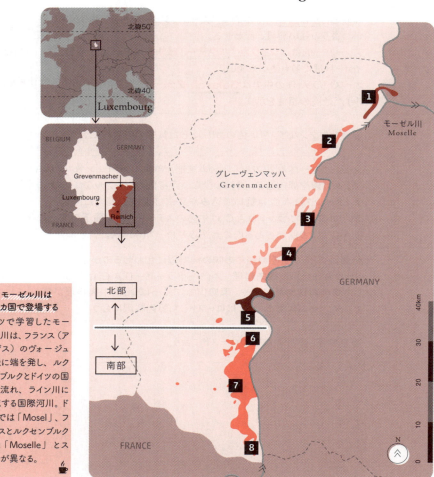

**モーゼル川は2カ国で登場する**
ドイツで学習したモーゼル川は、フランス（アルザス）のヴォージュ山脈に端を発し、ルクセンブルクとドイツの国境を流れ、ライン川に合流する国際河川。ドイツでは「Mosel」、フランスとルクセンブルクでは「Moselle」とスペルが異なる。

### 北部

1. **Wasserbillig** ヴァッセルビリグ
2. **Grevenmacher** グレーヴェンマッハ
3. **Ahn** アーン
4. **Wormeldange** ヴォーメルダンジュ
5. **Stadtbredimus** スタッドブレディムス

### 南部

6. **Remich** レーミッヒ
7. **Wellenstein** ヴェレンシュタイン
8. **Schengen** シェンゲン

280

| DATA | | Luxembourg |
|---|---|---|
| **ブドウ栽培面積** ····· | 約1,220ha | |
| **ワイン生産量** ········ | 約8万hℓ（白ワイン**92**％、うち35％が瓶内二次発酵のスパークリング・ワイン） | |
| **気候** ············· | 大陸性気候の影響を含む海洋性気候 | |

> ちなみにドイツ南西部も大西洋と大陸の影響を受ける。

## 概要

- フランス、ドイツ、ベルギーと国境を接するルクセンブルクは、「**フランス**の質と**ドイツ**の量を兼ね備えた**美食**の国」といわれる。
- 国土面積は、神奈川県とほぼ同じだが、人口100万人あたりのミシュラン星付きレストランの数は**日本**に次いで2番目の多さである。

> 世界で最も星付きのレストランが多い都市は、東京。

- **シャンパーニュ**地方とほぼ同じ緯度である。
- **モーゼル**渓谷は、**古代ローマ**時代からワイン生産が盛んだった。
- 隣国**ベルギー**は、ワイン生産の伝統がなく**ビール醸造**が盛んであるが、ルクセンブルクは**ワイン**主流の食文化である。

> 美食の国なのだから、ワインの消費量も多くて当然というイメージを持とう！

- 食文化は、隣接する**ドイツ**や**アルザス**地方（フランス）の影響を受けている。
- ルクセンブルク**政府**自ら国内に5haの畑を所有し、「**政府**ドメーヌ」としてオリジナルワインの生産を行い、外交の場で自国産ワインをアピールしている。
- ワインの産地は、ドイツとの国境を流れる**モーゼル**川**左**岸の南北約**42**km、標高**150**〜**250**m、最大傾斜60％と**急斜面**が多く、ブドウ栽培は**手作業**が主となるため、ドイツのモーゼルワイン※に比べ価格が高い。
- 生産量の半分は**近隣諸国**に輸出され、スパークリングワインの「**クレマン・ド・ルクセンブルク**」（瓶内二次発酵）の輸出にも力を入れている。
- クレマン・ド・ルクセンブルクは**シャンパーニュ**の影響を強く受けている。
- ルクセンブルクの「1人当たりワイン消費量」は世界でも上位に入るが、これは**付加価値税**（VAT、日本の消費税にあたる）が周辺国より低く設定されているために、国外からワインを買いに多くの人が訪れるためである。また近隣各国からの通勤者が多く、彼らがワイン消費量を押し上げている側面もある。

※1980年代以降、ドイツのワインと区別するため、「**ルクセンブルク・モーゼル**」という呼称を確立した。

Chapter

**17**

ルクセンブルク

281

## 主要ブドウ品種

- スティルワインは、伝統的に<u>単一品種</u>で造られる。

| | ブドウ品種 | シェア | 備考 |
|---|---|---|---|
| 白ブドウ | **Rivaner**<br>**リヴァネール** | 20％ | 日常ワイン用品種。<br>過去にルクセンブルク4割のシェアを誇った。<br>心地よい酸を持つ。<br>全体**1**位。 |
| | Pinot Gris<br>ピノ・グリ | 11％ | 全体**2**位。 |
| | **Auxerrois**<br>**オーセロワ** | 15％ | 珍しく単一品種で造られる。<br>同国では古くから美食のためのワインとされてきた。<br>芳醇かつ複雑なスタイルが多く、ブルゴーニュの白ワインのように長期熟成ワインになるものもある。 |
| | その他 | | ピノ・ブラン13％、リースリング13％、シャルドネ5％（**クレマン・ド・ルクセンブルク**用に栽培開始）。 |
| 黒ブドウ | **Pinot Noir**<br>**ピノ・ノワール** | 11％ | 地球温暖化が進む中、生産量・品質ともに向上している。 |

> リヴァネールとミュラー・トゥルガウは同じ品種。

> フランス、シュッド・ウエストA.O.C.カオールでのマルベックのシノニムも「オーセロワ」と学習したが、あちらは黒ブドウ品種なので、違うブドウ品種である。

## ワイン法と品質分類

- 2014年ヴィンテージより適用され、新格付けは以下の通り。

＜新格付け＞

**Lieu-dit**
**リューディ**
**最上畑**のワイン格付け。
「**プルミエ・クリュ**」「**グラン・プルミエ・クリュ**」の格付けを併記可能。

**Coteaux de**
**コトー・ド**
「グレーヴェンマッハ地区」の貝殻石灰質、または「レーミッヒ地区」の粘土質泥灰岩のコイパーの特徴が表現された優良な畑のワイン。

**Côtes de**
**コート・ド**
調和のとれた日常ワイン。

> リューディが最上級<br>「リューディ」がルクセンブルクワイン法の頂点であるということ抑えておこう。

> 独特な言い回し!?<br>「グラン」と「プルミエ」の両方が使われている独特な用語。一緒に登場するのはココだけ！

**特別なワイン**

- 遅摘みのブドウを使った**vendange tardive** ヴァンダンジュ・タルディヴ、収穫したブドウを藁の上で乾燥させて醸造する**vin de paille** ヴァン・ド・パイユ、アイスワインの**vin de glace** ヴァン・ド・グラスがある。

**スパークリングワイン**

＜品質基準＞
- <u>1991</u>年には、クレマン・ド・ルクセンブルクの品質基準が制定されていた。
- 手摘み収穫、搾汁はブドウ150kgから100ℓまで。
- 瓶内二次発酵で瓶内熟成は9カ月以上。
- デゴルジュマンによる滓の除去、残糖50g/ℓ以下。
- 2021年からA.O.P.ワインとクレマン・ド・ルクセンブルクに新しいロゴとボトルキャップが義務付けられている。
- 2016年ヴィンテージから、瓶内熟成<u>**24**</u>カ月のものに「<u>**ミレジメ**</u>」呼称を使用できるようになった。

**ワイン産地**

- ルクセンブルクの<u>南東</u>、<u>モーゼル</u>川流域南の「<u>シェンゲン</u>村」から、北の「<u>ヴァッセルビリグ</u>村」までの約<u>**42**</u>kmに広がる地域でワインが造られる。
- 海洋性気候及び大陸性気候を併せ持ち、標高150〜200mの南西から南東向きの畑が理想とされる。
- 慣習として、地形的にも土壌的にも、南北2つのエリアに区分されるが、法的な区分ではない。

---

**北部**

スタッドブレディムスより北のエリア。
急斜面が多く広がる。
Muschelkalk ムッシェルカルクと呼ばれる貝殻石灰岩土壌が多いため、エレガントでミネラル豊富、<u>しっかりとした酸</u>を持つワインを生む。

**産地**
<u>Wasserbillig</u> ヴァッセルビリグ　＊最<u>北</u>部の産地
Grevenmacher グレーヴェンマッハ
Ahn アーン
Wormeldange ヴォーメルダンジュ
Stadtbredimus スタッドブレディムス

---

**南部**

レーミッヒより南のエリア。
土壌は<u>Keuper</u> コイパー（泥土岩）。砂や粘土、炭化物、マールなどで構成され、約2億年前にできたといわれている。
シェンゲンから広がる丸く穏やかな斜面から、柔らかでふくよか、奥行きのある<u>フルボディ</u>で調和のとれたワインが造られる。

**産地**
Remich レーミッヒ
Wellenstein ヴェレンシュタイン
<u>Schengen</u> シェンゲン　＊最<u>南</u>部の産地

# Chapter 18 スペイン

Spain

**ドゥエロ川とドウロ川**
イベリア半島中央部に端を発し、西へ流れ、ポルトガルを経て（ドウロ川と名称が変わる）、ポルトという街の河口にて大西洋へと注ぐ。

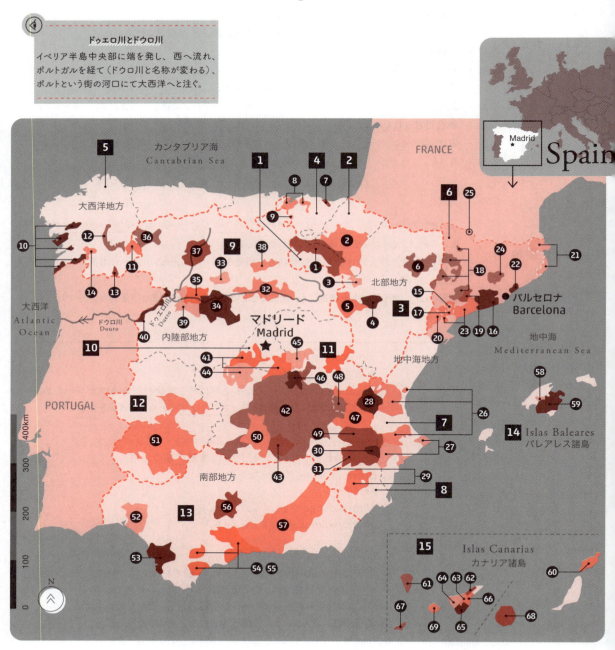

## 北部地方

**1 Rioja**
リオハD.O.Ca.

- **1** Rioja
  リオハ

**2 Navarra**
ナバーラ州

- **2** Navarra
  ナバーラ

**3 Aragón**
アラゴン州

- **3** Campo de Borja
  カンポ・デ・ボルハ
- **4** Cariñena
  カリニェナ
- **5** Calatayud
  カラタユド
- **6** Somontano
  ソモンターノ

**4 País Vasco**
バスク州

- **7** Chacolí de Getaria
  チャコリ・デ・ゲタリア
- **8** Chacolí de Bizkaia
  チャコリ・デ・ビスカイア
- **9** Chacolí de Álava
  チャコリ・デ・アラバ

## 大西洋地方

**5 Galicia**
ガリシア州

- **10** Rías Baixas
  リアス・バイシャス
- **11** Valdeorras
  バルデオラス
- **12** Ribeira Sacra
  リベイラ・サクラ
- **13** Monterrei
  モンテレイ
- **14** Ribeiro
  リベイロ

## 地中海地方

**6 Cataluña**
カタルーニャ州

- **15** Priorato
  プリオラート
- **16** Penedés
  ペネデス
- **17** Montsant
  モンサン
- **18** Costers del Segre
  コステルス・デル・セグレ
- **19** Conca de Barberà
  コンカ・デ・バルベラ
- **20** Terra Alta
  テラ・アルタ
- **21** Empordà
  エンポルダ
- **22** Alella
  アレーリャ
- **23** Tarragona
  タラゴナ
- **24** Pla de Bages
  プラ・デ・バジェス
- **25** Cataluña
  カタルーニャ

**7 Valencia**
バレンシア州

- **26** Valencia
  バレンシア
- **27** Alicante
  アリカンテ
- **28** Utiel-Requena
  ウティエル・レケーナ

**8 Murcia**
ムルシア州

- **29** Bullas
  ブーリャス
- **30** Yecla
  イェクラ
- **31** Jumilla
  フミーリャ

## 内陸部地方

**9 Castilla y León**
カスティーリャ・イ・レオン州

- **32** Ribera del Duero
  リベラ・デル・ドゥエロ
- **33** Cigales
  シガレス
- **34** Rueda
  ルエダ
- **35** Toro
  トロ
- **36** Bierzo
  ビエルソ
- **37** León
  レオン
- **38** Arlanza
  アルランサ
- **39** Tierra del Vino de Zamora
  ティエラ・デル・ビノ・デ・サモラ
- **40** Arribes
  アリベス

**10 Madrid**
マドリード州

- **41** Vinos de Madrid
  ビノス・デ・マドリード

**11 Castilla La Mancha**
カスティーリャ・ラ・マンチャ州

- **42** La Mancha
  ラ・マンチャ
- **43** Valdepeñas
  バルデペーニャス
- **44** Méntrida
  メントリダ
- **45** Mondéjar
  モンデーハル
- **46** Uclés
  ウクレス
- **47** Manchuela
  マンチュエラ
- **48** Ribera del Júcar
  リベラ・デル・フーカル
- **49** Almansa
  アルマンサ
- **50** Campo de Calatrava
  カンポ・デ・カラトラバ

**12 Extremadura**
エクストレマドゥーラ州

- **51** Ribera del Guadiana
  リベラ・デル・グアディアーナ

## 南部地方

**13 Andalucía**
アンダルシア州

- **52** Condado de Huelva
  コンダード・デ・ウエルバ
- **53** Jerez-Xérès-Sherry y Manzanilla-Sanlúcar de Barrameda
  ヘレス・ケレス・シェリー・イ・マンサニーリャ・サン ルーカル・デ・バラメーダ
- **54** Málaga
  マラガ
- **55** Sierras de Málaga
  シエラス・デ・マラガ
- **56** Montilla-Moriles
  モンティーリャ・モリーレス
- **57** Granada
  グラナダ

## 諸島

**14 Islas Baleares**
バレアレス諸島

- **58** Binissalem
  ビニサレム
- **59** Pla i Llevant
  プラ・イ・リェバン

**15 Islas Canarias**
カナリア諸島

- **60** Lanzarote
  ランサローテ
- **61** La Palma
  ラ・パルマ
- **62** Tacoronte-Acentejo
  タコロンテ・アセンテホ
- **63** Valle de la Orotava
  バリェ・デ・ラ・オロタバ
- **64** Ycoden-Daute-Isora
  イコデン・ダウテ・イソーラ
- **65** Abona
  アボナ
- **66** Valle de Güímar
  バリェ・デ・グイーマル
- **67** El Hierro
  エル・イエロ
- **68** Gran Canaria
  グラン・カナリア
- **69** La Gomera
  ラ・ゴメラ

※ **1** ～ **68** は D.O.Ca.、D.O.

## DATA

Spain

| | |
|---|---|
| ブドウ栽培面積 …… | 約93万ha：世界**1**位 |
| ワイン生産量 …… | 約2,840万hℓ（赤・ロゼワイン：約52％、白ワイン：約48％）：世界**3**位 |
| ワイン輸出量 …… | 世界**2**位 |

> **栽培面積とワイン生産量が不一致!?**
> 面積が1位なのに、生産量は3位。これは乾燥したエリアが多く密植率が平均的に低い、ブドウがほかの作物と混植されることがある、などの理由から。

### 概要

- スペインは、**イベリア半島**に位置しており、北は**ピレネー山脈**を挟んでフランス、西は**ポルトガル**と国境を接している。
- **17**の自治州全てでブドウが栽培されている。全体の約**53**％（栽培面積は全体の約**48**％）が、**メセタ**（**中央台地**）と呼ばれるスペイン中央部に広がる広大な乾燥高原に位置する**カスティーリャ・ラ・マンチャ**州で生産されている。

> **フェニキア**
> フェニキアは、古代に地中海東岸（現在のレバノンに当たるエリア）に位置した歴史的地域名。交易などを目的に東から来た人々をギリシャ人が「フェニキア人」と呼んだ。海上交易に優れた民族であったことが知られている。☕

> スペイン南部・アンダルシア州、シェリーの産地にある街の名前。☕

> **レコンキスタ**
> re＝再び
> conquista＝征服する
> 侵略されたイベリア半島を取り戻すという運動のこと。☕

> **ボルドーとリオハの関係**
> ここでいう"フランス"とは主に「ボルドー」を、"スペイン"は「リオハ」を指している。

## 歴 史

History

| 時代 | 主な出来事 |
|---|---|
| **BC1100**年頃 | **フェニキア**人が大西洋岸の町である現在の<u>アンダルシア州カディス</u>に到達し、ブドウ栽培とワイン造りを伝え、ヘレスや地中海沿岸地域でワイン造りを始めた。 |
| 711年 | アフリカから来たイスラム教徒によって、イベリア半島が侵略された。彼らは宗教上アルコール飲料を飲まないが、異教徒の文化を認めていたため、一部のブドウ栽培やワイン造りは継続。彼らから**蒸留**技術が伝わった。 |
| 11C後半 | イスラム教徒の征服に対してキリスト教徒による**レコンキスタ**（**国土回復運動**）が起こり、ブドウ畑の復興とともにワイン生産にも活気が戻った。 |
| 1492年 | レコンキスタが成就した同じ年に、**アメリカ大陸**が発見され、大航海時代が始まった。スペインから出る航海船に、シェリーやカナリア諸島のワインなど、出航地点や中継地点の地域のワインが大量に積まれるようになった。 |
| **19C後半** | **フィロキセラ被害**を受けた**フランス**の生産者や業者が、スペインでワインの買い付けやワインの生産を始めた。この時持ち込まれた醸造機器や技術によって、スペインの醸造技術は大きく進歩した。 |
| 19C後半〜20C初め | スペインにもフィロキセラが到達し深刻な被害が出たものの、フランスで既に考案されていた対処法（接ぎ木）が導入され、スペインのブドウ畑は回復が早かった。 |

## 歴 史 History

| 時代 | 主な出来事 |
|---|---|
| **1926**年 | **リオハ**地方が原産地名保護のための統制委員会を設立。 |
| **1932**年 | ワイン法の制定。 |
| **1933**年 | **ワイン法**の発効。<br>フランスのワイン法であるA.O.C.制定（**1935**年）より早い。 |
| 1970年代〜 | 独裁政治から立憲君主制に戻り民主化の道を歩み始めた。<br>ワイン産業も復興し、量より品質を重視する方向へ大きく転換し、<br>特に欧州経済共同体（現EU）に加盟した1986年以降は国際市場でも<br>目覚ましい競争力を付けていった。 |
| 2000年前後〜 | これまで無名だったスペイン各地の産地から<br>世界的に注目されるようなワインが次々に生まれ、<br>新世代によるスペインワインの新しい風が吹いている。 |

**最初にリオハ（地方レベル）で考えられ、その後国全体へと広がりをみせた。それほどリオハはスペインを代表する産地なのだということ。** ☕

**出題のポイント**
「制定年」と「発効年」を間違わせようとする意地悪問題には引っかからないように！

**EU加盟**
スペインとポルトガルは同じ年に加盟している。

**主要3カ国のワイン法の制定年**

| フランス：1935年 |
| イタリア：1963年 |
| スペイン：1932年（1933年発効） |

## 気候風土

- 山岳地帯や国土の中央に広がる高く平らな **Meseta メセタ**と
  呼ばれる中央台地など、多様な地形・気候や土壌を持っている。

スペインは意外にも、ヨーロッパ主要国の中で、国の平均標高がスイスに次いで高い。 ☕

| 気候区分 | 該当する地方 |
|---|---|
| **海洋性**気候 | 北西部の大西洋岸の**ガリシア**地方→降水量が多い。 |
| 地中海性気候 | 南東部の地中海沿岸のムルシア地方→降水量が少なく乾燥している。<br>北東部の地中海沿岸のカタルーニャ州→比較的穏やかで温暖。 |
| 大陸性気候 | 内陸部のカスティーリャ・イ・レオン州や<br>カスティーリャ・ラ・マンチャ州→昼夜の寒暖差が大きく、<br>夏は暑く冬は寒い（気温の日較差・年較差大）うえに、乾燥している。 |

「メセタ」の上なので標高が高い。

| 土壌 | 主な産地 |
|---|---|
| **石灰質**土壌 | シェリー |
| **スレート**（粘板岩）土壌 | プリオラート |
| **赤い粘土質** | ラ・マンチャ |
| **火山性**土壌 | カナリア諸島のランサローテ島 |

Chapter **18** スペイン

287

## 主要ブドウ品種

- 栽培面積では、白ブドウ約48％、黒ブドウ約52％。

> スペインは赤のイメージが強いが、意外に白ワインもたくさん造っている！☕

### 白ブドウ 🍇

| 順位 | 品種名 | 主な特徴 |
|---|---|---|
| 1 | **Airén** アイレン | **全体2位**、白ブドウの約**46**％。主に**カスティーリャ・ラ・マンチャ**州で栽培。 |
| 2 | **Macabeo** マカベオ = **Viura** ビウラ | **Cava**の主要品種。**リオハ**では、**ビウラ**と呼ばれる。 |
| 3 | **Verdejo** ベルデホ | **ルエダ**を中心に栽培。 |
| 4 | Pardina パルディーナ | 蒸留アルコールやバルクワインの生産用として、主にエクストレマドゥーラ州で栽培。 |
| 5 | **Palomino（Fino）** パロミノ（・フィノ） | シェリーに用いられる。 |
| 他 | **Albariño** アルバリーニョ = **Alvarinho** アルヴァリーニョ（ポルトガルでの表記） | 1980年代から世界的に注目。ガリシア州で多く栽培。 |

**【bulk】**
英：bulk バルク
大きさ、容積、積み荷。
バルクワインとは、150ℓ以上の大きな容器（タンク）に詰められ輸出される、「質よりも量」のワインで、バルクで輸入することで、コストを圧縮することができる。瓶詰めワインと区別して用いられる用語。☕

### 黒ブドウ 🍇

| 順位 | 品種名 | 栽培面積（ha） | 主な特徴 |
|---|---|---|---|
| 1 | **Tempranillo** テンプラニーリョ | 約20万 | 全体**1位**、全ブドウ栽培面積の**21**％を占める。 |
| 2 | **Garnacha Tinta** ガルナッチャ・ティンタ = **Grenache** グルナッシュ | | 原産地は**アラゴン**州。全体**3位**。 |
| 3 | **Bobal** ボバル | | 地中海沿岸の**バレンシア**州で主に栽培。 |
| 4 | **Garnacha Tintorera** ガルナッチャ・ティントレラ | | バレンシア州やカスティーリャ・ラ・マンチャ州で多く栽培。果肉が赤いことが特徴。 |
| 5 | Monastrell モナストレル = **Mourvèdre** ムールヴェードル | | ムルシア州、バレンシア州で多く栽培。 |
| 他 | Mazuelo マスエロ = **Cariñena** カリニェナ = **Carignan** カリニャン | | プリオラートのワインで注目。リオハなどでマスエロと呼ばれる。原産地はアラゴン州。 |

> 1カ国、単一品種で栽培面積20万haを超えるというのは、とてつもなく大きな数字である。☕

**「ティンタ」は黒ブドウのサイン**
Tinta ティンタとは、「色づいた」という意味。つまりこの言葉がつくと、それは黒ブドウということ。単に「ガルナッチャ」と表記されることもある。フランスの黒ブドウ品種の順位でも2位である！

**品種名であり、産地名でもある**
アラゴン州にある同名のワイン産地「D.O. カリニェナ」が原産地とされる。

### 白・黒ブドウ合わせたブドウ栽培面積順位

| 順位 | 品種名 | 順位 | 品種名 |
|---|---|---|---|
| 1 | **Tempranillo** テンプラニーリョ（**黒**） | 4 | Macabeo マカベオ（**白**） |
| 2 | **Airén** アイレン（**白**） | 5 | Bobal ボバル（黒） |
| 3 | **Garnacha Tinta** ガルナッチャ・ティンタ（**黒**） | 6 | Garnacha Tintorera ガルナッチャ・ティントレラ（黒） |

## テンプラニーリョのシノニム

| 該当する地方 | シノニム |
|---|---|
| Ribera del Duero リベラ・デル・ドゥエロ | **Tinto Fino** ティント・フィノ<br>**Tinta del País** ティンタ・デル・パイス |
| La Mancha ラ・マンチャ | **Cencibel** センシベル |
| Cataluña カタルーニャ | **Ull de Llebre** ウル・デ・リェブレ |
| Toro トロ | **Tinta de Toro** ティンタ・デ・トロ |
| Madrid マドリード | **Tinta de Madrid** ティンタ・デ・マドリード |

※隣国ポルトガルでは、北部は Tinta Roriz ティンタ・ロリス、南部は Aragonez アラゴネスと呼ばれている。

カタルーニャ語で「ウサギの眼」という意味。カタルーニャ地方の方言は、スペイン人でもところどころ理解できないほど難しいといわれる。

## ワイン法と品質分類

### 新ワイン法
2009年ヴィンテージから

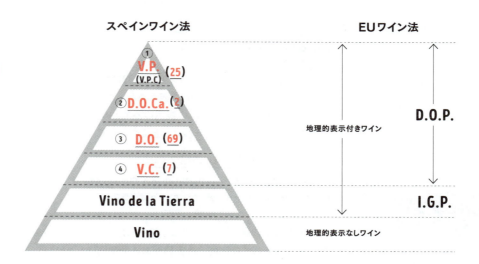

### Spain
DATA、概要、歴史、気候風土、主要ブドウ品種、テンプラニーリョのシノニム、ワイン法と品質分類、スペインワイン熟成規定
P.286 ≫ 291

新ワイン法

## D.O.P. >>> 地理的表示付きワイン（原産地呼称保護）
**Denominación de Origen Protegida**
デノミナシオン・デ・オリヘン・プロテヒーダ

- D.O.P.の中で、さらに4段階に分類されている。

### ① V.P. >>> 単一ブドウ畑限定ワイン
**Vino de Pago**
ビノ・デ・パゴ

- 2003年新設、現在25のV.P.が認定されている。
- 地域ではなく、独自のテロワールをもつ、限定された面積の単一のブドウ畑で栽培・収穫されたブドウのみで造られたワインに認められる原産地呼称。
- ブドウ畑は、D.O.Ca.、D.O.に認定されていない地域に属していてもよく、仮にD.O.Ca.地域であれば、**V.P.C.**（Vino de Pago Calificado ビノ・デ・パゴ・カリフィカード）と表示することも認められている（2024年現在、まだ存在しない）。

### ② D.O.Ca. >>> 特選原産地呼称ワイン
**Denominación de Origen Calificada**
デノミナシオン・デ・オリヘン・カリフィカーダ

- D.O.ワインの中から厳しい基準を通過して昇格が認められた高品質ワイン。**2**地域が認定。
- **1991**年に**リオハ**、**2009**年に**プリオラート**（カタルーニャ州）が認定された。

### ③ D.O. >>> 原産地呼称ワイン
**Denominación de Origen**
デノミナシオン・デ・オリヘン

- **69**が認定されている。高級ワインの中核的カテゴリー。
- ラベルには「D.O.＋原産地名」と表示されるが、例外として、カバは"Cava"、シェリーは"Sherry（Jerez）"の表示のみでよい。
- D.O.に認定されてから**10**年後に、上位のD.O.Ca.への昇格の申請が可能になる。

### ④ V.C. >>> 地域名付き高級ワイン
**Vino de Calidad con Indicación Geográfica**
ビノ・デ・カリダ・コン・インディカシオン・ヘオグラフィカ

- 2003年に新設され、**7**地域が認定。
- 特定の地域で収穫されたブドウから造られた、その地域性を表現したワイン。
- V.C.に認定されて**5**年以上の実績がある生産地は、上位のD.O.への昇格を申請することが可能。

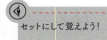
セットにして覚えよう！

## I.G.P. >>> 地理的表示付きワイン（地理的表示保護）
**Indicación Geográfica Protegida**
インディカシオン・ヘオグラフィカ・プロテヒーダ

### Vino de la Tierra >>> 地酒
ビノ・デ・ラ・ティエラ

- 2003年に新設され、フランスのヴァン・ド・ペイにあたる。
- 特定の地方や地域を付記した、その産地で収穫されたブドウを用い、その産地の特性をもつワイン。

## 地理的表示なしワイン

### Vino >>> テーブル・ワイン
ビノ

- 原産地呼称保護も地理的表示保護も名乗れない全てのワイン。

## スペインワイン熟成規定

- スペインワイン法によって以下のように熟成期間が規定されている。

### スペインワインの熟成期間表示

**スペイン全体**

- 330ℓ以下のオーク樽（一般的にはアメリカ産かフランス産）で熟成され、熟成期間により、以下の名称をラベルに表示することができる。

| 名称 | Crianza クリアンサ | Reserva レセルバ | Gran Reserva グラン・レセルバ |
|---|---|---|---|
| 赤（熟成期間） | **24**カ月以上熟成（2年）（内**6**カ月以上樽熟成） | **36**カ月以上熟成（3年）（内**12**カ月以上樽熟成） | **60**カ月以上熟成（5年）（内**18**カ月以上樽熟成） |
| 赤 覚え方 | 2年（6カ月） ×2倍→ | 3年（12カ月） ×3倍→ | 1年とぶ→ 5年（18カ月） |
| 白・ロゼ | **18**カ月以上熟成（1.5年）（内**6**カ月以上樽熟成） | **24**カ月以上熟成（2年）（内**6**カ月以上樽熟成） | **48**カ月以上熟成（4年）（内**6**カ月以上樽熟成） |
| 白・ロゼ 覚え方 | 1.5年（6カ月） → | 2年（6カ月） | 1年とぶ→ 4年（6カ月） |

### D.O.Ca.リオハの熟成期間表示

**リオハの例外**
※ ▓ はリオハの例外

- D.O.Ca.リオハは独自の熟成規定（改定規則が2018年にEU承認）があり、オーク樽を使用することが規定されている。

| 名称 | Crianza クリアンサ | Reserva レセルバ | Gran Reserva グラン・レセルバ |
|---|---|---|---|
| 赤 | **24**カ月以上熟成（内**12**カ月以上**225**ℓ樽熟成） | **36**カ月以上熟成（内**12**カ月以上樽熟成＋**6**カ月以上瓶熟成） | **60**カ月以上熟成（内**24**カ月以上樽熟成＋**24**カ月以上瓶熟成） |
| 白・ロゼ | **18**カ月以上熟成（内**6**カ月以上**225**ℓ樽熟成） | **24**カ月以上熟成（内**6**カ月以上樽熟成） | **48**カ月以上熟成（内**6**カ月以上樽熟成） |

### 一部の産地で用いられる熟成期間表示

**Añejo** アニェホ →英：aged
**Viejo** ビエホ →英：old

- オーク樽または瓶での熟成期間に応じて、以下の名称をラベルに表示することができる。

| 名称 | 熟成期間 | ※ |
|---|---|---|
| **Noble** ノーブレ | 600ℓ樽または瓶で**18**カ月以上熟成。 | 1.5年 |
| **Añejo** アニェホ | 600ℓ樽または瓶で**24**カ月以上熟成。 | 2年 |
| **Viejo** ビエホ | **36**カ月以上熟成。（熟成容器の指定義務は無し）→太陽光、酸素、高温な外気などの影響で酸化熟成の風味が顕著に表れる。 | 3年 |

※1.5年→2年→3年 ここでは数字（熟成期間）が飛ばないので注意!

# Chapter 18 Spain

**North** スペイン・ワイン産地

# 北部地方

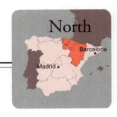

## リオハ D.O.Ca.   Rioja

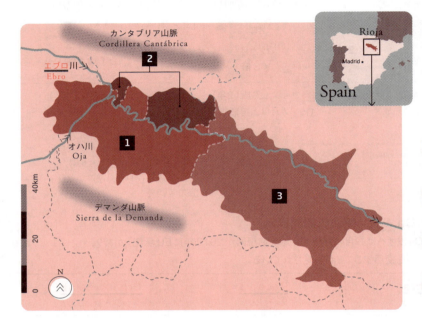

**Alta** アルタ：上流の
**Baja** バハ：下流の
**Oriental** オリエンタル：東の という意味

### Rioja
リオハ D.O.Ca.

1 ■ **Rioja Alta** リオハ・アルタ
2 ■ **Rioja Alavesa** リオハ・アラベサ
3 ■ **Rioja Oriental** リオハ・オリエンタル

- ラ・リオハ州、ナバーラ州、**バスク**州の 3 州にまたがっており、3 つのサブゾーンがある。
- **カンタブリア**山脈、**デマンダ**山脈によって囲まれているため、一年を通じて比較的穏やかな気候となっている。
- リオハの地名は、西から東に向かって流れる**エブロ**川の支流であるオハ川（スペイン語で Río Oja リオ・オハ）に由来する。
- 19C 後半、フィロキセラの被害を受けたフランスの生産者や業者がスペインに流入し、その時に持ち込まれた醸造技術・設備によってリオハのワイン生産技術が向上した。
- 伝統的に**アメリカンオーク**樽が使用され、白ワインも樽熟成を行う。
- **1991** 年スペインで最初の **D.O.Ca.** に認定された、スペインを代表するワイン産地である。
- 生産可能色は、赤（全体の約 **88**％）、ロゼ、白、ロゼ泡、白泡。

> 川の流れる向きに注意！
> エブロ川は、カンタブリア山脈に端を発し、東へ流れ、地中海へと注ぐ。

**主要ブドウ品種**

| 白ブドウ | **Viura ビウラ**主体、Garnacha Blanca ガルナッチャ・ブランカ、Malvasía マルバシア |
|---|---|
| 黒ブドウ | **Tempranillo テンプラニーリョ**主体、**Garnacha ガルナッチャ**、Mazuelo マスエロ、Graciano グラシアノ |

< リオハ以外の地域でのシノニムは「マカベオ」。

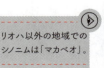

## 3つのサブゾーン

- エブロ川流域の標高300～700mに、以下3つのサブゾーンが広がっている。
- 多くのワインは3エリアのブドウをブレンドして造られるが、単一のエリアのブドウから造られたワインには違いが明確に表れる。

| 産地 | 特徴 |
| --- | --- |
| Rioja Alta<br>リオハ・アルタ | 最西部、エブロ川上流のラ・リオハ州に属し、全栽培面積の約50%。<br>熟成向き（ボディと高い酸度）の赤ワイン。 |
| Rioja Alavesa<br>リオハ・アラベサ | エブロ川左岸、バスク州に属する。<br>色が濃く香りが豊かな、若飲み～熟成向き（幅広い）の赤ワイン。 |
| Rioja Oriental<br>リオハ・オリエンタル | エブロ川下流の両岸、平地。<br>他の2地域に比べ、高温・乾燥（地中海性気候の影響）。<br>ガルナッチャの栽培が多く、アルコール度数の高い赤・ロゼワイン。<br>2018年にリオハ・バハから改名。 |

**特徴から、該当のサブゾーンを選べるように**
一般的に、アルタとアラベサは共に高級ワイン産地であるが、オリエンタルはやや劣るワインを造っているイメージ。最高品質のブドウから、わざわざロゼは造らない！と覚えよう。

## 新たなカテゴリー

- リオハD.O.Ca.の呼称とともに、Vinos de Zona ビノス・デ・ソーナ（地区）、Vinos de Municipio ビノス・デ・ムニシピオ（市町村など基礎自治体）、Viñedo Singular ビニェード・シングラール（単一畑あるいは複数区画の集合体のパラへ）の名称のラベル表示が認められる。
- ビニェード・シングラールに認められる畑は、他の畑とは異なる独自の自然条件を持ち、樹齢35年以上と規定されている。

## エスプモソ・デ・カリダ

**Espumoso de Calidad エスプモソ・デ・カリダ（上質スパークリング・ワイン）**

- リオハ独自のスパークリング・ワイン
  "Espumoso de Calidad エスプモソ・デ・カリダ"の生産が別途認められた。

【 Calidad 】
Calidadカリダとは、英：Qualityクオリティという意味。

| 名称 | 熟成期間 |
| --- | --- |
| Espumoso de Calidad<br>エスプモソ・デ・カリダ | 品種：リオハD.O.Ca.に認められるもの。<br>瓶内二次発酵、瓶内熟成期間は最低15カ月、<br>レセルバは瓶内熟成24カ月以上。 |
| Gran Añada<br>グラン・アニャーダ | エスプモソ・デ・カリダの上級品。<br>瓶内36カ月以上熟成、収穫年の表示義務あり。 |

## ナバーラ州　　　　Navarra

州都　パンプローナ

- 1950年代に、ロゼの生産地として有名になったが、近年の固有品種ブームによってガルナッチャを再評価し、高品質なワインの生産に取り組んでいる。
- 16世紀に、日本へ布教に訪れたフランシスコ・ザビエルの出身地。

| 主要ブドウ品種 | ナバーラ州 | |
|---|---|---|
| | 白ブドウ | Garnacha Blanca ガルナッチャ・ブランカ |
| | 黒ブドウ | Tempranillo テンプラニーリョ、Garnacha ガルナッチャ、Cabernet Sauvignon カベルネ・ソーヴィニヨン などのフランス系品種 |

**主要なD.O.P.ワイン**

- D.O.ナバーラの他に4つのV.P.がある。

| D.O. | 特徴 |
|---|---|
| Navarra ナバーラ | 赤60％、ロゼ30％、白9％、甘口1％。テンプラニーリョ（在来品種）にカベルネ・ソーヴィニヨン（外来品種）などをブレンドする「ナバーラ・ブレンド」や単一品種表示ワインで成功している。 |

## アラゴン州 Aragón

州都　サラゴサ

- 西から東にエブロ川が横断している。

**主要ブドウ品種**

| 白ブドウ | Viura ビウラ |
|---|---|
| 黒ブドウ | Garnacha ガルナッチャ、Cariñena カリニェナ |

**主要なD.O.P.ワイン**

- 4つのD.O.と1つのV.P.がある。

| D.O. | 特徴 |
|---|---|
| Campo de Borja カンポ・デ・ボルハ | 栽培面積の約70％がガルナッチャで、「ガルナッチャ王国」とも呼ばれる。赤ワインの生産が主で、白は5％ほどである。 |
| Cariñena カリニェナ | 黒ブドウ品種カリニェナの原産地。D.O.と品種名が同じため、他の産地ではラベルに「カリニェナ」を表示することが禁止されている。他産地では、カリニャン（フランス）、マスエロ（アラゴン以外のスペイン）、サムソ（カタルーニャ）と呼ばれている。 |
| Calatayud カラタユド | かつてこの地を本拠地にしていたイスラム教徒の城「カラト・アユブ」に由来する地名。ガルナッチャが中心。 |
| Somontano ソモンターノ | 「山麓」という意味のD.O.名で、ピレネー山脈の麓に位置する。国際市場を意識した新しいスタイルのワインが開発され、品質が向上し知名度が上がっている。 |

# バスク州　Pais Vasco

州都　ビトリア＝ガステイス

- スペイン北部、**ピレネー山脈**の西にあり、南にエブロ川が流れている。
  リオハD.O.Ca.の**リオハ・アラベサ**地区は、バスク州に位置する。
- 19C後半〜20C初頭、ビルバオ港から**リオハワイン**の輸出が行われていたことから、リオハの生産者にはビルバオなどの富裕な実業家が多い。
- 海風の影響で気候は穏やかだが、年間降水量が1,000〜1,500mmと多く湿度が高いため、海沿いの斜面にあるブドウ畑は風通しを良くするために **Parral** パラルと呼ばれる棚仕立てが多い。
- 少量ながら黒ブドウも栽培され、ロゼや赤ワインも生産されている。

## 主要ブドウ品種

| 白ブドウ | **Hondarrabi Zuri** オンダラビ・スリ |
|---|---|
| 黒ブドウ | **Hondarrabi Beltza** オンダラビ・ベルツァ |

## 主要なD.O.P.ワイン

| D.O. | 特徴 |
|---|---|
| **Chacolí de Getaria**<br>**チャコリ・デ・ゲタリア** | 主要品種は白の **Hondarrabi Zuri** オンダラビ・スリで95％を占める。<br>爽やかな酸味と塩味を持つ白のチャコリは、シーフード用ワインとしての需要が高い。 |
| Chacolí de Bizkaia<br>チャコリ・デ・ビスカイア | 白ワインが85〜90％を占める。<br>ゲタリアのワインに比べて、アルコール度数が高い。<br>生産量が少ないため、ビスカイアの方が**平均価格**が高め。 |
| Chacolí de Álava<br>チャコリ・デ・アラバ | 5つの市町村に限定された**小さい**D.O.で、<br>チャコリの中で唯一**海**に面していない産地。<br>白の Hondarrabi Zuri オンダラビ・スリが70％。 |

**エスカンシア**
心地よい泡と香りを開かせるためワインを高いところからグラスに流し落すような注ぎ方のこと。

> **出題のポイント**
> スペインでは、生産可能色が試験に出題されることは少ない！（多くのD.O.でチャコリの3つのD.O.同様に赤、白、ロゼの全てを造っているから）

Spain

北部地方　　>>

P.292 >> 295

# Chapter 18 Spain
## Atlantic
スペイン・ワイン産地

# 大西洋地方

## ガリシア州 (Galicia)
Santiago de Compostela

**州都** サンティアゴ・デ・コンポステラ

- 大西洋からの影響を受け、年間を通して穏やかな**海洋性気候**で、年間降水量も多い。

☕ バチカン、エルサレムと並ぶキリスト教三大巡礼地のひとつ。

☕ つまり、メセタ（中央台地）の上ではない。スペイン国内では、ガリシア地方のことを「グリーンスペイン」と呼ぶ。海洋性気候であるから降水量が多く、そのため"緑"が豊かだから。

### 主要ブドウ品種

| | |
|---|---|
| 白ブドウ | **Albariño アルバリーニョ**、Treixadura トレイシャドゥーラ、**Godello ゴデーリョ** |
| 黒ブドウ | **Mencía メンシア** |

▶ **注目の黒ブドウ品種**
ガリシア州＋D.O.ビエルソ（カスティーリャ・イ・レオン州）と覚えよう！

### 主要なD.O.P.ワイン

- 5つのD.O.がある。

| D.O. | 特徴 |
|---|---|
| **Rías Baixas** リアス・バイシャス | リアスは「入り江」、バイシャスは「下部や南部」を意味する。5つのサブゾーンがある。栽培ブドウの約**96**％が**Albariño アルバリーニョ**で、ラベルに「Albariño」と表示する場合は**100**％使用しなければならない。サブゾーンを表示する場合は、各規定品種を**70**％以上使用すること。年間降水量1,600mmとスペインの中では多い地域だが、**花崗岩**土壌により水はけはよい。高湿度のため棚式栽培が中心であったが、近年は垣根仕立ても増加。魚介類との相性がよく「**海のワイン**」と呼ばれる。 |
| **Valdeorras** バルデオラス | 「黄金の谷」という意味。ガリシア州のワイン産地の中で一番内陸にある。ラベルに「Godello ゴデーリョ」を表示する場合は同品種を**100**％使用。「Mencía メンシア」を表示する場合は、**85**％以上使用する義務がある。 |
| **Ribeira Sacra** リベイラ・サクラ | 「聖なる川岸」という意味。ゴデーリョの白と、メンシアの赤に代表される。 |
| Monterrei モンテレイ | 同州最南部に位置。ゴデーリョの白と、メンシアの赤が主流。 |
| **Ribeiro** リベイロ | 白が全体生産量の**90**％を占める。リベイロ独自の甘口「**Tostado トスタド**」という陰干ししたブドウを発酵して造るワインが特産。 |

☕ 日本の東北地方のリアス海岸の「リアス」は、ここからきている。

◀ **ポルトガルと接する**
南は「ミーニョ川」を挟んでポルトガルのヴィーニョ・ヴェルデ地方と接する。ヴィーニョ・ヴェルデ地方も、やはり花崗岩土壌であり、アルバリーニョが栽培されている。

◀ **注目の白ワイン「2セット」**
「バルデオラスのゴデーリョ（ガリシア州）」と「ルエダのベルデホ（カスティーリャ・イ・レオン州）」は近年特に注目のスペインの白ワイン。

296

ガリシア州

## リアス・バイシャス D.O. とサブゾーン　　Rias Baixas D.O. and subzones

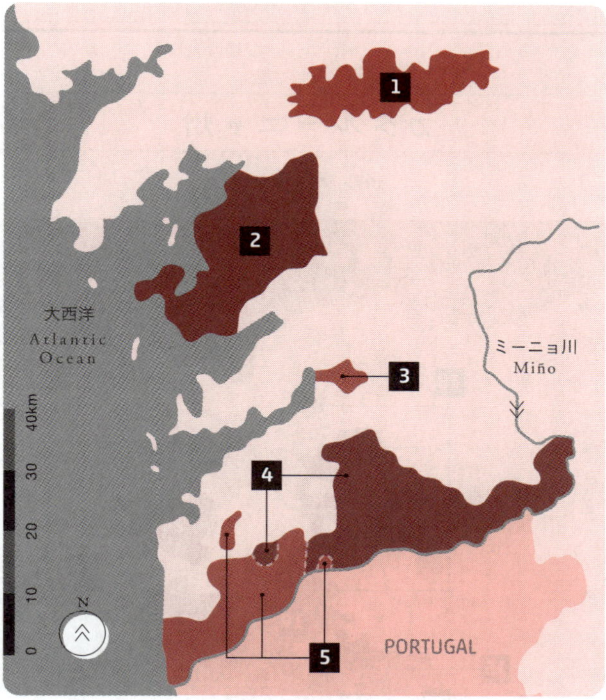

## リアス・バイシャス D.O. とサブゾーン

**1** ■ Ribeira do Ulla
リベイラ・ド・ウリャ

**2** ■ Val do Salnés
バル・ド・サルネス

**3** ■ Soutomaior
ソウトマイオール

**4** ■ Condado do Tea
コンダード・ド・テア

**5** ■ O Rosal
オ・ロサル

# Chapter 18 Spain
## Mediterranean

スペイン・ワイン産地

# 地中海地方

## カタルーニャ州 Cataluña

州都 バルセロナ

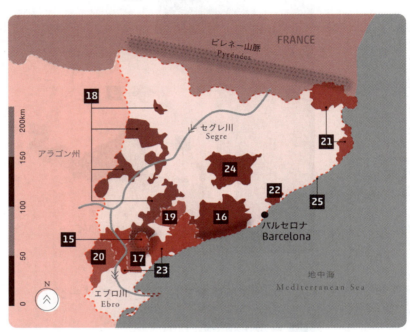

### Cataluña
カタルーニャ州

- 15 ■ **Priorato** プリオラート
- 16 ■ **Penedés** ペネデス
- 17 ■ **Montsant** モンサン
- 18 ■ Costers del Segre コステルス・デル・セグレ
- 19 ■ Conca de Barberà コンカ・デ・バルベラ
- 20 ■ Terra Alta テラ・アルタ
- 21 ■ **Empordà** エンポルダ
- 22 ■ Alella アレーリャ
- 23 ■ Tarragona タラゴナ
- 24 ■ Pla de Bages プラ・デ・バジェス
- 25 ▨ Cataluña カタルーニャ

- カタルーニャ語が州の公用語。**カバ**の大部分はこの地方で生産されている。

### 主要ブドウ品種

| 白ブドウ | Macabeo マカベオ、Parellada パレリャーダ、Xarel・lo チャレッロ |
|---|---|
| 黒ブドウ | **Garnacha** ガルナッチャ、**Tempranillo** テンプラニーリョ = **Ull de Llebre** ウル・デ・リェブレ、Cariñena カリニェナ、Monastrell モナストレル |

298

## 主要な D.O.P. ワイン

- 1つの D.O.Ca. と 10 の D.O. がある。

| D.O. / D.O.Ca. | 特徴 |
|---|---|
| **Priorato（D.O.Ca.）**<br>プリオラート | **2009**年に D.O.Ca. に認定された地域で、ほとんどが**赤**ワイン。<br>**モンサン**山脈の山間部に位置し、急な斜面にブドウ畑があるため機械化が難しく、コスト高が価格にも反映されている。<br>**Llicorella リコレッリャ（スレート）土壌**。<br>1980年代後半に、外部の醸造家たちが、地元品種の**カリニェナ**、**ガルナッチャ**、国際品種を最新の技術を用いてモダンスタイルの高品質ワインを造り始め、今ではスペインを代表する高級ワインの産地となった。 |
| **Penedés**<br>ペネデス | **カバ**の主要な産地。カタルーニャ州に属し、バルセロナの南に位置する。<br>新しい試みをする生産者が多い。<br>瓶内二次発酵のエスプモソ（スパークリングワイン）は、<br>2015年から「**クラシック・ペネデス**」という呼称になり、最低15カ月熟成、100％有機栽培ブドウの使用が義務付けられた。<br>2022年、新カテゴリー Vino de Masía ピノ・デ・マシア、<br>Gran Vino de Masía グラン・ピノ・デ・マシアが承認された。 |
| **Montsant**<br>モンサン | 2001年に D.O. タラゴナから独立した産地。<br>モンサン山脈の麓に位置し、**D.O.Ca. プリオラート**を半周囲んでいる。 |
| **Empordà**<br>エンポルダ | 州の**最北**端にあり、**フランス**と国境を接する地域である。<br>その近さから、フランス系品種も栽培されている。 |
| Tarragona<br>タラゴナ | 生産量の70％は白ワイン。<br>ローマ帝国の植民地時代は、ワイン産地として評判であった。<br>新たに Vino Brisado ピノ・ブリサドと呼ばれるオレンジワインが承認された。 |
| **Cataluña**<br>カタルーニャ | 2001年に D.O. に認定、**カタルーニャ**州全域に広がる D.O.。<br>現在10の D.O. と D.O.Ca. およびカバ D.O. の認定地域が含まれる。 |
| その他の産地 | Costers del Segre コステルス・デル・セグレ<br>Conca de Barberà コンカ・デ・バルベラ<br>Terra Alta テラ・アルタ<br>Alella アレーリャ<br>Pla de Bages プラ・デ・バジェス |

> 一時期は耕作が難しく見捨てられた土地であった。高級ワイン産地としての歴史は極めて短く、アルバロ・パラシオスを筆頭に、ライジングスターの生産者達が一気に産地の評価を高めた。

---

# バレンシア州　　Valencia

州都　バレンシア

- 東側は地中海に面している。

## 主要ブドウ品種

| 白ブドウ | Moscatel de Alejandría モスカテル・デ・アレハンドリア、<br>Airén アイレン、Macabeo マカベオ |
|---|---|
| 黒ブドウ | **Bobal ボバル**、Monastrell モナストレル、<br>Tempranillo テンプラニーリョ |

バレンシア州

主要な
D.O.P.ワイン

- 3つのD.O.と4つのV.P.がある。

| D.O. | 特徴 |
| --- | --- |
| **Valencia**<br>バレンシア | メルセゲラから辛口、モスカテル・デ・アレハンドリアから甘口、モナストレル、ガルナッチャなどから赤が造られる。 |
| **Alicante**<br>アリカンテ | マリナ・アルタ地域で、モスカテル・デ・アレハンドリアから造られる酒精強化ワインが有名。<br>「**Fondillón フォンディリョン**」と呼ばれる、樽で10年以上熟成した酸化熟成タイプもある。 |
| Utiel-Requena<br>ウティエル・レケーナ | 栽培ブドウの約80%が黒ブドウ、その中で約64%がボバル。レケーナはD.O.**カバ**の生産地域でもある。 |

# ムルシア州　　　Murcia

州都　ムルシア

- スペイン南東部に位置し、地中海に面する。
- ヨーロッパ最大の海水湖である**マール・メノール**がある。

主要ブドウ
品種

| 白ブドウ | Airén アイレン、Merseguera メルセゲラ |
| --- | --- |
| 黒ブドウ | Monastrell モナストレル |

主要な
D.O.P.ワイン

- 3つのD.O.がある。

| D.O. | 特徴 |
| --- | --- |
| **Jumilla**<br>フミーリャ | **ムルシア**州北部と**カスティーリャ・ラ・マンチャ**州にまたがるD.O.。主要品種は**モナストレル**。<br>「フミーリャ・モナストレル」と表示する場合は、モナストレルを**85**%以上使用する規定。 |
| Yecla<br>イェクラ | 主要品種はモナストレル。 |
| Bullas<br>ブーリャス | |

VINOLET

**Spain**
《　大西洋地方、地中海地方
P.296≫300

300

Chapter 18 Spain

Inland

スペイン・ワイン産地

# 内陸部地方

## カスティーリャ・イ・レオン州   Castilla y León

### Castilla y León
カスティーリャ・イ・レオン州

- 32 ■ **Ribera del Duero**
  リベラ・デル・ドゥエロ
- 33 ■ Cigales
  シガレス
- 34 ■ **Rueda**
  ルエダ
- 35 ■ **Toro**
  トロ
- 36 ■ **Bierzo**
  ビエルソ
- 37 ■ León
  レオン
- 38 ■ Arlanza
  アルランサ
- 39 ■ Tierra del Vino de Zamora
  ティエラ・デル・ビノ・デ・サモラ
- 40 ■ Arribes
  アリベス

- マドリード以北に広がる、スペインで最も広大な面積の州。州都は定められていない。
- 多くは**大陸性**気候で「夏と冬しかない」といわれるほど、夏は短く高温で乾燥する一方、冬は長く寒さも厳しい。

主要ブドウ
品種

| 白ブドウ | **Verdejo** ベルデホ、Godello ゴデーリョ |
|---|---|
| 黒ブドウ | **Tempranillo** テンプラニーリョ<br>= Tinto Fino ティント・フィノ = Tinta del País ティンタ・デル・パイス<br>= Tinta de Toro ティンタ・デ・トロ |

ビエルソの位置
「D.O. ビエルソ」が離れた位置にあり、ガリシア州と接していることを地図で確認しよう！

301

**主要な D.O.P. ワイン**

カスティーリャ・イ・レオン州

- 9つのD.O.がある。

| D.O. | 特徴 |
|---|---|
| **Ribera del Duero**<br>リベラ・デル・ドゥエロ | ドゥエロ川の両岸にある。メセタ（中央台地）にあるため、平野部分でも標高750〜850m、高いところでは**900**mを超える。多様な土壌が分布する。<br>2000年ものワイン造りの歴史があり、<br>**Vega Sicilia ベガ・シシリア**、<br>**Bodega Tinto Pesquera ボデガ・ティント・ペスケラ**など世界的に有名なワインメーカーが拠点を置く名産地。<br>近年、高品質な**赤**ワイン銘醸地としての地位を確立。<br>生産可能色は、**赤・白・ロゼ**（白は2019年ヴィンテージより）。<br>赤は、**テンプラニーリョ75**％以上使用。<br>白は、**Albillo Mayor アルビーリョ・マヨール**を**75**％以上使用。 |

> **生産可能色は「全て」**
> リベラ・デル・ドゥエロに白ワインが認められたのは2019年のこと。近年のスペインワインにおける、最も大きな変更点の一つである。

**リオハとリベラ・デル・ドゥエロ**

リオハと性格が似ている産地のため、異なる点が出題される。

|  | リオハ | リベラ・デル・ドゥエロ |
|---|---|---|
| 所属州 | ①ラ・リオハ州<br>②ナバーラ州<br>③バスク州 | カスティーリャ・イ・レオン州 |
| 生産可能色 | 赤、ロゼ、白、泡 | **赤**、ロゼ、白 |
| 使用品種（白） | **ビウラ**主体 | **アルビーリョ・マヨール**（**75**％以上使用） |
| 使用品種（赤） | **テンプラニーリョ**主体、**ガルナッチャ** | **テンプラニーリョ**（**75**％以上使用） |
| 土壌 | 鉄分の多い粘土質、沖積土壌、石灰岩土壌 | 多様な土壌が分布<br>（沖積土、砂質、粘土質、石灰岩など） |
| 標高 | 300〜700m | 平野部：750〜850m<br>最も高い所：**900**mを超える |

> **ガリシア州の影響**
> カスティーリャ・イ・レオン州のワイン産地としては、例外的にドゥエロ川から離れ北西にポツンと位置しており、ガリシア州と接している。そのためワインの性格もガリシア州に寄っており、**メンシア**は最注目品種である。

| **Rueda**<br>ルエダ | ドゥエロ川の両岸、リベラ・デル・ドゥエロの西の産地。<br>**ベルデホ**や**ソーヴィニヨン・ブラン**からフレッシュな白ワインが造られ、スペインの代表的白ワインの産地の1つ。<br>2008年からテンプラニーリョによる、赤・ロゼも認定。<br>2019年ヴィンテージから「ルエダ・ベルデホ」や「ルエダ・ソーヴィニヨン・ブラン」の呼称を廃し、全て「ルエダ」に統一。<br>「ルエダ・ブランコ」は**ベルデホ**、または**ソーヴィニヨン・ブラン**を**50**％以上使用。 |
|---|---|
| **Toro**<br>トロ | 赤が中心で、主要品種の**ティンタ・デ・トロ**（**テンプラニーリョ**）は濃厚ながらも洗練されたワインとして評価が高い。 |
| **Bierzo**<br>ビエルソ | ガリシア州と接する地域で、川沿いの渓谷の低地から山の斜面まで、標高400〜800mに畑が広がる。主に赤ワインが生産される。<br>2000年代に入り、黒ブドウの**メンシア**から、高品質で冷涼感ある赤ワインによって注目された産地。<br>〈Bierzoの地理的階層〉※地方呼称（Bierzo D.O.）と併記表示する。<br>Vino de Villa ビノ・デ・ビーリャ：単一の市町村のブドウ100％。<br>Vino de Paraje ビノ・デ・パラヘ：単一パラヘ（市町村の複数区画の集合体）のブドウ100％。<br>Viña Clasificada ビーニャ・クラシフィカーダ：格付け畑。<br>Gran Viña Clasificada グラン・ビーニャ・クラシフィカーダ：特級格付け畑。**最上位**の階層。 |
| その他のD.O.産地 | Cigales シガレス、León レオン、Arlanza アルランサ、Arribes アリベス、Tierra del Vino de Zamora ティエラ・デル・ビノ・デ・サモラ |

## マドリード州　　Madrid

州都　マドリード

- 国土のほぼ中央に位置し、首都マドリードがあるマドリード県のみからなる自治州。

### 主要ブドウ品種

| 白ブドウ | Albillo Real アルビーリョ・レアル |
|---|---|
| 黒ブドウ | Tempranillo テンプラニーリョ、Garnacha ガルナッチャ |

### 主要な D.O.P.ワイン

- D.O. は1つのみ。

| D.O. | 特徴 |
|---|---|
| Vinos de Madrid ビノス・デ・マドリード | マドリードが首都になった1561年以降、ワイン産業が発展したものの、首都圏の拡大に伴ってブドウ畑は激減してしまった。 |
| Sierra de Gredos シエラ・デ・グレドス ※D.O.ではない | 2000年代に入り、新世代の生産者たちが古木のガルナッチャから造る高品質ワインが国際的な注目を集めるようになり、州やD.O.を超えて、この名称をラベルに表示するワインが増えている。D.O.獲得を狙っているが、3州にまたがるため政治的理由から実現は難しい。 |

## カスティーリャ・ラ・マンチャ州　　Castilla La Mancha

州都　トレド

- スペインの中央（マドリード）から南に位置する。
- 「マンチャ」は"水のない土地"を意味し、乾燥したメセタ上の大平原にある。
- 温度差が激しい大陸性気候。
- 小麦を挽くための風車小屋の風景と16世紀当時の社会を描いた名著「**ドン・キホーテ**」誕生の地でもある。
- スペインのワイン生産量の**53**%を占める。

> 「質」よりも「量」の産地
> バルクワインの一大産地である。

### 主要ブドウ品種

| 白ブドウ | **Airén アイレン** |
|---|---|
| 黒ブドウ | Tempranillo テンプラニーリョ＝**Cencibel センシベル**、Garnacha ガルナッチャ |

**カスティーリャ・ラ・マンチャ州**

**主要な D.O.P.ワイン**

- 9つの D.O.と 13の V.P.がある。

| D.O. | 特徴 |
|---|---|
| **La Mancha**<br>ラ・マンチャ | 単一の原産地呼称では世界**最大**の栽培面積（約16万 ha）があり、気温差が極端に大きい**大陸性気候**。<br>主要品種は白ブドウの**アイレン**、<br>黒ブドウはセンシベル（＝テンプラニーリョ）。 |
| **Valdepeñas**<br>バルデペーニャス | ラ・マンチャ同様に極端な大陸性気候。<br>バルデペーニャスは「**石の谷**」の意味。 |
| その他の D.O.産地 | Méntrida メントリダ<br>Mondéjar モンデーハル<br>Uclés ウクレス<br>Manchuela マンチュエラ<br>Ribera del Júcar リベラ・デル・フーカル<br>Almansa アルマンサ<br>Campo de Calatrava カンポ・デ・カラトラバ |

## エクストレマドゥーラ州　Extremadura

州都　メリダ

- スペイン南西部に位置し、西はポルトガルと国境を接している。

**主要ブドウ品種**

| 白ブドウ | Alarije アラリヘ、Pardina パルディーナ |
|---|---|
| 黒ブドウ | Garnacha ガルナッチャ、Tempranillo テンプラニーリョ |

**主要な D.O.P.ワイン**

- D.O.は**1**つのみ。

| D.O. | 特徴 |
|---|---|
| **Ribera del Guadiana**<br>リベラ・デル・グアディアーナ | 州の中央部に位置する。 |

Spain
<< 内陸部地方
P.301 >> 304

304

Chapter **18** Spain

South

スペイン・ワイン産地

# 南部地方

---

## アンダルシア州　Andalucia

州都　セビーリャ

- スペイン南部、地中海や大西洋に面した州。
- イスラムの影響が文化や言語に残り、アルハンブラ宮殿などユネスコ世界遺産がある。
- 州内のワイン生産は、酒精強化ワインであるシェリーが最大。

### 主要ブドウ品種

| | |
|---|---|
| 白ブドウ | **Palomino** パロミノ、**Pedro Ximénez** ペドロ・ヒメネス、**Moscatel** モスカテル |
| 黒ブドウ | Garnacha ガルナッチャ、Tempranillo テンプラニーリョ、フランス系品種 |

### 主要なD.O.P.ワイン

- 6つのD.O.がある。

| D.O. | 特徴 |
|---|---|
| **Condado de Huelva** コンダード・デ・ウエルバ | シェリーと同製法の酒精強化ワイン（**コンダード・パリド**（フィノ・タイプ）、**コンダード・ビエホ**（オロロソ・タイプ））が造られている。地元の白ブドウのサレマから造るフレッシュな白ワインも人気。 |
| **Jerez-Xérès-Sherry y Manzanilla-Sanlúcar de Barrameda** ヘレス・ケレス・シェリー・イ・マンサニーリャ・サンルーカル・デ・バラメーダ ※詳細はP.310に別途記載 | |
| **Málaga** マラガ | 英国のシェークスピアの時代に「Sack サック」と呼ばれて人気を集めたワインの1つ。スティル・ワイン（甘・辛）、酒精強化ワイン（甘さ4段階、熟成期間による4段階、色の分類）がある。 |
| Sierras de Málaga シエラス・デ・マラガ | マラガD.O.内の**辛口スティル・ワイン**のD.O.。2001年認定。「Sierra シエラ」は連峰の意味。 |
| Montilla-Moriles モンティーリャ・モリーレス | シェリーの産地と同様、土壌は**石灰質**の**アルバリサ**土壌。シェリーと同様にソレラ・システムで熟成され、辛口、極甘口、ブレンドの中間タイプまで様々なタイプが造られる。主要品種は**ペドロ・ヒメネス**。白ワイン（スティル）も生産されている。 |
| その他のD.O.産地 | Granada グラナダ |

---

**3ヵ国語のD.O.**
Jerez ヘレス　スペイン語
Xérès ケレス　フランス語
Sherry シェリー　英語

歴史的に、シェリーが世界中で愛されてきた証。特にイギリスでその人気に火がつき、世界中に広がったため、一般的に「シェリー」と呼ばれることが多い。

Chapter 18 Spain
Islands

スペイン・ワイン産地

# 諸 島

## バレアレス諸島　Islas Baleares

州都　パルマ・デ・マヨルカ

Palma de Mallorca

- 地中海西部、スペイン東岸の沖合に位置し、4つの島と小島からなる諸島地域。
- 本土のカタルーニャ文化の影響により、カタルーニャ語が使用されている。

**主要ブドウ品種**

白ブドウ　**Moll** モル（Prensal Blanc プレンサル・ブラン）

黒ブドウ　**Manto Negro** マント・ネグロ

**出題のポイント**
バレアレス諸島とカナリア諸島のブドウ品種を混同させる問題が頻出。

**主要なD.O.P.ワイン**

- 2つのD.O.がある。

| D.O. | 特徴 |
| --- | --- |
| **Binissalem**<br>ビニサレム | 赤：**Manto Negro** マント・ネグロ 30％以上。<br>白：**Moll** モル（Prensal Blanc プレンサル・ブラン）<br>　　または Moscatel モスカテルを 50％以上。 |
| Pla i Llevant<br>プラ・イ・リェバン | マヨルカ島中央から東部。<br>土着品種や外来品種を使い様々なワインを生産。 |

## カナリア諸島　Islas Canarias

共同州都　ラス・パルマス・デ・グラン・カナリア、
　　　　　サンタ・クルス・デ・テネリフェ

Santa Cruz de Tenerife
Las Palmas de Gran Canaria

- スペイン本土から約1,000km、大西洋のモロッコ沖約100kmに位置する諸島地域で、最東にある**ランサローテ**島を含む7つの島からなる。
- 新大陸への航路の補給地であったため、もともと本土カスティーリャ王国原産の黒ブドウ**Listán Prieto** リスタン・プリエトがここを経由して中南米に持ち込まれた。
- カナリア諸島では、フィロキセラの侵入がないため今でも接ぎ木せず、自根のまま栽培されている。

**リスタン・プリエトのシノニム**

カリフォルニア
**Mission** ミッション

チリ
**Pais** パイス

アルゼンチン
**Criolla** クリオージャ

スペイン本土
Palomina Negra
パロミナ・ネグラ

306

## 主要ブドウ品種

| | |
|---|---|
| 白ブドウ | Listán Blanco リスタン・ブランコ |
| 黒ブドウ | Listán Negro リスタン・ネグロ、Negramoll ネグラモル、**Listán Prieto リスタン・プリエト** |

## 主要な D.O.P. ワイン

- 10のD.O.がある。

| D.O. | 特徴 |
|---|---|
| **Lanzarote** **ランサローテ** | **アフリカ**大陸に近い島で、島全体がD.O.の認定地域となっている。地表が**火山礫**と火山灰に覆われている。Hoyos オヨス（穴）または Zanjas サンハス（溝）を堀り、縁に火山礫を並べた Abrigo アブリゴと呼ぶ低い壁を半円形にしたクレーター状の穴の中に樹を1本ずつ植える独特な方法で栽培する。 |
| **La Palma** **ラ・パルマ** | 他の島より水も豊かで緑も多く「イスラ・ボニータ（かわいい島）」と呼ばれる。島全体がD.O.の認定地域となっている。 |
| **El Hierro** **エル・イエロ** | カナリア諸島**最西**端の火山島。 |
| その他のD.O.産地 | Valle de la Orotava バリェ・デ・ラ・オロタバ<br>Tacoronte-Acentejo タコロンテ・アセンテホ<br>Ycoden-Daute-Isola イコデン・ダウテ・イソーラ<br>Abona アボナ<br>Valle de Güímar バリェ・デ・グイーマル<br>Gran Canaria グラン・カナリア<br>La Gomera ラ・ゴメラ |

VINOLET

**Spain**

南部地方、諸島 　　　　>>

P.305 >> 307

307

Chapter 18 Spain

## Cava

## カバ（D.O.）

- カバは品種、製法が規定されているスパークリング・ワインのD.O.。
- カバとはカタルーニャ語で「**洞窟**」を意味する。
- カバはスペイン全土で生産されており、1つの地域に限定される他のD.O.とは異なっている。
- 1872年に、シャンパーニュ地方で学んだカタルーニャ州ペネデス地方のワイン生産者 **Josep Raventós Fatijó ジュゼップ・ラベントス・ファティホ**が、その技術と醸造技術を持ち帰り、瓶内二次発酵製法によるスパークリング・ワインの商業生産に成功した。

| 産地 | 生産量の**95**%が**ペネデス**を中心とする**カタルーニャ**州。<br>中でも、**カタルーニャ**州**バルセロナ**県の<br>**San Sadurní d'Anoia サン・サドゥルニ・ダノイア**で**85**%が生産されている。 |
|---|---|
| 主要品種 | **Macabeo マカベオ**（白）= Viura ビウラ：フルーティな味とさわやかさをもたらす。<br>**Parellada パレリャーダ**（白）：**花**のような香りをもたらす。<br>**Xarel·lo チャレッロ**（白）：**酸味**をもたらす。<br><br>上記3品種が主に使用されるが、**Chardonnay シャルドネ**や他数品種も使用可能。上記3品種のブレンドが多いが、近年ミネラルとフレッシュさのある**チャレッロ**100%の**グラン・レセルバ**・クラスのカバが増加している。<br>**Trepat トレパット**（黒）：**ロゼ**を造るときのみ使用可能。<br>**Pinot Noir ピノ・ノワール**（黒）：2008年から100%のブラン・ド・ノワールも生産可能。<br>**Monastrell モナストレル**（黒）、Garnacha Tinta ガルナッチャ・ティンタ（黒）。 |
| 規定 | **瓶内二次発酵**（トラディショナル方式）、瓶詰めから澱抜きまで**9カ月以上**の熟成義務。残糖量（辛口～甘口）は全タイプ生産可能※。 |

※レセルバ、グラン・レセルバ、カバ・デ・パラへ・カリフィカードの残糖量は、**ブルット・ナトゥーレ**、**エクストラ・ブルット**、**ブルット**の3タイプに限られる（辛口だけということ）。

※新たな認証シールは2022年2月に発表された。

### その他のスパークリング・ワイン

| | |
|---|---|
| Corpinnat<br>コルピナット | カバD.O.の生産者が興した生産者協会（AVEC）がヨーロッパ連合知的財産庁（EUIPO）に登録、承認された独自商標。Corpinnatは「ペネデスの心臓部に誕生」という意味。カバD.O.の規定よりも厳しい生産条件を課す。 |
| Vino Espumoso de Calidad<br>ビノ・エスプモソ・デ・カリダ<br>（上質スパークリング・ワイン） | 複数の原産地呼称委員会が、瓶内二次発酵によるスパークリング・ワインの生産を認めている。 |
| Vino de Aguja<br>ビノ・デ・アグハ | 地中海沿岸地方で多くが造られてきた弱発泡性ワイン。 |

## Chapter 18 Spain

### Sherry — シェリー

- シェリーとは、イベリア半島最南端にあるアンダルシア州カディス県の**ヘレス・デ・ラ・フロンテラ**の街を中心としてその周辺地域で生産される、世界3大酒精強化ワインの1つ。
- **紀元前1100**年頃、**フェニキア人**が、現在のカディスにブドウ栽培を伝えたことに始まる。
- 紀元前700年頃、ヘレス近郊でもワインが造られていた。
- 原産地呼称名の元は、産地の中心都市ヘレスのイスラム教徒支配下時代（711～1264年）の名称「シェリシュ」である。
- **19**世紀、独特のクリアデラとソレラの熟成システムが確立され、現在のように酒精強化が行われるようになった。

> スペイン最古の港町。カディス（アンダルシア州）とアロ（ラ・リオハ州）が、スペインで最初に電気の通った町である。

> イスラムの統治時代からすでにイギリスへ輸出されていたため、「Sherish シェリシュ」が訛り「Sherry シェリー」と呼ばれるようになった。

### シェリーの産地

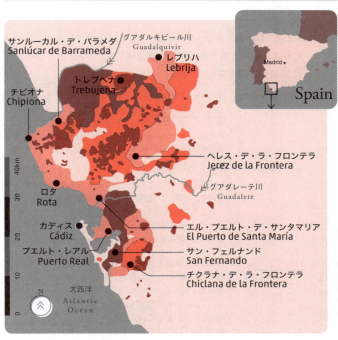

シェリーの産地
- ブドウ畑
- アルバリサ土壌
- 湿地帯
- 粘土質と砂質

Spain カバ（D.O.） P.308≫309

309

シェリー

| 正式名称 | Jerez-Xérès-Sherry（D.O.）<br>ヘレス・ケレス・シェリー<br>Manzanilla - Sanlúcar de Barrameda（D.O.）<br>マンサニーリャ・サンルーカル・デ・バラメーダ |

> マンサニーリャは、数多くあるシェリーの1タイプであるが、別のD.O.名を与えられている。

| 熟成地 | これまで熟成地は、<br>Jerez de la Frontera ヘレス・デ・ラ・フロンテラ、<br>El Puerto de Santa María エル・プエルト・デ・サンタ・マリア、<br>Sanlúcar de Barrameda サンルーカル・デ・バラメーダ に限定されていたが、生産地域とされていた他の地域も熟成地域として認定される<br>（いずれも認定地域は西経5°49'以西、北緯36°58'以南に限られる）。 |

**どこで熟成させるかが重要**
シェリーはその製法上、ブドウ品種の個性がダイレクトに反映されるワインではなく、どこで熟成されたかによって"テロワール"が宿ると言われている。

| 気候・土壌 | ヘレスは基本的に日差しが強く暑い地中海性気候だが、<br>大西洋からの冷たく湿った風「Poniente ポニエンテ」と、内陸からの暖かく乾いた風「Levente レバンテ」が、ブドウの成熟およびワインの熟成に影響を与えている。<br>ポニエンテは「太陽が沈む方向」、レバンテは「太陽が昇る方向」を意味する。<br>土壌は大きく分けて3つある。<br>Albariza アルバリサ：最大の面積を占める。<br>　　　　　　　　　　　炭酸カルシウムを25％以上含む真っ白な石灰質土壌。<br>Barro バロ：アルバリサより粘土と砂を多く含み、有機物も多いため色の濃い肥沃な土壌。<br>Arena アレナ：石灰分の含有量が20％以下で、砂と粘土が多く、海岸地域に多い土壌。 |

## 主要ブドウ品種

| 白ブドウ | 辛口 | Palomino パロミノ：全体の約95％ |
|---|---|---|
|  | ごく甘口 | Pedro Ximénez ペドロ・ヒメネス、<br>Moscatel モスカテル＝Muscat ミュスカ |

※上記の他、フィロキセラ禍以前に栽培されていた、地域の伝統的な3つの白ブドウ品種の使用が認定される。

**白ブドウが原料**
シェリーはその濃いめの褐色がかった色調から、黒ブドウから造られていると間違って覚えてしまう受験生が多いので注意しよう！

**各国のマスカットのシノニム**

| フランス | Muscat ミュスカ |
| イタリア | Moscato モスカート |
| 英語 | Muscat マスカット |
| スペイン | Moscatel モスカテル |

## シェリーの製法

- シェリーは、まず白ワインを造り、アルコールを添加することで酒精強化し、熟成させて造るワインである。

| 辛口シェリー | フィノ・タイプ：アルコール度数15％になるまでアルコールを添加し、フロール（産膜酵母）の下で樽熟成。<br>オロロソ・タイプ：アルコール度数17％になるまでアルコールを添加し、樽での酸化熟成。<br>※発酵によるアルコール度だけで各タイプの最低度数に達していれば、酒精強化不要にするよう、EUに規約改訂を申請している。 |

**酒精強化のタイミングの違い**
辛口シェリー
→アルコール発酵後。
甘口シェリー
→アルコール発酵途中。

| 甘口シェリー | パロミノより糖度が高いペドロ・ヒメネスまたはモスカテルを収穫後、<br>1〜2週間天日干しにすることで水分を蒸発させ果汁（モスト）の糖度をあげる。<br>それをアルコール発酵させ途中で酒精強化することで発酵が止まり、ブドウ果汁の天然の甘さが残る。これを辛口シェリーと同じ方式で樽熟成する。<br>いずれかの品種を85％以上使用する場合、タイプ名は品種名と同じ。それ以外の条件で認定品種から造られる場合、ドゥルセという。 |

| Flor フロール<br>（産膜酵母） | アルコール発酵を終えた後も生き続けるサッカロミセス属の酵母が存在する。<br>樽熟成の段階で、その酵母によりワイン表面に厚い白い膜（フロールという）が形成される。<br>フロールは活動に酸素を必要とするため、樽にはワインを100％入れず、隙間をあけてフロールを空気に触れさせながら熟成させる。<br>一方でフロールはワインを酸化から守る働きをする。<br>フロールは、二酸化炭素のほかにアセトアルデヒドを発生するため、フィノやマンサニーリャに特有のツンとした香りがつく。<br>"フロール"はスペイン語で"花"の意味。 |

**フロール＝「フタ」**
つまり、フロールとは"フタ"の役目を果たしている。フィノ・シェリー特有の香りが、酸化による香りだと間違って覚えないようにしよう！

Flor フロール
wine

**熟成**

- 600ℓ入りのアメリカン・オーク樽を使った「クリアデラとソレラのシステム」※イラスト参照で熟成を行う。新樽は使用しない。
- ワインは500ℓしか入れず上部に空間を保つことで、フィノの場合はフロールが膜を形成する表面積を確保し、オロロソの場合は酸化を促進する。
- 熟成樽が3、4段積み上げられ、一番上の段から順に若いワインが入っている。
  段積みしたブロックはアンダナと呼ばれている。
- 最も古いワインが入った最下段の樽をソレラ、下から2段目の樽を第1クリアデラと呼ぶ。

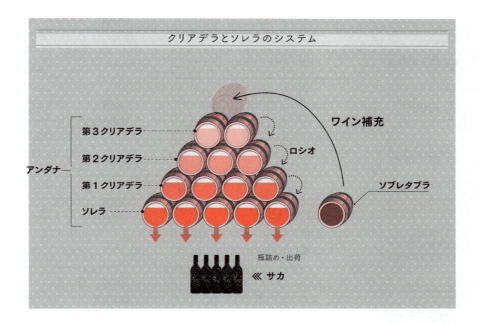

- クリアデラは育成所の意味で、「育てる」という意味の「Criar クリアール」に由来。
- 出荷(サカ)される時は、ソレラの樽から一部引き出して行う。サカでソレラの減った分を、第1クリアデラの樽から、第1クリアデラの樽の減った分を第2クリアデラの樽から補充(ロシオ)していく。
- ソブレタブラは、ソレラ・システムの中で一番新しいヴィンテージのワインで、熟成システムに入る前に待機しているワインである。下から順に補充をしていった最後に、最上段のクリアデラに補充される。
- このシステムの特徴は、新しいワインが古いワインと徐々に混じり合い、ソレラに到達し出荷されることで品質が安定することである。中には19世紀に設定されたソレラもあり、その味がこのシステムによって引き継がれている。

**Chapter 18 Spain**

Sherry

# シェリーのタイプ・種類

- シェリーのタイプは、辛口タイプ、ごく甘口タイプ、甘口（中間の甘さ）の3つに大別される。

## 辛口
### Vino Generoso ビノ・ヘネロソ（残糖4g/ℓ未満）

| 名称 | 特性 | 外観・味わい | | アルコール度数 |
|------|------|------|------|------|
| **Fino**<br>フィノ<br>　<br>フロール有り | フロールのもとで熟成。<br><br>産地：**ヘレス・デ・ラ・フロンテラ、エル・プエルト・デ・サンタ・マリア**。 | 色調<br>味わい | 淡い麦わら色。<br>ナッツや青リンゴのような香り。<br>シャープな辛口。 | 15〜17% |
| **Manzanilla**<br>マンサニーリャ<br>　<br>フロール有り | フロールのもとで熟成するフィノ・タイプ。<br><br>熟成地：**サンルーカル・デ・バラメダ**<br>独自のD.O.を持つ。 | 色調<br>味わい | 淡い麦わら色。<br>**カモミール**<br>（スペイン語：マンサニーリャ）のような香り。<br>**塩気**を感じる辛口。 | 15〜17% |
| **Amontillado**<br>アモンティリャード<br>フロール<br>途中まで有り<br>途中から無し | **フロール**のもとで熟成後、<br>酸化熟成したタイプ。<br>熟成途中で**フロール**が消失したフィノをそのまま酸化熟成させたもの。 | 色調<br>味わい | 琥珀色。<br>**フィノ**と**オロロソ**の中間の風味。<br>シャープな辛口。 | 16〜22% |
| **Oloroso**<br>オロロソ<br>フロール無し | 酸化熟成タイプ。<br>フロールがない状態で樽熟成。 | 色調<br>味わい | **琥珀**色〜**マホガニー**色。<br>フルボディで香りが豊か。<br>やや甘く感じるが辛口。 | 17〜22% |
| **Palo Cortado**<br>パロ・コルタド<br>フロール<br>途中まで有り<br>途中から無し<br><br>人為的に造れないため、非常に珍しいシェリーのタイプといわれる。 | ごく短期間フロールのもとにあった<br>酸化熟成タイプ。<br><br>フィノ用に酒精強化され、<br>ソブレタブラの中にあるもののうち、<br>**パロ・コルタド**に向く特性を持つ<br>ワインが現れた場合、<br>17％以上に再度酒精強化を行い、<br>酸化熟成のプロセスに導く。 | 色調<br>味わい | **琥珀**色〜**マホガニー**色。<br>**アモンティリャード**の香りで<br>**オロロソ**の風味の辛口。 | 17〜22% |

---

**最低アルコール度数に着目する**

ワインのアルコール度数を「15％」にするということは、フロールを形成する酵母には受け入れられるが、ワイン中にいるその他の微生物にとっては耐えられないアルコール度数を得るということ。一方、アルコール度数「17％」以上では、フロールの酵母でさえ生き続けることができ、フロールの膜は消失する。その結果、酸化熟成タイプのシェリーとなる。

> **イギリスでは甘口シェリーが有名**
> 日本では辛口のシェリーが主流だが、イギリスでは甘口が主流。 そのため、"Dry"や"Pale Cream"など、甘口シェリーは「英語表記」が採用されている。

## 甘口（中間の甘さ）
### Vino Generoso de Licor ビノ・ヘネロソ・デ・リコール

| 名称 | 特性 | 外観・味わい | アルコール度数 |
| --- | --- | --- | --- |
| Pale Dry<br>ペイル・ドライ | 甘口の中で一番甘味が少ないもの、**フィノ＋甘み**。"フロールのもとで熟成したベースワイン"の特性を持つ軽い甘口。 | 淡い黄色〜金色。<br>残糖4〜45g/ℓ。 | 15〜22％ |
| Pale Cream<br>ペイル・クリーム | **フィノ＋甘み**。"フロールのもとで熟成したベースワイン"の特性を持つ甘口。 | 淡い黄色〜淡い金色。<br>残糖50〜115g/ℓ。 | 15〜22％ |
| Medium<br>ミディアム | "フロールのもとでの熟成と酸化熟成とを経たベースワイン"の特性を持つ甘口。 | 琥珀色〜マホガニー色。<br>残糖4〜115g/ℓ。<br>残糖50g/ℓまでは Medium Dry ミディアム・ドライ、それ以上をMedium Sweet ミディアム・スイート。 | 15〜22％ |
| Cream<br>クリーム | "酸化熟成したベースワイン"の特性を持つ甘口。 | 濃い琥珀色〜マホガニー色。<br>残糖115〜140g/ℓ。 | 15〜22％ |

## ごく甘口
### Vino Dulce Natural ビノ・ドゥルセ・ナトゥラル

・ブドウを天日干しにして搾汁、アルコール発酵を行う。初期に酒精強化で発酵停止させ、熟成を行う。

| 名称 | 特性 | 外観・味わい | アルコール度数 |
| --- | --- | --- | --- |
| Moscatel<br>モスカテル | モスカテルの主要栽培地である**チピオナ**と**チクラナ・デ・ラ・フロンテラ**の2都市で熟成・出荷したものもシェリーと名乗ることができる。<br>過熟または天日干ししたモスカテルを85％以上使用。 | 琥珀色〜マホガニー色、黒檀色まで。<br>粘度が高く、干しブドウの香りがあり、ごく甘口。<br>残糖160g/ℓ以上。 | 15〜22％ |
| **Pedro Ximénez**<br>**ペドロ・ヒメネス** | 単一でごく甘口シェリーを造ることができる。甘口を造るブレンドにも使用される。<br>過熟または天日干ししたペドロ・ヒメネスを85％以上使用。 | 琥珀色〜マホガニー色、黒檀色まで。粘度が高く、干しブドウの香りがあり、ごく甘口。残糖212g/ℓ以上。 | 15〜22％ |

Chapter

**18**

スペイン

## シェリーのタイプ・種類

**特別な カテゴリー ラベル表示**

| | | |
|---|---|---|
| シングルヴィンテージ・シェリー<br>**Añada**<br>アニャダ | | ソレラとクリアデラのシステムを使わない、単一収穫年のシェリー。 |
| Manzanilla Pasada<br>マンサニーリャ・パサダ、<br>Fino Viejo<br>フィノ・ビエホ | | 最低熟成期間7年以上のマンサニーリャとフィノに適用される。 |
| 熟成期間認定シェリー | **12** | 12年以上熟成。 |
| | **15** | 15年以上熟成。 |
| | **V.O.S.** | 20年以上熟成。<br>英語で「Very Old Sherry」。 |
| | **V.O.R.S.** | 30年以上熟成。<br>英語で「Very Old Rare Sherry」。 |
| En Rama<br>エン・ラマ | | 清澄も冷却処理もしていないワインに表示可能。 |

> 本来はラテン語の
> **Vinum Optimum Signatum**
> **Vinum Optimum Rare Signatum**
> の略から取られたが、
> 英語とも一致する。

VINOLET

Spain
« シェリー
P.309» 314

## 地方料理と食材　🍴　Cooking and Ingredients

### リオハ D.O.Ca. — Rioja

| 料理名 | 内容 |
| --- | --- |
| Pimientos Rellenos<br>ピミエントス・レリェーノス | **赤ピーマンの肉詰め**。 |

### ナバーラ州 — Navarra

| 料理名 | 内容 |
| --- | --- |
| Idiazábal<br>イディアサバル | 羊乳、非加熱圧搾。D.O.P. チーズ。<br>ナバーラ州産は**燻製**しない。 |
| Roncal<br>ロンカル | 羊乳、非加熱圧搾。D.O.P. チーズ。産地は**ロンカル**渓谷。 |

### バスク州 — Pais Vasco

| 料理名 | 内容 |
| --- | --- |
| **Pinchos**<br>**ピンチョス** | サン・セバスチャンやビルバオのバルで供される、<br>楊枝で刺した一口大のつまみ。 |

### ガリシア州 — Galicia

| 料理名 | 内容 |
| --- | --- |
| Pulpo a Feira<br>プルポ・ア・フェイラ | 茹で蛸とジャガイモに赤トウガラシとオリーブ・オイルを<br>かけたもの。巡回市に立つ屋台料理。 |
| **Empanada**<br>**エンパナーダ** | ひき肉、チーズ、野菜などを入れたパイ。 |
| Queso Tetilla<br>ケソ・テティージャ | 牛乳、非加熱圧搾、円錐形。D.O.P. チーズ。<br>「テティージャ」は乳房の意味。 |
| Arzúa Ulloa<br>アルスア・ウジョア | 牛乳、非加熱圧搾、円盤形。D.O.P. チーズ。 |
| San Simón da Costa<br>サン・シモン・ダ・コスタ | 牛乳、非加熱圧搾、円錐形。D.O.P. チーズ。燻製される。 |

**Empanada エンパナーダ**

### カタルーニャ州 — Cataluña

| 料理名 | 内容 |
| --- | --- |
| **Pan con Tomate**<br>**パン・コン・トマテ** | トマトを塗りオリーブ・オイルをかけたパン。 |
| Fideuá<br>フィデウワ | パスタでつくるパエリャ。 |

Chapter **18** スペイン

315

## 地方料理と食材　　　　　　　　　　　　　　　　　　　　　Cooking and Ingredients

### バレンシア州　　　　　　　　　　　　　　　　　　　　　　　　　　Valencia

| 料理名 | 内容 |
|---|---|
| **Paella**<br>パエリャ | 炊き込み米料理<br>（鶏肉、ウサギ肉などを入れるのがバレンシアのパエリャ）。 |
| Turrón<br>トゥロン | アラブ由来のアーモンド菓子。 |

### ムルシア州　　　　　　　　　　　　　　　　　　　　　　　　　　　Murcia

| 料理名 | 内容 |
|---|---|
| **Paella**<br>パエリャ | 炊き込みご飯（具材にバリエーションあり）。 |

### マドリード州　　　　　　　　　　　　　　　　　　　　　　　　　　Madrid

| 料理名 | 内容 |
|---|---|
| **Churros**<br>チュロス | 細長い棒状の揚げパン。 |

### カスティーリャ・ラ・マンチャ州　　　　　　　　　　　　　Castilla La Mancha

| 料理名 | 内容 |
|---|---|
| **Queso Manchego**<br>ケソ・マンチェゴ | 羊乳、非加熱圧搾、側面に網目模様。D.O.P.チーズ。<br>スペインを代表するチーズ。 |

### エクストレマドゥーラ州　　　　　　　　　　　　　　　　　　Extremadura

| 料理名 | 内容 |
|---|---|
| Torta del Casar<br>トルタ・デル・カサル | 羊乳、セミソフト、中身はスプレッド状で軟らかい。<br>D.O.P.チーズ。 |
| Queso de la Serena<br>ケソ・デ・ラ・セレーナ | |

### アンダルシア州　　　　　　　　　　　　　　　　　　　　　　　Andalucia

| 料理名 | 内容 |
|---|---|
| **Gazpacho**<br>ガスパチョ | トマトを主体として、パン、キュウリ、ニンニク、<br>オリーブ・オイルとヴィネガーで仕立てた夏の冷製スープ。 |

### バレアレス諸島　　　　　　　　　　　　　　　　　　　　　Islas Baleares

| 料理名 | 内容 |
|---|---|
| **Mahón Menorca**<br>マオン・メノルカ | 牛乳、非加熱圧搾、四角形。D.O.P.チーズ。 |

VINOLET

**Spain**

<< 地方料理と食材

P.315 >> 316

# Chapter 19 ポルトガル

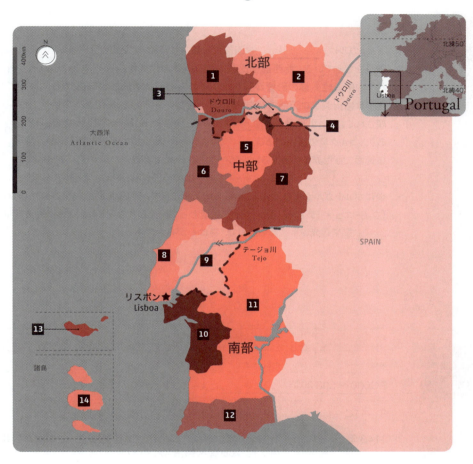

Portugal

### 北部
- **1** ■ Minho / ミーニョ
- **2** ■ Transmontano / トランスモンターノ
- **3** ■ Duriense / ドゥリエンセ

### 中部
- **4** ■ Terras de Cister / テラス・デ・システル
- **5** ■ Terras do Dão / テラス・ド・ダン
- **6** ■ Bairrada Atlântico / バイラーダ・アトランティコ
- **7** ■ Terras da Beira / テラス・ダ・ベイラ

### 南部
- **8** ■ Lisboa / リスボン
- **9** ■ Tejo / テージョ
- **10** ■ Península de Setúbal / ペニンスラ・デ・セトゥーバル
- **11** ■ Alentejano / アレンテジャーノ
- **12** ■ Algarve / アルガルヴェ

### 諸島
- **13** ■ Terras Madeirenses / テラス・マデイレンセス
- **14** ■ Açores / アソーレス

| DATA | Portugal |
|---|---|

**ブドウ栽培面積** ····· 約19万ha

**ワイン生産量** ······· 約642万hℓ（白：約34％、赤：約60％、ロゼ：6％）

## 概要

- ポルトガルは、**イベリア半島**の西端に位置する国で、北と東がスペインと国境を接している。北西部は比較的涼しい海洋性気候、南下するにつれて地中海性気候の影響が強くなり、東の内陸部は乾燥した気候となる。
- 主要な輸出製品に天然**コルク**があり、全世界の**約半分**がポルトガルで生産されている。世界最大の**コルク**メーカーである **Amorim アモリン**社があり、コルク臭の原因である **TCA** のリスクを取り除いたコルクの開発など、技術面でも世界を代表するコルクメーカーの一つである。
- **ヴァスコ・ダ・ガマ**による**インド航路発見**はポルトガルに莫大な富をもたらした。
- 後にポルトガルが日本と南蛮貿易を始めたことで、織田信長に献上された赤ワイン（ヴィーニョ・"ティント"）が"珍陀"に変わって伝えられたとされ、「**珍陀酒**」と呼ばれた。
- **繊維工**業や観光、**水産**業も盛んで、特に**鰯**が有名である。

> **北部はガリシア州（スペイン）と接する**
> 北部はスペインのD.O. リアス・バイシャス（ガリシア州）と接している。

## 歴史 History

| 時代 | 主な出来事 |
|---|---|
| BC600〜500年頃 | **フェニキア人**によってブドウ栽培が始まった。 |
| 8〜11C | イスラム教徒に支配されワイン造りが停滞。 |
| 1143年 | サモラ条約が結ばれ、**ポルトガル王国**誕生。この頃からポルトガルのワインは英国へ輸出されていた。 |
| 1297年 | ヨーロッパ最古の国境線となるカスティーリャ王国との境界が制定された。 |
| 1703年 | **英国**との通商条約である**メシュエン**条約が締結。英国産の羊毛の輸入を認める対価として、英国はポルトガルワイン（＝ポート・ワイン）の関税を引き下げ、輸出がさらに拡大した。 |
| **1756**年 | 世界最初の**原産地管理法**である、**ポルト・ワイン**の原産地呼称管理法が制定される。 |
| 1932年以降 | アントニオ・サラザールによる独裁体制によって、鎖国に近い状態となる。ワインが国内消費用となると共に、後の独立戦争により、ワイン業界の発展が他国に対して遅れをとっていく。この間に多くの固有品種が発達する。 |
| **1986**年 | EU加盟と同時に、EUワイン法に準じたポルトガルワイン法の整備が進んだ。 |

> **スペインでも登場する（BC1100年頃）。**

> **スペインも同じ年に加盟している。**

## 主要ブドウ品種

- ポルトガルには**250**種を超える固有品種があり、1haあたりの固有品種数では世界最多である。
- 様々な品種をブレンドする伝統があるが、例外として単一品種で造られることもある。

**固有品種の数**
ポルトガル：
250種を超える
ギリシャ：約300種
ジョージア：525種

**ブレンドが中心**
ポルトガルワインは、そのほとんどが多くのブドウをブレンドして造られる。そのため、品種の個性よりも、産地の個性を掴めるかどうかがカギとなってくる。ここが初学者を悩ませる点である。

**出題のポイント「単一品種」**
単一品種で造られることが多い「例外」が試験に狙われやすい。品種→産地をセットでまとめておこう！
**アルヴァリーニョ**→D.O.C.ヴィーニョ・ヴェルデ
**バガ**→D.O.C.バイラーダ
**エンクルザード**→D.O.C.ダン

独裁国家であったため、その間ワイン生産は国内消費に向けられ、世界の需要に応える必要がなく、また外部からの資本も入ってこなかった。それゆえ固有の品種が生き残り、それが現在のポルトガルワインの優位性を生むことに繋がった。

### ブドウ栽培面積順位

#### 白ブドウ 🍇

| 順位 | 品種名 | 主な特徴 |
|---|---|---|
| 1 | **Fernão Pires**<br>**フェルナォン・ピレス**<br>=Maria Gomes<br>マリア・ゴメス<br>（全体4位） | 柑橘系の味わいとマスカットのようなフローラルなアロマ。様々なスタイルのワインに用いられる。 |
| 2 | **Loureiro**<br>**ロウレイロ** | **ヴィーニョ・ヴェルデ**の海沿いを中心に栽培されている。 |
| 3 | **Arinto**<br>**アリント**<br>=Pedernã<br>ペデルナァ | 酸がとても高い。 |
| 4 | Síria<br>シリア<br>=Roupeiro<br>ロウペイロ<br>=Códega<br>コーデガ | |
| 5 | **Alvarinho**<br>**アルヴァリーニョ** | 栽培地は**ヴィーニョ・ヴェルデ**の北部。<br>単一で造られることが多い。<br>リッチでミネラル感がある。 |
| 他 | **Encruzado**<br>**エンクルザード** | 主に**ダン**地方で栽培。<br>濃厚でありながらエレガント。 |

スペインの"アルバリーニョ"とスペルが異なる！
スペイン
**Albariño**
ポルトガル
**Alvarinho**
※ポルトガルの公用語は「ポルトガル語」。スペイン語と似てるようであまり似ていない。（記述の問題は出題されない）

**エンクルザードの特徴**
① 単一のワインとなることが多い。
② オーク樽との相性が良い。

Chapter
**19**
ポルトガル

319

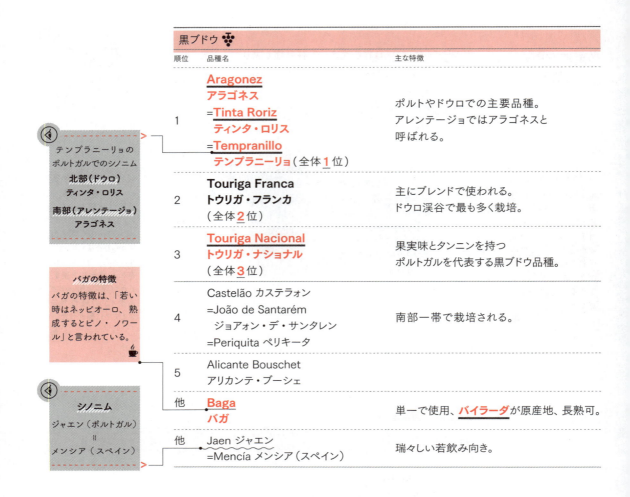

## ワイン法と品質分類

新ワイン法
2009年
ヴィンテージから

- D.O.C. が **31**、V.R. が **14** 認められている。

### D.O.P. >>> 原産地呼称保護
**Denominação de Origem Protegida**
デノミナサン・デ・オリジェン・プロティジーダ

- **D.O.C.** =Denominação de Origem Controlada デノミナサン・デ・オリジェン・コントラーダ ともラベル表記可能。
- 「**Reserva**」の表記は、アルコール度数が規定より0.5％以上高い等の条件を満たした場合に認められる。

### I.G.P. >>> 地理的表示保護
**Indicação Geográfica Protegida**
インディカソン・ジオグラフィカ・プロティジーダ

- V.R.= Vinho Regional ヴィーニョ・レジョナル とラベル表記可能。

### Vinho >>> 地理的表示なしワイン

- ブドウ品種名、収穫年の表記は **任意**。

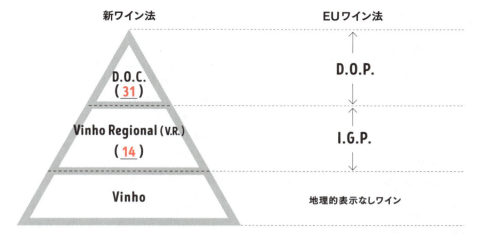

## Chapter 19 Portugal

**North** ポルトガル・ワイン産地

# 北部

### ミーニョ　　Minho

- ポルトガル北西部に位置し、**スペイン**との国境に流れる**ミーニョ**川一帯に広がるワイン産地。
- ミーニョ川を隔てて、スペインのリアス・バイシャス(D.O.)と隣り合っている。
- 大西洋に面する西側は、海の影響を受けて海洋性気候、北と東側はより大陸性気候となる。

**北部**

**1** Minho
　ミーニョ

❶ Vinho Verde
　ヴィーニョ・ヴェルデ

**Portugal**
DATA、概要、歴史、主要ブドウ品種、ワイン法と品質分類

**主要ブドウ品種**

北部 ›› ミーニョ

白ブドウ 🍇
**Alvarinho アルヴァリーニョ**、
Avesso アヴェッソ、
Arinto アリント、Azal アザル、
**Loureiro ロウレイロ**、
Trajadura トラジャドゥーラ

> 名前の由来は「ローリエ」のような香りがするからとも。 ☕

黒ブドウ 🍇
Alvarelhão アルヴァレリャオン、
Vinhão ヴィニャン

**主要なD.O.P.ワイン**

| D.O.C. | 特徴 |
|---|---|

> ワインの色調が緑色という意味ではない！ ☕

◁ 微発泡で低価格なワインが伝統的だが、近年は発泡していないワインも多い。

**Vinho Verde
ヴィーニョ・ヴェルデ**

ヴィーニョ・ヴェルデは「**緑のワイン**」という意味で、
白ブドウの **Alvarinho アルヴァリーニョ**などから
フレッシュで若々しい白ワインが造られている。
自然が美しい場所で、「**緑の地**」と呼ばれる。
1926年にヴィーニョ・ヴェルデの生産統制とマーケティングのために **CVRVV** が創立された。
直近10年で輸出量は約2.5倍に増えている。
ブドウの伝統的な仕立て方は、
**Enforcado エンフォルカード**（木に蔓を絡ませる）、
**Arjões アルジョス**（木から木へと枝を伸ばす）、
**Ramadas ラマダス**（花崗岩の支柱に木を絡ませる）がある。

**サブリージョン（全部で9つ）**
**モンサォン・イ・メルガッソ**：**アルヴァリーニョ**からボディがあり熟成に耐える白を造っている。
**リマ**：大西洋の影響を強く受ける。ブドウの成熟期間が長く晩熟の**ロウレイロ**に適する。

**ヴィーニョ・ヴェルデとリアス・バイシャスの比較表**

| | ヴィーニョ・ヴェルデ（ポルトガル） | リアス・バイシャス（スペイン） |
|---|---|---|
| 通称 | **緑**のワイン | 海のワイン |
| サブリージョン（ゾーン）数 | **9** | 5 |
| 土壌 | 花崗岩主体 | **花崗岩**主体 |
| 主要品種 | **アルヴァリーニョ**、**ロウレイロ**など | **アルバリーニョ**※栽培比率の約**96**％を占める。 |

アルヴァリーニョ（アルバリーニョ）は、スペイン側のD.O.リアス・バイシャスにおいて96%の栽培比率を誇るが、ポルトガル側のD.O.C.ヴィーニョ・ヴェルデにおいては、9つあるサブリージョンのうちの1つでしか主流ではないということ。

## トランスモンターノ　Transmontano

- ミーニョ地方の東からスペインとの国境の間に広がるワイン産地。
- 気候は厳しい大陸性気候である。山に囲まれているため、雨雲から守られ、スペインに向かって乾燥していく。
- ポルトガルで**最も美しい地方**の1つで、**温泉**や**ミネラルウォーター**の源泉地として有名。

**主要なD.O.P.ワイン**

| D.O.C. | 特徴 |
|---|---|
| Trás-os-Montes トラス＝オス＝モンテス | D.O.C.名は「**山の後ろ**」の意。 |

北部

## ドゥリエンセ　　Duriense

- これまでは、酒精強化のD.O.C.ポルトの産地としてしか知られていなかったが、近年は、酒精強化されていない（スティル・ワイン）D.O.C.ドウロのワインによって急速に名声を築き上げている。

Baixoバイショ：低い
Cimaシマ：上

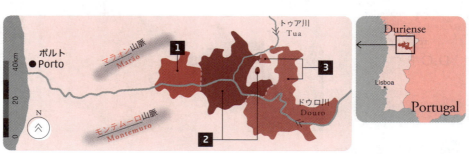

**3つのサブリージョン**

**海からの距離が大切**
1→3と上流に行くにつれ海から離れるため、年間降雨量が減少していく。

| № | サブリージョン | 特徴 |
|---|---|---|
| 1 | **Baixo Corgo** バイショ・コルゴ | 最下流。ブドウの栽培面積は全体の3割を占め、占有率は最大。 |
| 2 | **Cima Corgo** シマ・コルゴ | 中間地点。栽培面積は2割程度。ポルトを造る上で**最高品質**のブドウを産出。 |
| 3 | **Douro Superior** ドウロ・スーペリオール | 最上流。近年の開発によって、ブドウ栽培面積が拡大されている。 |

**主要なD.O.P.ワイン**

**街の名前に由来する**
ドウロ川の河口に位置する、ポルトガル第二の街の名前。ポルトガル語での発音が"ポルト"、英語での発音が"ポート"となる。

| D.O.C. | 特徴 |
|---|---|
| **Douro** ドウロ | 栽培面積はポルトガルで**最大**。赤・ロゼ・白。ブドウ栽培地域は、D.O.C.ポルトと同じ。つまり同じ地区内に2つのD.O.C.がある。2003年に結成された5人組の**ドウロボーイズ**と呼ばれる若い生産者達の活躍によって、酒精強化ではない赤ワインの生産地として世界的に注目されている。**Barca Velha** バルカ・ヴェーリャは、このエリアにおいて、歴史が長く、最も偉大なワインの1つとして知られる。 |
| Porto ポルト | 赤・ロゼ・白の酒精強化ワイン。　※詳細はP.327を別途参照。 |

Chapter 19 Portugal

**Central**　　ポルトガル・ワイン産地

# 中部

## テラス・デ・システル　　Terras de Cister

**主要なD.O.P.ワイン**

| D.O.C. | 特徴 |
|---|---|
| **Távora-Varosa** タヴォラ・ヴァローザ | 冷涼な気候はスパークリング・ワイン造りに適しており、1989年にポルトガルで初の**スパークリング・ワイン**の産地として制定された。 |

323

中部

## テラス・ド・ダン / Terras do Dão

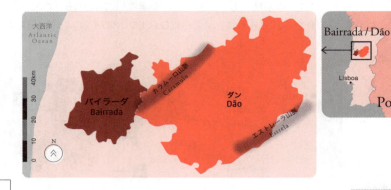

**主要なD.O.P.ワイン**

接していても特徴は異なる
D.O.C.ダンとD.O.C.バイラーダは地図上隣接しているのにもかかわらず、間に山脈があるため、気候区分が変わり、そのためブドウ品種も異なるといった点が試験に頻繁に出題される！

| D.O.C. | 特徴 |
|---|---|
| **Dão** ダン | **Viseu** ヴィセウを中心とする産地。ポルトガル中央部よりやや北寄りの内陸部、バイラーダの東に隣接する。赤が生産の **80**％を占める。**トウリガ・ナショナル**主体で、アルフロシェイロ、ティンタ・ロリスなどとブレンドする。白は、**エンクルザード**を使用したものが近年評価を得ている。 |

トウリガ・ナショナルの原産地
ドウロとダンの間で今でも論争が続いている。

## バイラーダ・アトランティコ / Bairrada Atlântico

**主要なD.O.P.ワイン**

| D.O.C. | 特徴 |
|---|---|
| **Bairrada** バイラーダ | ダンの西に隣接。比較的湿度が高く、穏やかな**海洋性**気候。ダンとバイラーダは隣接するが、山脈を間に挟むことで気象条件が異なる。**Baga** バガから力強い**赤**が造られ、生産の85％を**赤**が占める。また、様々なスタイルの白が造られている他、スパークリング・ワイン（瓶内二次発酵）も多く、国内生産量の **65**％を占めている。 |

## リスボン / Lisboa

- 大西洋沿岸に広がり、ポルトガル**最多のD.O.C.**を有する大規模な産地の1つ。

VINOLET

Portugal
<< 北部、中部
P.321 >> 325

**中部 ≫ リスボン**

> 今後も"フィロキセラフリー"の産地が世界中のワイン産地でちらほら登場するが、その最も多い理由が「砂地」であるため、フィロキセラが侵入できないというもの。

### 主要な D.O.P.ワイン

| D.O.C. | 特徴 |
|---|---|
| **Bucelas**<br>ブセーラス | スティル、スパークリング共に**白のみ**生産。<br>**リスボン**から**25**kmほどの立地。<br>ポルトガルで最良といわれる白ワインのいくつかが、**アリント**から造られている。 |
| **Colares**<br>コラーレス | 砂地の底深く5mまで根を伸ばすため、<br>フィロキセラから守られた接ぎ木しないブドウの樹が今でも残っている。<br>12世紀のレシピをベースとした **Medieval de Ourém** メディエヴァル・デ・オウレンというワインを再び造っている生産者もいる。 |

---

**Chapter 19 Portugal**

**South**

ポルトガル・ワイン産地

# 南 部

---

## ペニンスラ・デ・セトゥーバル　　　Peninsula de Setúbal

- テージョ川を挟んだ**リスボン**の対岸に位置し、大西洋からの影響を受けた地中海性気候。

### 主要な D.O.P.ワイン

| D.O.C. | 特徴 |
|---|---|
| **Setúbal**<br>セトゥーバル | **モスカテル**から造る**酒精強化**ワインが主体。<br>D.O.C.セトゥーバルを名乗るには、モスカテル・デ・セトゥーバルまたはモスカテル・ロッショを67%以上含めなければならない。 |
| **Palmela**<br>パルメラ | 栽培地はセトゥーバルと重なる。<br>カステラォン種からフルーティでバランスよい赤ワインが造られる。 |

> ポルトガル国内では、ポルト、マデイラに続く三大酒精強化ワインとして非常に有名。☕

**エリアが重なる3つの呼称**

| | | | |
|---|---|---|---|
| 酒精強化 | ポルト | セトゥーバル | マデイラ |
| スティル | ドウロ | パルメラ | マデイレンセ |

ポルトとドウロ同様に、セトゥーバルとパルメラもエリアが重なるD.O.C.（つまり一方は酒精強化、一方はスティルのD.O.C.ということ）。

---

## アレンテジャーノ　　　Alentejano

- 地方名は「テージョ川の向かい側」という意味。数年の間に優れた赤ワインの重要産地となった。
- 世界有数の**コルク**の産地として知られている。

> **混同しないように注意**
> V.R.アレンテジャーノとD.O.C.アレンテージョを混同しないように！

### 主要な D.O.P.ワイン

| D.O.C. | 特徴 |
|---|---|
| **Alentejo**<br>アレンテージョ | 2000年以上前から伝統的な粘土の**アンフォラ**で醸造が行われてきた。<br>**Portalegre** ポルタレグレを含む**8**つのサブリージョンを持つ。 |

---

## アルガルヴェ　　　Algarve

- 首都ファーロは、ポルトガルにおける**イスラム勢力が終焉**を迎えた場所である。

325

Chapter 19 Portugal / Islands

ポルトガル・ワイン産地

# 諸 島

## テラス・マデイレンセス　Terras Madeirenses

- マデイラ諸島はリスボンから南西に約1,000km離れた大西洋上に浮かんでいる島々で、**エンリケ航海王**によって開発された楽園「マデイラ島」が中心となっている。

**主要なD.O.P.ワイン**

| D.O.C. | 特徴 |
|---|---|
| **Madeira** マデイラ | マデイラ島で造られる**酒精強化**ワイン。詳細はP.325に別途記載。 |
| Madeirense マデイレンセ | マデイラ島と隣のポルト・サント島と共に認定された、スティル・ワインD.O.C.。主に観光客向けのワイン。 |

## アソーレス　Açores

- アソーレス諸島は、**リスボン**と同じ緯度にあり、**リスボン**から西に1,500km離れた大西洋上に浮かぶ**9**つの島で構成される群島。
- ハイブリッド種の**Isabella イザベラ**から**Vinho de cheiro ヴィーニョ・デ・シエイロ**というワインが造られ、地元の人々に愛されている。

**主要なD.O.P.ワイン**

| D.O.C. | 特徴 |
|---|---|
| **Pico** ピコ | 酒精強化ワインは、発酵が終了する直前にグレープ・スピリッツを添加。火山島で、ブドウは溶岩流の穴や裂け目に植えられる。黒い火山岩を用いて**Currais クライス**という**石垣**が作られるようになった。この石垣をつなぎ合わせた長さは地球2周分ともいわれている。島の代表的ワインである**Lajido ラジド**は、**中辛口**の**酒精強化ワイン**で、かつてロシア皇帝や英国の宮廷で愛飲されていた。 |

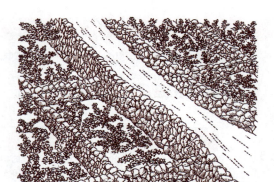

<< **Currais** クライス

VINOLET

**Portugal**

<< 南部、諸島

P.325≫326

Chapter **19** Portugal

**Port**

# ポルト

- D.O.C. Port ポルトは、**1756**年に世界で初めて原産地呼称管理法が定められた地域である。
- ポルトはマデイラと共に、世界中に知られたポルトガルを代表する酒精強化ワインとなっている。

> **初の原産地呼称制度**
> **1716**年：**コジモ3世**が産地（**キアンティ**、**ポミーノ**、
> **カルミニャーノ**、**ヴァルダルノ・ディ・ソプラ**）の線引きを行う。
> **1737**年：トカイで原産地呼称が導入。
> **1756**年：**ポルト**で世界初の原産地呼称管理法制定。

**ポルトの製法**

- ポルトは、ブドウ収穫後、発酵槽で発酵中の液体にグレープ・スピリッツを添加して
アルコール発酵を停止させ、熟成させて造る酒精強化ワインである。

## ● ブドウの収穫

樹齢が5年に満たない樹のブドウはポルトの生産に使用できない。
「**Cadastro カダストロ**」と呼ばれる土地台帳に基づいてブドウ畑が分類され、
最高ランクの**A**から下級ランクの**F**まで**6**段階の評価区分がある。

### 畑の形状

| | |
|---|---|
| **Socalcos**<br>ソカルコス | 伝統的な**段々畑**。石垣を使用しており維持費が高い。<br>機械化はほぼ不可能で植樹密度も低いが、現在も広く採用されている。 |
| **Patamares**<br>パタマレス | 1980年代に広く採用されはじめた、より一段の幅が広い**段々畑**。<br>機械化が可能であり、石垣を使わないためコストが低いが、<br>植樹密度は低く、土壌侵食のリスクがある。 |
| **Vinha ao alto**<br>ヴィーニャ・アオ・アルト | **斜面**に沿ってブドウ樹を植える。<br>比較的傾斜が弱い畑で採用される。 |

## ● 除梗・破砕・発酵

アルコール発酵途中、求める残糖度に達した時点で、
**77**%のグレープ・スピリッツを加えてアルコール発酵を停止させる。
残糖量のレベルである甘さの段階は**5**段階。

## ● 熟成

> ポルト・ワインの過剰な生産を防ぐことで、質を守ろうとした。

1926年以降、ドウロ川河口の
**Vila Nova de Gaia ヴィラ・ノヴァ・デ・ガイア**に運ばれ、
そこで熟成させた後に出荷される決まりになっていたが、
1986年にブドウ生産地で熟成、出荷することが認められた。

## ● ブレンド

冬になると、滓引き後、試飲によって将来のタイプ別に分けられる。
ヴィンテージ候補は別扱いとされ、その他のワインはそれぞれブレンドされる。

## ● 瓶詰め

## ● 出荷

> マデイラとセットで覚える。

製品のアルコール度数は、**19**～**22**%と規定されている。
ライト・ドライ・ホワイト・ポルトは**16.5**%以上。

**19**
ポルトガル

327

### ポルトのタイプ・種類

- 黒ブドウ原料のレッド・ポルト、白ブドウ原料のホワイト・ポルトに大別できる。
- レッド・ポルトはルビータイプ、トウニータイプに分けられる。

> これは製法＝色による分類である。つまり、
> 樽熟成期間が短い＝若い色調＝ルビー色
> 樽熟成期間が長い＝熟成した色調＝トウニー色。

### ルビータイプ

- 平均3年間の樽熟成後に瓶詰めされる若いタイプのポルト・ワイン。
- ワインの色がルビー色をしている。

> ヴィンテージ・ポルトは、長期熟成してから飲むべきワインとされ、20年程度の熟成では何も変化しないといっていいほど長期熟成に耐え得る。

| タイプ | 特徴 | ラベル表示義務 | 瓶詰め期間 | I.V.D.P.への申請 |
|---|---|---|---|---|
| **Vintage Port**<br>ヴィンテージ・ポルト | 特に優れた作柄の年のブドウから造られる。長期熟成を経てから飲まれる。濾過無しのため、デカンタージュ**必要**。 | **収穫年** | 収穫から**2**年目の7月～3年目の6月 | 収穫から**2**年目の1～9月 |
| **Late Bottled Vintage Port**<br>レイト・ボトルド・ヴィンテージ・ポルト＝L.B.V | Vintage Portに次ぐ優れた作柄のブドウから造られる。 | **収穫年<br>瓶詰年** | 収穫から**4**年目の7月～**6**年目の年末 | 収穫から**4**年目の3～9月 |
| Single Quinta Vintage Port<br>シングル・キンタ・ヴィンテージ・ポルト | このカテゴリーには2つのタイプがある。<br>①Vintage Portと同じ手法で、Vintage Portとして申請されなかった、良年の**単一畑**のブドウから造られるもの。<br>②飲み頃までシッパーによって熟成され、出荷されるもの。 | | | |
| Ruby Reserve Port<br>ルビー・リザーブ・ポルト | 毎年品質の高いワインをブレンドして造られる、フルーティで力強く、まろやかなスタイル。 | | | |
| Crusted Port<br>クラステッド・ポルト | 濃い色調でフルボディなワインのブレンドから造られ、販売まで最低3年間熟成される。 | | | |

> ヴィンテージ・ポルトにするには物足りないが、それに次いで品質の高いブドウから造られる。価格も控え目で、かつ早くから飲むことができヴィンテージ・ポルトの"ような"キャラクターを楽しめるワイン。

### トウニータイプ

- 小さい樽で熟成させるなどして酸化が進み、ワインが黄褐色（トウニー色）になったもの。

| タイプ | 特徴 | ラベル表示義務 | 瓶詰め期間 | I.V.D.P.への申請 |
|---|---|---|---|---|
| **熟成年数表記トウニー・ポルト**<br>Tawny with an Indication of Age | 長い年月熟成させた結果、色素沈着してトウニー色になったもの。平均熟成年数で**10**年、**20**年、**30**年、**40**年ものがある。濾過してから瓶詰めするため、デカンタージュ不要。 | 樽熟年<br>瓶詰年 | | |
| **Colheita**<br>コリェイタ | | 収穫年<br>瓶詰年 | 収穫から**7**年後～ | 収穫から**3**年目の7月～年末 |

### ホワイトタイプ

| タイプ | 特徴 | ラベル表示義務 | 瓶詰め期間 | I.V.D.P.への申請 |
|---|---|---|---|---|
| **Light Dry White Port**<br>ライト・ドライ・ホワイト・ポルト | 白ブドウを原料とし、低温発酵で通常より長く発酵してからグレープ・スピリッツを添加。比較的辛口。最低アルコール度数**16.5**％。 | | | |

### ロゼタイプ

| タイプ | 特徴 | ラベル表示義務 | 瓶詰め期間 | I.V.D.P.への申請 |
|---|---|---|---|---|
| Rose Port<br>ロゼ・ポルト | 黒ブドウを原料とし、低温で短時間のスキンコンタクトによって、タンニンの抽出を抑えながら色素を抽出する。アルコール度数**19**％程度で、フレッシュなスタイル。 | | | |

Portugal
<< ポルト
P.327 >> 328

Chapter **19** Portugal

Madeira

# マデイラ

> 冷蔵庫などない時代、赤道を通る際の熱でワインが変化し、それが案外美味しかった。これを現代において再現しているのがマデイラ・ワイン。

- D.O.C.マデイラは、リスボンから南西1,000kmに位置するマデイラ島で造られる酒精強化ワインである。
- 17Cの大航海時代に、アメリカ新大陸への航路上に位置するマデイラ島で積み込まれたワインが、赤道を横切る暑くて長い航海を終えると、独特の風味がつくことが知られるようになった。
- のちに、ワインの一部を蒸留、残ったワインに加えることで保存性を高め、マデイラ島内で加熱熟成する工程が開発され、今のマデイラの原型となった。

> 「Tinta」は色付いての意味
> マデイラで使用が認められている唯一の黒ブドウ品種!

**主なブドウ品種**

- ほとんどが急斜面に **Poios ポイオス** と呼ばれる石垣で形成した細い段々畑で栽培されており、Levadas レヴァダスと呼ばれる灌漑用水路によって山からの水を確保している。

> マデイラには、完全な辛口ワインは存在しない。つまり、ここでいう"辛口"というのは、やや糖度を感じる半辛口ということ。

| 品種 | 色 | 栽培エリア | タイプ・特徴 | 酒精強化のタイミング |
|---|---|---|---|---|
| **Sercial** セルシアル | 白 | 比較的**冷涼**な気候の地域。 | **辛口** | 発酵終了直前 |
| **Verdelho** ヴェルデーリョ | 白 | **涼しい北部**地域。 | **中辛口** | 発酵の後半 |
| **Boal** ボアル | 白 | **暖かい南部**地域。 | **中甘口** | マルヴァジアよりやや遅れて(残糖が半分程度になったタイミング) |
| **Malvasia** マルヴァジア (英:Malmsey マルムジー) | 白 | **海岸**沿いの**暑い**地域。 | **甘口** | 発酵の初期 |
| **Terrantez** テランテス | 白 | | 果皮が非常に薄く繊細なため、生産量が極めて**少ない**。中辛口もしくは中甘口。 | ヴェルデーリョとボアルの中間の性格とされる。 |
| **Tinta Negra** ティンタ・ネグラ | 黒 | 島の**ほとんど**の地域。 | 辛口〜甘口 収穫量最大(**80%**)。 **3年熟成**タイプに多く使用され、ブレンドも多い。 | |

**マデイラの製法**

- アルコール発酵中にグレープ・スピリッツを添加してアルコール発酵を停止させ、加熱熟成することで独特の風味がついた酒精強化ワインを造る。
- 発酵時のスキンコンタクトの有無もワインのスタイルに影響を与え、ボアルとマルヴァジアのボディに寄与する（一般的に、セルシアルとヴェルデーリョは行わない）。

● **ブドウの収穫**
↓

● **酒精強化のタイミング**

発酵中に **96** ％のグレープ・スピリッツを添加しアルコール発酵を停止させる。

↓

● **熟成**

加熱熟成の方法
① **カンテイロ**　② **エストゥファ**　※右ページのイラスト参照

↓

● **熟成期間**

**3**年以上：スタンダード
5年：Reserva レゼルヴァ
10年：Special Reserva スペシャル・レゼルヴァ／
　　　Old Reserva オールド・レゼルヴァ
15年：Extra Reserva エクストラ・レゼルヴァ
※その他20年、30年など長期熟成タイプもある。

↓

● **瓶詰め**

品種名表記：表記された品種を **85**％以上使用。
**Frasqueira フラスケイラ**：
単一品種・単一収穫年のヴィンテージ・マデイラ。
**20**年以上の樽熟成、表示品種を **100**％使用。

↓

● **出荷**

製品のアルコール度数は **17**～22％と規定されている。

**出題のポイント「製法」**

|  | 添加スピリッツ度数 | 製品アルコール度数 |
|---|---|---|
| ポルト | **77**％ | **19**～22％ |
| マデイラ | **96**％ | **17**～22％ |

## ① Canteiro カンテイロ

| | |
|---|---|
| 特徴 | 収穫年・熟成期間表示（10年など）のマデイラに対して行い、高級品となる。 |
| 熱源 | **自然の太陽熱** |
| 方法 | 平均30℃ほどの温度の倉庫に樽を並べて長期熟成する。 |

## ② Estufa = Cuba de Calor エストゥファ　クーバ・デ・カロール

| | |
|---|---|
| 特徴 | スタンダード品に対して行われる。 |
| 熱源 | **人工的な加熱装置** |
| 方法 | 45～50℃で3カ月以上加熱され、その後3～4週間かけてゆっくり冷却する。 |

Chapter 19　Portugal

### Food Culture

# ポルトガルの食文化

- 1人あたりの<u>米</u>消費量はヨーロッパ第 **1** 位。
- 1人あたりの魚介消費量は日本に次いで世界 **6** 位。

> 米というと、リゾットが思い浮かぶかもしれないが、ポルトガルがヨーロッパでの米消費量第1位。米と魚の消費量が多く、日本人にもなじみのある食文化といえる。

### 地方料理と食材　　Cooking and Ingredients

| 料理名 | 内容 |
|---|---|
| **Escabeche**<br>エスカベーシュ | ヴァローザ川の川マスを唐揚げにし、細切り玉ねぎとヴィネガーをかけた南蛮漬け。 |
| **Pão-de-ló**<br>パォン・デ・ロー | 軽いスポンジ状のケーキ。**カステラ**の起源とされる。 |
| **Pastéis de Belém**<br>パスティス・デ・ベレン　 | リスボンの有名なエッグタルト。 |
| **Morgado de Figo** と Queijo de Figo<br>モルガード・デ・フィーゴとケイジョ・デ・フィーゴ | アーモンドフレーク、チョコレート、レモン、シナモンを合わせて煮たドライイチジクのペースト。 |

VINOLET
Portugal
マデイラ、ポルトガルの食文化 >>
P.329 >> 331

# 資料編

## ブドウ品種のシノニムと主な産地

| 品種（もしくは【交配】） | 色 | シノニム（もしくは【交配】） | シノニム2 | 主な産地 |
|---|---|---|---|---|
| 【（ジルヴァーナー×ミュラー・トゥルガウ）×シャンブールサン】 | 赤 | レゲント | | ドイツ |
| 【（ジルヴァーナー×リースリング）×ミュラー・トゥルガウ】 | 白 | バッフス | | ドイツ |
| 【カベルネ・ソーヴィニヨン×カリニャン】 | 赤 | ルビー・カベルネ | | 南アフリカ |
| 【ザンクトラウレント×ブラウフレンキッシュ】 | 赤 | ツヴァイゲルト | | オーストリア |
| 【シャルドネ×リースリング】 | 白 | 信濃リースリング | | 日本 |
| 【トリビドラグ×ドブロチッチ】 | 赤 | プラヴァッツ・マリ | | クロアチア（沿岸部） |
| 【ピノ・ノワール×サンソー】 | 赤 | ピノタージュ | | 南アフリカ |
| 【ブラック・クイーン×カベルネ・ソーヴィニヨン】 | 赤 | 甲斐ノワール | | 日本 |
| 【ベーリー×ゴールデン・クイーン】 | 赤 | ブラック・クイーン | | 日本 |
| 【ベーリー×マスカット・ハンブルグ】 | 赤 | マスカット・ベーリーA | | 日本 |
| 【ヘルフェンシュタイナー×ヘロルドレーベ】 | 赤 | ドルンフェルダー | | ドイツ |
| 【ポルトギーザー×シュペートブルグンダー】 | 赤 | ドミナ | | ドイツ |
| 【ヤマブドウ×カベルネ・ソーヴィニヨン】 | 赤 | ヤマ・ソーヴィニオン | | 日本 |
| 【ヤマブドウ×清見】 | 赤 | 山幸 | | 日本 |
| 【リースリング×ブケットラウベ】 | 白 | ショイレーベ | | ドイツ |
| 【リースリング×フリューアー・マリングレ】 | 白 | ゴルトリースリング | | ドイツ（ザクセン） |
| 【リースリング×マドレーヌ・ロイアル】 | 白 | ミュラー・トゥルガウ | リヴァーナー | ドイツ |
| 【ローター・ヴェルトリーナー×シルヴァーナー】 | 白 | ノイブルガー | | オーストリア（ヴァッハウ、テルメンレギオン） |
| 【甲州三尺×リースリング】 | 白 | リースリング・リオン | | 日本 |
| 【甲州×ピノ・ブラン】 | 白 | 甲斐ブラン | | 日本 |

| 頭文字 | 品種（もしくは【交配】） | 色 | シノニム（もしくは【交配】） | シノニム2 | 主な産地 |
|---|---|---|---|---|---|
| ア | アイダニ | 白 | | | ギリシャ |
| | アイレン | 白 | | | スペイン |
| | アヴェッソ | 白 | | | ポルトガル |
| | アギオルギティコ（アギヨルギティコ） | 黒 | | | ギリシャ |
| | アザル | 白 | | | ポルトガル |
| | アシルティコ（アシリティコ） | 白 | | | ギリシャ |
| | アラゴネス | 黒 | テンプラニーリョ | ティンタ・ロリス | ポルトガル |
| | アラリヘ | 白 | | | スペイン（エクストレマドゥーラ） |
| | アリアゲ | 黒 | タナ | | ウルグアイ |
| | アリアニコ | 黒 | | | イタリア（カンパーニア州、バジリカータ州、モリーゼ州） |
| | アリゴテ | 白 | | | フランス（ブルゴーニュ地方） |
| | アリント | 白 | ペデルナァ | | ポルトガル |
| | アルヴァリーニョ | 白 | アルバリーニョ | | スペイン、ポルトガル |
| | アルヴァレリャオン | 黒 | | | ポルトガル |
| | アルテス | 白 | ルーセット | | フランス（サヴォワ地方） |
| | アルネイス | 白 | | | イタリア（ピエモンテ州） |
| | アルバーナ | 白 | | | イタリア（エミリア・ロマーニャ州） |
| | アルバリーニョ | 白 | | | ウルグアイ、日本（新潟県） |
| | | 白 | アルヴァリーニョ | | スペイン、ポルトガル |
| | アルビーリョ・レアル | 白 | | | スペイン（マドリード） |
| | アレアティコ | 黒 | | | イタリア（トスカーナ州） |
| | アンソニカ | 白 | インツォリア | | イタリア（シチリア州） |
| イ | インツォリア | 白 | アンソニカ | | イタリア（シチリア州） |
| ウ | ウル・デ・リェブレ | 黒 | テンプラニーリョ | | スペイン（カタルーニャ） |
| ヴ | ヴァイサー・ブルグンダー | 白 | ピノ・ブラン | | オーストリア |
| | ヴァイスブルグンダー | 白 | ピノ・ブラン | | ドイツ |
| | ヴィオニエ | 白 | | | フランス（ローヌ渓谷地方）、アメリカ（ヴァージニア州） |
| | ヴィオリカ | 白 | | | モルドバ |
| | ヴィダル | 白 | | | カナダ（ノヴァ・スコシア州） |

# 資料編 ブドウ品種のシノニムと主な産地

| 頭文字 | 品種（もしくは【交配】） | 色 | シノニム（もしくは【交配】） | シノニム2 | 主な産地 |
|---|---|---|---|---|---|
| | ヴィダル・ブラン | 白 | | | カナダ（オンタリオ州） |
| | ヴィニャン | 黒 | | | ポルトガル |
| | ヴェルシュリースリング | 白 | | | オーストリア |
| | | 白 | | | ルーマニア |
| | | 白 | オラスリズリング | | ハンガリー |
| | | 白 | グラシェヴィナ | | クロアチア（大陸部） |
| | | 白 | ラシュキ・リーズリング | | スロヴェニア |
| | ヴェルディッキオ | 白 | | | イタリア（マルケ州） |
| | ヴェルデーリョ | 白 | | | ポルトガル（マデイラ）、オーストラリア |
| | ヴェルドゥッツォ・フリウラーノ | 白 | | | イタリア（フリウリ・ヴェネツィア・ジューリア州） |
| | ヴェルナッチャ | 白 | | | イタリア（トスカーナ州） |
| | ヴェルナッチャ・ディ・オリスターノ | 白 | | | イタリア（サルデーニャ州） |
| | ヴェルナッチャ・ネーラ | 黒 | | | イタリア（マルケ州） |
| | ヴェルメンティーノ | 白 | | | イタリア（リグーリア州、サルデーニャ州） |
| | | 白 | マルヴォワジー・ド・コルス | | フランス（コルシカ島） |
| | | 白 | ロール | | フランス（プロヴァンス地方） |
| | ヴラチャンスキ・ミスケット | 白 | | | ブルガリア |
| エ | エルミタージュ | 白 | マルサンヌ・ブランシュ | ルッサンヌ | スイス |
| | エンクルザード | 白 | | | ポルトガル |
| オ | オーセロワ | 白 | | | ルクセンブルク |
| | オーセロワ | 黒 | マルベック | | フランス（シュッド・ウエスト） |
| | オラスリズリング | 白 | ヴェルシュリースリング | | ハンガリー |
| | オルメアスコ | 黒 | ドルチェット | | イタリア（リグーリア州） |
| | オンダラビ・スリ | 白 | | | スペイン（バスク） |
| | オンダラビ・ベルツァ | 黒 | | | スペイン（バスク） |
| カ | 甲斐ノワール | 黒 | 【ブラック・クイーン×カベルネ・ソーヴィニヨン】 | | 日本 |
| | 甲斐ブラン | 白 | 【甲州×ピノ・ブラン】 | | 日本 |
| | カステラォン | 黒 | ジョアォン・デ・サンタレン | ペリキータ | ポルトガル |

| 頭文字 | 品種（もしくは【交配】） | 色 | シノニム（もしくは【交配】） | シノニム２ | 主な産地 |
|---|---|---|---|---|---|
| | カタラット | 白 | | | イタリア（シチリア州） |
| | カダルカ | 黒 | ガムザ | | ブルガリア |
| | カッリカンテ | 白 | | | イタリア（シチリア州） |
| | カナイオーロ・ネーロ | 黒 | | | イタリア（トスカーナ州） |
| | カバル | 白 | | | ハンガリー（トカイ） |
| | カベルネ・ソーヴィニヨン | 黒 | | | フランス（ボルドー地方、ロワール渓谷地方、シュッド・ウエスト）、イタリア（ヴェネト州、トスカーナ州）、スペイン（ナバーラ）、ハンガリー、ブルガリア、日本、アメリカ（カリフォルニア州、ワシントン州）、カナダ（ブリティッシュ・コロンビア州）、チリ、アルゼンチン、ウルグアイ、南アフリカ、オーストラリア、ニュージーランド |
| | カベルネ・フラン | 黒 | | | フランス（ボルドー地方、ロワール渓谷地方、シュッド・ウエスト）、ハンガリー、アメリカ（ニューヨーク州、ヴァージニア州）、カナダ（オンタリオ州、ブリティッシュ・コロンビア州） |
| | カラブレーゼ | 黒 | ネーロ・ダヴォラ | | イタリア（シチリア州） |
| | カリニェナ | 黒 | カリニャン | マスエロ | スペイン |
| | カリニャン | 黒 | | | フランス（ラングドック地方、ルーション地方、プロヴァンス地方）、チリ |
| | | 黒 | カリニェナ | マスエロ | スペイン |
| | カルメネール | 黒 | | | フランス（ボルドー地方）、チリ |
| ガ | ガイゼンハイム318 | 白 | | | カナダ（ノヴァ・スコシア州） |
| | ガムザ | 黒 | カダルカ | | ブルガリア |
| | ガメイ | 黒 | | | フランス（ブルゴーニュ地方、サヴォワ地方、ロワール渓谷地方）、スイス |
| | ガリオッポ | 黒 | | | イタリア（カラブリア州） |
| | ガルガネガ | 白 | | | イタリア（ヴェネト州） |
| | ガルナッチャ・ティンタ | 黒 | グルナッシュ | | スペイン |
| | ガルナッチャ・ティントレラ | 黒 | | | スペイン |
| | ガルナッチャ・ブランカ | 白 | | | スペイン |

# 資料編 ブドウ品種のシノニムと主な産地

| 頭文字 | 品種（もしくは【交配】） | 色 | シノニム（もしくは【交配】） | シノニム2 | 主な産地 |
|---|---|---|---|---|---|
| キ | キアヴェンナスカ | ● | ネッビオーロ | | イタリア（ロンバルディア州） |
| | キャンベル・アーリー | ● | | | 日本 |
| | 清舞 | ● | | | 日本 |
| | 巨峰 | ● | | | 日本 |
| ク | クヴェルスールー | ○ | | | ハンガリー（トカイ） |
| | クシノマヴロ | ● | | | ギリシャ |
| | クリオージャ・チカ（クリオジャ） | ● | ミッション、パイス、パロミナ・ネグラ、リスタン・プリエト | | アルゼンチン |
| | クレヴネール | ○ | ピノ・ブラン | | フランス（アルザス地方） |
| | クレヴネール | ● | ピノ・ノワール | ブラウブルグンダー | スイス |
| | クレレット | ○ | | | フランス（ローヌ渓谷地方、プロヴァンス地方） |
| グ | グートエーデル | ○ | シャスラ | | スイス、ドイツ（バーデン） |
| | グラウブルグンダー | ○ | ピノ・グリ | ルーレンダー | ドイツ |
| | グラサ・デ・コトナリ | ○ | | | ルーマニア |
| | グラシアノ | ● | | | スペイン（リオハ） |
| | グラシェヴィナ | ○ | ヴェルシュリースリング | | クロアチア（大陸部） |
| | グリニョリーノ | ● | | | イタリア（ピエモンテ州） |
| | グリューナー・ヴェルトリーナー | ○ | | | オーストリア |
| | グルナッシュ | ● | | | フランス（ローヌ渓谷地方、ラングドック地方、ルーション地方、プロヴァンス地方、コルシカ島）、南アフリカ、オーストラリア |
| | | ● | ガルナッチャ・ティンタ | | スペイン |
| | グルナッシュ・ブラン | ○ | | | フランス（ローヌ渓谷地方、ラングドック地方、ルーション地方、プロヴァンス地方） |
| | グレーコ | ○ | | | イタリア（カンパーニア州、バジリカータ州） |
| | グレーコ・ネーロ | ● | | | イタリア（カラブリア州） |
| | グレーコ・ビアンコ | ○ | | | イタリア（カラブリア州） |
| | グレーラ | ○ | | | イタリア（ヴェネト州） |
| | グレカニコ | ○ | | | イタリア（シチリア州） |

| 頭文字 | 品種（もしくは【交配】） | 色 | シノニム（もしくは【交配】） | シノニム2 | 主な産地 |
|---|---|---|---|---|---|
| | グレケット | 白 | | | イタリア（ウンブリア州） |
| | グロ・プラン | 白 | フォール・ブランシュ | | フランス（ロワール渓谷地方） |
| | グロ・マンサン | 白 | | | フランス（シュッド・ウエスト） |
| | グロ・ライン | 白 | ジルヴァーナー | | スイス |
| | グロロー | 黒 | | | フランス（ロワール渓谷地方） |
| ケ | ケークフランコシュ | 黒 | ブラウフレンキッシュ | | ハンガリー |
| | ケルナー | 白 | | | ドイツ、日本 |
| ゲ | ゲヴュルツトラミネール | 白 | | | フランス（アルザス地方） |
| | | 白 | トラミナッツ | | クロアチア（大陸部） |
| コ | 甲州 | 白 | | | 日本 |
| | コーダ・ディ・ヴォルペ | 白 | | | イタリア（カンパーニア州） |
| | コーデガ | 白 | シリア | ロウペイロ | ポルトガル |
| | コット | 黒 | マルベック | | フランス（ボルドー地方、シュッド・ウエスト） |
| | コルヴィーナ | 黒 | | | イタリア（ヴェネト州） |
| | コルテーゼ | 白 | | | イタリア（ピエモンテ州） |
| | コルナラン | 黒 | | | スイス |
| | コロンバール | 白 | | | フランス（シャラント地方、シュッド・ウエスト）、南アフリカ |
| | コロンバール | 白 | フレンチ・コロンバール | | アメリカ（カリフォルニア州） |
| | コンコード | 黒 | | | 日本 |
| ゴ | ゴデーリョ | 白 | | | スペイン（ガリシア） |
| | ゴルトリースリング | 白 | 【リースリング×フリューアー・マリングレ】 | | ドイツ（ザクセン） |
| サ | サヴァティアノ | 白 | | | ギリシャ |
| | サヴァニャン | 白 | | | フランス（ジュラ地方） |
| | サヴァニャン・ブラン | 白 | ハイダ | | スイス |
| | サグランティーノ | 黒 | | | イタリア（ウンブリア州） |
| | サペラヴィ | 黒 | | | ジョージア |
| | サンジョヴェーゼ | 黒 | | | イタリア（エミリア・ロマーニャ州、ラツィオ州、ウンブリア州） |
| | | 黒 | ニエルッチョ | | フランス（コルシカ島） |
| | | 黒 | プルニョーロ・ジェンティーレ | | イタリア（トスカーナ州） |

# 資料編 ブドウ品種のシノニムと主な産地

| 頭文字 | 品種（もしくは【交配】） | 色 | シノニム（もしくは【交配】） | シノニム2 | 主な産地 |
|---|---|---|---|---|---|
| | サンジョヴェーゼ | ● | ブルネッロ | | イタリア（トスカーナ州） |
| | | ● | モレッリーノ | | イタリア（トスカーナ州） |
| | サンソー | ● | | | フランス（ローヌ渓谷地方、ラングドック地方、ルーション地方、プロヴァンス地方） |
| | サンダンスキ・ミスケット | ○ | | | ブルガリア |
| | サンテミリオン（・デ・シャラント） | ○ | ユニ・ブラン | | フランス（コニャック地方） |
| ザ | ザンクトラウレント | ● | | | オーストリア（テルメンレギオン、ブルゲンラント北部） |
| シ | シヴィ・ピノ | ○ | ピノ・グリ | | スロヴェニア |
| | 信濃リースリング | ○ | 【シャルドネ×リースリング】 | | 日本 |
| | シャールガムシュコターイ | ○ | ミュスカ・ア・プティ・グラン・ブラン | | ハンガリー |
| | シャカレッロ | ● | | | フランス（コルシカ島） |
| | シャスラ | ○ | | | フランス（サヴォワ地方、ロワール渓谷地方） |
| | | ○ | グートエーデル | | スイス、ドイツ（バーデン） |
| | | ○ | ドラン | | スイス（ヴォー州） |
| | | ○ | ファンダン | | スイス（ヴァレー州）、ドイツ（バーデン） |
| | | ○ | ペルラン | | スイス（ジュネーヴ州） |
| | シャルドネ | ○ | | | フランス（シャンパーニュ地方、ブルゴーニュ地方、ロワール渓谷地方）、イタリア（ロンバルディア州）、ルクセンブルク、スイス、スロヴェニア、クロアチア（沿岸部）、英国、日本、アメリカ（カリフォルニア州、ワシントン州、オレゴン州、ニューヨーク州、ヴァージニア州）、カナダ（オンタリオ州、ブリティッシュ・コロンビア州）、チリ、アルゼンチン、ウルグアイ、南アフリカ（ケープ・サウス・コースト）、オーストラリア、ニュージーランド |
| | | ○ | ムロン・ダルボア | | フランス（ジュラ地方） |
| | | ○ | モリヨン | | オーストリア |
| | シュヴァルツリースリング | ● | ムニエ（ピノ・ムニエ） | | ドイツ |

| 頭文字 | 品種（もしくは【交配】） | 色 | シノニム（もしくは【交配】） | シノニム2 | 主な産地 |
|---|---|---|---|---|---|
| | シュナン・ブラン | 白 | | | アルゼンチン |
| | | 白 | スティーン | | 南アフリカ |
| | | 白 | ピノー・ド・ラ・ロワール | | フランス（ロワール渓谷地方） |
| | シュペートブルグンダー | 赤 | ピノ・ノワール | | ドイツ |
| | シュペートロート | 赤 | ツィアファンドラー | | オーストリア（テルメンレギオン） |
| | ショイレーベ | 白 | 【リースリング×ブケットトラウベ】 | | ドイツ |
| | 小公子 | 赤 | | | 日本 |
| | シラー | 赤 | | | フランス（ローヌ渓谷地方、ラングドック地方、ルーション地方、プロヴァンス地方）、アメリカ（カリフォルニア州、ワシントン州）、チリ、ニュージーランド |
| | | 赤 | シラーズ | | オーストラリア、南アフリカ |
| | | 赤 | セリーヌ | | フランス（ローヌ渓谷地方） |
| | シラーズ | 赤 | シラー | | オーストラリア、南アフリカ |
| | シリア | 白 | ロウペイロ | コーデガ | ポルトガル |
| | シルヴァネール | 白 | ジルヴァーナー | | フランス（アルザス地方） |
| | シロカ・メルニシュカ・ロザ | 赤 | メルニック | | ブルガリア |
| ジ | ジビッボ | 白 | モスカート | | イタリア（シチリア州） |
| | ジャエン | 赤 | メンシア | | ポルトガル |
| | ジャケール | 白 | | | フランス（サヴォワ地方） |
| | ジョアォン・デ・サンタレン | 赤 | カステラォン | ペリキータ | ポルトガル |
| | ジルヴァーナー | 白 | | | ドイツ（フランケン） |
| | | 白 | グロ・ライン | | スイス |
| | | 白 | シルヴァネール | | フランス（アルザス地方） |
| | | 白 | ヨハニスベルグ | | スイス（ヴァレー州） |
| | | 白 | ライン | | スイス |
| | ジンファンデル | 赤 | プリミティーヴォ | | イタリア（プーリア州） |
| | | 赤 | プリミティーヴォ | | アメリカ（カリフォルニア州） |
| ス | スキアーヴァ | 赤 | | | イタリア（トレンティーノ・アルト・アディジェ州） |
| | スキオッペッティーノ | 赤 | | | イタリア（フリウリ・ヴェネツィア・ジューリア州） |

資料編

ブドウ品種のシノニムと主な産地

# 資料編 ブドウ品種のシノニムと主な産地

| 頭文字 | 品種（もしくは【交配】） | 色 | シノニム（もしくは【交配】） | シノニム2 | 主な産地 |
|---|---|---|---|---|---|
| | スティーン | 白 | シュナン・ブラン | | 南アフリカ |
| | スパンナ | 黒 | ネッビオーロ | | イタリア（ピエモンテ州北部） |
| ズ | ズラフティナ | 白 | | | クロアチア（沿岸部） |
| セ | セイヴァル | 白 | | | カナダ（ノヴァ・スコシア州） |
| | セイヴァル・ブラン | 白 | | | 英国 |
| | セミヨン | 白 | | | フランス（ボルドー地方、シュッド・ウエスト）、アルゼンチン、オーストラリア |
| | セリーヌ | 黒 | シラー | | フランス（ローヌ渓谷地方） |
| | セルシアル | 白 | | | ポルトガル（マデイラ） |
| | セレサ | 白グリ | | | アルゼンチン |
| | センシベル | 黒 | テンプラニーリョ | | スペイン（ラ・マンチャ） |
| ゼ | ゼータ | 白 | | | ハンガリー（トカイ） |
| | 善光寺 | 白 | 竜眼 | | 日本 |
| ソ | ソーヴィニヨン・ブラン | 白 | | | フランス（ボルドー地方、シュッド・ウエスト）、オーストリア、スロヴェニア、ルーマニア、モルドバ、日本、アメリカ（カリフォルニア州、ワシントン州）、カナダ（ブリティッシュ・コロンビア州）、チリ、アルゼンチン、ウルグアイ、南アフリカ（ケープ・サウス・コースト）、オーストラリア、ニュージーランド |
| | | 白 | フュメ・ブラン | | フランス（ロワール渓谷地方） |
| | ソーヴィニヨン・グリ | 白 | | | フランス（シュッド・ウエスト） |
| タ | タイ | 白 | フリウラーノ | | イタリア（フリウリ・ヴェネツィア・ジューリア州） |
| | タナ | 黒 | | | フランス（シュッド・ウエスト）、アルゼンチン |
| | | 黒 | アリアゲ | | ウルグアイ |
| | タマヨアサ・ロマネアスカ | 白 | | | ルーマニア |
| | タミャンカ | 白 | | | ブルガリア |
| チ | チェザネーゼ | 黒 | | | イタリア（ラツィオ州） |
| | チェルセギ・フューセレシュ | 白 | | | ハンガリー |
| | チャレッロ | 白 | | | スペイン（カタルーニャ） |

340

| 頭文字 | 品種（もしくは【交配】） | 色 | シノニム（もしくは【交配】） | シノニム2 | 主な産地 |
|---|---|---|---|---|---|
| ツ | ツィアファンドラー | 🍷 | シュペートロート | | オーストリア（テルメンレギオン） |
| | ツヴァイゲルト | 🍷 | 【ザンクトラウレント×ブラウフレンキッシュ】 | | オーストリア、ハンガリー、日本 |
| | ツォリコウリ | 🥂 | | | ジョージア |
| テ | ティンタ・デ・トロ | 🍷 | テンプラニーリョ | | スペイン（トロ） |
| | ティンタ・デ・マドリード | 🍷 | テンプラニーリョ | | スペイン（マドリード） |
| | ティンタ・デル・パイス | 🍷 | テンプラニーリョ | | スペイン（リベラ・デル・ドゥエロ） |
| | ティンタ・ネグラ | 🍷 | | | ポルトガル（マデイラ） |
| | ティンタ・ロリス | 🍷 | テンプラニーリョ | アラゴネス | ポルトガル |
| | ティンティリア | 🍷 | | | イタリア（モリーゼ州） |
| | ティント・フィノ | 🍷 | テンプラニーリョ | | スペイン（リベラ・デル・ドゥエロ） |
| | テラン | 🍷 | | | クロアチア（沿岸部） |
| | テランテス | 🥂 | | | ポルトガル（マデイラ） |
| | テロルデゴ | 🍷 | | | イタリア（トレンティーノ・アルト・アディジェ州） |
| | テンプラニーリョ | 🍷 | | | カナダ（オンタリオ州、サウス・アイランズ） |
| | | 🍷 | ウル・デ・リェブレ | | スペイン（カタルーニャ） |
| | | 🍷 | センシベル | | スペイン（ラ・マンチャ） |
| | | 🍷 | ティンタ・デ・トロ | | スペイン（トロ） |
| | | 🍷 | ティンタ・デ・マドリード | | スペイン（マドリード） |
| | | 🍷 | ティンタ・デル・パイス | | スペイン（リベラ・デル・ドゥエロ） |
| | | 🍷 | ティンタ・ロリス | アラゴネス | ポルトガル |
| | | 🍷 | ティント・フィノ | | スペイン（リベラ・デル・ドゥエロ） |
| デ | ディミャット | 🥂 | | | ブルガリア |
| | デラウェア | 🥂 | | | 日本 |
| | デュラス | 🍷 | | | フランス（シュッド・ウエスト） |

資料編

ブドウ品種のシノニムと主な産地

## 資料編 ブドウ品種のシノニムと主な産地

| 頭文字 | 品種（もしくは【交配】） | 色 | シノニム（もしくは【交配】） | シノニム2 | 主な産地 |
|---|---|---|---|---|---|
| ト | トウリガ・ナショナル | ● | | | ポルトガル |
| | トウリガ・フランカ | ● | | | ポルトガル |
| | トゥルソー | ● | | | フランス（ジュラ地方） |
| | トラジャドゥーラ | ○ | | | ポルトガル |
| | トラミナッツ | ○ | ゲヴュルツトラミネール | | クロアチア（大陸部） |
| | トラミネール・アロマティコ | ○ | | | イタリア（トレンティーノ・アルト・アディジェ州） |
| | トルブリャン | ○ | | | クロアチア（沿岸部） |
| | トレイシャドゥーラ | ○ | | | スペイン（ガリシア） |
| | トレッビアーノ | ○ | | | イタリア（トスカーナ州） |
| | トレッビアーノ・アブルッツェーゼ | ○ | | | イタリア（アブルッツォ州） |
| | トレッビアーノ・トスカーノ | ○ | | | イタリア（モリーゼ州） |
| | トレパット | ● | | | スペイン（カバ） |
| | トロリンガー | ○ | | | ドイツ（ヴュルテンベルク） |
| | トロンテス | ○ | | | アルゼンチン |
| ド | ドミナ | ● | 【ポルトギーザー×シュペートブルグンダー】 | | ドイツ |
| | ドラン | ○ | シャスラ | | スイス（ヴォー州） |
| | ドルチェット | ● | | | イタリア（ピエモンテ州） |
| | | ● | オルメアスコ | | イタリア（リグーリア州） |
| | ドルンフェルダー | ● | 【ヘルフェンシュタイナー×ヘロルドレーベ】 | | ドイツ |
| ナ | ナイアガラ | ○ | | | アメリカ（ニューヨーク州）、日本 |
| ニ | ニエルッチョ | ● | サンジョヴェーゼ | | フランス（コルシカ島） |
| ネ | ネーロ・ダヴォラ | ● | カラブレーゼ | | イタリア（シチリア州） |
| | ネーロ・ディ・トロイア | ● | | | イタリア（プーリア州） |
| | ネグラモル | ● | | | スペイン（カナリア諸島） |
| | ネグル・デ・ドラガシャニ | ● | | | ルーマニア |
| | ネグレット | ● | | | フランス（シュッド・ウエスト） |
| | ネグロアマーロ | ● | | | イタリア（プーリア州） |

| 頭文字 | 品種（もしくは【交配】） | 色 | シノニム（もしくは【交配】） | シノニム2 | 主な産地 |
|---|---|---|---|---|---|
| | ネッビオーロ | ● | | | イタリア（ピエモンテ州） |
| | | ● | キアヴェンナスカ | | イタリア（ロンバルディア州） |
| | | ● | スパンナ | | イタリア（ピエモンテ州北部） |
| | ネレッロ・マスカレーゼ | ● | | | イタリア（シチリア州） |
| ノ | ノイブルガー | ○ | 【ローター・ヴェルトリーナー×シルヴァーナー】 | | オーストリア（ヴァッハウ、テルメンレギオン） |
| | ノジオーラ | ○ | | | イタリア（トレンティーノ・アルト・アディジェ州） |
| ハ | ハールシュレヴェリュー | ○ | | | ハンガリー（トカイ） |
| | ハイダ | ○ | サヴァニャン・ブラン | | スイス |
| | ハンブルグ・マスカット | ● | | | ギリシャ |
| バ | バガ | ● | | | ポルトガル |
| | バコ・ノワール | ● | | | カナダ（オンタリオ州） |
| | バッカス | ○ | バッフス | | 英国 |
| | バッフス | ○ | 【（ジルヴァーナー×リースリング）×ミュラー・トゥルガウ】 | | ドイツ |
| | | ○ | バッカス | | 英国 |
| | バビッチ | ● | | | クロアチア（沿岸部） |
| | ババエスカ・ネアグラ | ● | | | ルーマニア |
| | バルベーラ | ● | | | イタリア（ピエモンテ州） |
| | バロック | ○ | | | フランス（シュッド・ウエスト） |
| パ | パイエン | ○ | | | スイス |
| | パイス | ● | ミッション、クリオージャ・チカ（クリオジャ）、パロミナ・ネグラ、リスタン・プリエト | | チリ |
| | パッセリーナ | ○ | | | イタリア（マルケ州、アブルッツォ州、モリーゼ州） |
| | パミッド | ● | | | ブルガリア |
| | パルディーナ | ○ | | | スペイン（エクストレマドゥーラ） |
| | パレリャーダ | ○ | | | スペイン（カタルーニャ） |
| | パロミナ・ネグラ | ● | ミッション、パイス、クリオージャ・チカ（クリオジャ）、リスタン・プリエト | | スペイン本土 |

資料編

ブドウ品種のシノニムと主な産地

343

# 資料編 ブドウ品種のシノニムと主な産地

| 頭文字 | 品種（もしくは【交配】） | 色 | シノニム（もしくは【交配】） | シノニム2 | 主な産地 |
|---|---|---|---|---|---|
| | パロミノ | ♀ | パロミノ・フィノ | | スペイン（アンダルシア） |
| | パロミノ・フィノ | ♀ | パロミノ | | スペイン（アンダルシア） |
| ビ | ビアンカ | ♀ | | | ハンガリー |
| | ビウラ | ♀ | マカベオ | | スペイン |
| ピ | ピエディロッソ | ● | | | イタリア（カンパーニア州） |
| | ピコリット | ♀ | | | イタリア（フリウリ・ヴェネツィア・ジューリア州） |
| | ピクプール | ♀ | | | フランス（ラングドック地方、ルーション地方） |
| | ピニョレット | ♀ | | | イタリア（エミリア・ロマーニャ州） |
| | ピノ・グリ | ♀ | | | フランス（アルザス地方）、ルクセンブルク、アメリカ（カリフォルニア州、オレゴン州）、カナダ（オンタリオ州、ブリティッシュ・コロンビア州）、ニュージーランド |
| | | ♀ | シヴィ・ピノ | | スロヴェニア |
| | | ♀ | ピノ・グリージョ | | イタリア（フリウリ・ヴェネツィア・ジューリア州）、オーストラリア |
| | | ♀ | ピノ・シヴィ | | クロアチア（大陸部） |
| | | ♀ | マルヴォワジー | | スイス |
| | | ♀ | ルーレンダー | グラウブルグンダー | ドイツ |
| | ピノ・グリージョ | ♀ | ピノ・グリ | | イタリア（フリウリ・ヴェネツィア・ジューリア州）、オーストラリア |
| | ピノ・シヴィ | ♀ | ピノ・グリ | | クロアチア（大陸部） |
| | ピノ・ネーロ | ● | ピノ・ノワール | | イタリア（ロンバルディア州） |
| | ピノ・ノワール | ● | | | フランス（シャンパーニュ地方、アルザス地方、ブルゴーニュ地方、ジュラ地方、サヴォワ地方、ロワール渓谷地方）、スペイン（カバ）、ルクセンブルク、モルドバ、英国、日本、アメリカ（カリフォルニア州、オレゴン州）、カナダ（オンタリオ州、ブリティッシュ・コロンビア州）、チリ、南アフリカ（ケープ・サウス・コースト）、オーストラリア、ニュージーランド |
| | | ● | シュペートブルグンダー | | ドイツ |

| 頭文字 | 品種（もしくは【交配】） | 色 | シノニム（もしくは【交配】） | シノニム2 | 主な産地 |
|---|---|---|---|---|---|
| | ピノ・ノワール | ● | ピノ・ネーロ | | イタリア（ロンバルディア州） |
| | | ● | ブラウアー・ブルグンダー | | オーストリア |
| | | ● | ブラウブルグンダー | クレヴネール | スイス |
| | ピノ・ビエリ | ○ | ピノ・ブラン | | クロアチア（沿岸部、大陸部） |
| | ピノ・ブラン | ○ | | | ルクセンブルク |
| | | ○ | ヴァイサー・ブルグンダー | | オーストリア |
| | | ○ | ヴァイスブルグンダー | | ドイツ |
| | | ○ | クレヴネール | | フランス（アルザス地方） |
| | | ○ | ピノ・ビエリ | | クロアチア（沿岸部、大陸部） |
| | ピノー・ド・ラ・ロワール | ○ | シュナン・ブラン | | フランス（ロワール渓谷地方） |
| | ピノタージュ | ● | 【ピノ・ノワール×サンソー】 | | 南アフリカ |
| フ | ファランギーナ | ○ | | | イタリア（カンパーニア州） |
| | ファンダン | ○ | シャスラ | | スイス（ヴァレー州）、ドイツ（バーデン） |
| | フィアーノ | ○ | | | イタリア（カンパーニア州） |
| | フェテアスカ・アルバ | ○ | | | ルーマニア、モルドバ |
| | フェテアスカ・ネアグラ | ● | | | ルーマニア、モルドバ |
| | フェテアスカ・レガーラ | ○ | | | ルーマニア、モルドバ |
| | フェルナォン・ピレス | ○ | マリア・ゴメス | | ポルトガル |
| | フォール・ブランシュ | ○ | グロ・プラン | | フランス（ロワール渓谷地方） |
| | フュメ・ブラン | ○ | ソーヴィニヨン・ブラン | | フランス（ロワール渓谷地方） |
| | フラッパート | ● | | | イタリア（シチリア州） |
| | フランコフカ | ● | ブラウフレンキッシュ | | オーストリア（ブルゲンラント全域、ニーダーエステライヒ東部）、クロアチア（大陸部） |
| | フリウラーノ | ○ | タイ | | イタリア（フリウリ・ヴェネツィア・ジューリア州） |
| | フルミント | ○ | | | ハンガリー |
| | フレンチ・コロンバール | ○ | コロンバール | | アメリカ（カリフォルニア州） |
| | フェール・セルヴァドゥ | ● | | | フランス（シュッド・ウエスト） |

資料編

ブドウ品種のシノニムと主な産地

# 資料編 ブドウ品種のシノニムと主な産地

| 頭文字 | 品種（もしくは【交配】） | 色 | シノニム（もしくは【交配】） | シノニム2 | 主な産地 |
|---|---|---|---|---|---|
| ブ | プールブーラン | 白 | | | フランス（プロヴァンス地方） |
| | ブスイオアカ・デ・ボホティン | グリ | | | ルーマニア |
| | ブラウアー・ヴィルトバッハー | 黒 | | | オーストリア（シュタイヤーマルク州） |
| | ブラウアー・ブルグンダー | 黒 | ピノ・ノワール | | オーストリア |
| | ブラウブルグンダー | 黒 | ピノ・ノワール | クレヴネール | スイス |
| | ブラウフレンキッシュ | 黒 | ケークフランコシュ | | ハンガリー |
| | | 黒 | フランコフカ | | オーストリア（ブルゲンラント全域、ニーダーエステライヒ東部）、クロアチア（大陸部） |
| | | 黒 | モドラ・フランキニャ | | スロヴェニア |
| | | 黒 | レンベルガー | | ドイツ |
| | ブラケット | 黒 | | | イタリア（ピエモンテ州） |
| | ブラック・クイーン | 黒 | 【ベーリー×ゴールデン・クイーン】 | | 日本 |
| | ブルガリアン・リースリング | 白 | | | ブルガリア |
| | ブルネッロ | 黒 | サンジョヴェーゼ | | イタリア（トスカーナ州） |
| プ | プールサール | 黒 | | | フランス（ジュラ地方） |
| | プティ・ヴェルド | 黒 | | | フランス（ボルドー地方） |
| | プティ・シラー | 黒 | プティットゥ・シラー | | アメリカ（カリフォルニア州） |
| | プティ・マンサン | 白 | | | フランス（シュッド・ウエスト） |
| | プティット・アルヴィン | 白 | | | スイス |
| | プティットゥ・シラー | 黒 | プティ・シラー | | アメリカ（カリフォルニア州） |
| | プラヴァッツ・マリ | 黒 | 【トリビドラグ×ドブロチッチ】 | | クロアチア（沿岸部） |
| | プリエ・ブラン | 白 | | | イタリア（ヴァッレ・ダオスタ州） |
| | プリミティーヴォ | 黒 | ジンファンデル | | アメリカ（カリフォルニア州） |
| | | 黒 | ジンファンデル | | イタリア（プーリア州） |
| | プルニョーロ・ジェンティーレ | 黒 | サンジョヴェーゼ | | イタリア（トスカーナ州） |
| | プレンサル・ブラン | 白 | モル | | スペイン（バレアレス諸島） |
| | プロカニコ | 白 | | | イタリア（ウンブリア州） |
| | プリュヌラーヌ | 黒 | | | フランス（シュッド・ウエスト） |

| 頭文字 | 品種（もしくは【交配】） | 色 | シノニム（もしくは【交配】） | シノニム2 | 主な産地 |
|---|---|---|---|---|---|
| ベ | ベルデホ | ○ | | | スペイン（カスティーリャ・イ・レオン） |
| ペ | ペコリーノ | ○ | | | イタリア（マルケ州、アブルッツォ州、モリーゼ州） |
| | ペデルナァ | ○ | アリント | | ポルトガル |
| | ペドロ・ヒメネス | ○ | | | スペイン（アンダルシア）、アルゼンチン |
| | ペリキータ | ● | カステラォン | ジョアォン・デ・サンタレン | ポルトガル |
| | ペルラン | ○ | シャスラ | | スイス（ジュネーヴ州） |
| ホ | ホワイト・ミュスカ | ○ | ミュスカ | ミュスカ・ブラン・ア・プティ・グラン | ギリシャ |
| ボ | ボアル | ○ | | | ポルトガル（マデイラ） |
| | ボナルダ | ● | | | アルゼンチン |
| | ボバル | ● | | | スペイン |
| | ボンビーノ・ネーロ | ● | | | イタリア（プーリア州） |
| | ボンビーノ・ビアンコ | ○ | | | イタリア（プーリア州） |
| ポ | ポルトギーザー | ● | | | ドイツ |
| | | ● | ポルトギザッツ | | クロアチア（大陸部） |
| | ポルトギザッツ | ● | ポルトギーザー | | クロアチア（大陸部） |
| マ | マヴルッド | ● | | | ブルガリア |
| | マヴロダフニ | ● | マヴロダフネ | | ギリシャ |
| | マヴロダフネ | ● | マヴロダフニ | | ギリシャ |
| | マカベオ | ○ | ビウラ | | スペイン |
| | マスエロ | ● | カリニャン | カリニェナ | スペイン |
| | マスカット | ○ | | | オーストラリア |
| | マスカット・オブ・アレキサンドリア | ○ | | | アメリカ（カリフォルニア州）、アルゼンチン、南アフリカ |
| | マスカット・ベーリーA | ● | 【ベーリー×マスカット・ハンブルグ】 | | 日本 |
| | マタロ | ● | ムールヴェードル | | オーストラリア |
| | マリア・ゴメス | ○ | フェルナォン・ピレス | | ポルトガル |
| | マルヴァジア | ○ | | | スロヴェニア、クロアチア（沿岸部） |
| | | ○ | マルムジー | | ポルトガル（マデイラ） |

資料編

ブドウ品種のシノニムと主な産地

# 資料編 ブドウ品種のシノニムと主な産地

| 頭文字 | 品種（もしくは【交配】） | 色 | シノニム（もしくは【交配】） | シノニム2 | 主な産地 |
|---|---|---|---|---|---|
| | マルヴァジア・ビアンカ | ○ | | | イタリア（トスカーナ州、カラブリア州） |
| | マルヴァジア・ビアンカ・ディ・カンディア | ○ | | | イタリア（ラツィオ州） |
| | マルヴォワジー | ○ | ピノ・グリ | | スイス |
| | マルヴォワジー・ド・コルス | ○ | ヴェルメンティーノ | | フランス（コルシカ島） |
| | マルサンヌ | ○ | | | フランス（ローヌ渓谷地方） |
| | マルサンヌ・ブランシュ | ○ | エルミタージュ | ルッサンヌ | スイス |
| | マルバジア | ○ | | | スペイン |
| | マルベック | ● | | | アルゼンチン |
| | | ● | コット | | フランス（ボルドー地方、シュッド・ウエスト） |
| | | ● | オーセロワ | | フランス（シュッド・ウエスト） |
| | マルムジー | ○ | マルヴァジア | | ポルトガル（マデイラ） |
| | マンディラリア | ● | | | ギリシャ |
| | マント・ネグロ | ● | | | スペイン（バレアレス諸島） |
| ミ | ミスケット・チェルヴェン | ○ | レッド・ミスケット | | ブルガリア |
| | ミッション | ● | パイス、クリオージャ・チカ（クリオジャ）、パロミナ・ネグラ、リスタン・プリエト | | アメリカ（カリフォルニア州） |
| | ミュスカ | ○ | ホワイト・ミュスカ | ミュスカ・ブラン・ア・プティ・グラン | ギリシャ |
| | | ○ | ミュスカ・ア・プティ・グラン・ブラン | | フランス（アルザス地方） |
| | | ○ | ミュスカ・ア・プティ・グラン・ローズ | | フランス（アルザス地方） |
| | | ○ | ミュスカ・オットネル | | フランス（アルザス地方）、ブルガリア |
| | | ○ | モスカテル | | スペイン（アンダルシア） |
| | ミュスカ・ア・プティ・グラン・ブラン | ○ | シャールガム シュコターイ | | ハンガリー |
| | | ○ | ミュスカ | | フランス（アルザス地方） |
| | ミュスカ・ア・プティ・グラン・ローズ | ○ | ミュスカ | | フランス（アルザス地方） |
| | ミュスカ・オットネル | ○ | ミュスカ | | フランス（アルザス地方）、ブルガリア |

| 頭文字 | 品種（もしくは【交配】） | 色 | シノニム（もしくは【交配】） | シノニム2 | 主な産地 |
|---|---|---|---|---|---|
|  | ミュスカ・ブラン・ア・プティ・グラン | 🍷 | ミュスカ | ホワイト・ミュスカ | ギリシャ |
|  | ミュスカデ | 🍷 | ムロン・ド・ブルゴーニュ |  | フランス（ロワール渓谷地方） |
|  | ミュスカデル | 🍷 |  |  | フランス（ボルドー地方、シュッド・ウエスト）、オーストラリア |
|  | ミュラー・トゥルガウ | 🍷 |  |  | スイス、日本、ニュージーランド |
|  |  | 🍷 | リヴァーナー | 【リースリング×マドレーヌ・ロイアル】 | ドイツ |
| ム | ムールヴェードル | 🍷 |  |  | フランス（ローヌ渓谷地方、ラングドック地方、ルーション地方、プロヴァンス地方） |
|  |  | 🍷 | マタロ |  | オーストラリア |
|  |  | 🍷 | モナストレル |  | スペイン |
|  | ムツヴァネ・カフリ | 🍷 |  |  | ジョージア |
|  | ムニエ | 🍷 |  |  | フランス（シャンパーニュ地方）、英国 |
|  |  | 🍷 | シュヴァルツリースリング |  | ドイツ |
|  | ムロン・ダルボア | 🍷 | シャルドネ |  | フランス（ジュラ地方） |
|  | ムロン・ド・ブルゴーニュ | 🍷 | ミュスカデ |  | フランス（ロワール渓谷地方） |
| メ | メルセゲラ | 🍷 |  |  | スペイン（ムルシア） |
|  | メルニック | 🍷 | シロカ・メルニシュカ・ロザ |  | ブルガリア |
|  | メルニック55 | 🍷 | ランナ・メルニシュカ・ロザ |  | ブルガリア |
|  | メルロ | 🍷 |  |  | フランス（ボルドー地方、シュッド・ウエスト）、イタリア、スイス（ティチーノ州）、ハンガリー、ルーマニア、ブルガリア、日本、アメリカ（カリフォルニア州、ワシントン州、ニューヨーク州、ヴァージニア州）、カナダ（オンタリオ州、ブリティッシュ・コロンビア州）、チリ、ウルグアイ、南アフリカ、オーストラリア、ニュージーランド |
|  | メンシア | 🍷 |  |  | スペイン（ガリシア、カスティーリャ・イ・レオン） |
|  |  | 🍷 | ジャエン |  | ポルトガル |

資料編

ブドウ品種のシノニムと主な産地

# 資料編 ブドウ品種のシノニムと主な産地

| 頭文字 | 品種（もしくは【交配】） | 色 | シノニム（もしくは【交配】） | シノニム2 | 主な産地 |
|---|---|---|---|---|---|
| モ | モーザック | 白 | | | フランス（ラングドック地方、ルーション地方、シュッド・ウエスト） |
| | モスカート | 白 | ジビッポ | | イタリア（シチリア州） |
| | モスカート・ディ・スカンツォ | 黒 | | | イタリア（ロンバルディア州） |
| | モスカート・ビアンコ | 白 | | | イタリア（ピエモンテ州） |
| | モスカテル | 白 | ミュスカ | | スペイン（アンダルシア） |
| | モスカテル・デ・アレハンドリア | 白 | | | スペイン（バレンシア） |
| | モスカテル・デ・アンブルゴ | 黒 | | | ウルグアイ |
| | モスホフィレロ | 白（グリ） | | | ギリシャ |
| | モドラ・フランキニャ | 黒 | ブラウフレンキッシュ | | スロヴェニア |
| | モナストレル | 黒 | ムールヴェードル | | スペイン |
| | モリヨン | 白 | シャルドネ | | オーストリア |
| | モル | 白 | プレンサル・ブラン | | スペイン（バレアレス諸島） |
| | モレッリーノ | 黒 | サンジョヴェーゼ | | イタリア（トスカーナ州） |
| | モンテプルチャーノ | 黒 | | | イタリア（マルケ州、アブルッツォ州、モリーゼ州） |
| | モンドゥーズ | 黒 | | | フランス（サヴォワ地方） |
| ヤ | 山幸 | 黒 | 【ヤマブドウ×清見】 | | 日本 |
| | ヤマ・ソーヴィニオン | 黒 | 【ヤマブドウ×カベルネ・ソーヴィニヨン】 | | 日本 |
| | ヤマブドウ | 黒 | | | 日本 |
| ユ | ユニ・ブラン | 白 | | | フランス（ボルドー地方、プロヴァンス地方）、ウルグアイ |
| | | 白 | サンテミリオン（・デ・シャラント） | | フランス（コニャック地方） |
| ヨ | ヨハニスベルグ | 白 | ジルヴァーナー | | スイス（ヴァレー州） |
| ラ | ライン | 白 | ジルヴァーナー | | スイス |
| | ラインスキ・リズリング | 白 | リースリング | | クロアチア（大陸部） |
| | ラインリースリング | 白 | リースリング | | ドイツ |
| | ラカディー | 白 | | | カナダ（ノヴァ・スコシア州） |

| 頭文字 | 品種（もしくは【交配】） | 色 | シノニム（もしくは【交配】） | シノニム2 | 主な産地 |
|---|---|---|---|---|---|
| | ラグレイン | 赤 | | | イタリア（トレンティーノ・アルト・アディジェ州） |
| | ラシュキ・リーズリング | 白 | ヴェルシュリースリング | | スロヴェニア |
| | ラボーソ | 赤 | | | イタリア（ヴェネト州） |
| | ララ・ネアグラ | 赤 | | | モルドバ |
| | ランナ・メルニシュカ・ロザ | 赤 | メルニック55 | | ブルガリア |
| | ランブルスコ | 赤 | | | イタリア（エミリア・ロマーニャ州） |
| | ラン・ド・レル | 白 | ロワン・ド・ルイユ | | フランス（シュッド・ウエスト） |
| リ | リースリング | 白 | | | フランス（アルザス地方）、オーストリア、ルクセンブルク、アメリカ（ワシントン州、ニューヨーク州）、カナダ（オンタリオ州、ブリティッシュ・コロンビア州）、オーストラリア、ニュージーランド |
| | | 白 | ラインスキ・リズリング | | クロアチア（大陸部） |
| | | 白 | ラインリースリング | | ドイツ |
| | | 白 | レンスキ・リーズリング | | スロヴェニア |
| | リースリング・リオン | 白 | 【甲州三尺×リースリング】 | | 日本 |
| | リヴァーナー | 白 | ミュラー・トゥルガウ | 【リースリング×マドレーヌ・ロイアル】 | ドイツ |
| | リヴァネール | 白 | | | ルクセンブルク |
| | リスタン・ネグロ | 赤 | | | スペイン（カナリア諸島） |
| | リスタン・ブランコ | 白 | | | スペイン（カナリア諸島） |
| | リスタン・プリエト | 赤 | ミッション、パイス、クリオージャ・チカ（クリオジャ）、パロミナ・ネグラ | | スペイン（カナリア諸島） |
| | リボッラ・ジャッラ | 白 | | | イタリア（フリウリ・ヴェネツィア・ジューリア州） |
| | リムニョ | 赤 | | | ギリシャ |
| | リャティコ | 赤 | | | ギリシャ |
| | 竜眼 | 白 | 善光寺 | | 日本 |

## 資料編 ブドウ品種のシノニムと主な産地

| 頭文字 | 品種（もしくは【交配】） | 色 | シノニム（もしくは【交配】） | シノニム2 | 主な産地 |
|---|---|---|---|---|---|
| ル | ルーサンヌ | 白 | | | フランス（ローヌ渓谷地方） |
| | ルーセット | 白 | アルテス | | フランス（サヴォワ地方） |
| | ルーレンダー | 白 | ピノ・グリ | グラウブルグンダー | ドイツ |
| | ルエン | 黒 | | | ブルガリア |
| | ルカツィテリ | 白 | | | ジョージア、ブルガリア |
| | ルケ | 黒 | | | イタリア（ピエモンテ州） |
| | ルッサンヌ | 白 | エルミタージュ | マルサンヌ・ブランシュ | スイス |
| | ルビー・カベルネ | 黒 | 【カベルネ・ソーヴィニヨン×カリニャン】 | | 南アフリカ |
| | ルビン | 黒 | | | ブルガリア |
| レ | レゲント | 黒 | 【（ジルヴァーナー×ミュラー・トゥルガウ）×シャンブールサン】 | | ドイツ |
| | レッド・ミスケット | 白 | ミスケット・チェルヴェン | | ブルガリア |
| | レッド・ミルレンニューム | 白 | | | 日本 |
| | レフォシュク | 黒 | | | スロヴェニア |
| | レフォスコ・ダル・ペドゥンコロ・ロッソ | 黒 | | | イタリア（フリウリ・ヴェネツィア・ジューリア州） |
| | レンスキ・リーズリング | 白 | リースリング | | スロヴェニア |
| | レンベルガー | 黒 | ブラウフレンキッシュ | | ドイツ |
| ロ | ロウペイロ | 白 | シリア | コーデガ | ポルトガル |
| | ロウレイロ | 白 | | | ポルトガル |
| | ローター・ヴェルトリーナー | 黒 | | | オーストリア（ヴァーグラム） |
| | ロートギプフラー | 黒 | | | オーストリア（テルメンレギオン） |
| | ロール | 白 | ヴェルメンティーノ | | フランス（プロヴァンス地方） |
| | ロッセーゼ | 黒 | | | イタリア（リグーリア州） |
| | ロディティス | 白（グリ） | | | ギリシャ |
| | ロモランタン | 白 | | | フランス（ロワール渓谷地方） |
| | ロンディネッラ | 黒 | | | イタリア（ヴェネト州） |
| | ロワン・ド・ルイユ | 白 | ラン・ド・レル | | フランス（シュッド・ウエスト） |

「 ヴィノテラス ワインスクール　ソムリエ・ワインエキスパート試験対策　2025　Vol.1　Vol.2 」
Vol.1

| | | | |
|---|---|---|---|
| 監修 | 梁 世柱 | Seju Yang | |
| 発行 | 2025年5月1日　初版　第一刷発行 | | |
| 編著 | 大須賀 舞<br>ヴィノテラス ワインスクール | Mai Osuga<br>Vinoteras Wine School | |
| 編集 | 大吉 吏絵<br>ヴィノテラス ワインスクール | Rie Oyoshi<br>Vinoteras Wine School | |
| 進行 | 渡邉 義典 | Yoshinori Watanabe | |
| デザイン | 中川 寛博 | Nobuhiro Nakagawa (nakanaka graphic) | |
| イラスト | 岸 恭子 | Kyoko Kishi (nakanaka graphic) | |
| DTP | 小川 真木 | Maki Ogawa | |
| 発行 | ワインエナジー株式会社<br>ヴィノテラス ワインスクール<br>市原 岳洋（代表）<br>〒102-0093 東京都千代田区<br>平河町1-1-8麹町市原ビル12F | Wine Energy Co.,Ltd.<br>Vinoteras Wine School<br>Takahiro Ichihara | |
| 発売 | 株式会社<br>メイツユニバーサルコンテンツ | Mates Universal Contents Co.,Ltd. | |
| 印刷・製本 | 株式会社 シナノ | Shinano Co.,Ltd. | |

本書の内容を無断で複写、複製、転載することを禁じます。
参考文献 （一社）日本ソムリエ協会 教本 2025

ISBN978-4-7804-3024-0 C2077
©Vinoteras Wine School 2025 Printing in Japan

万が一テキストに誤りがあった場合
正誤表に掲載いたします。
こちらのQRコードからご確認ください。